근재집

이 책은 2020·2021년도 정부(교육부)의 재원으로 한국고전번역원의 지원을 받아
수행된 '권역별거점연구소협동번역사업'의 결과물임.

This work was supported by Institute for the Translation of Korean Classics-Grant funded by the Korean Government.

한국고전번역원 한국문집번역총서 / 성신여자대학교 고전연구소 · (사)해동경사연구소

근재집 2

近齋集

박윤원 지음
朴胤源

김성은
이정은
연석환 옮김

일러두기

1. 이 책의 번역 대본은 한국고전번역원에서 간행한 한국문집총간 제250집에 실린《근재집(近齋集)》으로 하였다. 번역 대본의 원문 텍스트와 원문 이미지는 한국고전종합DB(http://db.itkc.or.kr)에서 확인할 수 있다.
2. 내용이 간단한 역주는 간주(間註)로, 긴 역주는 각주(脚註)로 처리하였다.
3. 한자는 필요한 경우 이해를 돕기 위하여 넣었으며, 운문(韻文)은 원문을 병기하였다.
4. 맞춤법과 띄어쓰기는 한글 맞춤법과 표준어 규정을 따랐다.
5. 이 책에서 사용한 부호는 다음과 같다.
   ( ) : 번역문과 음이 같은 한자를 묶는다.
   〔 〕 : 번역문과 뜻은 같으나 음이 다른 한자를 묶는다.
   " " : 대화 등의 인용문을 묶는다.
   ' ' : " " 안의 재인용 또는 강조 문구를 묶는다.
   「 」 : ' ' 안의 재인용을 묶는다.
   『 』 : 「 」 안의 재인용을 묶는다.
   《 》 : 책명 및 각주의 전거(典據)를 묶는다.
   〈 〉 : 책의 편명 및 운문·산문의 제목을 묶는다.

차례

근재집 제4권

서書

근재집 제5권

서書

근재집 제6권

근재집 제7권

서書

근재집 제8권

서書

근재집

제4권

書서

미호 김 선생[1] 원행 에게 보냄

上渼湖金先生 元行

겨울 날씨가 오랫동안 따뜻한데, 삼가 여쭙건대 이러한 때에 도(道)를 기르시는 체후가 어떠하십니까? 빈객들이 모여듦에 응접함이 번다한 것은 진실로 보양하는 데에는 해로운 점이 있지만, 그 가운데 좇아 배우면서 강학하며 질정하는 이들 또한 많을 것입니다. 영재를 교육하는 것은 또한 군자의 하나의 즐거움이니,[2] 삼가 생각건대 피로하게 여기지 않으실 것입니다.

지난번에 나아가 뵈었을 때 외람되이도 비루하게 여기지 않고서 굽어살펴서 부지런히 가르쳐 주시어 온축된 뜻을 드러내어 보이고 우매함을 계발하여 주셨습니다. 그리하여 이 마음이 송연하게 마치 수립됨

1 미호(渼湖) 김 선생(金先生) : 김원행(金元行, 1702~1772)으로, 자는 백춘(伯春), 호는 미호・운루(雲樓), 본관은 안동(安東)이다. 당숙인 김숭겸(金崇謙)에게 입양되어 종조부 김창협(金昌協)의 손자가 되었다. 이재(李縡)의 문인으로, 그의 사상은 대체로 김창협의 학설을 답습하여 주리(主理)와 주기(主氣)의 절충적인 입장에 서 있었다. 그의 학통을 이은 제자로는 아들 김이안(金履安)과 박윤원(朴胤源), 오윤상(吳允常), 홍대용(洪大容), 황윤석(黃胤錫) 등이 있다. 시호는 문경(文敬)이며, 문집에 《미호집(渼湖集)》이 있다.

2 영재를……즐거움이니 : 《맹자》 〈진심 상(盡心上)〉에 "군자가 세 가지 즐거움이 있는데, 천하에 왕 노릇 함은 여기에 들어있지 않다. 부모가 모두 생존해 계시고 형제가 무사한 것이 첫 번째 즐거움이요, 우러러 보아 하늘에 부끄럽지 않고 굽어보아 인간에 부끄럽지 않은 것이 두 번째 즐거움이요, 천하의 영재를 얻어 교육하는 것이 세 번째 즐거움이다."라고 하였다.

이 있는 듯하고 충만하게 터득함이 있는 듯하게 하여 의리가 기뻐할 만한 것인 줄을 더욱 알게 되었으니, 그 훈도된 바가 깊습니다. 우러러 덕의(德意)를 받고서 공경히 가슴에 새겨 싫어함이 없었기에, 실로 한 달이라는 오랜 시간에 이르도록 춘풍(春風)에 앉아 있고자 하였습니다.[3] 다만 머물기가 어려운 형편이었으므로 갑자기 인사드리고 돌아오게 됨을 면치 못하였으니, 한스러운 마음이 지극하여 마음이 맺힌 듯합니다.

선비(先妣)의 지문(誌文)은 이미 성대한 승낙을 입었으니, 글이 완성되기도 전에 감사하는 마음이 이미 간절합니다. 마침내 글을 지어 주신다면, 저의 사사로운 마음에 영광으로 여기는 것이 응당 다시 어떠하겠습니까. 고인(古人)이 "장사(葬事)에 한공(韓公)의 명(銘)을 얻지 못한다면 묘가 없는 것과 같다."라고 하였습니다.[4] 창려(昌黎 한유(韓愈))는 단지 일개 문장이 뛰어난 선비였을 뿐인데도 당세 사람들이 오히려 중하게 여겼습니다. 지금 문하(門下)께서는 도학(道學)의 올바름을 지니고서 문장의 고아함을 겸하였으니, 한 마디 귀중한 말씀이 족히 후세에 사실을 확실하게 전할 만합니다. 그렇다면 세상에서 자신의

3 한 달이라는……하였습니다 : 《근사록(近思錄)》에 주광정(朱光庭)이 명도(明道) 정호(程顥)를 만나 한 달 동안 함께 지내고 돌아와서 사람들에게 "나는 한 달 동안 봄바람 속에 앉아 있었다.〔光庭在春風中坐了一箇月.〕"라고 한 말이 보인다.

4 고인(古人)이……하였습니다 : 이는 당(唐)나라 장계우(張季友)의 말로, 그는 당나라 덕종(德宗) 정원(貞元) 8년(792) 진사시에 한유(韓愈)와 동방 급제하고 벼슬이 우부원외랑(虞部員外郎)에 이르렀다. 그가 "장사(葬事)에 한군(韓君)의 글을 얻지 못하면 장사하지 않은 것과 같다."라고 한 말이 한유가 쓴 〈당고상서우부원외랑장부군묘지명(唐故尙書虞部員外郎張府君墓誌銘)〉에 보인다. 한군(韓君)은 바로 한유를 가리킨다.

선조를 현양하여 불후하게 하기를 도모하는 이들이 의당 모두 문하에게 귀의하여 요청할 것입니다.

더군다나 문하께서는 저희 선비(先妣)에게 있어서 이미 내형(內兄)이 되시니,[5] 그 평소의 도덕과 풍범에 대하여 또한 응당 익숙히 알고 계실 것입니다. 사실을 서술한 것은 의거한 바가 있고, 의론을 세운 것은 사사로움이 아닐 터이니, 이러한 표장(表章)을 얻으면 후세에 오래도록 보일 수 있을 것입니다. 그러니 선비(先妣)의 묘지(墓誌)를 문하에게 받들어 청하지 않는다면 장차 누구에게 청하겠습니까. 이것이 지난번에 누차 슬프고 간절한 마음을 진달하면서 그칠 줄을 몰랐던 까닭입니다. 다시 삼가 바라건대 더욱더 가엽게 여기고 헤아려서 유념해주십시오. 나머지는 다만 도(道)를 수양하는 체후를 더욱 보중하시기를 축원합니다. 갖추지 못합니다.

5 문하께서는……되시니 : 김원행(金元行)은 농암(農巖) 김창협(金昌協)의 손자인데, 박윤원(朴胤源)의 어머니인 기계 유씨(杞溪兪氏)의 어머니가 김창협의 딸이기 때문에 이렇게 말한 것이다.

미호 김 선생에게 보냄
上渼湖金先生

명덕(明德)은 성(性)이 아니라 심(心)이다

명덕(明德)이 성(性)이 아니라 심(心)이라는 것은 그 아래의 "온갖 이치를 갖추고 있다."라는 글[6]을 기다리지 않더라도 알 수 있으니, 그 "허령(虛靈)"이라는 두 글자를 보면 이미 심(心)이라는 것을 알 수 있습니다. 만약 명덕을 성(性)이라고 한다면 성(性)이 어찌 신령한 물건이겠습니까. 이로써 명덕이 성(性)이 아님을 아는 것입니다. 만약 "'사람이 하늘에서 얻은 바'는 단지 성(性)을 말한 것인데, 중간에 '허령(虛靈)' 두 글자로 심(心)을 말하였다."라고 한다면 문세와 맥락이 또한 그렇지 않을 듯합니다.

성인(聖人)의 심(心)과 범인(凡人)의 심(心)은 본래 다른 점이 없다

성인(聖人)의 심(心)과 범인(凡人)의 심(心)은 본래 다른 점이 없다는 것은 굳이 여러 경서(經書)에서 널리 확인하지 않더라도, 단지 명

6 그……글 : 《대학장구(大學章句)》에서 "대학(大學)의 도(道)는 명덕(明德)을 밝힘에 있으며, 백성을 새롭게 함에 있으며, 지선(至善)에 그침에 있다.〔大學之道, 在明明德, 在親民, 在止於至善.〕"라고 한 경문(經文)에 대한 주희(朱熹)의 주에 "명덕(明德)은 사람이 하늘에서 얻은바, 허령하고 어둡지 않아서 온갖 이치를 갖추고 있고 만사(萬事)에 응하는 것이다. 다만 기품(氣稟)에 구애되고 인욕(人欲)에 가리면 때로 어두워진다.〔明德者, 人之所得乎天而虛靈不昧, 以具衆理而應萬事者也. 但爲氣稟所拘, 人欲所蔽, 則有時而昏.〕"라고 하였다.

덕(明德) 본문(本文)의 장구(章句)를 보면, "명덕자(明德者)"로부터 "자야(者也)"에 이르기까지 24글자는 원래 성인과 범인 간에 다른 곳을 드러낸 것이 없고, "단위(但爲)" 이하에 이르러서야 비로소 성인과 범인 간에 다른 곳이 있음을 드러내었습니다.

심(心)과 기질(氣質)의 구별

심(心)은 기(氣)의 정상(精爽)이고,[7] 기질(氣質)은 기(氣)의 거친 것입니다. 만약 심(心)을 기질이라고 한다면 정미한 것과 거친 것이 섞이게 됩니다. 기질은 맑고 흐리며 순수하고 잡박하여 갖가지로 다름이 있는데, 심(心)이 과연 기질이라면 심(心)도 맑고 흐리며 순수하고 잡박하여 갖가지로 다름이 있게 될 것이니, 이것이 어찌 이치에 맞겠습니까. 심(心)이 만약 본래 흐리고 본래 악한 것이 있다면 하우(下愚)가 어떻게 도심(道心)을 지닐 수 있겠습니까.[8]

허령(虛靈)의 기(氣)는 청기(淸氣)로 볼 수 없다

기질(氣質)은 청탁(淸濁)으로 말할 수 있지만, 허령(虛靈)의 기(氣)에는 '청(淸)' 자가 붙을 수 없으니, 그 기(氣)는 단지 허령할 따름입니다. 청기(淸氣)는 모여서 심(心)이 되고 탁기(濁氣)는 모여서 질(質)이 된다는 설은 과연 의심할 만하니, 만약 탁기가 모여서 질이 된다면

7 심(心)은 기(氣)의 정상(精爽)이고 : 이 말은 《주자어류》 권5에 보인다.

8 하우(下愚)가……있겠습니까 : 《중용장구(中庸章句)》 서문(序文)에 "사람은 누구나 형체를 가지고 있으므로 비록 상지(上智)일지라도 인심(人心)이 없을 수 없고, 또한 누구나 성(性)을 가지고 있으므로 비록 하우(下愚)일지라도 도심(道心)이 없을 수 없다."라고 하였다.

성현(聖賢)의 기질이 무엇을 말미암아 청명해지겠습니까. 처음에는 활간(活看)하고자 하였기에 '기질은 본디 맑은〔淸〕 점이 있지만, 허령의 기에 비하면 조금 찌꺼기가 있으므로 탁기(濁氣)라고 한다.'라고 여겼는데, 다시 생각해보니 온당치 못하다는 것을 결국 깨달았습니다. 지금부터 이 견해를 버리고자 할 따름입니다.

위의 네 조목은 바로 지난번에 가르침을 받은 것인데, 돌아와서 생각해보니 끝내 성대하신 논의를 바꿀 수 없음을 알겠습니다. 문득 감히 그중에 나아가 저의 견해를 가지고서 참고하여 대략 해석하기를 이처럼 하였으니, 과연 성대하신 논의의 본뜻을 잃지 않았는지 모르겠습니다.

이(理)와 기(氣)가 합하기 때문에 허령(虛靈)하니, 허령 두 글자는 나누어서 말하면 '허(虛)'는 마땅히 이(理)에 속하고, '영(靈)'은 마땅히 기(氣)에 속하는 것입니까? 제 생각으로는 '허령' 두 글자는 굳이 이처럼 분속할 것이 없으니, 허령은 모두 기(氣)이지만 기는 이(理)를 떠나지 않으므로 이(理)가 허령 가운데 있는 것입니다. 이처럼 보는 것이 어떨지 모르겠습니다.

이(理)는 작위(作爲)가 없고 기(氣)는 작위가 있는데, 심(心)은 이(理)와 기(氣)를 합한 것으로서 항상 살아서 동하기 쉬우니, 끝내 기(氣)가 주가 되는 것입니까?

"본체(本體)의 밝음은 그친 적이 없다.〔本體之明有未嘗息者〕"[9]라고 한 것에서의 '체(體)' 자는 체용(體用)의 체입니까, 체단(體段)의 체입니까? 호운봉(胡雲峰)이 "'본체의 밝음'은 성(性)을 이른 말이다."라고 하였으니,[10] 이는 이 체(體)자를 체용(體用)의 체로 본 것인데, 제 생각에는 이 '체' 자는 바로 체단(體段)의 체이지 체용의 체가 아니니, 어떠한지 모르겠습니다.

기질(氣質)과 형질(形質)은 본래 같지 않습니다. '기질' 두 글자를 또 나누어서 말하면, 기(氣)는 양(陽)이고 질(質)은 음(陰)이니, 기는 질에 실려 있는 것이고, 질은 기를 담고 있는 것으로, 또한 두 가지 물건입니다. 그렇다면 이른바 '기질'이란 단지 사지(四肢)와 백해(百骸) 중에 유행하는 기(氣)만을 가리키는 것이 아니라, 실로 자질(資質)을 겸하여 말한 것입니다. 기질(氣質)의 기(氣)는 바로 혈기(血氣)이고, 기질의 질(質)은 바로 자질(資質)인데, 합하여 말해서 기질이라고 한 것이니, 이처럼 보는 것이 상세하게 완비하는 것일 듯합니다. 《성리대전(性理大全)》의 주자(朱子)의 설(說)에 "부여받은 기(氣)가 청명(淸明)한데 부여받은 질(質)이 순수하지 못하고, 부여받은 질이

9 본체(本體)의……없다 : 이 말은 《대학장구(大學章句)》 경(經) 1장의 주희(朱熹)의 주(註)에 "명덕은 사람이 하늘에서 얻은 것으로서 허령하고 어둡지 않아서 중리를 갖추고 만사에 응하는 것이다. 다만 기품에 구애되고 인욕에 가려지게 되면 때로 어두워진다. 그러나 그 본체의 밝음은 그친 적이 없다.〔明德者, 人之所得乎天, 而虛靈不昧, 以具衆理而應萬事者也. 但爲氣稟所拘, 人欲所蔽, 則有時而昏. 然其本體之明, 則有未嘗息者.〕"라고 한 데 보인다.

10 호운봉(胡雲峰)이……하였으니 : 호운봉은 원(元)나라 학자 호병문(胡炳文, 1250~1333)으로, 그의 이 말은 《대학장구(大學章句)》 경(經) 1장의 소주(小註)에 보인다.

순수한데 부여받은 기가 청명하지 못하다."라고 하였으니,[11] 이를 가지고서 보건대 기(氣)와 질(質)은 두 물건입니다. 그러므로 "'기질(氣質)'이라는 명칭은 일신상의 기(氣)를 자질(資質)과 겸하여서 말한 것이다."라고 하는 것이니, 어떠한지 모르겠습니다.

기질(氣質)과 자질(資質)은 또한 조금 다른 듯합니다. 기질에는 기(氣)의 뜻이 많고, 자질에는 재(才)의 뜻이 많으니, 이것이 기질과 자질이 명명을 달리하는 까닭입니까?

'치지(致知)'의 '지(知)'는 지(智)도 아니고 지각(知覺)도 아니며 바로 지식(知識)의 '지'입니다. 보망장(補亡章)에 "인심(人心)의 영특함은 지(知)가 있지 않음이 없다.〔人心之靈莫不有知〕"라고 한 데서의 '지(知)'는 비록 지각(知覺)처럼 보이지만, 실로 분별할만한 점이 있습니다. "인심의 영특함〔人心之靈〕"에서의 '영(靈)' 자는 본디 지각(知覺)

11 성리대전(性理大全)의……하였으니 : 이는 본래 북계 진씨(北溪陳氏)의 말이니, 북계 진씨는 남송(南宋)의 성리학자 진순(陳淳)으로, 자는 안경(安卿)이며, 호가 북계이다. 《성리대전서(性理大全書)》 권31에 "어떤 일반 사람이 부여받은 기(氣)가 청명(淸明)하여 의리에 있어서 모두 보아내지만, 행위가 독실하지 못하여 도리를 받아들이지 못하고서 궤휼함이 많이 섞이니, 이는 또 부여받은 질(質)이 순수하지 못한 것이다.……또 어떤 일반 사람이 태어나서 세미(世味)에 있어서 완전히 담박하여서 행위가 몹시 순수하고 바른데, 다만 더불어 말하면서 도리에 이르면 전혀 발명하지 못하니, 이는 또 부여받은 질(質)은 순수하지만 부여받은 기(氣)가 청명하지 못한 것이다.〔有一般人, 稟氣淸明, 於理義上儘看得出, 而行爲不篤, 不能承載得道理, 多雜詭譎去, 是又賦質不粹.……又有一般人, 生下來於世味一切簡淡, 所爲甚純正, 但與說到道理處, 全發不來, 是又賦質純粹而稟氣不淸.〕"라고 한 진순의 말이 보인다.

이지만, "지(知)가 있지 않음이 없다[莫不有知]"에서의 '지(知)' 자는 곧 지식(知識)입니다. 지식은 지각에서 나오니, 인심(人心)의 지각이 영특하므로 지식이 있지 않음이 없는 것입니다. 그렇다면 "지(知)가 있지 않음이 없다[莫不有知]"에서의 '지(知)' 자도 곧장 지각이라 해서는 안 되니, 이는 의심할 여지가 없을 듯합니다. 그러나 《대학혹문(大學或問)》에서 "지(知)는 심(心)의 신명(神明)이니 온갖 이치를 묘하게 갖추고서 만물을 주재하는 것이다."라고 하였는데 이곳은 또 지각을 말한 듯하니, 진실로 의심이 없을 수 없습니다. 그러므로 감히 우러러 질정할 따름입니다.

미호 김 선생에게 보냄

上渼湖金先生

보내오신 편지에서 성대하게 하신 말씀은 재배(再拜)하고서 삼가 받았습니다. 이로써 겸양으로 자신을 수양하고 늙어서도 호학(好學)하는 뜻이 점점 더 게을러지지 않음을 볼 수 있었으니, 족히 게으르고 방탕한 이 나이 적은 초학자로 하여금 부끄러워하며 경계할 줄을 알게 합니다. 몹시 감탄스러워 옷깃을 거두고서 공경하는 마음이 일어납니다. "뜻을 독실하게 하고 게을리하지 않으니 우리 당(黨)에 사람이 있다."라고 하신 등의 가르침에 이르러서는 진실로 타일러서 진보하게 하는 지성스러운 뜻에서 나온 것이지만, 실로 저처럼 용렬하고 우둔한 이가 받들어 담당할 수 있는 바가 아닙니다. 거의 난쟁이에게 천균(千鈞)의 무거운 짐을 지우는 것과 같으니, 그저 더욱 망연히 얼굴을 붉히고 땀을 흘릴 뿐입니다.

미호 김 선생에게 보냄
上渼湖金先生

《대학(大學)》을 읽은 지 반년인데 아직도 몽교관(夢覺關)[12]을 통과하지 못하고 있으니, 윤화정(尹和靖)에게 있어서 죄인일 듯합니다.[13] 실로 매우 부끄럽습니다. 명덕(明德)의 뜻은 예전에 성대하신 논의를 듣고서 퍽 이해하게 되었습니다만, 다시 스스로 생각해봄에 끝내 의심할 만한 점이 있으니, 이는 긴 행랑의 기둥을 다시 세어보는 일[14]을

12 몽교관(夢覺關) : 지식을 지극히 하는 것, 즉 '치지(致知)'를 가리킨다. 《대학장구(大學章句)》 경(經) 1장의 고지욕명명덕어천하자(古之欲明明德於天下者) 조목의 소주(小註)에, "치지(致知)와 성의(誠意)는 배우는 자들이 통과해야 할 두 관문이다. 치지는 꿈속에 있는 것과 꿈에서 깨어남의 관문이며, 성의는 선과 악의 관문이다. 치지의 관문을 통과하면 깨어 있게 되고 그렇지 못하면 꿈속에 있게 되며, 성의의 관문을 통과하면 선하게 되고 그렇지 못하면 악하게 된다.〔致知誠意是學者兩箇關. 致知乃夢與覺之關, 誠意乃惡與善之關. 透得致知之關則覺, 不然則夢, 透得誠意之關則善, 不然則惡.〕"라고 하였고, "격물은 몽교관(夢覺關)이고, 성의는 인귀관(人鬼關)이다. 이 두 관문을 통과하면 그 이후의 공부는 한 단계 한 단계 갈수록 더 쉬워진다.〔格物是夢覺關, 誠意是人鬼關. 過得此二關, 上面工夫一節易如一節了.〕"라고 하였다.

13 윤화정(尹和靖)에게……듯합니다 : 윤화정은 정이(程頤)의 문인인 화정 윤씨(和靖尹氏), 즉 윤돈(尹焞)을 말한다. 《대학장구(大學章句)》의 〈독대학법(讀大學法)〉에 "옛날에 윤화정은 이천(伊川)을 만나 보고 나서 반년 만에 비로소 《대학》과 〈서명(西銘)〉의 글을 볼 수 있었는데, 지금 사람들은 반년 동안에 많은 책을 읽으려고 한다.〔昔尹和靖見伊川, 半年方得大學西銘看, 今人半年要讀多少書.〕"라는 주희(朱熹)의 말이 보인다.

14 긴……일 : 《근사록(近思錄)》 〈존양(存養)〉에 "백순(伯淳)이 예전에 장안의 창고 안에 한가로이 앉아서 긴 행랑의 기둥을 보고 마음속으로 세었다. 이미 의심이 없었

면치 못해 그런 것이겠지요. 그 설을 별지에 기록하여 두었습니다.

별지

명덕(明德)은 진실로 심(心)이니 성(性)이라고 해서는 안 되는데, 다만 명덕전(明德傳)의 "이 밝은 명(命)을 돌아본다.〔顧諟明命〕"[15]에 대한 소주(小註)의 주자(朱子)의 설에 "하늘이 나에게 준 것이 곧 명명(明命)이고, 내가 얻어서 성(性)으로 삼은 것이 곧 명덕(明德)이다.〔天之所以與我便是明命 我所得以爲性者便是明德〕"라고 하였습니다. 이 부분은 또 명덕을 성(性)이라 한 듯하니, 어째서입니까? 만약 '변시(便是)'는 '직시(直是)'와 뜻이 다르다고 한다면, 수장(首章)의 소주(小註)에 "이 이(理)가 속에 모두 갖추어져 조금도 부족함이 없는 것이 곧 성(性)이다.〔此理具足於中無少欠闕便是性〕"라고 하였으니, 이 이(理)가 모두 갖추어진 것이 어찌 바로〔直是〕 성(性)이 아니겠습니까. '변시(便是)'와 '직시(直是)'가 또한 그 뜻이 서로 다름을 볼 수가 없습니다. 그렇다면 이른바 "곧 명덕(明德)이다〔便是明

으나 다시 세어보니 부합하지 않으므로 사람으로 하여금 일일이 소리 내어 세어보게 하였는데, 결국 처음 세었던 것과 차이가 없었다. 이에 마음을 두어 잡고 있으면 있을수록 더욱 안정되지 못한다는 것을 알게 되었다.〔伯淳昔在長安倉中閑坐, 見長廊柱, 以意數之. 已尙不疑, 再數之, 不合, 不免令人一一聲言數之, 乃與初數者無差. 則知越著心把捉, 越不定.〕"라고 한 정이(程頤)의 말이 실려 있다. 백순은 명도(明道) 정호(程顥)의 자이다.

15 명덕전(明德傳)의……돌아본다 : 《대학장구》 전(傳) 1장에 "〈태갑〉에 이르기를 '하늘의 명명을 돌아본다.'라고 하였다.〔太甲曰: 顧諟天之明命.〕"라고 한 말을 이른다. 이에 대한 주(註)에 "하늘의 명명은 바로 하늘이 나에게 주어서 내가 덕으로 삼은 것이다.〔天之明命, 卽天之所以與我而我之所以爲德者也.〕"라고 하였다.

德]"라고 한 것은 과연 성(性)을 명덕이라 한 것이란 말입니까? 아니면 이 성(性)을 얻어서 속에 갈무리하는 것이 심(心)이기 때문에 "얻어서 성(性)으로 삼은 것이 곧 명덕(明德)이다."라고 한 것입니까? 주자(朱子)의 이 설은 필시 곡절이 있을 터이니, 부디 가리켜 보여서 의혹을 깨뜨려 주십시오.

지금 일설에, '명덕(明德)은 진실로 성(性)이 아니지만, 또한 곧장 심(心)이라 불러서도 안 되니, 마땅히 심(心)의 재능이자 기량으로 보아야 한다.'라고 합니다. 이는 선생의 성대하신 논의가 명덕을 심(心)의 존칭이라고 이른 것[16]과 조금 다르니, 어떠한지 모르겠습니다.

경문(經文) 수장(首章)의 소주(小註)에 실린 주자(朱子)의 설에 "일신(一身)을 주재하는 것을 심(心)이라 하고, 하늘로부터 얻어서 광명정대한 것을 명덕(明德)이라 한다."라고 하였습니다. 이 부분은 심(心)과 명덕(明德)을 나누어서 말한 것인 듯합니다. 이로써 보건대, 명덕은 곧바로 심(心)이라 해서는 안 될 듯합니다.

《대학혹문(大學或問)》에 "이 덕(德)의 밝음이 날로 어두워져서 이 심(心)의 영특함이 아는 바가 정욕과 이해의 사사로움에 지나지 않

16 선생의……것 : 예컨대 김원행(金元行)의 문집인 《미호집(渼湖集)》 권9 〈답서묵수(答徐默修)〉 첫 번째 편지에 "이로써 본다면, 명덕을 심(心)이라 이르지 않고 장차 무엇이라 하겠습니까. 그러나 '심'이라 하지 않고 '명덕'이라 한 것은 지극한 존칭으로 한 말이니, 대개 심을 귀히 여기는 것은 바로 성을 갖추고 정을 행하기 때문입니다.〔以此觀之, 明德不謂之心而將何以哉? 然不曰心而曰明德者, 是極其尊稱之辭, 蓋所貴乎心者, 正以其具是性而行是情耳.〕"라고 한 내용이 보인다.

는다."라고 하였으니, 이 부분은 또 명덕(明德)과 심(心)을 나누어서 말한 것인 듯합니다. 아니면 문세가 마침 그러한 것인지요?

제가 다시 생각해보니, 정 부자(程夫子)가 일찍이 '중(中)'의 뜻을 논하여 "중(中)은 성(性)의 체단(體段)을 형용한 것이니, 이는 마치 하늘은 둥글고 땅은 네모나다고 일컫되, 둥글고 네모난 것이 곧 하늘과 땅이라고 해서는 안 되는 것과 같다. 중(中)의 뜻은 과(過)・불급(不及)이 없는 것에서 그 명칭을 수립한 것인데, 곧장 중(中)을 가리켜서 성(性)이라고 해서야 되겠는가."라고 하였습니다.[17] 이를 예증으로 삼는다면, 명덕(明德)은 심(心)의 체단을 형용한 것으로, 허령불매(虛靈不昧)로부터 그 명칭을 수립한 것이니, 곧장 명덕을 가리켜 심이라고 해서는 안 될 듯합니다. 어떠한지 모르겠습니다. 명덕이 성(性)이 아니라는 것은 진실로 알기가 어렵지 않지만, 다만 이를 곧장 신(心)이라고 부르는 것과 심의 재능으로 보는 것의 구분은 정확하게 결단하기가 어려우니, 부디 밝은 가르침을 내려주십시오.

17 정 부자(程夫子)가……하였습니다 : 이 내용은 《이정수언(二程粹言)》 권상에 보이는데, 참고로 그 글은 다음과 같다. "중(中)은 성(性)과 도(道)를 형용한 말이니, 이는 마치 하늘은 둥글고 땅은 네모나다고 일컫되, 둥글고 네모난 것이 곧 하늘과 땅이라고 해서는 안 되는 것과 같다. 둥글고 네모난 것을 하늘과 땅이라고 해서는 안 되니, 만물이 둥글고 네모난 것에서 나오는 것이 아니며, 중(中)을 도(道)라고 해서는 안 되니, 도(道)가 중(中)에서 나오는 것이 아니다. 중(中)의 뜻은 과(過)와 불급(不及)으로부터 그 명칭을 수립한 것인데, 중(中)을 가리켜서 성(性)이라고 해서야 되겠는가. 〔中也者狀性與道之言也, 猶稱天圓地方, 而不可謂方圓卽天地. 方圓不可謂之天地, 則萬物非出於方圓矣. 中不可謂之道, 則道非出於中矣. 中之爲義, 自過與不及而立名, 而指中爲性可乎?〕"

미호 김 선생에게 보냄
上渼湖金先生

《중용(中庸)》은 비록 완전히 폐하지는 않았으나, 괴로운 더위로 막힘 없이 읽지는 못하고 있으니, 비로소 여름에 독서하면서 가슴속이 시원해지는 경지는 퇴옹(退翁)의 학력이 아니면 이르기 어렵다는 것을 알겠습니다.[18] 이 책은 지극히 은미하고 오묘하여 매우 읽기 어렵다고 일컬어지니, 초학자가 더구나 어찌 밝게 이해할 수 있겠습니까. 때로 의심나는 곳에 이르면 실로 아뢰어 질정하고 싶으나, 예전에 보건대 주 부자(朱夫子)가 배우는 이가 생각을 다하지 못한 채 범범하게 질문하는 것을 경계로 삼았습니다.[19] 이 때문에 우선 감히 의심나는 곳을

18 여름에……알겠습니다 : 퇴옹(退翁)은 이황(李滉)을 가리킨다. 이와 관련하여 김원행(金元行)의 문집 《미호집(渼湖集)》 권9 〈답서형수(答徐逈修)〉에 "옛날에 퇴도(退陶) 선생이 항상 무더운 여름철에 종일토록 주자(朱子)의 편지글을 탐독하셨네. 이에 대해 말하는 사람이 있으면 '이 책을 읽으면 사람의 가슴속을 시원하게 하여 무더움을 깨닫지 못하게 한다.' 하고 말씀하셨네.〔昔退陶先生常於暑月中, 終日貪玩此書, 人有言者, 則以爲讀此書, 令人肝膈生凉, 不覺暑之爲熱.〕"라고 한 내용이 보인다.

19 주 부자(朱夫子)가……삼았습니다 : 주 부자는 주희(朱熹)로, 그의 문집인 《회암집(晦庵集)》 권39 〈답왕근사(答王近思)〉에 "보내오신 편지에서 말씀하신 학문의 어려움과 별지에 적힌 의문처에서 족히 묻기를 좋아하는 뜻을 볼 수 있었습니다. 본래 일일이 답하고자 하였으나, 상세히 보건대 생각을 다한 적이 없이 범범하게 질문한 것인 듯합니다. 만약 여기에 또 갑자기 답을 한다면, 단지 눈으로 보고 귀로 듣는 밑천이 될 뿐 학문의 실질에는 무익할 듯합니다.〔示喩學之難易及別紙所疑, 足見好問之意. 本欲一一答去, 然熟觀之, 似未嘗致思而汎然發問者. 若此又率然奉答, 竊恐祗爲口耳之資而無益問學之實.〕"라고 한 주희의 말이 보인다.

아뢰지 못하고 있는 것일 따름입니다.

호우(湖右 충청도)의 통문(通文)이 또 발하여 심지어 심성(心性)의 변별에까지 이르렀으니, 그 제멋대로 비방하는 것이 또 강(姜)의 통문보다도 심한 듯합니다.[20] 이것이 어찌 문하(門下)께 손해가 될 만하겠습니까마는, 근일의 풍습에 있어서 지극히 놀라고 한탄하는 마음을 가눌 수 없습니다. 또 이 같은 분란이 끝내 어디에 귀결될지 알지 못하겠으니, 몹시 근심스러울 따름입니다.

계실(溪室) 어른[21]은 중춘(仲春)에 한번 가서 뵈었는데, 수작하던 중에 과연 화양비(華陽碑)의 일을 대략 언급하였습니다. 이 어른께서 논하신 바는 문하(門下)와 퍽 달랐습니다. 그 말씀은 대개 "미호(渼

20 호우(湖右)의……듯합니다 : 1769년(영조45) 김원행(金元行)이 화양서원(華陽書院)의 원장으로 있을 때, 여기에 제향된 송시열(宋時烈)의 묘정비(廟庭碑)를 호론의 학자 윤봉구(尹鳳九)가 작성하였다. 이를 보고 김원행은 묘정비는 의리에 대한 설을 위주로 적어야지 의견이 분분한 성리설을 위주로 해서는 안 된다고 하였는데, 이에 충청도의 호론 유생들이 통문을 돌려 김원행을 비난하였다. 이와 관련하여 《미호집(渼湖集)》 권12 〈여이민철민수(與李敏哲敏修)〉에 "근래 호서(湖西)의 제생(諸生) 30인이 또 통문(通文)을 발하여 화양서원(華陽書院)에 보냈습니다. 대개 지난번 비석에 관한 일을 논한 것인데, 그 글의 위세가 강필언(姜弼言)보다 몇 배나 더 심하여 통절하게 배척하고 꾸짖은 것이 남김없이 하였다고 하겠습니다."라고 한 내용이 보이니, "강(姜)의 통문"이란 강필언이 지은 통문을 가리키는 듯하다. 강필언은 본관은 진주(晉州), 자는 대여(代予)이며, 1753(영조29)에 식년시 진사시에 합격하였다.

21 계실(溪室) 어른 : 김지행(金砥行, 1716~1774)으로, 자는 유도(幼道), 호는 밀암(密庵), 본관은 안동이다. 김상용(金尙容)의 후손이자 충청 감사를 지낸 김성적(金盛迪)의 손자이다. 윤봉구(尹鳳九)의 문인으로, 과거를 보지 않고 공주(公州) 계실곡(溪室谷)에 은거하여 학문을 닦았으며, 50세에 감역(監役)에 임명되었지만 나아가지 않았다. 저서에 《밀암집》이 있다.

湖)는 단지 그 글의 득실을 논해야 할 뿐이지, 그 비(碑)를 세우지 말게 해서는 안 된다."라는 것이었습니다. 의리가 무궁하여 의견이 같기 어려우니, 실로 저처럼 어두운 이가 감히 참여해 알 수 있는 바가 아닙니다.

미호 김 선생에게 보냄
上渼湖金先生

화양서원(華陽書院)에 크게 소란을 일으키는 일이 있었다고 들었으니, 지극한 변괴(變怪)인지라 놀란 마음을 가눌 수 없습니다. 더구나 그 사람은 다른 사람이 아니라 선현(先賢)의 후손인데 이에 스스로 함닉됨이 이와 같으니, 어찌 더욱 부끄럽고 놀랄 만하지 않겠습니까. 문하(門下)와 같이 빛나는 도덕을 지니신 분으로서 마구 비방을 입었으니, 실로 사림(士林)이 함께 분개하고 한탄하는 바입니다. 그러나 숙손(叔孫)과 장창(臧倉)의 헐뜯음[22]은 예로부터 성현(聖賢)도 면치 못하신 바이니, 성대한 덕에 있어서 어찌 손해될 것이 있겠습니까. 엎드려 생각건대 대처하기를 응당 태연하게 하실 것입니다.

22 숙손(叔孫)과 장창(臧倉)의 헐뜯음 : 노(魯)나라 대부 숙손 무숙(叔孫武叔)이 공자(孔子)를 헐뜯자, 자공(子貢)이 조정의 대부에게 "그러지 말라. 중니(仲尼)는 훼방할 수 없으니, 타인의 어진 자는 언덕과 같아 오히려 넘을 수 있지만 중니는 해와 달과 같아 넘을 수가 없다."라고 한 내용이 《논어》 〈자장(子張)〉에 보인다. 또 노(魯)나라의 평공(平公)이 맹자(孟子)를 만나려고 하자 폐신(嬖臣)인 장창(臧倉)이 가로막으면서 "예의는 현자로부터 나오는 것이거늘, 맹자의 나중 초상이 앞의 초상보다 지나쳤으니 인군께서는 그를 만나지 마소서."라고 하며 맹자를 헐뜯었는데, 이 말을 악정자(樂正子)로부터 전해들은 맹자가 "행함은 누가 혹 시켜서이며 그침은 혹 저지해서이다. 그러나 행하고 그침은 사람이 능히 시킬 수 있는 바가 아니다. 내가 노나라 임금을 만나지 못한 것은 천운이니, 장씨의 자식이 어찌 능히 나로 하여금 만나지 못하게 할 수 있겠는가."라고 한 내용이 《맹자》 〈양혜왕 하(梁惠王下)〉에 보인다.

효효재 김공[23] 용겸 에게 보냄
上嘐嘐齋金公 用謙

연관(練冠)[24]을 《상례비요(喪禮備要)》에서는 단지 "초상(初喪) 때의 제도처럼 한다."라고 하고 끈을 고치는지의 여부는 말하지 않았는데, 남계(南溪)가 "본래의 관(冠)을 따라 고친다."라고 하였습니다.[25] 이를 보면 참최(斬衰)의 연관(練冠)의 끈에는 삼베〔布〕를 써서는 안 되고 응당 삼〔麻〕을 써야 할 듯하나, 요질(腰絰)을 이미 칡〔葛〕과 경(潁)[26]으로 바꾸었다면 관의 끈에만 생마(生麻)를 쓰는 것은 또한 불가할

23 효효재(嘐嘐齋) 김공(金公) : 김용겸(金用謙, 1702~1789)으로, 자는 제대(濟大), 호는 효효재, 본관은 안동(安東)이다. 포음(圃陰) 김창즙(金昌緝)의 아들로, 학문이 깊고 행실이 뛰어났다. 경행(經行)으로 천거되어 벼슬을 시작하여 우승지, 동지돈녕부사, 공조 판서 등을 지냈다.

24 연관(練冠) : 소상(小祥)에 착용하는 관으로, 부모의 3년상에서 1주기인 연제(練祭)에 착용한다. 삼베를 곱게 마전하였으므로 붙여진 이름이다.

25 남계(南溪)가……하였습니다 : 남계는 박세채(朴世采, 1631~1695)의 호로, 인용한 내용은 《남계집(南溪集)》 권41 〈최문숙의 물음에 답함〔答崔文叔問〕〉에 "《가례》에 관의 끈을 말하지 않은 것은 마땅히 본래의 관을 따라 고쳐야 하기 때문이다. 《예기》 〈잡기〉에 '3년상의 연관(練冠)을 또한 끈을 단다.' 하였으니, 그 이치가 본래 그런 것이다.〔家禮不言冠纓者, 當從本冠而改之故也. 雜記曰: 三年之練冠亦條屬. 其理固然.〕"라고 한 데 보인다.

26 칡〔葛〕과 경(潁) : 《예기》 〈잡기 하(雜記下)〉에 "만일 앞 초상과 뒷 초상이 모두 삼년상이면 이미 경(潁)을 착용하고, 연제와 대상을 모두 행한다.〔如三年之喪, 則旣潁, 其練、祥皆行.〕"라고 하였는데, 《예기집설(禮記集說)》에서 이에 대해 "경은 풀이름이니, 칡이 없는 지방에서 경으로 대용한다.〔潁, 草名. 無葛之鄕, 以潁代.〕"라고 하였다.

듯합니다. 그렇다면 요질을 칡〔葛〕을 쓰면 관의 끈도 칡으로 만들고, 요질을 숙마(熟麻)를 쓰면 관의 끈도 숙마로 만들어야 합니까?

소상(小祥) 후에 "이(履)는 승마(繩麻)로 만든다."라는 글이 있으나,[27] 근래 인가(人家)에서는 이를 쓰지 않는 경우가 많고 그대로 초상(初喪) 때의 관구(菅屨)[28]를 쓰니, 무슨 뜻인지 모르겠습니다. 아니면 다른 근거로 삼을만한 것이 있는 것입니까? 구(屨)와 장(杖)은 다르니, 이전대로 두어서는 안 될 듯합니다. 만약 반드시 예(禮)를 따르고자 한다면 바꾸는 것이 의심할 여지가 없는 것입니까?

속제(俗制)의 직령(直領)을 소상(小祥) 후에는 또한 응당 마전하여야 할 듯하나, 예서(禮書)에서는 말하지 않았고 남계(南溪 박세채(朴世采))는 정복(正服)이 아니므로 마전하지 않는다고 하였으니, 이는 그렇지 않을 듯합니다. 정복을 이미 마전하였다면 속제(俗制)의 직령(直領)을 유독 마전하지 않을 의리가 없는 것이 당연합니다. 응당 말하지 않은 가운데 포함되어 있을 듯하니, 어떠한지요?

27 소상(小祥)……있으나 : 《예기(禮記)》 〈단궁 상(檀弓上)〉에 "연제(練祭)에 …… 요질(要絰)을 칡으로 하고, 승구(繩屨)에는 신코가 없다.〔練……葛要絰, 繩屨無絇.〕"라고 하였는데, 《예기집설(禮記集說)》 진호(陳澔)의 주에 "'승구(繩屨)'는 부모가 처음 죽었을 적에는 관구(菅屨)를 신고, 졸곡에는 자최복(齊衰服)에 신는 괴표구(蒯藨屨)를 받고, 소상에는 대공복에 신는 승마구(繩麻屨)를 착용한다.〔繩屨者父母喪菅屨, 卒哭受齊衰蒯藨屨, 至小祥受大功繩麻屨也.〕"라고 하였다.

28 관구(菅屨) : 관초(菅草), 즉 골풀로 만든 신으로, 엄짚신이라고도 한다.

행자(行者)와 곡비(哭婢)[29]가 참최상(斬衰喪)에 두르는 생마대(生麻帶)는 소상(小祥) 후에 숙마(熟麻)나 칡〔葛〕으로 바꾸어야 합니까, 베〔布〕로 바꾸어야 합니까? 예(禮)는 미천한 이에게까지 내려가지 않으니, 그 두르는 것이 요질(腰絰)이 아니라 단지 효대(絞帶)일 뿐입니다. 그렇다면 요질과 동일하게 하여 칡〔葛〕과 경(潁)을 써서는 안 될 듯하니, 또한 그 주인의 베로 된 효(絞)를 따라서 베로 띠를 바꾸어야 합니까?

29 행자(行者)와 곡비(哭婢) : 행자는 장례(葬禮) 때에 상제(喪制)를 모시고 따라가는 남종을, 곡비는 장례 때 곡하며 따라가는 여종을 말한다.

효효재 김공에게 보냄
上嘐嘐齋金公

참최(斬衰)의 연복(練服)을 가장자리를 꿰매는가의 여부는 본래 저의 생각으로는 외암(巍巖 이간(李柬))의 설을 지키고자 하였으므로 지난번에 여러 예(禮)를 받들어 질정하였을 때 이 한 조목은 유독 끌어다 여쭙지 않았습니다. 근래 들어보건대 임 성천(任成川) 어른이 공최(功衰)는 가벼운 쪽으로 나아간다는 의리를 전적으로 따라서 가장자리를 꿰매야 한다고 힘써 주장하니,[30] 이에 대해 어떻게 헤아려 정하셨는지

30 임 성천(任成川)……주장하니 : 임 성천은 녹문(鹿門) 임성주(任聖周, 1711~1788)를 가리킨다. 공최(功衰)는 참최(斬衰)나 자최(齊衰)의 상복이 연제(練祭), 즉 소상(小祥)을 지낸 후 즉 대공(大功)의 상기(喪期)와 같아졌을 때 바꿔 입는 상복을 말한다. 《예기주소(禮記註疏)》〈잡기(雜記)〉의 "부모상을 당해서 복을 입는 중에 대공최(大功衰)를 입는 경우〔有父母之喪, 尙功衰.〕"에 대한 공영달(孔穎達)의 소(疏)에 "부모의 삼년상 중에 연제를 마친 뒤의 참최 상복은 그 삼베옷을 짠 밀도가 대공의 그것과 같기 때문에 공최라고 한다.〔三年練後之衰, 升數與大功同, 故云功衰也.〕"라고 하였다. 임성주가 박윤원(朴胤源)에게 보낸 글인 《녹문집(鹿門集)》 권6 〈답박영숙(答朴永叔)〉 을미년(1775, 영조51) 9월 편지에 "복(服)을 입는 데에 변제(變除)의 제도를 둔 것은 점차 가볍고 길한 복으로 나아가게 하려는 뜻에 입각한 것입니다. 그런데 이미 '공최를 입는다.'라고 하였고 보면, 승수(升數)뿐만 아니라 그 제도가 또한 대공(大功)과 같다는 의미도 자연히 그 속에 들어있는 것입니다. ……《의례(儀禮)》〈상복(喪服)〉 참최장(斬衰章)에는 원래 '삼년(三年)'이라는 말이 없습니다. 설령 있다고 하더라도 하장(下章)을 예로 든다면, 소최(疏衰)의 모마질(牡麻絰)과 소구(疏屨) 등이 또 어떻게 삼년을 마치도록 착용하는 것들이겠습니까. 이는 단지 처음에 착용하는 것들을 끝내 말한 것일 뿐입니다.〔服之有變除, 漸次向輕向吉之義也. 旣曰服功衰, 則不但升數, 其制度之亦如大功自在其中.……喪服斬衰章元無三年字. 設有之, 以下章例之, 疏衰牡麻絰

모르겠습니다. 참최복을 마전하여 꿰매는 것은 진실로 외암(巍巖)이 나무란바 기참(朞斬)이라는 혐의가 있지만, 임(任) 어른은 "참최삼년(斬衰三年)"이라는 글은 단지 맨 처음 시작하는 복제(服制)를 이어받아 말한 것이지, 삼년 동안 내내 참최복을 유지함을 말한 것이 아니라고 하였습니다. 이는 이 예(禮)의 관건이니, 부디 분석하여 보여주시어 어느 쪽을 따를지 헤매지 않도록 해주시는 것이 어떻겠습니까?

踈屨, 亦豈終三年者乎? 此只以始受者終言之耳.]"라고 하였다.

효효재 김공에게 보냄
上嘐嘐齋金公

속절(俗節)[31]은 그 뜻을 취한 것을 따져보면 연락(宴樂)하는 때에 있으니, 국장(國葬) 전에는 폐하는 것이 또한 옳습니다. 그러나 혹자는 "어버이의 상(喪)을 치르는 삼년 동안 선조의 사당에 올리는 속절(俗節)의 참례(參禮)를 폐하지 않았는데, 연락(宴樂)하는 때라고 해서 혐의한 적이 없었다."라고 하니, 이 설이 어떠합니까? 어버이의 상(喪)에 장례를 치른 후에는 선조에게 제사를 올리므로 속절(俗節)도 행합니다. 그러나 국장(國葬) 전에는 모든 제사를 폐하는데 속절(俗節)의 연락하는 때는 곧 작은 시향(時享)이거늘 차례(茶禮)를 행하기를 평상시처럼 한다면 이는 끝내 온당치 못할 듯합니다.

삭망(朔望)의 예(禮)는 매우 간략하여 단지 한 소반의 과일을 올리는 것일 뿐입니다. 그러므로 선현들이 모두 국장(國葬) 전에 행하였습니다. 근래 인가(人家)에서 이를 행하기도 하고 행하지 않기도 하는데, 의론은 '국제(國制)에 대사(大祀)·중사(中祀)·소사(小祀)를 정폐(停廢)하니, 삭망(朔望)의 예(禮)도 소사(小祀)이므로, 행해서는 안 된다.'라고 하니, 이 설은 정도가 지나친 듯합니다. 대사(大祀)·중사(中祀)·소사(小祀)는 본래 국가의 사전(祀典)을 가리켜서 말한 것인

31 속절(俗節) : 제삿날 외에 철에 따라 사당이나 선영(先塋)에 차례(茶禮)를 지내는 날을 말한다. 음력 설날·한식·단오·동지 같은 날을 가리킨다.

데, 대・중・소의 글을 만약 공사(公私) 간의 제사에 통용해서 보고자 한다면, 사가(私家)에 있어 대사(大祀)는 시제(時祭)・연제(練祭)・상제(祥祭)・담제(禫祭) 같은 경우가 해당하고, 중사(中祀)는 기제(忌祭)・묘제(墓祭) 같은 경우가 해당하며, 소사(小祀)는 속절(俗節) 같은 경우가 해당하니, 삭망(朔望)은 소사(小祀)라고 할 수 없습니다. 수옹(遂翁)이 이른바 "제사가 되지 못한다."라는 것[32]이 진실로 바른 논의입니다. 이미 제사가 되지 못하였고 보면 행해서는 안 될 의리가 없는 듯하니, 삼가 바라건대 가르쳐주십시오.

32 수옹(遂翁)이……것 : 수옹은 수암(遂菴) 권상하(權尙夏, 1641~1721)를 가리킨다. 그의 문집인 《한수재집(寒水齋集)》 권18 〈답정대유(答鄭大猷)〉 두 번째 편지에 "우암(尤菴) 선생의 《예의문답(禮疑問答)》을 상고해 보니, 이징명(李徵明)의 물음에 답하기를 '기일(忌日)이 국상(國喪)의 성복(成服) 전에 있으면 제사를 그만두어야 하고, 성복 뒤에 있으면 간략하게 설행해야 한다.' 하였고, 또 이중원(李仲源)에게 답한 대략에는 '국상 때 장사 지내기 전에도 기제사를 간략하게나마 거행한다.'라고 하였으니, 삭망(朔望)의 참배(參拜)는 더욱 매우 간략한 것으로서 제사가 될 수 없는 것인 만큼 유독 삭망의 참배만 그만둘 의리는 없을 듯합니다.〔考尤菴先生禮疑問答, 則其答李徵明之問曰: 忌日在國哀成服前當廢, 在成服後則略設而行之. 又答李仲源略曰: 國恤葬前, 略擧忌祭. 則如朔望參尤是略之甚者, 不成爲祭祀, 恐無獨廢之義也.〕"라고 한 말이 보인다.

외구 김공[33] 시관 에게 보냄
上外舅金公 時莞

우러러 사모하는 마음이 늘 간절합니다. 삼가 보내주신 편지를 받아보니 말뜻이 정성스럽고 도타웠습니다. 약한 체질이 병에 잘 걸리는 것을 불쌍하게 여기시어 섭양(攝養)의 방도를 보여주셨습니다. 깊은 보살핌과 아낌을 받았으니, 감히 경계를 따르지 않을 수 있겠습니까. 일찍이 봄여름부터 주서(朱書)를 송독(誦讀)하여 병이 나면 잠시 멈추었다가 조금 나으면 문득 궁구한 것이 수십 편(篇)이었습니다. 근래에는 폐가 쇠하는 때인지라 다른 병이 생길까 염려하여 우선 놓아두고서 한가롭게 앉아 날을 보내고 있으니, 마음과 기운이 절로 펼쳐져서 진실로 보양(保養)하는 절도에는 해롭지 않으나, 혹 이를 지나 인순(因循)하면 노한 흘러가 끝내 나태해질까 두렵습니다. 그러나 옛날에 서원덕(徐元德)이 큰 병에 걸렸다가 막 회복하였을 적에 독서를 그만두지 못하고 있자, 주 부자(朱夫子)가 가르치기를 수개월을 쉬는 것이 좋다고 하였습니다.[34] 이를 통하여 보건대 군자(君子)가 근심하는 바

33 외구(外舅) 김공(金公) : 김시관(金時莞, 1698~1755)으로, 자는 여중(汝仲), 본관은 안동(安東)이다. 김상용(金尙容)의 현손으로, 아버지는 좌랑 김성도(金盛道)이다. 박윤원(朴胤源)은 그의 셋째딸과 혼인하였다.

34 서원덕(徐元德)이……하였습니다 : 주 부자(朱夫子)는 주희(朱熹)로, 《회암집(晦庵集)》 권56 〈답서거후(答徐居厚)〉에 "큰 병이 막 회복되었으니 진실로 보양을 해야 하지, 조금이라도 거슬러서 진기(眞氣)를 해쳐서는 안 되네. 독서는 그만두지 못하였을 것이니, 우선 수개월을 쉬는 것도 좋네.〔大病新復, 正要將護, 不可少有激觸, 損動

는 바로 마음을 평화롭게 하고서 기운을 기르지 못하는 데 있습니다. 제가 비록 우매하지만, 어찌 망령되이 병을 조심하는[35] 경계를 범하여 간책(簡冊)에 정신을 수고롭고 피폐하게 만들겠습니까.

과문(科文)의 일로 말하자면, 이전에는 다른 이들을 따라서 공부하였으나, 지금은 과거시험을 볼 시기가 우선 멀었으니 공령(功令)의 법식은 바야흐로 급선무가 아닙니다. 더군다나 득실이 반드시 전적으로 여기에 달린 것이 아니고, 평소 뜻도 이를 좋아하지 않는 경우에 있어서겠습니까. 선배(先輩)가 이른바 "7분(分)은 경서를 궁구하고 3분은 과거 공부를 한다."라고 한 말은 진정 속유(俗儒)가 알지 못해서는 안 되는 것이지만, 돌아보건대 이 비루한 사람도 이에 미치지 못하고 있으니, 부디 가르쳐 이끌어 주십시오.

眞氣. 讀書度未能罷, 且歇得數月亦佳.〕"라고 하였다. 거후(居厚)는 서원덕의 자(字)이다.

35 병을 조심하는 : 《논어(論語)》 〈술이(述而)〉에 "공자께서 삼간 바는 재계, 전쟁, 질병이었다.〔子之所愼, 齋戰疾.〕"라고 하였다.

초천 김공[36] 시찬 에게 보냄
上茗泉金公 時粲

집사(執事)의 이번 행차는 실로 세도(世道)와 관계되어 있으니, 탄식하는 마음을 가눌 수가 없습니다. 엄한 일정에 석양 무렵에 가까워져 끝내 작별을 놓치고 말았으니, 창망한 마음이 지극합니다. 무더위에 어찌 어려움을 겪고 계시는지, 체후는 강녕하신지 모르겠습니다. 수토(水土)가 나쁜 것은 비록 옛날에 겪으신 바이지만, 노쇠한 연세가 옛적과는 다르니 먼 곳에서 염려하는 마음을 조금도 느슨히 할 수가 없습니다. 오직 고인(古人)이 청량한 곳에 가는 듯이 하였다는 뜻[37]을 우러러 집사께 기약할 따름입니다. 나머지는 갖추지 못합니다.

36 초천(茗泉) 김공(金公) : 김시찬(金時粲, 1700~1767)으로, 흑산도에 유배되었다. 자는 치명(穉明), 호는 초천(茗川), 본관은 안동, 시호는 충정(忠正)이다. 김상용(金尙容)의 현손으로, 아버지는 좌랑 김성도(金盛道)이며, 박윤원(朴胤源)의 장인인 김시관(金時筦)이 그의 형이다. 1721년(경종1) 진사가 되었으며, 1735년(영조11) 증광 문과에 병과로 급제하여 사관(史官)이 되었다. 예문관 검열을 거쳐, 규장각 대교로 소론 일파의 처벌을 청했다가 탕평책에 반대한다 하여 흑산도로 유배되었다. 1740년 수찬으로 복관되었고, 1755년 대사간에 임명되었다. 1759년 부제학을 제수받고 이를 사양하는 글을 바쳤으나, 글 속에 불경스러운 구절이 있다 하여 다시 흑산도에 유배되어 1764년 풀려났다. 저서에 《초천집》이 있다.

37 고인(古人)이……뜻 : 소식(蘇軾)의 〈영주에서 사례하여 올린 표[英州謝上表]〉에 "이번에 폄적된 것은 진실로 마땅한 바입니다. 장독이 있는 더운 지방을 마치 청량한 곳에 가는 듯이 하니, 여윈 얼굴과 백발의 모습에 누가 노쇠한 나이를 가엽게 여겨 주겠습니까.[此時竄責, 誠所宜然. 瘴癘炎陬, 去若淸凉之地, 蒼顔素髮, 誰憐衰暮之年?]"라고 한 말이 보인다. 《東坡全集 卷69》

초천 김공에게 보냄

上苕泉金公

삼가 듣건대 집사께서 사면(赦免)하는 명(命)을 받으셨다고 하니,[38] 이사중(李師中) 시(詩)의 말구(末句)[39]가 빈말이 아닙니다. 더구나 성상의 마음이 올해 감동함이 있어서 특별히 너그러운 은전을 베푸시니, 보고 들음에 공경하는 마음을 가눌 수 없습니다. 그러니 이 어찌 오직 사사로이 집사를 위해서만 축하할 일이겠습니까. 삼가 생각건대, 6년 동안 바닷가에서 편안히 지내시어, 용모와 자발(髭髮 수염과 머리털)이 평소보다 상하지는 않으셨습니까? 돌아보건대 제가 머무르는 곳이 집사께서 계시는 곳과 멀지 않으니, 오랫동안 뵙지 못한 터에 곧장 달려가 절하고서 저의 정성을 펼치고자 하나, 한창 근심스럽고 잡다한 일이 있어서 우선 계획을 이루지 못하니, 서글픈 마음 어찌 다함이 있겠습니까. 나머지는 단지 철을 따라 보중하시기를 축원할 뿐입니다.

38 집사께서……하니 : 김시찬(金時粲)은 1759년(영조35)에 부제학(副提學)으로 있으면서 올린 차자에 불경한 내용이 담겨 있다 하여 흑산도로 유배되었다가, 1764년(영조40) 1월 21일에 사면령을 받았다. 《英祖實錄 35年 閏6月 13日, 40年 1月 21日》

39 이사중(李師中) 시(詩)의 말구(末句) : 송나라 인종(仁宗) 때 대간(臺諫) 당개(唐介)가 재상 문언박(文彦博)을 탄핵하다가 귀양을 가게 되자, 이사중이 〈송당개폄영주별가(送唐介貶英州別駕)〉라는 시를 지어 주었는데, 그 마지막에 두 구에 "하늘이 우리 황제를 위해 사직을 돕고 있으니, 부자를 살아서 돌아오게 하지 않겠는가.〔天爲吾皇扶社稷, 肯教夫子不生還?〕"라고 하였다.

중구 석은 유공[40] 언민 에게 보냄
上仲舅石隱兪公 彦民

고아(高牙)가 떠나자마자 돌연 대각(臺閣)의 말을 만났으니,[41] 몹시 놀라고 한탄하는 마음을 다 말할 수가 없습니다. 누가 두드리고 뒤흔드는 계책을 세워서 이 무리를 조성해낸 것입니까? 유수(留守)는 권요직(權要職)이 아닌데도 다투어 빼앗는 것이 이미 이와 같으니, 세도가 아, 두렵습니다. 거취의 절도 상 응당 상소를 올려 체직되기를 구하여야 할 듯하지만, 만약 조정에서 허락하지 않는다면 헛되이 고집만 부리는 것이게 될까 두렵습니다. 관작(官爵)의 득실은 아득한 하늘에 맡겼으니, 비방하는 말이 이른 것이 어찌 성대한 덕을 훼손하겠습니까마는, 다만 저의 비천한 생각에 구구하게 개탄하며 애석하게 여기는

40 석은(石隱) 유공(兪公) : 유언민(兪彦民, 1709~1773)으로, 본관은 기계(杞溪), 자는 이천(伊天), 호는 석은・기재(棄齋)이다. 아버지는 유수기(兪受基)인데, 유수기의 장녀가 박사석(朴師錫)에게 시집가서 박윤원(朴胤源)을 낳았으므로, 박윤원에게 외숙이 된다. 1743년(영조19) 정시 문과에 병과로 급제하였고, 이조 참의, 대사성, 도승지, 강화 유수 등을 역임하였다. 저서로 《석은집》이 있다.

41 고아(高牙)가……만났으니 : 고아(高牙)는 장상(將相)이 행차할 때 세우는 깃발을 가리킨다. 유언민(兪彦民)은 1771년(영조47) 2월 21일에 강화유수(江華留守)에 제수되었는데, 다음 달인 3월 3일에 사헌부 지평(司憲府持平) 송취행(宋聚行)이 상소를 올려 "강화유수 유언민이 제배(除拜)한 뒤에 부임(赴任)을 재촉하는 명이 이미 없었는데도, 약원(藥院)에서 잇달아 아뢰는 등 온 조정이 허둥대는 때에 갑자기 사폐(辭陛)하였으니, 무엇 때문에 급급하여 이 지경에 이르렀단 말입니까? 이처럼 사체(事體)를 모르는 사람은 결코 중지(重地)를 보장(保障)하는 책임을 맡겨서는 안 됩니다."라고 하여 그를 삭직하기를 청하였다. 《承政院日記 英祖 47年 2月 21日, 3月 3日》

바가 있습니다.

심도(沁都 강화도)는 본래 나라의 금탕(金湯)[42]입니다. 병정(丙丁)[43] 이후로 더욱 마땅히 지난날을 교훈으로 삼아 앞날을 경계하는 계책이 있어야 하니, 태평성세라고 해서 혹시라도 느슨히 해서는 안 됩니다. 그러니 그 땅을 지키는 이는 위임하여 맡긴 바가 매우 중하여, 현능하고 지혜로우며 재주와 모략이 있는 이가 아니라면 임무를 감당할 수 없음이 분명합니다. 우리 구씨(舅氏)께서 애초에 성상의 간택을 받은 것은 실로 중망(衆望)이었던 것이니, 그 직분을 다하는 방도에 있어서, 군사와 백성을 어루만져 편안히 하고 성과 해자를 수리하는 일들에 대해 응당 이미 성대하게 훌륭한 계책이 있을 것입니다. 장차 인화(人和)[44]가 더욱 견고해지고 천참(天塹 천연의 요새지)이 더욱 굳세져서 훗날 위급할 때에 믿을 수 있게 됨에, 유장(儒將)이 국가에 도움이 되는 바가 필시 클 터였습니다. 바야흐로 이를 공경히 기다리려 하였는데, 뜻밖에도 시기하는 자가 이를 저지하여 하루도 그 방략을 조금이나마 시도하지 못하게 하였으니, 공사(公事)를 위해 탄식함에 어찌 다함이 있겠습니까. 마니산에 한 번 올라 좋은 시구(詩句)를 읊는 일이 끝내 마귀에게 희롱을 당하고 만 것에 이르러서는 또한 여사(餘事)에 속하니, 깊이 탄식할 겨를이 없을 따름입니다.

42 금탕(金湯) : 금성탕지(金城湯池)의 준말로 쇠처럼 견고하고 끓는 물이 해자로 흘러 접근하여 공격할 수 없는 성을 뜻한다.

43 병정(丙丁) : 병자호란(丙子胡亂)을 가리킨다. 병자호란이 병자년(1636, 인조14) 12월에 발발하여 이듬해인 정축년 1월에 화의가 성립되었기에 '병정'이라 한 것이다.

44 인화(人和) : 민심이 화합함을 이른다. 《맹자》 〈공손추 하(公孫丑下)〉에 "천시(天時)는 지리(地利)만 못하고 지리는 인화(人和)만 못하다."라고 하였다.

지암 김공[45] 양행 에게 보냄
上止庵金公 亮行

지난번 머무시던 관소에서 납배(納拜)를 하였을 적에 마침 조섭(調攝)하던 때였는지라 찬찬히 가르침을 받들지 못하였습니다. 그 후 다시 나아가 훈자(薰炙)하고자 하였으나 채신(采薪)의 근심[46]이 있어 이루지 못하였고, 바야흐로 조금 나아지는 때를 기다려 몸을 움직이려 하였으나 행차가 떠나 이미 멀어지고 말았습니다. 목을 늘이고 멀리 바라봄에 어찌 서글프고 한스러운 마음을 가눌 수 있겠습니까. 첫추위에 도(道)를 기르시는 체후가 신의 도움으로 곧고 길하시기를 삼가 바라니, 그렇다면 몹시 위안이 될 것입니다.

강연(講筵)에서 등대(登對)하면서 많이 건의하여 아뢴 말이 족히

45 지암(止庵) 김공(金公) : 김양행(金亮行, 1715~1779)의 호로, 자는 자정(子靜), 또 다른 호는 여호(驪湖), 본관은 안동(安東)이며, 김신겸(金信謙)의 아들이다. 민우수(閔愚洙)의 문인으로, 벼슬에 뜻을 두지 않고 오직 학문 연구에 전념하여 성리학을 비롯해 예학과 역학에도 조예가 깊었다. 1758년(영조34)에 학행(學行)으로 천거되어 사간원 정언(司諫院正言)에 임명되었으나 부임하지 않았고, 그 뒤에 직제학(直提學)을 거쳐 이조 참의와 형조 참판을 지냈다. 이조 판서에 추증되었고 시호는 문간(文簡)이며 저서로는 《지암집》이 있다.

46 채신(采薪)의 근심 : 병이 나면 땔나무를 하지 못하여 근심한다는 뜻으로, 자신의 병을 겸손하게 표현한 말이다. 《맹자》〈공손추 하(公孫丑下)〉에 "어제는 왕명이 있었지만 채신의 근심이 있어 조회에 나가지 못하였는데, 오늘은 병이 조금 나아 조정에 달려나갔습니다.〔昔者有王命, 有采薪之憂, 不能造朝. 今病小愈, 趨造於朝.〕"라고 한 데서 온 말이다.

온 세상이 눈을 씻고서 기대하던 마음을 위로할 만하였는데, 얼마 지나지 않아 병으로 사직하고 돌아오셨습니다. 제가 우매하여 비록 감히 대군자(大君子) 출처(出處)의 절도에 대해 참여하여 논의할 수는 없지만, 남아주시기를 원하는 뜻과 떠남을 애석해하는 마음으로 말하면 여정(輿情)과 함께 탄식하지 않은 적이 없습니다.

이어서 기억하건대 제가 찾아뵈었던 때가 을해년(1755, 영조31) 봄이었는데, 이때 선생께서 곧 도성을 떠나셔서 미처 책을 가지고서 더 가르쳐주시기를 청하지 못하였습니다. 그 후 제가 질병과 상사(喪事)에 골몰하느라 한번 문하에 찾아가 뵙고서 물 뿌리고 쓰는 일도 하지 못하였으니, 문병(門屛)을 우러러 바라봄에 별처럼 아득하여 한갓 우러러 사모하는 마음만 간절할 뿐이었습니다.

그런데 몹시 다행스럽게도 근래 다시 덕스러운 모습을 뵙게 되었으니, 수염과 머리카락이 모두 희게 센 중에도 옛적의 정신과 용모를 알아볼 수 있었습니다. 손꼽아 헤아려보니 그사이 세월이 덧없이 흘러가 어느덧 25년이 지났습니다. 장자(長者)의 도덕은 더욱 높아져서 이미 정심(精深)하고 순숙(純熟)한 경지에 나아갔는데, 소자(小子)의 학업은 끝내 한 치도 진보하지 못한 채 단지 의구한 어린아이일 뿐입니다. 이에 우러러 감동하고 굽어보아 부끄러워서, 물러나서도 마음에 잊히지 않습니다. 늦게 태어난 후배로서 도(道)를 지닌 분을 직접 접하는 것이 진실로 얻기 어려운 기회임을 알고 있기에, 평소에 결정하지 못하던 의문과 종신토록 행해야 할 도리를 가지고서 관소에 계시는 날에 한 번 가르침을 청하고자 하였으나 끝내 또 그렇게 하지 못하였으니, 구구한 이 한(恨)이 절로 마음에 맺혀 있었습니다.

근래 가제(家弟)인 준원(準源)이 졸렬한 생계를 도모하고자 유락

(流落)하여 황려(黃驪 여주)에 우거(寓居)하여서 형제가 헤어졌으니, 사사로운 정에 몹시 슬프고 근심스럽습니다만, 다만 아우가 인리(仁里)[47]에 터를 잡아서 귀의할 곳이 있게 된 것이 기쁘고, 또한 아우가 문후하는 때를 통해서 덕음(德音)을 받들 길이 있게 되었음을 스스로 다행으로 여깁니다. 만약 비루하게 여기지 않으시고 가르침을 내려주신다면 이는 진실로 어리석고 비루한 저의 큰 소원입니다. 삼가 편지를 받들고서 안부를 여쭙는 예(禮)를 올립니다. 갖추지 못합니다.

47 인리(仁里) : 상대가 사는 마을을 높여 이른 말이다. 《논어》 〈이인(里仁)〉에 공자가 "마을이 인후(仁厚)한 것이 아름다우니, 살 곳을 가려서 인(仁)한 곳에 살지 않으면 어찌 지혜롭다 하겠는가.〔里仁爲美, 擇不處仁, 焉得知?〕"라고 하였다.

봉록 김공[48] 이곤 에게 보냄

與鳳麓金公 履坤

서남(西南)은 음방(陰方), 동북(東北)은 양방(陽方)이 되는 것은 문왕(文王) 팔괘(八卦)의 방위가 그러합니다. 손(巽)·리(离)·곤(坤)·태(兌)가 서남에 자리하니 서남은 음방이 아니겠습니까. 진(震)·간(艮)·감(坎)·건(乾)이 동북에 자리하니 동북은 양방이 아니겠습니까. 건(乾)은 본래 위에 있으나 도리어 아래에 있는 것은 음과 양이 자리를 바꾸어서 교(交)한 것이니, 이는 후천(後天)의 괘위(卦位)가 선천(先天)과 다른 까닭입니다.[49] 주자(朱子)가 원추(袁樞)에게 답하기를, "동(冬)·춘(春)은 양이고, 하(夏)·추(秋)는 음이라는 것은 또한 일설(一說)이다."라고 하였습니다.[50] 하(夏)가 음인 것은 남(南)

48 봉록(鳳麓) 김공(金公) : 김이곤(金履坤, 1712~1774)으로, 자는 후재(厚哉), 호는 봉록, 본관은 안동(安東)이다. 아버지는 김순행(金純行)이며, 족부(族父) 김명행(金明行)에게 입양되었다. 1762년(영조38) 4월에 세자익위사 시직(世子翊衛司侍直)에 제수되었는데, 윤5월에 사도세자(思悼世子)가 화를 당하자 궐내로 달려가 통곡하다가 흑산도로 유배하라는 명을 받았으나 곧 명이 거두어졌다. 그 후 장악원 주부(掌樂院主簿)·평시서 영(平市署令)·신계 현령(新溪縣令) 등을 역임하였다. 저서로는《봉록집》이 있다.

49 건(乾)은……까닭입니다 : 복희(伏羲)가 그린 〈복희팔괘방위도(伏羲八卦方位圖)〉를 선천(先天) 팔괘라고 하고, 문왕(文王)이 그린 〈문왕팔괘방위도(文王八卦方位圖)〉를 후천(後天) 팔괘라고 한다. 선천 팔괘에는 건(乾)이 남쪽인 위에 있는 데 반해 후천 팔괘에는 건이 아래인 서북방에 자리해 있다.《周易傳義 易本義圖》

50 주자(朱子)가……하였습니다 : 주희의 이 말은《주역전의대전(周易傳義大全)》

이 음방(陰方)인 것과 같고, 동(冬)이 양인 것은 북(北)이 양방(陽方)인 것과 같으니, 다시 무엇을 의심하겠습니까. 선유(先儒)가 "남(南)은 땅의 음이 되고 북(北)은 땅의 양이 된다."라고 하였으니,[51] 이 설이 미더워 증거로 삼을만합니다.

〈문왕팔괘방위도(文王八卦方位圖)〉에 보인다.

51 선유(先儒)가……하였으니 : 이는 서산 채씨(西山蔡氏), 즉 채원정(蔡元定, 1135~1198)의 말로, 인용한 말은 《황극경세서해(皇極經世書解)》 권11에 보인다.

준재 김공[52] 이복 에게 답함

答蠢齋金公 履復

첩은 여군(女君)을 위하여 자최 부장기복(齊衰不杖期服)을 입으니, 응당 《상례비요(喪禮備要)》의 글을 따라야 합니다.[53] 세상에 자최 삼년(齊衰三年)을 하는 경우가 있는 것은 선배의 설을 보지 못하였으니, 과연 어디에 근거한 것입니까? 그릇된 세속의 견해일 듯합니다.

손부(孫婦)의 상(喪)에 비록 아직 장례하지 못하였더라도 상이 다른 곳에서 나왔고 또 성복(成服)을 지났으면 한집에 사는 예(例)를 끌어다가 제사를 폐해서는 안 됩니다. 무릇 기복(朞服)과 대공복(大功服)에 장례하기 전에 기제(忌祭)와 묘제(墓祭)를 행하면 일헌(一獻)만 하고 독축(讀祝)은 하지 않는 것이 바로 선현(先賢)이 정한 바입니다. 장손부(長孫婦)에 대한 복이 비록 소공복(小功服)이지만 이미 집안의 상(喪)이니, 기복(朞服)과 대공복(大功服)의 예(例)를 따라서 장례하기 전에 있는 선조의 기제(忌祭)에 단헌(單獻)으로 행한다면 예(禮)

52 준재(蠢齋) 김공(金公) : 김이복(金履復, 1720~?)으로, 자는 득초(得初), 호는 준재, 본관은 안동(安東)이다. 아버지는 김순행(金純行)으로, 김이곤(金履坤)의 아우이며, 김춘행(金春行)에게 입양되었다. 1753(영조29)에 진사시에 합격하였다.

53 첩은……합니다 : 여군(女君)은 적처이며, 자최부장기(齊衰不杖期)란 1년 동안 자최복을 입으면서 상장(喪杖)은 짚지 않는 복(服)으로, 자최장기보다 낮은 복이다. 첩이 여군을 위해 자최부장기복을 입는다는 말은 본래 《의례(儀禮)》 〈상복(喪服)〉에 나온 것으로, 《상례비요(喪禮備要)》에도 실려 있다.

를 갖추지 않으면서도 완전히 폐하지는 않아서 중도를 얻을 듯합니다. 어떠한지 모르겠습니다.

김공[54] 철행 에게 보냄
與金公 喆行

견전(遣奠)을 행하지 않는 것은 돌아와서 다시 생각해보니 제 생각에는 자못 온당치 못하다는 것을 깨닫겠습니다. 비록 온공(溫公)의 설[55]이 있지만, 이는 실로 상구(喪柩)가 객지로부터 돌아올 경우를 가리킨 것이니, 원래 지금 이끌어서 예(例)로 삼을 수 있는 것이 아닙니다. 더구나 온공이 "장례를 지낼 때에 이르러서 비로소 이 조전(祖奠)과 견전(遣奠)의 예(禮)를 갖춘다."라고 한 것은 실로 조전(祖奠)과 견전(遣奠) 두 전(奠)을 통틀어 말한 것입니다. 온공의 설을 적용한다면 조전과 견전 두 전을 모두 행하지 않는 것이 옳습니다. 지금 단지 조전만 행하고 견전은 행하지 않고자 하는 것이 과연 온공의 예

54 김공(金公) : 김철행(金喆行, 1715~?)으로, 자는 군보(君保), 본관은 안동(安東)이다. 박윤원(朴胤源)의 장인인 김시관(金時筦)의 맏아들이다. 1754년(영조30)에 진사시에 합격하였으며, 교관(敎官) 등을 지냈다.

55 온공(溫公)의 설 : 온공은 송나라 사마광(司馬光, 1019~1086)으로, 온국공(溫國公)에 봉해져서 온공이라 불린다. 《가례(家禮)》 〈상례(喪禮) 치장(治葬)〉의 '해가 저물 때에 조전(祖奠)을 차린다.〔日晡時設祖奠〕' 조(條)의 주석에 "만약 영구가 다른 곳에서 장례 지낼 곳으로 돌아간다면 떠나는 날에는 조전(朝奠)만을 차리고 곡을 하고 갔다가 장례를 지낼 때에 이르러서 비로소 이 조전과 견전의 예를 갖춘다.〔若柩自他所歸葬, 則行日但設朝奠, 哭而行, 至葬乃備此及下遣奠禮.〕"라고 한 사마광의 말이 보인다. 조전은 발인(發靷)하기 하루 전에 가묘(家廟)에 영결을 고하기 위해 지내는 제전(祭奠)를 이르고, 견전은 발인(發靷)할 때 문 앞에서 지내는 제전으로 노전(路奠), 노제(路祭)라고도 한다.

(禮)에 부합하겠습니까. 조전은 여기에서 행하고 견전은 저기에서 행하는 것은 적확하게 근거로 삼을만한 선유(先儒)의 논의를 볼 수 없는데, 애장(哀丈)께서 단연히 행하고자 하시니, 저는 진실로 옳은지 모르겠습니다.

홍주(洪州)가 비록 고향이지만 이미 옥려(屋廬)가 없으니, 상여의 행차 중 영구(靈柩)가 머무르는 곳은 단지 묘노(墓奴)의 집이나 마을의 인가(人家)에 불과할 것인데, 지금 도리어 다른 곳으로부터 집에 이르는 예(例)를 적용하는 것은 너무 그릇되지 않겠습니까. 상(喪)이 이미 서울집에서 있었다면 발인(發靷)할 때에 마땅히 의문(儀文)을 갖추어야 하는데, 지금 도리어 견전을 설행하지 않고 조전만 설행하여서 마치 객지로부터 영구가 돌아가는 것처럼 행하니, 이 어찌 크게 온당치 못한 것이 아니겠습니까. 애장(哀丈)의 뜻은 비록 견전(遣奠)의 축문에 "유택으로 나아간다.〔往卽幽宅〕"라는 말이 너무 미리 하는 것임을 꺼리는 것이지만, 이는 굳이 깊이 집착할 필요가 없을 듯합니다. 어찌 이로 인해 마땅히 행해야 할 것을 대번에 폐할 수 있겠습니까. 제 생각으로는 조전(祖奠)과 견전(遣奠)을 모두 발인하기 전에 예(禮)대로 행하고, 홍주(洪州)의 영구가 머무르는 곳에서부터 임시로 장례하였다가 또 발인할 때에는 굳이 다시 설행할 필요가 없을 듯합니다. 어떻게 생각하시는지요?

최석유(崔碩儒)가 "집에서 발인하고 또 다른 곳에 빈소를 차렸다가, 장사를 지낼 때 또 발인하면, 조전(祖奠)은 처음에 이미 행하였더라도 또 폐해서는 안 되는 것입니까?"라고 묻자, 신재(愼齋)가 "처음에 이미 행하였다면 굳이 다시 행할 필요는 없을 듯하다."라고 답하였습니다.[56] 이 문답은 비록 조전(祖奠)만을 말하였으나 실상 견전(遣奠)도 그 가운데 있는 것입니다.

56 최석유(崔碩儒)가……답하였습니다 : 신재(愼齋)는 신독재(愼獨齋) 김집(金集 1574~1656)을 가리킨다. 이 내용은 김집이 편찬한《의례문해속(疑禮問解續)》에 보인다.《국역 신독재전서(愼獨齋全書) 제13권 의례문해속(疑禮問解續) 상례(喪禮) 발인(發引)》

김공에게 보냄

與金公

상상(殤喪)[57]의 부제(祔祭)는 다시 예서(禮書)를 살펴보니 모두 분명하게 행할만한 증거가 없습니다. 옛날에는 상상(殤喪)에 애당초 우제(虞祭)와 졸곡(卒哭)이 없었는데,-《예기(禮記)》〈상복소기(喪服小記)〉의 주(註)에 보인다.- 《개원례(開元禮)》에 이르러 비로소 우제를 행하였으되 또한 신주(神主)를 세우지는 않았습니다.[58] 정주(程朱)에 이르러서 비로소 신주를 세우는 것을 말하였는데, 또한 졸곡제(卒哭祭)와 부제(祔祭)에 대한 글은 없습니다.

대저 상자(殤者)와 후사가 없는 자는 아울러 반부(班祔)하니,[59] 이미

57 상상(殤喪) : 성인이 되기 전에 일찍 죽은 사람의 상(喪)을 이른다. 16세부터 19세 사이에 죽으면 장상(長殤), 12세부터 15세 사이에 죽으면 중상(中殤), 8세부터 11세 사이에 죽으면 하상(下殤)이라고 한다. 8세 이전에 죽은 사람에 대해서는 복을 입지 않는다. 《儀禮 喪服傳》

58 개원례(開元禮)에……않았습니다 : 《대당개원례(大唐開元禮)》 권150 〈삼상(三殤)〉에 "신주를 세우지 않고, 우제를 지내고 나서 영좌를 철거한다.〔不立神主, 旣虞而除靈座.〕"라고 하였다.

59 대저……반부(班祔)하니 : 《가례(家禮)》〈통례(通禮) 사당(祠堂)〉에 "방친 가운데 후사가 없는 자는 반열에 따라 부한다.〔旁親之無後者, 以其班祔.〕"라고 하였으니, 반부는 차서에 따라 조상의 사당에 합부(合祔)하는 것을 말한다. 그 주(註)에, "복(服)이 없는 상(殤)은 제사를 지내지 않고, 하상의 제사는 부모의 몸에서 마치고, 중상의 제사는 형제의 몸에서 마치고, 상상의 제사는 형제의 자식의 몸에서 마치고, 성인이 되어서 후사가 없는 자는 그 제사가 형제의 손자의 몸에서 마친다.〔無服之殤, 不祭, 下殤之祭, 終父母之身, 中殤之祭, 終兄弟之身, 上殤之祭, 終兄弟之子之身, 成人而無後

조묘(祖廟)에 부식(祔食)[60]하였으면, 부제(祔祭)가 진실로 그 가운데 있을 듯합니다. 다만 《개원례》에 근거하여 우제(虞祭)를 지내고 나서 영좌(靈座)를 철거하여 졸곡(卒哭) 한 절(節)이 없게 되면 "졸곡 다음 날에 부(祔)한다."라는 글[61]은 시행할 곳이 없을 듯합니다. 제가 그러므로 상상(殤喪)의 부제(祔祭)는 반드시 행해도 좋은지를 알 수 없다고 하는 것입니다.

부묘(祔廟)할 때의 고사(告辭)의 경우에는, 현석(玄石 박세채(朴世采))이 퇴우당(退憂堂 김수홍(金壽興))이 보낸 편지의 질문에 답하기를, "비록 감히 곧장 부제(祔祭)를 행하지는 못하지만, 상주(殤主)가 가묘(家廟)에 들어갈 때 마땅히 예(禮)를 고하고 행사(行事)하는 절목이 있어야 할 듯하다."라고 하였습니다. 이를 보면 응당 고사(告辭)가 있어야 하는데, 다만 "상기(喪期)가 이미 다하였다.〔喪期已盡〕"라는 말은 써서는 안 되니, 상상(殤喪)에는 본래 연제(練祭)와 상제(祥祭)가 없기 때문입니다.

者, 其祭終兄弟之孫之身.〕"라고 하였다

60 부식(祔食) : 조상의 사당에 붙여 모셔서 제사를 받아먹게 하는 것을 말한다.

61 졸곡……글 : 《가례(家禮)》 〈상례(喪禮) 부(祔)〉에 보인다.

밀암 김공[62] 지행 에게 보냄

與密庵金公 砥行

지난달에 머무시는 곳에 가서 가르침을 받아 이틀 밤을 촛불 심지를 자르며 말씀을 들었으니, 그사이 진진(津津)하게 귀에 들어온 말이 성리(性理)에 대한 설이 아닌 것이 없었습니다. 중추(仲秋)에 문하에 나아갔을 때에 비하면 들은 바가 더욱 많았는지라 마음이 충만하여 마치 터득함이 있는 듯하였습니다. 이 만남은 비록 우연히 성사된 것이었지만, 그 즐거움은 실로 사라지기 어렵습니다. 이후 짧은 편지를 받들어서 사모하고 좋아하는 정성을 보이고자 하였으나, 끝내 실행하지 못하였습니다. 비록 병으로 인해서라고 하지만 또한 게으른 것일 뿐이니, 도리어 송구하게 여기는 사사로운 마음을 가눌 수 없습니다.

늦추위가 갑자기 심해졌는네, 삼가 생각건대 도(道)를 음미하시는 기거가 신의 도움으로 평안하실 것이니, 흠모하던 마음이 우러러 위로가 됨에 저의 보잘것없는 정성을 가눌 길이 없습니다. 세하생(世下生)은 어버이를 모시면서 그럭저럭 지내고 있습니다. 읽는 책은 바야흐로 연이어서 《대학(大學)》을 보느라 우선은 다른 책에 미칠 겨를이 없습니다. 이는 한 권의 책인데, 수개월을 온역(溫繹)하고서도 그 은미한

62 밀암(密庵) 김공(金公) : 김지행(金砥行, 1716~1774)으로, 자는 유도(幼道), 호는 밀암, 본관은 안동이다. 김상용(金尙容)의 후손이자 충청 감사를 지낸 김성적(金盛迪)의 손자이다. 윤봉구(尹鳳九)의 문인으로, 과거를 보지 않고 공주(公州) 계실곡(溪室谷)에 은거하여 학문을 닦았으며, 50세에 감역(監役)에 임명되었지만 나아가지 않았다. 저서에 《밀암집》이 있다.

뜻을 꿰뚫어 알지 못하고 있으니, 우둔한 자질을 알 만합니다. 그러나 주 부자(朱夫子)가 일찍이 "내 일생의 정력(精力)이 모두 이 책에 들어 있다."라고 하였으니,[63] 그 어려움이 이와 같습니다. 그러니 저와 같은 후학이 끝내 궁구할 수 있겠습니까. 다만 응당 오래도록 완색하여 점차 깨우쳐야 할 것이지, 감히 빠른 효과를 바랄 수가 없습니다. 그러나 다만 지금 근심하는 바는 알기에 어려운 데에만 있는 것이 아니라, 실로 또한 행하기 어려운 데에 있습니다. 이 마음을 스스로 점검해보건대 인욕은 많고 천리(天理)는 적은지라, 자기(自欺)의 우환[64]과 유소(有所)의 병통[65]과 편벽(偏僻)의 잘못[66]을 모두 면할 수가 없습니다.

63 주 부자(朱夫子)가……하였으니 : 《대학장구(大學章句)》의 〈독대학법(讀大學法)〉에 "사마 온공(司馬溫公)이 《자치통감(資治通鑑)》을 짓고서 평생의 정력을 모두 이 책에 들어있다고 하였는데, 내가 《대학》에 있어서 또한 그러하다.〔溫公作通鑑, 言平生精力盡在此書, 熹於大學亦然.〕"라고 한 주희(朱熹)의 말이 보인다.

64 자기(自欺)의 우환 : '자기'란 자기 자신을 속이는 것으로, 《대학장구(大學章句)》 전(傳) 6장에 "이른바 그 뜻을 성실히 한다는 것은 자신을 속이지 말라는 것이다.〔所謂誠其意者, 毋自欺也.〕"라고 하였다.

65 유소(有所)의 병통 : 분치(忿懥)하는 바, 공구(恐懼)하는 바, 호요(好樂)하는 바, 우환하는 바 네 가지가 있는 병통을 뜻한다. 《대학장구(大學章句)》 전(傳) 7장에서 정심(正心)을 논하면서 "이른바 '몸을 닦음이 그 마음을 바룸에 있다.'는 것은 마음에 분치하는 바가 있으면 그 바름을 얻지 못하며, 공구하는 바가 있으면 그 바름을 얻지 못하며, 좋아하는 바가 있으면 그 바름을 얻지 못하며, 우환하는 바가 있으면 그 바름을 얻지 못한다.〔所謂修身在正其心者, 身有所忿懥, 則不得其正; 有所恐懼, 則不得其正; 有所好樂, 則不得其正; 有所憂患, 則不得其正.〕"라고 하였다. 주희(朱熹)는 이에 대한 주(註)에 "이 네 가지는 모두 마음의 용(用)이니, 사람이 없을 수 없는 것이다. 그러나 하나라도 이것을 가지고 있으면서 살피지 못하면 욕심이 동하고 정(情)이 치우쳐서 그 용(用)의 행하는 바가 혹 올바름을 잃지 않을 수 없을 것이다."라고 하였다.

66 편벽(偏僻)의 잘못 : 《대학장구(大學章句)》 전(傳) 8장에 "이른바 그 집안을 가지

《대학》은 절로 《대학》이고 내 몸은 절로 내 몸이니, 참으로 이른바 "단지 성의(誠意)와 정심(正心)을 가지고서 잠시 읊을 뿐이다."[67]라는 경우입니다. 몸을 돌이켜봄에 두렵고 부끄러워 심지어 땀이 흐릅니다. 조예가 이미 깊고 실천을 이미 익숙히 하신 어진 하집사(下執事)[68]께서는 의당 가르쳐 인도할 방도를 생각하실 터입니다. 자신이 서면 또한 남을 서게 하고자 하고, 후각자(後覺者)는 필시 선각자(先覺者)를 의지하는 법이니, 삼가 바라건대 그 유여함을 미루어서 남의 미치지 못하

런히 함이 몸을 닦음에 있다는 것은 사람들이 친애하는 바에 편벽되며, 천히 여기고 미워하는 바에 편벽되며, 두려워하고 존경하는 바에 편벽되며, 가엽게 여기고 불쌍히 여기는 바에 편벽되며, 거만하고 게을리하는 바에 편벽된다.〔所謂齊其家在修其身者, 人之其所親愛而僻焉, 之其所賤惡而焉, 之其所畏敬而焉, 之其所哀矜而焉, 之其所敖惰而焉.〕"라고 하였다.

67 단지……뿐이다 : 《심경부주(心經附註)》 권2 〈대학(大學) 정심장(正心章)〉에 "세속의 학문이 성현(聖賢)과 다른 까닭은 또한 알기가 어렵지 않다. 성현은 곧바로 진실하게 하시니, 정심(正心)을 말할 때에는 곧 마음이 바르고, 성의(誠意)를 말할 때에는 곧 뜻이 성실하고, 수신(修身)과 제가(齊家)도 모두 빈말이 아니었는데, 지금 배우는 자들은 정심을 말할 때에는 정심을 가지고 잠시 읊을 뿐이며, 성의를 말할 때에도 성의를 가지고 잠시 읊을 뿐이며, 수신을 말할 때에도 성현이 허다하게 수신을 말씀한 부분을 가지고 입으로만 욀 뿐이며, 혹은 언어를 주워 모으고 시문(時文)을 엮어지으니, 이와 같이 학문을 하면 자기 신상에 무슨 상관이 있겠는가.〔世俗之學所以與聖賢不同者, 亦不難見. 聖賢直是眞箇去做, 說正心, 直要心正, 說誠意, 直要意誠, 脩身齊家皆非空言. 今之學者, 說正心, 但將正心吟詠一餉, 說誠意, 又將誠意吟詠一餉, 說脩身, 又將聖賢許多說脩身處, 諷誦而已, 或掇拾言語, 綴緝時文, 如此爲學, 却於自家身上, 有何交涉?〕"라고 하였다.

68 하집사(下執事) : 본래 측근에서 신변의 일을 처리하는 사람을 이르는데, 옛날에는 상대방을 직접 호칭하는 것을 결례로 생각하여 '하집사' 또는 '좌우(左右)'라고 써서 공경하는 뜻을 표시하였다. 여기서는 상대방인 김지행(金砥行)을 존칭한 것이다.

는 점을 구제하여 길을 헤매던 가운데에서 끝내 구제해주십시오. 그렇게 해주시면 진실로 어리석고 비루한 이 구구한 사람에게 다행일 것입니다. 갖추지 못합니다.

밀암 김공에게 보냄

與密庵金公

지난해에 삼가 길게 답해주신 편지를 받았으니, 기쁘고 감격스러운 마음을 금할 수 없습니다. 그러나 해주신 말씀이 퍽 많아 창졸간에 우러러 답할 수 있는 것이 아니었기에, 그 인편을 통해 답신을 적어 보내지 못하였으니, 헤아려 살펴주실 수 있을는지요. 삼양(三陽)이 이미 열림에[69] 삼가 생각건대 도(道)를 기르시는 체후가 더욱 길하여 화락하고 다복할 것입니다. 우러러 기뻐서 축하를 드림에, 쏠리는 정성이 배로 더합니다.

긴 편지에서 말씀하신 뜻은 삼가 잘 살펴보았습니다. 상세하게 학문을 논하고 간절하게 남을 가르치신 것이 종이를 누차 이어가도록 다하지 않아서, 《증선(曾傳) 대학》의 규모와 주서(朱書)의 의리를 한 번 붓을 들어 다하셨습니다. 공경히 반복하여 읽음에 귀와 눈이 모두 열리고 마음 또한 이를 말미암아 더욱 충만해졌습니다. 이 몸이 이어받아 감당하고 감당하지 못하고를 막론하고, 이에 나아가 집사께서 익숙히 경험하신 것과 성대하게 축적하신 것을 볼 수 있었으니, 더욱 사람으로 하여금 옷깃을 거두고 공경하는 마음을 일으켜 흠모하고 탄복하게 합니다.

69 삼양(三陽)이 이미 열림에 : 봄이 시작되는 정월이 된 것을 말한다. 11월 동지에 일양(一陽)이 생기고 12월에 이양(二陽)이, 정월에 삼양이 생겨 태괘(泰卦)가 된다. 태괘는 정월에 해당하며, 음(陰)이 물러가고 양(陽)이 전진하는 상이다.

저는 자질이 본래 어리석은 데다가 도(道)를 구하는 것도 늦어져서, 어려서는 이미 소학(小學)의 수양을 하지 못하였고, 장성하여서는 보완하는 공부를 하지 못하였습니다. 처음에는 거업(擧業)에서 곤욕을 치르다가 중간에는 문사(文辭)에 빠져서 제멋대로 달려가고 곁으로 치달은 것이 거의 20여 년이었습니다. 지금 이후로 학문으로 돌아오고자 하지만 아직 그렇게 하지 못하고 있습니다. 여러 성리서(性理書)를 대강이나마 읽지 않은 것은 아니지만, 마구 섭렵하면서 어렴풋이 보아서 정미하고 오묘한 뜻을 백에 하나도 통달하지 못하였습니다. 일상생활의 행사(行事)를 대강이나마 삼가지 않은 것은 아니지만, 편협하고 고집스러워 곳곳마다 병통이 되어 언어와 동작이 열에 곧 아홉은 잘못됩니다. 그 습관의 졸렬함과 기질의 편벽됨이 쉽게 바로잡을 수가 없습니다.

이 부족한 자질로 보건대 실로 도(道)에 나아갈 가망이 없지만, 또한 예전에 "아무리 어리석은 사람이라도 반드시 명민해지고, 아무리 유약한 사람이라도 반드시 강해지게 된다."[70]라는 가르침을 들었기에 감히 스스로 한계지어 포기하지 못하는지라, 사도(斯道)에 대해서 잊지 못하는 바가 있습니다. 다만 마음을 세운 것이 성실하지 못하고 공부하기를 절실하게 하지 못하여, 《대학》을 본 지 수개월에 스스로 돌이켜보건

70 아무리 어리석은……된다 : 《중용장구(中庸章句)》 제20장에 "남이 한 번에 능숙하게 하면 나는 그것을 백 번이라도 하고, 남이 열 번에 능숙하게 하면 나는 그것을 천 번이라도 할 것이다. 만약 이런 방식으로 해나갈 수만 있다면 아무리 어리석은 사람이라도 반드시 명민해지고, 아무리 유약한 사람이라도 반드시 강해지게 될 것이다.〔人一能之, 己百之; 人十能之, 己千之, 果能此道矣, 雖愚, 必明; 雖柔, 必强.〕"라고 한 데서 온 말이다.

대 한 가지 일도 책에서 말한 바와 방불한 것이 없으니, 책을 덮음에 망연하고 몸을 돌아봄에 두렵습니다. 이에 다시 당세 군자의 의론을 들어 옛 책 밖에서 경책(警策)을 얻어서, 십 년 동안 독서한 것보다 나은[71] 밑천으로 삼고자 하였습니다. 그리하여 감히 스스로 점검한 것을 대략 집사의 앞에 보이면서 그 추함이 드러나는 줄도 스스로 알지 못하였던 것입니다.

답해주신 가르침을 받음에 칭찬하여 장려하고 이끌어서 나아가게 하신 것이 마치 참으로 체험한 실질이 있어 그런 것처럼 하였으니, 이미 저도 모르게 더욱 부끄러웠습니다. 더구나 또 극기복례(克己復禮)와 성현(聖賢)이 되기를 바라는 일로 책하셨으니, 이는 저에게 마땅히 베푸실 바가 아닙니다. 난쟁이에게 천균(千鈞)의 짐을 지운다는 말로도 그 무거움을 비유하기에 부족하니, 돌아보건대 무슨 수로 이를 맡아서 이룰 수 있겠습니까. 비록 그렇지만 집사께서 이미 저를 비루하다 어기지 않으시고 더불어 도(道)를 말할 만하다고 하셨으니, 비록 나약한 마음일지라도 또한 감동하여 분발할 줄을 알고 있습니다. 청컨대 근래 공부하여 범위로 삼은 바를 모두 진달하고, 이어서 이를 바로잡아주시길 다시 구합니다.

예전에 들으니, 학문하는 방도는 반드시 치지(致知)를 먼저 해야 하고, 치지의 방도는 대부분 독서에 있습니다. 그러므로 배우는 이가

71 십……나은 : 《이정전서(二程全書)》 권22상(上) 〈이천어록(伊川語錄)〉에 "고인(古人)이 '그대와 함께 하룻밤 동안 이야기를 나누는 것이, 10년 동안 독서한 것보다도 낫다.'라고 하였다. 만약 하루 동안에 얻는 것이 있다면 어찌 10년 동안 독서한 것보다 나은 정도일 뿐이겠는가.〔古人有言曰: 共君一夜話, 勝讀十年書. 若一日有所得, 何止勝讀十年書也?〕"라고 하였다.

경전(經傳)을 강구하여 반드시 그 성법(成法)의 소재를 구하는 것입니다. 독서를 많이 하더라도 행위가 실답지 못하면 독서 하지 않은 것과 차이가 없습니다. 그러므로 배우는 이가 심신을 몸소 살펴서 반드시 그 도리의 당연함을 실천하는 것입니다. 그러나 독서하여 덕행을 세우고자 하더라도 경(敬)을 위주로 함이 없다면 천하의 의리가 편안히 정돈될 곳이 없습니다. 그러므로 배우는 이가 반드시 거경(居敬)을 귀하게 여겨서 먼저 그 근본을 북돋우는 것입니다. 학문하는 방도가 비록 다단하지만, 그 큰 요점은 이 세 가지를 벗어나지 않습니다.

학문하는 처음에는 궁리(窮理)를 진실로 급하게 여기지 않아서는 안 되지만, 스스로 생각건대 정신이 혼미하고 기량이 미천하여 무한한 사물과 무궁한 의리에 있어서 하루아침에 모두 깨달을 수 없으니, 안자(顔子)의 총명예지가 아니면 하나를 듣고 열을 알고자 하기는 어렵습니다.[72] 바야흐로 작은 것들을 모아 합하고 쌓아가면서 신고(辛苦)한 생활을 하고 있으니, 활연히 관통하여[73] 깊은 잠에서 깨어나는[74] 때로

72 안자(顔子)의……어렵습니다 : 안자는 공자의 제자 안회(顔回)이다. 《논어》〈옹야(雍也)〉에 공자가 자공(子貢)에게 안연과 자신 중 누가 나으냐고 묻자, 자공이 "제가 어떻게 감히 안회를 바라보겠습니까? 안회는 하나를 들으면 열을 알고, 저는 하나를 들으면 둘을 압니다.〔賜也何敢望回? 回也聞一以知十, 賜也聞一以知二.〕"라고 대답하였다.

73 활연히 관통하여 : 《대학장구(大學章句)》 전(傳) 5장 주희(朱熹)의 주(註)에 "힘쓰기를 오래해서 하루아침에 활연히 관통하는 데 이르게 되면, 모든 사물의 표리와 정추가 이르지 않음이 없게 되고 내 마음의 전체와 대용이 밝지 않음이 없게 될 것이니, 이것을 '물격'이라 이르며, 이것을 '앎의 지극함'이라고 이른다.〔至於用力之久而一旦豁然貫通焉, 則衆物之表裏精粗無不到, 而吾心之全體大用無不明矣, 此謂物格, 此謂知之至也.〕"라고 하였다.

말하자면 감히 미리 기약할 수가 없습니다. 아는 것이 참되지 못하면 행하기를 힘쓸 수 없지만, 만약 다 알기를 기다린 후에 행한다면 행할 수 있는 날이 없을 것입니다. 그러므로 한편으로는 궁리격물(窮理格物)을 하고 한편으로는 실천하여 둘이 짝을 지어 진보할 방도로 삼고자 합니다.

성찰하여 사욕을 이겨 다스리는 곳에 있어서 거칠게나마 생각하여 스스로 힘쓰고 있지만, 다만 몸뚱이에서 생겨나는 욕심과 혈기에서 발하는 분노는 가장 이겨내기가 어렵습니다. 욕심과 분노를 갑자기 막아서 끊을 수가 없는지라, 바야흐로 조절하고 또 조절하며, 제어하고 또 제어하여 방종해지지 않도록 하고자 하고 있으니, 사욕이 깨끗이 다하고 천리가 유행하는[75] 경계로 말하자면 감히 섣불리 논의할 수가 없습니다.

거경(居敬)에 이르러서는 사지(四肢)가 이미 안일함에 익숙해져서 진실로 종일 무릎 꿇고 앉아 몸이 기울어지는 일이 없기가 어렵지만, 다리를 뻗고 걸터앉아 있으면서 마음이 태만하지 않은 자는 없으니,[76]

74 깊은 잠에서 깨어나는 : 예컨대 《근사록(近思錄)》 권2 〈위학(爲學)〉에 "사람이 의리에 있어 모름지기 이른바 '탈연히 큰 잠을 깨듯이 한다.'는 것처럼 하여야 비로소 믿어 얻는 것이다.〔人於義理, 須如所謂脫然大寐之得醒, 方始是信得處.〕"라고 한 주희(朱熹)의 말이 보인다.

75 사욕이……유행하는 : 이는 《논어》 〈안연(顔淵)〉 극기복례장(克己復禮章)의 주(註)에 "날마다 사욕을 이겨서 어렵게 여기지 않는다면 사욕이 깨끗이 다하고 천리(天理)가 유행하여 인(仁)을 이루 다 쓸 수 없을 것이다.〔日日克之, 不以爲難, 則私欲淨盡, 天理流行, 而仁不可勝用矣.〕"라고 한 말이 보인다.

76 다리를……없으니 : 《근사록(近思錄)》 권4 〈존양(存養)〉에 "어찌 두 다리를 뻗고 걸터앉아 있으면서 마음이 태만하지 않은 자가 있겠는가. 옛날 여여숙(呂與叔)이 6월에

근골을 검속하지 않아서는 안 되는데, 도가(道家)의 활요법(活腰法)을 쓰는 것은 또한 겉으로는 절로 엄숙함을 지닌 듯하나 내면은 실로 혼매한 점이 있습니다. 오직 응당 겉과 속을 서로 길러서 흑지거경(黑地居敬)[77]을 면해야 하는데, 객기(客氣)가 침투해 어지럽혀서 헛된 생각이 마구 생겨나니, 늘 살아서 움직이기 쉬운 물건인 마음을 굳게 붙잡아 둘 수가 없습니다. 그리하여 바야흐로 차츰 일깨워서 늘 존재하게 하여, 오래됨에 절로 익숙해질 수 있기를 바라고 있습니다. 성성(惺惺)하여 혼매하지 않아서[78] 거울처럼 비어있고 저울처럼 공평한[79]

구지(緱氏)에 왔는데, 한가히 거처할 때에 내가 일찍이 엿봄에 반드시 엄숙히 무릎 꿇고 앉아 있는 것을 보았으니, 돈독하다고 이를 만하다. 배우는 자는 모름지기 공경하여야 하나 다만 구속하고 급박하게 해서는 안 되니, 구속하고 급박하게 하면 오래하기가 어렵다.〔安有箕踞而心不慢者? 昔呂與叔六月中來緱氏, 閒居中某嘗窺之, 必見其儼然危坐, 可謂敦篤矣. 學者須恭敬, 但不可令拘迫, 拘迫則難久.〕"라고 한 정이(程頤)의 말이 보인다.

77 흑지거경(黑地居敬) : 어둠 속에서 피상적으로만 거경(居敬)하는 것으로, 예컨대 《주자어류(朱子語類)》 권42에 "이보다 앞에서는 경(敬)을 말했으나 알지 못했다. 이것이 바로 안다는 뜻이니, 바로 공경함의 기상과 공효가 이와 같음을 안 것이다. 만일 알지 못한다면 어둠 속에서 하나의 경(敬)을 지킨다고 하더라도 또한 일을 이루지 못할 것이다.〔此前面說敬而不見得. 此便是見得底意思, 便是見得敬之氣象功效恁地. 若不見得, 卽黑淬淬地守一箇敬, 也不濟事.〕"라고 한 주희(朱熹)의 말이 보인다. 이 '흑지거경'에 대해 김창흡(金昌翕)은 "주자께서 늘 배우는 이들에게 주경(主敬) 공부를 권하였고, 또 흑지거경(黑地居敬)을 불가하다 하셨다. 이른바 '흑지거경'이란 단지 외면을 잡고자 애쓸 뿐 영부(靈府)인 방촌의 마음에서는 성성(惺惺)한 공부를 하지 못하는 것이다.〔朱子每對學者, 勸以主敬工夫, 而又以黑地居敬爲不可. 所謂黑地居敬者, 只務外面把捉, 而未能於靈府方寸之地, 著惺惺底工夫.〕"라고 설명하였다. 《三淵集 卷19 答時淨問目》

78 성성(惺惺)하여 혼매하지 않아서 : 북송(北宋)의 학자 사양좌(謝良佐)가 "경(敬)은 항상 성성(惺惺)하게 하는 법이다.〔敬是常惺惺法.〕"라고 하였는데, 이에 대해 주희

경지는 감히 단번에 말할 수 없습니다. 단지 어려운 일을 먼저 하고 얻는 것은 뒤로 해야 한다는 것[80]을 명심하고 빨리 이루고자 하면 이루지 못한다는 것[81]을 경계로 삼아 부지런히 힘써서 저의 힘을 다해야 할 따름입니다.

무릇 이는 모두 정주(程朱)의 제설(諸說)에서 대략 엿본 것인데, 행하지 못함을 늘 걱정하던 것들입니다. 지금 성대하신 논의가 지(知)와 행(行)을 논하면서 금일(今日)과 명일(明日)에 대한 말씀을 하였으니, 이는 점차 해나감을 이른 것이고, 이(理)와 욕(慾)을 변별하면서 잡아 지키기를 유구하게 해야 한다는 말씀을 하였으니 이는 간단(間斷)이 없음을 이른 것입니다. 점차 해나가면서도 간단이 없는 것은 바로 이른바 빨리 이루고자 하면 이루지 못한다는 경계와 어려운 일을 먼저 하고 얻는 것은 뒤로 하는 방도로서 진실로 정당한 절도입니다. 그런데 그 중 반드시 행해야 하고 반드시 행하지 말아야 한다고 하신 것은 의리와 이욕이 서로 싸우는 즈음에서 기봉(機鋒)이 참절(斬截)하여 더욱 사람을 경계하고 성찰하게 하는 부분입니다.

자구(字句)를 가지고서 독서하고 존심(存心)은 그윽하게 홀로 있을

(朱熹)가 "성성(惺惺)이란 바로 마음이 혼매하지 않음을 이르니, 다만 이것이 곧 경(敬)이다.〔惺惺乃心不昏昧之謂, 只此便是敬.〕"라고 하였다. 《心經附註 卷1》

79 거울처럼……공평한 : 《대학혹문(大學或問)》에 "아직 감발하지 않았을 때에는 지극히 허정(虛靜)하니, 이른바 거울처럼 비어있고 저울처럼 공평한 체(體)를 귀신이라 할지라도 그 즈음을 엿볼 수 없어서, 진실로 논할 만한 득실이 없다.〔其未感之時, 至虛至靜, 所謂鑑空衡平之體, 雖鬼神有不得窺其際者, 固無得失之可議.〕"라고 하였다.

80 어려운……것 : 이 말은 《논어(論語)》 〈옹야(雍也)〉에 보인다.

81 빨리……것 : 이 말은 《논어(論語)》 〈자로(子路)〉에 보인다.

때부터 하며[82] 경(敬)은 처음과 끝을 관통한다는 것으로 끝맺은 것으로 말하면, 또 예전의 이른바 궁리(窮理)·거경(居敬)·역행(力行) 세 가지를 벗어나지 않아서 정주(程朱)의 제설(諸說)과 서로 부합하지 않는 것이 없으니, 실로 학문의 큰 요점이 되는지라 이 외에 다시 별도의 방법이 없음을 더욱 확신할 수 있습니다. 이를 따라 행하면 족히 종신토록 써도 남음이 있을 것이니, 어찌 감히 다시 다른 신기하고 오묘한 술수를 구하기를 마치 채소를 사면서 더 달라고 하는 자가 하는 것처럼[83] 할 수 있겠습니까.

가르쳐주신 말씀에서 말이 이치에 맞지 않는다고 하신 것은 바로 스스로 겸손하게 하신 말씀일 따름입니다. 그러나 맑고 굳센 자질을 지니고서 정미하고 독실한 공부를 겸하신 현명한 어른과 같은 분은 이 세 가지에 있어서 진실로 어려움이 없을 것이지만, 돌아보건대 이 어리석고 둔하며 거칠고 게으른 사람이 어떻게 이에 미칠 수 있겠습니까. 타고난 자품이 순수하지 못한데 소학(小學)으로 근본을 북돋우는 공부도 하지 못하였고, 기질과 습관에 가리워진 것이 굳어지고 얽어매어, 근거할만한 본원이 없으며 세울만한 근기(根基)가 없는 것이 진실

82 그윽하게……하며 ; 《대학장구(大學章句)》 전(傳) 6장의 주(註)에 "비록 그윽하게 홀로 거처하는 곳이라도 그 선악을 가릴 수 없음이 이와 같으니, 매우 두려워 할만한 것이다.〔雖幽獨之中, 而其善惡之不可揜如此, 可畏之甚也.〕"라고 하였다.

83 마치……것처럼 : 하찮은 이익을 추구하는 것을 말한다. 후한(後漢)의 고사(高士) 엄광(嚴光)의 벗이었던 사도(司徒) 후패(侯霸)가 엄광을 자기가 있는 곳으로 오게 하고자 편지를 써서 후자도(侯子道)를 보내 초청하였는데, 엄광이 초청에 응하지 않자, 후자도가 답서를 달라 하였다. 엄광이 지금 글씨를 쓸 수 없다면서 입으로 읊어주었는데 후자도가 짧다고 여겨 더 말해줄 것을 요구하니, 엄광이 "채소를 사는가? 더 달라고 하다니.〔買菜乎? 求益也!〕"라고 하였다. 《高士傳 卷下 嚴光》

로 보내오신 편지의 말씀과 같으니, 대단히 힘을 써서 혈전을 벌이지 않으면 끝내 성취하기에 어렵습니다. 그러나 나약하고 용기가 없음에 어찌하겠습니까.

대저 마음을 세움이 진실하기로는 유원성(劉元城)에게 평생 하나의 성(誠)자가 있었던 것[84]과 같이 하고, 독서가 통투하기로는 윤화정(尹和靖)이 마치 자신의 말을 읊는 듯이 하였던 것[85]과 같이 하며, 절실하게 묻고 절근하게 생각하기로는 사상채(謝上蔡)가 단지 하나의 긍(矜)자를 없앴던 것[86]과 같이 하고, 과실을 반드시 고치기로는 유병산(劉屛

84 유원성(劉元城)에게……것 : 유원성은 유안세(劉安世, 1048~1125)로, 자는 기지(器之)이며, 원성 사람이다. 사마광(司馬光)의 문인이다. 사마광이 유안세에게 "평생 하나의 성(誠)자가 있을 뿐이니 아무리 깨뜨리려고 해도 깨뜨릴 수 없다. 성(誠)은 천도이고 사성(思誠)은 인도이니, 천인(天人)에 두 가지 도리가 없다.〔平生只是一箇誠字, 更撲不破. 誠是天道, 思誠是人道, 天人無兩箇道理.〕"라고 하자, 유안세가 "다만 이 몸이 있기 때문에 생각을 통하여 천도에 통하는 것이니, 공을 이루는 데 이르러서는 똑같습니다."라고 답하였다. 《宋名臣言行錄 後集 卷12》

85 윤화정(尹和靖)이……것 : 윤화정은 윤돈(尹焞, 1071~1142)으로, 자는 언명(彦明)이며 화정처사로 불린다. 이천(伊川) 정이(程頤)의 제자이다. 주희(朱熹)가 범문숙(范文叔)에게 답한 편지에, "윤화정의 문인들이 그 스승을 칭찬하여 말하기를 '위대한 성인(聖人)의 가르침과 육경(六經)의 책을 귀로 들으면 순하고 마음에 터득하여 자신의 말을 외우듯이 하였다' 하였으니, 요컨대 이러한 경지에 이르러야 비로소 독서한 사람이라 할 수 있는 것이다.〔尹和靖門人贊其師云: 丕哉! 聖謨六經之編, 耳順心得, 如誦已言. 要當至此地位, 始是讀書人耳.〕"라고 하였다. 《心經附註 卷4 尊德性齋銘》

86 사상채(謝上蔡)가……것 : 사상채는 사양좌(謝良佐, 1050~1103)로, 자는 현도(顯道), 시호는 문숙(文肅)이며, 상채(上蔡) 사람이다. 정이천(程伊川)이 사양좌를 1년 만에 만나 그간 무슨 공부를 하였는지를 묻자, 사양좌가 "다만 이 하나의 긍(矜)자를 없앴습니다.〔也只去箇矜字.〕"라고 하였다. 정이천이 다시 무슨 무슨 까닭인지를 묻자, "자세히 점검해보니 병통이 모두 여기에 있었습니다. 이 잘못을 복종시켜야 비로소

山)이 멀리 가지 않고 돌아온 것[87]과 같이 하며, 기질을 변화하기로는 여동래(呂東萊)가 자신을 책망하는 데 엄격히 하고 남을 책망하는 데 가볍게 하였던 것[88]과 같이 해야 합니다. 이와 같은 뒤에야 비로소 학문을 할 수 있는데, 진정 이러한 공부가 없기 때문에 아직 나아감이 있지 못한 것입니다. 몹시 스스로 개탄스럽습니다.

세상의 배우는 이 중에 실제로는 힘을 쓰지 못하고서 한갓 언어문자만을 숭상하는 자가 많으니 제가 경계로 지니던 바였는데, 지금 지성스럽게 가르쳐주심에 또한 끝내 침묵할 수가 없는지라, 이에 감히 이처럼

앞으로 향해 나아갈 곳이 있을 것입니다.〔子細檢點得來, 病痛盡在這裏. 若按伏得這個罪過, 方有向進處.〕"라고 하였다. 《近思錄 卷5 克己》

87 유병산(劉屛山)이……것 : 유병산은 유자휘(劉子翬, 1101~1147)로, 자는 언충(彦沖), 호는 병산, 복건성(福建省) 숭안(崇安) 사람이며, 주희(朱熹)가 그의 문하에서 배웠다. "병산(屛山) 선생이 병드셨을 때 내가 동자(童子)로서 선생을 모시고 병을 간호하였는데 하루는 평소 도(道)에 들어가는 차례를 물었더니, 선생은 흔연히 말씀하기를 '나는 《주역》에서 덕에 들어가는 문을 얻었으니, 이른바 「멀리 가지 않고 돌아온다〔不遠復〕」는 것이 나의 세 글자의 비결이다. 너는 장차 이것을 힘쓸지어다.' 하셨다.〔屛山先生病時, 熹以童子侍疾, 一日請問平昔入道次第, 先生欣然告曰: 吾於易得入德之門焉, 所謂不遠復者, 乃吾之三字符也. 汝尙勉之.〕"라고 한 주희의 기록이 보이는데, '불원복(不遠復)'은 본래 《주역》 〈복괘(復卦) 초구(初九)〉에 나오는 말로, 잘못을 깨닫고서 금세 바른 길로 돌아옴을 말한다. 《心經附註 卷1 不遠復章》

88 여동래(呂東萊)가……것 : 여동래는 여조겸(呂祖謙, 1137~1181)이다. 자는 백공(伯恭)이며 세상에서 동래선생(東萊先生)이라 불렀다. 주희(朱熹)·장식(張栻)과 함께 당시에 동남삼현(東南三賢)으로 일컬어졌다. 그는 젊었을 때 성격이 거칠어서 음식이 마음에 안 들면 집안의 살림살이를 때려 부수고는 하였는데, 후일에 오래도록 병을 앓으면서 《논어》에 나오는 "자기를 책망하는 것은 후하게 하고 다른 사람을 책망하는 것은 박하게 하면 원망을 멀리할 수 있다.〔躬自厚而薄責於人, 則遠怨矣.〕"라는 구절을 읽고 크게 깨달아 화평한 사람으로 바뀌었다 한다. 《心經附註 卷1》

자세히 적었으니, 또한 한갓 헛된 말일까 염려될 따름입니다. 지극히 부끄럽고 두려운 마음을 더욱 금할 수 없습니다. 갖추지 못합니다.

밀암 김공에게 보냄

與密庵金公

맑게 하여[89] 완전하게 기르는 데에 어찌 감히 공력을 들이지 않겠습니까마는, 객기(客氣)와 조급한 습성을 단번에 제거하기가 어렵습니다. 스스로 돌이켜보건대 이욕(利慾)에 있어서 비록 대단히 급박해하는 마음은 없지만, 안배(按排)하고 포치(布置)하려는 뜻과 스스로 편의를 차지하려는 사사로움에 이르러서는 또한 많이 생겨나는 것을 감당할 수 없으니, 맑게 함을 쉽게 얻을 수 있겠습니까. 말과 행동에 있어서 비록 대단히 경거망동함은 없지만, 격발된 곳에서 일어나는 분노와 서두르다가 잘못되는 경우에 이르러서는 또한 때로 있게 됨을 면치 못하니, 완전하게 기르기를 쉽게 이룰 수 있겠습니까.

병에 잘 걸리는 약한 체질이 또한 족히 공부를 방해하고 일을 해치니, 몸을 편안히 한 뒤에 모든 일을 할 수 있습니다. 그러므로 일찍이 공자(孔子)의 병을 조심하는 도리[90]와 맹자(孟子)의 양기(養氣)의 가르침[91]을 흠모하였으나 다만 마음을 다스릴 길을 잃고 헤매어 사려(思

89 맑게 하여 : 본래 선하였으나 기질에 국한되어 악해진 성(性)을 다시 본래대로 회복하는 것을 말한다. 물이 본래 맑으나 흘러가서 흐려진 것을 맑게 하는 데 비유한 것이다. 《近思錄 卷1 道體》

90 공자(孔子)의……도리 : 《논어(論語)》 〈술이(述而)〉에 "공자께서 삼간 바는 재계, 전쟁, 질병이었다.〔子之所愼, 齋戰疾.〕"라고 하였다.

91 맹자(孟子)의 양기(養氣)의 가르침 : 양기는 호연지기(浩然之氣)를 기르는 것을 말한다. 《맹자》 〈공손추 상(公孫丑上)〉에 맹자가 "나는 말을 알며, 나는 나의 호연지기

慮)가 너무 많고, 거경(居敬)이 익숙하지 못하여 번번이 옮겨가서 떠도는 것을 근심하는지라, 지기(志氣)가 늘 혈기(血氣)에게 지고 맙니다. 그러므로 일체의 병통이 이를 말미암아 생겨나니, 이는 평소 일찍이 스스로 근심하면서도 변화시키지 못한 것이었습니다.

지금 집사(執事)께서는 정자(程子)의 일을 인용하여 법으로 삼게 하시고, 또 의지를 견지하면서도 기운이 사납게 되지 않도록 해야 하며[92] 지킴에 있어서 요점을 터득해야 한다는[93] 등의 말로 가르치고 이끌어서 종사하게 하시니, 집사께서 저를 두터이 아끼는 것이 아니라면 어찌 정성스러움이 이에 이르겠습니까. 제가 비록 불민하나, 삼가 마땅히 가슴에 새겨 스스로 힘쓸 것입니다.

별지

《대학(大學)》의 "적자(赤子)를 보호하듯이 한다.〔如保赤子〕"라는 한 단락은 '동화(動化)'를 발한 것이지 '미루어 나감〔推〕'을 말한 것이 아닙니다.[94] 이 단락은 윗글의 "나라에 가르침을 이루다.〔成敎於國〕"

를 잘 기른다.〔我知言, 我善養吾浩然之氣.〕"라고 한 말이 보인다.

92 의지를……하며 : 《맹자》〈공손추 상(公孫丑上)〉에 "의지는 기운을 통솔하는 장수이고, 기운은 몸을 채워 주는 것이니, 의지가 첫째이고 기운이 그 다음이다. 그러므로 의지를 견지하면서도 기운이 사납게 되지 않도록 해야 한다고 말하는 것이다.〔夫志, 氣之帥也, 氣, 體之充也. 夫志至焉, 氣次焉. 故曰持其志無暴其氣.〕"라고 하였다.

93 지킴에……한다는 : 《맹자》〈공손추 상(公孫丑上)〉에 "맹시사의 지킴은 기(氣)이니 또 증자의 지킴이 그 요점을 터득함만 못하다.〔孟施舍之守氣, 又不如曾子之守約也.〕"라고 한 데서 온 말이다.

94 《대학(大學)》의……아닙니다 : "적자(赤子)를 보호하듯이 한다.〔如保赤子.〕"라는 말은 《대학장구》 전(傳) 9장에 보이는데, 그 단락에 "《서경》〈강고(康誥)〉에 이르기

라는 말을 이어서 가르침을 세우는 근본을 말한 것이니, 가르침은 동화(動化)이지 미루어 나가는 것이 아닙니다. 비록 '여보(如保)'의 여(如)자를 '미루어 나감〔推〕'으로 보더라도 여(如)자는 그 뜻을 가볍게 보아야 할 듯합니다. 전(傳)을 지은 이가 〈강고(康誥)〉를 인용한 것은 단지 어린아이를 자애함을 취한 것입니다. 이는 경전을 인용하는 활법(活法)이니, 굳이 구애될 것이 없습니다. 또 비록 '미루어 넓힘〔推廣〕'[95]에서의 '추(推)'를 가지고서 '자식을 사랑함을 미루어 백성에게 미친다.'라고 인식할지라도, '미루어 넓힘〔推廣〕'이라고 한 것은 또한 일신(一身) 내에서 미루어 넓힘을 말한 것이지 미루어 가서 남에게 미침을 말한 것은 아닙니다. 그렇다면 이 단락에서 단지 동화(動化)만을 말하였음을 알 수 있습니다.

《혹문(或問)》의 경우[96]에는 남에게 미치는 미루어 나감이라고 분

를 '적자를 보호하듯이 한다.' 하였으니, 마음에 진실로 구하면 비록 딱 맞지는 않으나 멀지 않을 것이다. 자식 기르는 것을 배운 뒤에 시집가는 자는 있지 않다.〔康誥曰; 如保赤子. 心誠求之, 雖不中不遠矣. 未有學養子而后嫁者也.〕"라고 하였다. '동화(動化)'는 몸소 실현하여 아랫사람을 감화시킨다는 뜻이다. 이 단락의 소주(小註)에 "이 장은 우선 다만 동화(動化)가 근본이 된다는 것만을 말하였고 아직 미루어 나가는 데까지는 말하지 않았다. 뒷장에서 비로소 미루어 나감에 대해 전적으로 말하였다.〔此且只說動化爲本, 未說到推上. 後方全是說推.〕"라고 한 주희(朱熹)의 말이 보인다. 전 9장은 제가(齊家)와 치국(治國)을 해석한 장이고, 전 10장은 치국과 평천하(平天下)를 해석한 장이다.

95 미루어 넓힘 : 이 말은 《대학장구》 전(傳) 9장의 "어린아이를 보호하듯이 한다.〔如保赤子〕"라는 단락의 주(註)에 "이는 《서경》을 인용하고 이것을 해석하여, 또 가르침을 세우는 근본이 억지로 함을 빌리지 않고 그 단서를 알아서 미루어 넓힘에 있을 뿐임을 밝힌 것이다.〔此引書而釋之, 又明立敎之本, 不假强爲, 在識其端而推廣之耳.〕"라고 한 데 보인다.

명하게 말하였으니, 이것이 《장구(章句)》와 다른 점입니다. 《장구》와 《혹문》의 선후의 구별은 확실하지 않으나, 《혹문》이 《장구》보다 앞선다면 《장구》가 정론(定論)이 될 것이고, 《장구》가 《혹문》보다 앞선다면, 《혹문》은 필시 남겨진 뜻일 것입니다. 이러한 곳들은 단지 마땅히 같고 다른 구분을 보아야 하지, 억지로 합하여 하나로 만들어서는 안 됩니다.

임 상사(任上舍)가 《장구》의 이 단락을 논하여서 미루어 나가는 것을 말하지 않았다고 한 것은 진정 제 의견과 계합됩니다. 다만 《혹문》과 《장구》를 섞어서 하나의 뜻으로 본 것은 그렇지 못할 듯합니다. 그 설(說)에 "'정자가 말하였다.〔程子有言〕' 아래로는 단지 《서

96 혹문(或問)의 경우 : 《대학혹문(大學或問)》에, 혹자가 "'어린아이를 보호하듯이 한다.〔如保赤子〕'고 한 것은 어째서입니까?"라고 묻자 "정자(程子)가 말하기를 '어린아이는 자신의 뜻을 스스로 말하지 못하지만, 그 어미가 자애(慈愛)하는 마음이 지성(至誠)에서 나오면 그 뜻을 구한 것이 혹 딱 맞지는 않더라도 크게 먼 데까지는 이르지 않을 것이니, 어찌 배우기를 기다린 뒤에 할 수 있는 것이겠는가.'라고 하였다. 백성의 경우에는 어린아이처럼 스스로 자기의 뜻을 말하지 못하는 것이 아닌데도 부리는 자가 도리어 백성의 마음을 잃음이 없지 못하는 것은 본래 자애하는 실제가 없어서 이에 대해 살피지 못하기 때문이다. 전(傳)에서 이것을 말한 것은 여러 백성을 부리는 방도가 어린 자식을 자애하는 것에서부터 미루어 나가는 데 불과하고, 어린아이를 자애하는 마음은 또 밖으로부터 녹아 들어와 억지로 하는 것이 아님을 밝힌 것이다. 임금을 섬기는 효(孝)와 어른을 섬기는 제(弟)도 어찌 이것과 다르겠는가. 이미 작은 것을 들었고 보면 큰 것을 알 수 있다.〔或問: 如保赤子何也? 程子有言: 赤子未能自言其意, 而爲之母者, 慈愛之心出於至誠, 則凡所以求其意者, 雖或不中, 而不至於大相遠矣, 豈待學而後能哉? 若民則非如赤子之不能自言矣, 而使之者反不能無失於其心, 則以本無慈愛之實, 而於此有不察耳. 傳之言此, 蓋以明夫使衆之道, 不過自其慈幼者而推之, 而慈幼之心又非外鑠而有待於强爲也. 事君之孝、事長之弟, 亦何以異於此哉? 旣擧其細, 則大者可知矣.〕"라고 하였다.

경》의 본뜻만을 해석한 것이지 《대학》 전(傳)의 말을 직접 해석한 것이 아니다. 이 아래의 '여러 백성을 부리는 방도가 어린아이를 자애하는 것에서부터 미루어 나가는 데 불과함을 밝힌 것이다.'라는 것도 그 위의 《서경》을 해석한 뜻을 이어받아 말한 것이므로 이와 같은 것이지, 곧장 《대학》을 미루어 나감이라고 한 것이 아니다."라고 하였으니, 모두 자세히 살피지 못한 것인 듯합니다.

《서경》의 본문에는 "비록 꼭 맞지는 않으나 멀지 않을 것이다.〔雖不中不遠〕"라는 말이 없는데 오직 《대학》에만 있으니, 《혹문》 중에서 "그 뜻을 구한 것이 혹 딱 맞지는 않더라도 크게 먼 데까지는 이르지 않을 것이다."라고 한 것은 실로 《대학》을 해석한 것인데 어찌하여 단지 《서경》만을 해석한 것이라 한단 말입니까. 《서경》의 본의는 마땅히 별도로 《서경》을 읽는 이를 위하여 말해야만 할 것이니, 어찌 굳이 여기에 중첩하여 말하였겠습니까.

또 주자(朱子)가 경(經)을 해석하는 법(法)은 왕왕 인용한 고서(古書)에 대해 비록 먼저 그 본뜻을 해석하는 경우가 있기는 하지만, "전(傳)에서 이것을 말한 것〔傳之言此〕" 이하로는 응당 곧장 전(傳)의 뜻을 해석한 것이니, 필시 윗글에 이어붙여서 같은 뜻으로 해석한 것이 아닙니다. "여러 백성을 부리는 방도를 밝히다.〔明夫使衆之道〕"라고 한 것은 분명 《대학》을 미루어 나감을 말하였다고 한 것인데, 어찌하여 곧장 《대학》을 미루어 나감이라고 한 것이 아니라 하였단 말입니까.

제가 보건대, 《혹문》은 끝내 미루어 나감을 말하여서 본문의 남겨진 뜻을 부연하였으니, 《장구》와는 다릅니다. 대저 치국(治國)에서는 동화(動化)를 말하고, 평천하(平天下)에서야 비로소 미루어 나감을 말하여서 비록 분계(分界)가 있으나, 또한 자른 듯이 나누어 서로 통하지 않아서는 안 되니, 치국(治國)의 방도에도 역시 미루어 나감이 있어야 한다는 것은 진실로 집사의 논의와 같습니다. 그러나 전문(傳文)의 올바른 의미는 동화(動化)로 보아야 하니, 이는 지난날 면대하여 여쭈었을 때 이미 인가를 받은 것입니다. 다만 "그 단서를 알아 미루어 넓히다."의 뜻은 아직도 정확히 결정할 수 없는 점이 있습니다.

이 추(推)자는 진실로 '남에게 미친다'는 뜻의 추(推)는 아니지만, 비록 일신(一身) 내에서 미루어 넓힘을 말한 것일지라도 또한 두 가지 뜻이 있습니다. 하나는 자애의 마음을 말미암아 효(孝)·제(弟)의 천성에 닿는 것이고, 하나는 효(孝)·제(弟)·자(慈)를 모두 응당 그 단서를 알아 미루어 넓히는 것입니다. 전자를 말미암아 말하면 자(慈)로부터 효(孝)·제(弟)에 이르는 것이고, 후자를 말미암아 말하면 효(孝)·제(弟)·자(慈)에 있어서 모두 그 본연의 도량을 확충하는 것이니, 실로 같지 않으나, 후자의 설이 나을 듯합니다. 그러므로 예전에 이 두 설을 나란히 거론하여 우러러 질정하였는데, 집사께서 자(慈)로부터 효(孝)·제(弟)에 이르는 것을 옳다고 하시고, 본연의 도량을 확충하는 것을 그르다고 하셨으니, 저는 이에 대해서 끝내 석연하지가 못합니다.

이 단락은 자(慈)의 도(道)에 나아가서 효(孝)·제(弟)의 도(道)를 밝힌 것이니, 진실로 사람이 자애(慈愛)를 말미암아 효(孝)·제(弟)를 알게 하고자 한 것입니다. 그러나 "미루어 넓히다〔推廣〕"라는 두 글자에 이르러서는 실로 자(慈)는 응당 그 단서를 알아서 미루어 넓혀야 하고, 효(孝)는 응당 그 단서를 알아서 미루어 넓혀야 하고, 제(弟)는 응당 그 단서를 알아서 미루어 넓혀야 함을 말한 것이니, 이는 《맹자(孟子)》의 사단(四端)을 확충하는 뜻[97]과 같습니다. '추(推)' 자는 곧 '충(充)' 자이니, 예컨대 한 귀퉁이를 들어주면 이를 가지고 나머지 세 귀퉁이를 반증하는 추(推)가 아닙니다. 만약 이 추(推)자를 자(慈)로부터 효(孝)·제(弟)에 이르는 것이라고 한다면, 이는 한 귀퉁이를 들어주면 이를 가지고 나머지 세 귀퉁이를 반증하는 추(推)인 것입니다.

어떻게 이 '추(推)' 자가 확충의 뜻임을 알겠습니까? 그 위의 구(句)에서 말한 "가르침을 세우는 근본〔立敎之本〕"은 바로 효(孝)·제(弟)·자(慈) 세 가지를 아울러서 가리킨 것입니다. 그렇다면 그 아래의 "그 단서를 알다〔識其端〕"에서의 '단(端)'은 의당 자(慈)의 하나의 단서만이 아니라 바로 세 가지의 단서인 것입니다. 이미 세 가지의 단서이고 보면, 이른바 "미루어 넓힌다."라는 것은 필시 세 가지를 모두 미루어 넓히는 것입니다. 이미 세 가지를 모두 미루어 넓히는 것이고 보면, 미루어 넓힌다고 하는 것은 바로 단지 한 가지 일에 대해서 각각 그 미루어 넓히는 공부를 하는 것일 뿐, 자(慈)를 말미암아 효(孝)·제(弟)를 미루어 가는 것을 말한 것이 아니니, 이는 전문(傳文)의 말 밖에 숨어있는 뜻을 발명한 것입니다. 노 옥계(盧玉溪)가 "'가르침을 세우는 근본〔立敎之本〕'에서의 '본(本)'이란

97 맹자(孟子)의……뜻 : 《맹자》 〈공손추 상(公孫丑上)〉에, "무릇 사단이 나에게 있는 것을 다 넓혀서 채울 줄 알면 마치 불이 처음 타오르고 샘물이 처음 솟아오르는 것과 같을 것이다.〔凡有四端於我者, 知皆擴而充之矣, 若火之始然、泉之始達.〕"라고 하였다. 인·의·예·지의 단서가 되는 마음을 측은지심(惻隱之心)·수오지심(羞惡之心)·사양지심(辭讓之心)·시비지심(是非之心)이라 하였는데, 이를 '사단'이라 한다.

명덕(明德)이 바로 그것이고, '그 단서를 아는 데 있다.〔在識其端〕'에서는 '단(端)'이란 명덕(明德)의 발현으로 효(孝)·제(弟)·자(慈)가 바로 그것이다."라고 하였으니,[98] 이른바 '단(端)'이란 세 가지의 단서이지 자(慈) 하나의 단서가 아님을 알 수 있습니다. 어떠한지 모르겠습니다.

98 노 옥계(盧玉溪)가……하였으니 : 노 옥계는 송(宋)나라의 학자 노효손(盧孝孫)으로, 주로 옥계 노씨(玉溪盧氏)로도 불린다. 그의 이 말은《대학장구대전(大學章句大全)》전(傳) 9장 "어린아이를 보호하듯이 한다.〔如保赤子〕"라는 단락의 소주(小註)에 실려 있다.

밀암 김공에게 보냄

與密庵金公

별지(別紙)에서 가르쳐주신 "적자(赤子)를 보호하듯이 한다.〔如保赤子〕"의 뜻이 몹시 정미하고도 자세하니,[99] 미혹됨을 이끌어주신 것을 다행으로 여깁니다. 대저 이 단락은 원래 의심할만한 부분이 많으니, 《장구(章句)》는 말이 간략하여 분명히 알기가 어렵고, 《혹문(或問)》은 《장구》와 또 차이가 있으니, 이 때문에 논의가 하나로 귀결되지 못하는 것입니다.

"적자(赤子)를 보호하듯이 한다."라는 것은 진실로 남에게 미치는 미루어 나감이 아니지만, 《장구》의 소주(小註)에 실린 주자(朱子)의 설(說)에 또한 "마음에 진실로 적자(赤子)가 하고자 하는 바를 구하는 것이니, 백성에 있어서도 응당 자신의 뜻을 표현하지 못하는 것을 구하여야 한다."라고 하였습니다. 이는 또 남에게 미치는 미루어 나감을 말한 것이니, 진실로 의심할 만한 것인 듯합니다. 그러나 소주(小註)의 이 설(說)은 또한 응당 남겨진 뜻으로 보기를 《혹문》의 사례처럼 해야 하니, 그러면 처리할 수 있습니다. 그러나 다만 지금 논변하는 바는 '미루어 나가서 남에게 미치는 것'과 '일신(一身) 내에서 미루어

99 별지(別紙)에서……자세하니 : "적자를 보호하듯이 한다.〔如保赤子〕"라는 《대학장구》 전(傳) 9장의 말에 대해 논한 것으로, 김지행(金砥行)이 박윤원(朴胤源)에게 보낸 이 편지는 《밀암집(密菴集)》 권6 〈답영숙(答永叔)〉 경인년(1770, 영조46)에 보낸 편지 별지(別紙)에 보인다.

넓히는 것' 사이의 구분에 있는 것이 아니라, '자(慈)를 미루어 효(孝)·제(弟)를 넓히는 것'과 '세 가지를 모두 확충하는 것' 사이의 구별에 있습니다. 이는 바로 관건인지라 응당 익숙히 생각하고 자세히 살펴서 십분 의심의 여지가 없는 지경으로 돌아가기를 힘써야 하는 바입니다. 청컨대 제가 전에 생각했던 견해를 끝까지 진언하고, 인하여 성대하신 논의 중 한두 가지를 언급하고자 하니, 다시 헤아려 처분해주실 수 있겠습니까?

당초 제 의견에 "미루어 넓힘〔推廣〕" 두 글자를 세 단서를 확충하는 것으로 본 것은, "마음에 진실로 구하는 것〔心誠求之〕"을 공부라고 여긴 것이 아니며, 또한 적자(赤子)를 보호하는 마음이 반드시 미루어 넓히기를 기다린 뒤에야 비로소 '딱 맞지는 않으나 멀지 않을 수 있다'고 여긴 것이 아닙니다. 전문(傳文)에는 비록 '확충(擴充)'이라는 말이 없지만, 《장구》에 확충한다는 뜻이 있으니, 이는 전문(傳文)의 말 밖의 남겨진 뜻입니다. 이는 마치 경문(經文)의 수장(首章)에는 '발(發)' 자가 없으나 《장구》에서 "그 발하는 바를 인하다.〔因其所發〕"라고 한 것과 같으며,[100] 정심장(正心章)에는 '경(敬)' 자가 없으나 《장구》에서 "경하여 곧게 한다.〔敬以直之〕"라고 한 것과 같으니,[101] 이는 모두 대문

100 경문(經文)의……같으며 : 《대학장구(大學章句)》 경(經) 1장에 "대학의 도는 명덕을 밝힘에 있으며 백성을 새롭게 함에 있으며 지선에 그침에 있다.〔大學之道, 在明明德, 在親民, 在止於至善.〕"라고 하였는데, 주희(朱熹)의 주(註)에 "배우는 자가 마땅히 그 발하는 바를 인하여 마침내 밝혀서 그 처음을 회복하여야 한다.〔學者當因其所發而遂明之, 以復其初也.〕"라고 하였다.

101 정심장(正心章)에는……같으니 : 《대학장구(大學章句)》 전(傳) 7장에 "마음이 있지 않으면 보아도 보이지 않으며, 들어도 들리지 않으며, 먹어도 그 맛을 알지 못한

(大文)의 말 밖의 남겨진 뜻으로서, 사람으로 하여금 공력을 들여 착수할 곳이 있게 하는 것입니다. 이를 예증으로 삼는다면, "적자(赤子)를 보호하듯이 한다.〔如保赤子〕"의 전문(傳文)에서 비록 공부를 말하지 않았지만, 《장구》에서는 공부를 말하지 않았음을 어찌 알겠습니까. 그러므로 일찍이 이 《장구》를 읽을 적에, "우명립교지본(又明立教之本)"을 가지고서 보면 "불가강위(不假强爲)"까지는 바로 전문(傳文)을 해석한 것이고, "재(在)"자로부터 "추광지이(推廣之耳)"까지는 따로 공부라고 보아, 전문(傳文)의 말 밖의 남겨진 뜻을 발명한 것이라고 보았습니다. 이처럼 보았기 때문에 "추광(推廣)" 두 글자를 "확충(擴充)"의 뜻이라 한 것입니다.

지난 편지에서는 이것이 "확충(擴充)"이 전문(傳文)의 말 밖에 숨겨진 뜻이 되는 곡절임을 미처 상세히 고하지 못하였습니다. 그러므로 집사께서 제가 잘못 보아 전문(傳文)을 "확충(擴充)"의 뜻으로 삼아서 "마음에 진실로 구하다.〔心誠求之〕"를 공부로 여겼다고 인식하신 것입니다. 이는 제가 말을 뜻이 제대로 전달되도록 하지 못한 죄이니, 도리어 송구하고 안타까운 마음 간절합니다. 무릇 "적자(赤子)를 보호한다."라는 것은 본래 그러한 천성으로, 배우지 않고서도 능한 것입니다. 전(傳)에 이미 "자식 기르는 것을 배운 뒤에 시집가는 자는 있지 않다."라고 하였으니, 그렇다면 공력을 들이기를 기다림이 없다는 것을 제가

다.〔心不在焉, 視而不見, 聽而不聞, 食而不知其味.〕"라고 하였는데, 주희(朱熹)의 주(註)에 "마음이 보존하지 못함이 있으면 그 몸을 검속할 수 없다. 이 때문에 군자는 반드시 이를 살펴서 경하여 마음을 곧게 해야 한다.〔心有不存, 則無以檢其身. 是以君子必察乎此, 而敬以直之.〕"라고 하였다.

또한 어찌 모르겠습니까.

그러나 적자(赤子) 한 구(句)는 비록 자애(慈愛)의 단서를 말한 것이지만, 족히 자도(慈道)를 온전하게 다할 수 있는 것은 아닙니다. 윗글에서 "자(慈)"라고만 말하고 "어린아이를 자애함〔慈幼〕"이라고 말하지 않았으니,[102] 이 '자(慈)' 자는 본래 적자(赤子)를 보호하는 자(慈)만을 이른 것일 뿐만이 아닙니다. 사람은 자식에게 있어서 강보에 싸인 갓난아이일 때부터 성동(成童)과 성인(成人)에 이르기까지 자애하지 않는 때가 없으니, 자(慈)에는 또한 허다한 종류의 도리가 있습니다. 그러니 지자(止慈)[103]의 도(道)가 또한 어찌 적자(赤子)를 보호하는 것으로 다할 수 있는 바이겠습니까.

이 단락에 이르러서 적자(赤子)를 보호함을 가지고서 자(慈)를 말한 것은 단지 강보에 싸인 갓난아이를 어루만져 기르는 것을 자(慈)의 도(道) 가운데 가장 앞서는 것으로 여긴 것이고, 또한 말하지 못할 때 아이가 하고자 하는 바를 아는 것이 어려운 듯하지만 실상 쉽다는 것에서 그것이 본래 그러한 천성임을 볼 수 있기 때문이니, 완전한 자도(慈道)가 적자(赤子)를 보호함에 그칠 뿐이라고 한 것이 아닙니다. 자식을 사랑하는 방도는 예컨대 사랑하면서도 능히 수고롭게 하는

102 윗글에서……않았으니 : 《대학장구(大學章句)》 전(傳) 9장에 "자(慈)는 백성들을 부리는 것이다.〔慈者, 所以使衆也.〕"라고 한 것을 가리킨다.

103 지자(止慈) : 《대학장구(大學章句)》 전(傳) 3장에 "(문왕께서는) 임금이 되어서는 인에 그치고, 신하가 되어서는 공경에 그치고, 자식이 되어서는 효에 그치고, 아버지가 되어서는 자애에 그치고, 나라 사람들과 사귈 때는 신에 그치었다.〔爲人君止於仁, 爲人臣止於敬, 爲人子止於孝, 爲人父止於慈, 與國人交止於信.〕"라고 한 데서 온 말이다.

것[104]이나 의로운 방도로써 가르치는 것[105]들이 모두 자(慈)가 아님이 없습니다. 어찌 오직 강보에 싸인 갓난아이가 울면 안아주고 배고프면 젖 먹이는 것만이 자(慈)가 되겠습니까.

적자(赤子)를 보호하는 것은 사람들이 모두 배우지 않고서도 할 수 있는 것이지만, 지자(止慈)를 지극히 잘한 분으로는 문왕(文王)이 으뜸으로 일컬어지니, 그렇다면 중인(衆人)은 자(慈)에 있어서 진실로 그 양을 채우지 못하는 점이 있는 것입니다. 그렇다면 적자(赤子)를 보호하는 마음이 비록 억지로 힘쓰기를 용납하지는 않지만, 지자(止慈)로서 그 도리를 다할 수 있는 것으로 말하면 또한 어찌 전혀 공력을 들임이 없을 수 있겠습니까.

효(孝)·제(弟)는 실로 본래 그러한 천성이지만 물욕에 가리면 또한 그 양을 채울 수 없으니, 자애(慈愛)만 어찌 그렇지 않겠습니까. 주자(朱子)가 일찍이 "효(孝)·제(弟)는 능히 지켜서 잃지 않는 이가 적지만, 적자(赤子)를 보호하는 마음은 잃는 이가 드물다."라고 하였으니,[106] 이미 드물다고 말하였고 보면 또한 이를 잃는 경우가 있는 것입

104 사랑하면서도……것 : 《논어》 〈헌문(憲問)〉에 공자(孔子)가 "사랑한다면 수고롭게 하지 않을 수 있겠는가.〔愛之, 能勿勞乎?〕"라고 하였다.

105 의로운……것 : 《춘추좌씨전(春秋左氏傳)》 은공(隱公) 3년 조에 보이는 말로, 위(衛)나라 장공(莊公)의 아들 주우(州吁)가 오만방자하게 굴자, 현대부(賢大夫) 석작(石碏)이 장공에게 충간하기를, "신은 듣자오니 자식을 사랑하되 의로운 방법으로 가르쳐서 잘못된 곳으로 빠지지 않게 해야 한다고 하였습니다.〔臣聞愛子教之以義方, 弗納於邪.〕"라고 하였다. 이 말은 《소학(小學)》 〈계고(稽古)〉에도 실려 있다.

106 주자(朱子)가……하였으니 : 주희(朱熹)의 이 말은 《대학장구대전(大學章句大全)》 전(傳) 9장 "어린아이를 보호하듯이 한다.〔如保赤子〕"라는 단락의 소주(小註)에 실려 있다.

니다. 적자를 보호하는 마음을 비록 잃지 않더라도, 자도(慈道)의 온전함은 반드시 다할 수 있는 것은 아니므로, 적자를 보호하는 마음이 자연히 발현하는 단서를 말미암아 이를 확충하여서 지자(止慈)의 도리를 다하게 하고자 한 것이니, 이는 《맹자(孟子)》의 이른바 사단(四端)을 확충한다고 한 것[107]과 같습니다. 이는 공부를 가지고서 말한 것이니, 적자를 보호하는 본심은 배우지 않아도 능히 지닐 수 있다는 뜻과 서로 무방할 듯합니다. 제 견해가 진실로 정확한지는 모르겠으나, 또한 혹 일설로 갖출만하겠는지요.

그러나 애초에는 감히 스스로 자기의 견해를 세우려 한 것이 아니라, 단지 의심나는 바를 모두 바치고자 한 것이었는데, 지난 편지에서 받들어 질정한 후에 다시 생각해보니 전에 해설한 것이 너무 지나치게 추측한 병통이 있는 듯합니다. 전문(傳文)의 윗 단락에서 이미 효(孝)·제(弟)·자(慈)의 세 가지 일을 아울러서 말하고 이 단락에 이르러서는 오직 사(慈)만을 들어서 말하였으니, 《장구》의 '추광(推廣)' 두 글자도 응당 한 귀퉁이를 들어주면 이를 가지고 나머지 세 귀퉁이를 반증하는 것으로 보는 것이 가장 평순하지, 굳이 전문(傳文)의 언외지의(言外之意)를 확대해 끌어와서 볼 것은 없었습니다. 그러므로 옛 견해를 씻어버리고 새로운 뜻이 나오게 하려 하였는데, 지금 보내주신 편지를 받듦에 곧 지지선장(止至善章)의 《장구》에 "유추하여 그 나머지를 다한다."

107 맹자(孟子)의……것 : 《맹자》〈공손추 상(公孫丑上)〉에, "무릇 사단이 나에게 있는 것을 다 넓혀서 채울 줄 알면 마치 불이 처음 타오르고 샘물이 처음 솟아오르는 것과 같을 것이다.〔凡有四端於我者, 知皆擴而充之矣, 若火之始然、泉之始達.〕"라고 하였다.

라는 가르침[108]을 인용하여 이 단락이 한 귀퉁이를 들어주면 이를 가지고 나머지 세 귀퉁이를 반증하는 '미루어 나감'임을 증명하셨으니, 이는 진실로 근거가 있는지라 삼가 응당 따를 것입니다.

그러나 '여(如)' 자를 추(推)의 뜻이라고 이르신 것[109]의 경우에는 제가 믿을 수 없는 부분입니다. 《서경(書經)》의 '여(如)' 자는 본래 백성을 자식처럼 사랑하라는 것이었는데, 집사께서는 이 '여(如)' 자를 가지고서 효(孝)·제(弟)를 자(慈)처럼 하라는 '여(如)' 자라고 보셨으

108 지지선장(止至善章)의……가르침 : 《대학장구》 전(傳) 3장에 "(문왕께서는) 임금이 되어서는 인에 그치고, 신하가 되어서는 공경에 그치고, 자식이 되어서는 효에 그치고, 아버지가 되어서는 자애에 그치고, 나라 사람들과 사귈 때는 신에 그치었다.〔爲人君止於仁, 爲人臣止於敬, 爲人子止於孝, 爲人父止於慈, 與國人交止於信.〕"라고 하였는데, 그 주에 "그 정미함의 깊음을 연구하고 다시 유추하여 그 나머지를 다한다면 천하의 일에 대하여 모두 그 그칠 데를 알아 의심함이 없을 것이다.〔究其精微之蘊, 而又推類以盡其餘, 則於天下之事, 皆有以知其所止而無疑矣.〕"라고 하였다.

109 '여(如)' 자를……것 : 《밀암집(密菴集)》 권6 〈답영숙(答永叔)〉 경인년(1770, 영조46)에 보낸 편지 별지(別紙)에, 김지행(金砥行)이 "다만 〈강고〉 한 단락을 인용하면서 특별히 하나의 '여(如)' 자를 말하였으니, '여(如)'는 추(推)를 이른 것입니다. 그러므로 《장구》에서 '추광(推廣)'이라고 해석한 것입니다.……대문의 뜻은 본래 이 적자를 보호한다는 것을 준칙으로 삼아 이와 같게 하고자 한 것입니다. 지금 그런데 그 양을 채우지 못한다고 하여 다시 공부하여 미루어 넓히게 한다면 이는 바로 자식을 기르기를 배운 뒤에 시집을 가야만 되는 것이니, 대문의 뜻과 상반됩니다. 그러므로 특별히 '여(如)'를 말하였으니, 이 배우지 않고서도 할 수 있는 것을 미루어서 효·제에까지 넓혀서도 그처럼 하게 하고자 한 것이니, 그러면 비로소 공부하여 효·제의 채우지 못한 양을 채울 수 있게 되는 것입니다.〔但其引康誥一段, 特說一箇如字, 如者推之謂也. 故章句以推廣釋之矣.……大文之意, 本以此保赤子爲準則, 欲使如之矣. 今乃以爲不充其量者, 而使之更用工夫以推廣之, 則是直學養子而後嫁乃可也, 正與大文之義相反矣. 故特其言如者, 乃欲推此不學而能者, 以廣之於孝弟而亦如之, 則方爲工夫而得以充夫孝弟未充之量耳.〕"라고 한 내용이 보인다.

니, 이것이 어찌 해롭겠습니까마는, '여(如)' 자는 굳이 이처럼 중요한 뜻으로 볼 것이 없습니다. 전(傳)을 남긴 이가 《서경》〈강고(康誥)〉를 인용한 것은 단지 적자(赤子)를 보호한다는 말을 취한 것이니, '여(如)' 자는 단지 본문에 딸려 온 것일 뿐, '여(如)' 자를 취하여 효(孝)·제(弟)를 자(慈)처럼 하라는 뜻을 밝힌 것이 아닙니다.

지금 이 '여(如)' 자를 효(孝)·제(弟)를 자(慈)처럼 하라는 여(如) 자로 본다면 비록 긴밀할 듯하지만, 도리어 심원함이 부족하게 됩니다. 경전(經傳)의 글은 포함하고 온축되어 다하지 않는 맛이 있습니다. 이 단락의 윗글에 이미 효(孝)·제(弟)·자(慈)를 아울러서 말하였고 보면 그 아래에 응당 연이어서 아울러 말하였을 듯하지만, 도리어 효(孝)·제(弟)는 말하지 않고 단지 자(慈)만 말하였습니다. 그렇다면 읽는 이가 절로 하나를 거론하여 둘을 밝혔음을 알 수 있으니, 어찌 반드시 '여(如)' 자를 효(孝)·제(弟)를 자(慈)처럼 하라는 여(如)로 본 뒤에야 비로소 한 귀퉁이를 들어주면 이를 가지고 나머지 세 귀퉁이를 반증하는 미루어 나감임을 알 수 있겠습니까. 만약 그렇다면 이미 드러난 것이니, 포함하고 온축되어 다하지 않는 맛이 없게 됩니다. 경전(經傳)의 글은 아마도 꼭 이와 같지는 않을 듯합니다.

만약 〈강고(康誥)〉에 '여(如)' 자가 없이 단지 "적자(赤子)를 보호하다."라고만 하였는데 《대학》에서 이를 인용하였다면, 장차 한 귀퉁이를 들어주면 이를 가지고 나머지 세 귀퉁이를 반증하는 미루어 나감임을 보지 못하는 것입니까? 지금 지선장(至善章)에 다섯 번의 '지(止)' 자가 실린 글[110]로써 보건대, 비록 부부(夫婦)와 장유(長幼) 간의 예컨

110 지선장(至善章)에……글 : 《대학장구》 전(傳) 3장에 "(문왕께서는) 임금이 되어

대 인(仁)·경(敬)·효(孝)·자(慈)·신(信)과 같은 말이 없지만 또한 유추하여 그 나머지를 통할 수 있으니, '여(如)' 자의 유무는 이 단락의 추광(推廣)의 뜻에 깊이 관계되지 않았을 듯합니다. 어떠한지 모르겠습니다.

《혹문》은 이미 '남에게 미치는 미루어 나감'이며, 《장구》의 '추광(推廣)'은 한 귀퉁이를 들어주면 이를 가지고 나머지 세 귀퉁이를 반증하는 것이라 말할 수 있고, 또한 본연을 확충함이라 말할 수도 있으니, 그 중 반드시 올바른 뜻이 있을 터인데, 지금 결정하지 않고서 도리어 셋으로 나누어서 보고자 하는 것은 또한 지리멸렬하지 않습니까. 확충(擴充)의 설(說)은 제쳐두더라도 《혹문》과 《장구》는 끝내 합해서는 안 됩니다. 그러므로 감히 그 선후의 구별이 있음을 의심하였던 것입니다. 이른바 "본문을 해석한 것이 상세하지 못한 것을 《혹문》에서 상세히 말하였다."라는 것[111]은 《장구》가 앞선 것이라는 정확한 증거가 되기에 부족할 듯합니다. 비록 《혹문》이 《장구》보다 뒤에 나온 것이라 하더라도 《장구》는 여러 번 개수를 거쳤습니다. 성의장(誠意章)의 개정은 역책(易簀)하시기 3일 전에 있었으니, 다른 장(章)의 개정도 《혹문》이 이미 지어진 뒤에 있지 않았을지 어찌 알겠습니까. 비록 먼저 《혹문》을 지은 뒤에 《장구》를 지었다고 하더라도, 두 책이 이미 완성된 후에 글에 상세함과 간략함이 있다면 "저것은 간략하고 이것은 상세

서는 인에 그치고, 신하가 되어서는 공경에 그치고, 자식이 되어서는 효에 그치고, 아버지가 되어서는 자애에 그치고, 나라 사람들과 사귈 때는 신에 그치었다.〔爲人君止於仁, 爲人臣止於敬, 爲人子止於孝, 爲人父止於慈, 與國人交止於信.〕"라고 한 것을 가리킨다.

111 이른바……것 : 이 말은 《대학장구》 〈독대학법(讀大學法)〉에 보인다.

하다."라고 하는 것은 어세가 또한 혹 이와 같을 것입니다. 먼저 전문(傳文)을 읽고 그 다음으로《장구》를 읽고 그 다음으로《혹문》을 읽으라는 설(說)[112]은 단지 독서의 차제를 가지고서 말한 것일 뿐, 굳이 이로써 책이 완성된 선후의 증거로 삼을 필요는 없을 듯합니다. 그러나 이미 "《혹문》은 바로 주각(註脚)의 주각(註脚)이다."[113]라고 하였으니, 《혹문》은 응당 남겨진 뜻으로 보아야 합니다.

제가 "남겨진 뜻〔餘意〕"이라고 하는 것은 이른바 "여자(餘子)", "여사(餘事)"라고 일컫는 것과 같으니, 싹과 맥이 있어서 족히 말할 만한 것임을 이른 것이 아니라, 따로 하나의 뜻임을 이른 것입니다. 그러나 '여의(餘意)' 두 글자가 놓기에 온당치 못하니, '방설(旁說)'로 바꾸는 것이 무방하겠습니까? 제가 감히《장구》와《혹문》에 선후가 있다고 하면서 번번이 취사하기를 초년설과 만년설을 구분처럼 하는 것이 아닙니다. 주자(朱子)가 두 곳에 있어서 입언한 것이 각각 다른 것은 두 뜻이 모두 통하여 병존하는 데 해롭지 않다는 뜻이니, 마땅히 겸해서 보아야 할 것 같은데, 동화(動化)가 주(主)가 됩니다.

그러나 이 장(章)의 효(孝)·제(弟)·자(慈)는 나라를 다스리는

112 먼저……설(說) :《대학장구》〈독대학법(讀大學法)〉에 "《대학》을 볼 때에는 진실로 글귀마다 보아가야 하나 또 모름지기 먼저 전문(傳文)을 통독하여 익숙하게 하고 나서야 비로소 처음부터 자세히 보는 것이 좋다.〔看大學, 固是著逐句看去, 也須先統讀傳文教熟, 方好從頭仔細看.〕"라고 하였으며, 또 "《대학》을 볼 때에는 우선 장(章)마다 하나하나 이해하여 먼저 본문을 가지고 생각하여 알고, 다음에는《장구》를 가지고 본문을 해석하고, 또다시《혹문》을 가지고 장구를 참고하여야 한다.〔看大學, 且逐章理會, 先將本文念得, 次將章句來解本文, 又將或問來參章句.〕"라고 하였다.

113 혹문은……주각(註脚)이다 : 이 말은《대학장구》〈독대학법(讀大學法)〉에 보인다.

이에게 있어서는 동화(動化)이고, 국인(國人)에게 있어서는 추(推)입니다. 효(孝)에 있어서 동화(動化)하면 응당 어버이를 섬김을 말해야 하는데, 도리어 어버이를 섬김은 말하지 않고 단지 군주를 섬김만을 말한 것은, 어버이를 섬김을 말미암아 군주를 섬기는 데 이르기 때문입니다. 그러므로 어버이를 섬김은 진실로 말을 기다리지 않아도 알 수 있는 것입니다. 어버이를 섬김을 말미암아 군주를 섬기는 데 이르고 형을 따름을 말미암아 어른을 섬기는 데 이르고, 자식을 사랑함을 말미암아 여러 백성을 부리는 데 이르는 것이 모두 추(推) 아님이 없으니, 국인(國人)에게 있어서는 추(推)를 가지고서 말하지 않을 수 없습니다.

혹《혹문》의 설(說)에 남에게 미치는 추(推)는 국인(國人) 한쪽의 입장에서 말하였기 때문에 이와 같은 것입니까. 제 생각에는 나라를 다스리는 이에게 있어서는 동화(動化)이고, 국인(國人)에게 있어서는 추(推)입니다만, 성대하신 논의로는 나라를 다스리는 이와 국인(國人)을 통틀어서 똑같이 추(推)를 이른 것으로 보고자 하시니, 이는 또 조금 다릅니다. 이 단락의 글 뜻에 이처럼 의문처가 많으니, 끝내 억지로 하기 말하기가 어렵습니다. 부디 다시 분명한 가르침을 내려주시어 이 의혹을 풀어주십시오.

밀암 김공에게 보냄

與密庵金公

전에 보내오신 편지를 공경히 살펴보니, 다시 말씀해주시기를 기다리지 않고도 이미 가르치신 뜻의 소재를 대개 알 수 있었습니다. 자세히 보느라 크게 보지 못하고, 구속되어서 활간하지 못한다는 것은 저에게 진실로 이러한 잘못이 있으니, 의당 집사께서 이를 걱정하여서 이러한 경계를 하신 것입니다. 그러나 애당초 감히 전문(傳文)·《장구(章句)》·《혹문(或問)》이 자른 듯이 나뉘어서 서로 통하지 않는다고 한 것이 아니고, 다만 같은 가운데 다름을 보고 다른 가운데 같음을 보고자 한 것일 뿐입니다. 이른바 다르다는 것도 마치 흑백처럼 모순됨을 이른 것이 아니니, 폐단이 됨이 적지 않은 것이 보내오신 편지에서 근심하신 것 같은 데에까지 이르지는 않을 듯합니다.

다만 저의 편지 중에 "《장구》·《혹문》은 끝내 합해서는 안 됩니다.〔章句或問終不可合〕"라고 하였던 말에서의 '종(終)' 자는 온당치 못하였음을 깨닫겠습니다. 성현(聖賢)께서 입언(立言)하신 것이 가리킨 바가 비록 같지 않은 듯하지만, 그 귀결을 궁구해보면 하나일 따름입니다. 그러므로 반드시 분석하면 지극히 정미하면서도 합하면 그 큰 뜻을 다하니, 어찌 한갓 분석하기만 하고 끝내 합하지 않을 수 있겠습니까. 이 말은 마땅히 생각하여 고쳐야 합니다.

대저 《장구》·《혹문》에는 진실로 같지 않은 곳이 많습니다. 예컨대 경문(經文)에 "밝은 덕을 천하에 밝힌다.〔明明德於天下〕"라고 한 것을 《장구》에서는 남에게 있는 명덕(明德)이라고 하였고, 《혹문》에서는 자기에게 있는 명덕이라고 하였으며,[114] 전문(傳文)의 "작신민(作新民)"을 《장구》에서는 이미 새로워진 백성을 진작한다고 하였고, 《혹문》에서는 그 백성을 진작하여 새롭게 한다고 하여서 단지 〈강고(康誥)〉의 본뜻만을 적용하였습니다.[115] 이러한 곳들을 어찌 그 다른 곡절을 전혀 살피지 않고서 범범하게 일컬어 같다고 할 수 있겠습니까.

종횡으로 말하여 한 덩어리로 만든다는 것으로 말하면, 바로 학문이 이미 익숙한 이의 일이니, 초학자가 감히 대뜸 바랄 수 있는 바가 아닙니다. "우유관창(優裕寬暢)" 네 글자는 지극히 좋습니다. "배워서 축적하고 물어서 분변하고 관대한 자세를 유지하며 거하라."라고 《주역(周易)》에 이미 가르침이 있으니,[116] 감히 유념하지 않을 수 있겠습니까.

114 경문(經文)에……하였으며 : 《대학장구(大學章句)》 경(經) 1장에 "밝은 덕을 천하에 밝힌다.〔明明德於天下〕"라고 하였는데, 이에 대해 《장구》에서는 "밝은 덕을 천하에 밝힌다는 것은 천하 사람들이 모두 그 밝은 덕을 밝히게 하는 것이다.〔明明德於天下者, 使天下之人, 皆有以明其明德也.〕"라고 하였고, 《대학혹문》에서는 "이른바 '밝은 덕을 천하에 밝힌다.'라는 것은 스스로 그 명덕을 밝혀서 미루어 신민(新民)하여서, 천하 사람들이 모두 그 명덕을 밝히게 하는 것이다.〔所謂明明德於天下者, 自明其明德, 而推以新民, 使天下之人, 皆有以明其明德也.〕"라고 하였다.

115 전문(傳文)의……적용하였습니다 : 《대학장구(大學章句)》 전(經) 2장에 "《서경》〈강고(康誥)〉에 이르기를 '새로워지는 백성을 진작하라.' 하였다.〔康誥曰: 作新民.〕"라고 하였는데, 이에 대해 《장구》에서는 "스스로 새로워진 백성을 진작함을 말한 것이다.〔言振起其自新之民也.〕"라고 하였으며, 《대학혹문》에서는 "무왕(武王)이 강숙(康叔)을 봉할 적에, 상(商)나라의 여민(餘民)이 주(紂)의 더러운 풍속에 물들어 그 본심을 잃었기 때문에, 〈강고(康誥)〉라는 글을 지어 이로써 고해 주어, 강숙으로 하여금 고무하여 백성들을 진작시켜 그들이 진작되어 떨쳐 일어나 악을 버리고 선으로 옮겨가며 옛것을 버리고 새것에 나아가게 하도록 하였다.〔武王之封康叔也, 以商之餘民染紂汚俗而失其本心也. 故作康誥之書而告之以此, 欲其有以鼓舞而作興之, 使之振奮踴躍, 以去其惡而遷於善, 舍其舊而進乎新也.〕"라고 하였다.

뒤에 보내오신 편지에서 열어 보여주신 것은 더욱 자세하게 구비되어서 의심나는 뜻을 분석해주신 것이 날카로운 칼날이 대나무를 가르는 것 같을 뿐만이 아니었습니다. 족히 가려져 어두운 이로 하여금 의혹을 떨쳐내게 하였으니, 감탄하는 마음을 가눌 수 없습니다. 세 종이에서 중첩하고 말씀하고 서폭 가득 많이 해주신 말씀을 일일이 깨달아 이해하기는 쉽지 않으나, 그 큰 요지를 총괄하면 다만 이 장(章)이 화(化)와 추(推)를 겸해서 갖춘 것이라 하고, '여(如)' 자를 "효(孝)·제(弟)를 자(慈)처럼 한다.〔孝弟如慈〕"라는 여(如)자라고 하신 것입니다. 저는 이에 있어서 반은 따르고 반은 따를 수 없는 점이 있으니, 청컨대 이 뜻을 대략 바쳐서 우러러 답하겠습니다.

이 장(章)이 두 가지 뜻을 겸하여 갖추었다는 것은 저 역시 전혀 생각하지 않았던 것은 아닙니다. 당초에 의심하고서 전적으로 동화(動化)를 위주로 하고자 했던 것은 실로 주자(朱子)의 설(說)에 근본을 둔 것입니다. 첫 단락의 소주(小註)에 "천하의 사람들이 스스로 능히 이와 같음을 보는 것이지, 내가 나라에 미루어 나가는 것이 아니다."라고 하였고, "적자(赤子)를 보호하다."라고 한 아래의 소주(小註)에 "이 장은 우선 다만 동화(動化)가 근본이 된다는 것만을 말하였고 아직 미루어 나가는 데까지는 말하지 않았다. 뒷장에서 비로소 미루어 나감에 대해 전적으로 말하였다."라고 하였습니다. 이는 모두 주자의 설로 분명하게 근거로 삼을 만한 것입니다. 그러므로 추기급인(推己及人)의

116 배워서……있으니 : 《주역》〈건괘(乾卦) 문언(文言)〉에 "군자는 배워서 축적하고, 물어서 분변하고, 관대한 자세를 유지하며 거하고, 인자한 정신에 입각해서 행한다.〔君子學以聚之, 問以辨之, 寬以居之, 仁以行之.〕"라고 하였다.

뜻을 본 장(章)에 넣어서 보고자 하지 않은 것이고, 《혹문》에서 추(推)를 말한 글은 여의(餘意)이자 방설(旁說)로 본 것입니다.

지금 보내오신 편지를 받듦에 곧장 '원래의 장(章)은 실로 화(化)와 추(推)를 겸하며, 치국장(治國章)은 화(化)가 주의(主義)이고 추(推)가 여의(餘意)이며, 평천하장(平天下章)은 화(化)가 여의(餘意)이고 추(推)가 주의(主義)이다.'라고 하셨으니, 이는 정말로 말씀하신 것이 주밀합니다. 제 편지 중에 "국인(國人) 한쪽의 입장에서 추(推)를 말하였다."라고 한 말은 또한 한쪽으로 기울어 온당치 않음을 깨달겠으니, 나라를 다스리는 이와 국인(國人)을 통틀어서 보는 것만 못합니다. 그렇다면 주자(朱子)가 이른바 "아직 미루어 나가는 데까지는 말하지 않았다."라는 것은 장차 어떻게 해석하여야 합니까? 비록 직접 추(推)를 말하지는 않았으나 실로 추(推)의 뜻이 포함된 것입니까? 또 "뒷장에서 비로소 미루어 나감에 대해 전적(全的)으로 말하였다."라고 하였으니, '전(全)' 자에서 또한 치국장(治國章)에 대략 추(推)의 뜻이 있음을 볼 수 있는 것입니까?

이와 같이 해석한다면 이 단락의 뜻을 헤아려 정할 수 있을 듯합니다. 그러나 '여(如)' 자가 "효(孝)·제(弟)를 자(慈)처럼 한다.〔孝弟如慈〕"라는 뜻이란 것으로 말하면 비록 여러 번 가르침을 입었으나 끝내 석연하지 못하니, 둔한 것이 아니면 망령된 것입니다. 이미 손을 대어서 꾸짖음을 받았으니, 황송하여 마땅히 다시 말하는 것을 용납지 않을 터이지만, 다만 막혀 있는 의심이 있으니 어찌 그 설(說)을 마치지 않을 수 있겠습니까.

보내오신 편지에 "대문(大文)에서 반드시 추(推)의 뜻을 말하지 않았다면, 《장구》에서 또 무엇 때문에 반드시 추(推)의 뜻을 말하였겠는

가. 주자(朱子)라 할지라도 이 여(如)자를 제쳐두면 추광(推廣)의 뜻을 말할 길이 없었을 것이다."라고 하였으니, 이는 그렇지 않을 듯합니다. 지지선장(止至善章)에 과연 무슨 미루어 나간다는 말이 있기에 주자께서 《장구》에 "유추하여 통한다."라는 새김을 두었겠습니까. 전에 이를 들어서 고하였는데, 도리어 아직도 거두어서 살펴주지 않으시는 것은 어째서입니까?

"〈강고(康誥)〉에 본래 여(如)자가 없었다면 《대학》에서 이를 인용하는 것은 마땅치 않다."라고 하신 것도 정확한지를 알지 못하겠습니다. 고서(古書)를 인용함에 단장취의(斷章取義)하는 예(例)가 있으니, "집희경지(緝熙敬止)"에서의 지(止)자를 《시경》에서 본래 어조사로 삼았는데, 《대학》에서 이를 인용하여 "지지선(止至善)"의 지(止)라고 하였습니다.[117] 본문(本文)의 허자(虛字)를 이미 인용하여 실자(實字)로 삼은 것이니, 또한 어찌 본문의 실자를 인용하여 허자로 삼지 않을 줄 알겠습니까. 무릇 고서(古書)의 글을 인용할 때에 반드시 글자마다 서로 합치되게 하고자 한다면 이는 활법(活法)이 아닙니다. 그리고 만약 반드시 교묘하게 합치되기를 구한다면 이는 장차 〈강고(康誥)〉의 '여(如)' 자의 본의가 곧바로 "효(孝)·제(弟)를 자(慈)처럼 한다.〔孝弟如慈〕"라는 뜻의 여(如)자라고 한 뒤에야 《대학》에서 비로소 인용할 수 있고, 본문(本文)이 "효(孝)·제(弟)를 자(慈)처럼 한다.〔孝弟如

117 집희경지(緝熙敬止)에서의……하였습니다 : 《시경》 〈대아(大雅) 문왕(文王)〉에 "엄숙하신 문왕이여. 아, 경(敬)을 계속하여 밝히셨도다.〔穆穆文王, 於緝熙敬止.〕"라고 하였는데, 이에 대해 주희(朱熹)의 전(傳)에서 '지(止)'는 어조사라고 하였다. 한편 《대학장구》 전(傳) 3장에서는 《시경》의 이 구절을 인용하면서 '지(止)' 자를 '그치다'라는 뜻으로 보아 "계속하여 밝혀서 공경하여 그쳤다."라고 해석하였다.

慈〕"라는 뜻의 여(如)자가 아니라면 《대학》에서도 이를 인용할 수가 없습니다. 그러니 다만 〈강고(康誥)〉에 본래 여(如)자가 없다면 《대학》에서 인용할 수 없을 뿐만인 것이 아닙니다. 문의(文義)가 얕은 것을 진실로 파서 깊게 할 수는 없습니다. 지금 이 여(如)자를 "효(孝)·제(弟)를 자(慈)처럼 한다.〔孝弟如慈〕"라는 뜻의 여(如)로 보는 것은 말뜻이 끝내 박절할 듯하니, 이것이 제가 활간(活看)하고자 하는 까닭입니다.

"여(如)자를 가볍게 본다면 이 단락 중에 전혀 공부가 없게 된다."라고 하신 것은 진실로 그럴 듯하니, 전(傳)이 경(經)을 해석함에 본디 공부의 의사를 지니고 있습니다. 그러나 하나의 전(傳) 속 여러 단락이 어찌 반드시 단락마다 늘 공부를 말하겠습니까. 또 위의 단락에서 효(孝)·제(弟)·자(慈)를 세 "소이(所以)"와 아울러서[118] 이미 집사의 논의대로 추(推)의 뜻으로 본다면 이는 이미 공부를 말한 것이니, 또 어찌 반드시 이 단락에서 공부를 거듭 말해야 하겠습니까. 제 견해가 이와 같으니, 결연히 성대하신 논의를 따를 수는 없지만, 또한 어찌 감히 자신할 수 있겠습니까. 오직 마땅히 서서히 다시 이해하여야 할 따름입니다.

"한 가지 일을 궁구하지 못하면 우선 다른 한 가지 일을 따로 궁구해야 한다."[119]라는 것은 정자(程子)의 가르침입니다. 책을 읽을 때에도

118 위의……아울러서 : 《대학장구》 전(傳) 9장에 "효(孝)는 군주를 섬기는 것이요, 제(弟)는 장관(長官)을 섬기는 것이요, 자(慈)는 백성들을 부리는 것이다.〔孝者所以事君也, 弟者所以事長也, 慈者所以使衆也.〕"라고 한 것을 가리킨다.

119 한 가지……한다 : 이 말은 《이정유서(二程遺書)》 권15 〈이천어(伊川語)〉에 보인다. "격물(格物)과 궁리(窮理)는 천하의 사물을 모두 궁구하려는 것이 아니라, 다만

응당 이 법을 써야 할 것이니, 우선 이 단락을 놓아두고서 다른 조목을 따로 강구하는 것이 옳겠습니까? 제 편지 가운데 "나라를 다스리는 이에게 있어서는 동화(動化)이고, 국인(國人)에게 있어서는 추(推)입니다."라는 말은 바꾸어 놓은 것이 아닙니다. '동화(動化)'라는 글자는 남을 동화(動化)하게 함을 가지고서 말한 것이므로, 나라를 다스리는 이의 일이라 한 것입니다. 동화(動化)라는 글자가 분명하지 못하다면 '교(敎)' 자로 바꾸는 것은 어떻겠습니까? 본래 차의(箚疑)나 주각(註脚)의 문장에 익숙하지 못하므로 글자를 놓은 것이 늘 온당치가 못하니, 부끄럽고 한탄스럽습니다.

한 가지 사물을 완전히 궁구하면 그 밖의 것은 부류로써 미루어 알 수 있는 것이다. 효(孝)를 가지고 말하면 효라는 것이 무엇인지 궁리하는 것이다. 그런데 만약 어떤 한 가지 사물을 궁구하지 못하면 다른 한 가지 일을 따로 궁구해야 한다. 혹은 쉬운 것부터 먼저 궁구하거나 혹은 어려운 것부터 먼저 궁구하는 것은 각각 그 사람의 수준에 따르는 것이다. 예컨대 천 개 만 개의 길이 모두 국도(國都)에 갈 수 있으니, 한 가지 길을 통해 들어갈 수만 있다면 가한 것과 같다."

근재집

제5권

書서

밀암 김공[1]에게 보냄

與密菴金公

훌륭하신 가르침이 말씀을 하실수록 더욱 정밀하여 물을 부어도 새지 않을 정도여서 거의 어리석고 망령된 저의 견해가 피할 곳을 알지 못하게 만드시니, 오직 망양(望洋)의 탄식[2]을 할 뿐입니다. '여(如)' 자[3]를 끝내 활간(活看)[4]할 수 없다면 이를 가지고 '효(孝)와 제(弟)를 자(慈)

1 밀암(密菴) 김공(金公) : 김지행(金砥行, 1716~1774)으로, 자는 유도(幼道), 호는 밀암, 본관은 안동(安東)이다. 우의정을 지낸 문충공(文忠公) 김상용(金尙容)의 5세손이며, 병계(屛溪) 윤봉구(尹鳳九)의 문인이다. 일찍부터 과거에 대한 뜻을 버리고 공주(公州) 계실곡(溪室谷)에 은거하여 학문을 하며 안빈낙도하여, 안자(顏子)에 버금가는 인물로 칭송되었다. 저술로 《밀암집(密菴集)》이 전한다.

2 망양(望洋)의 탄식 : 바다를 보고 탄식한다는 말로, 도저히 넘볼 수 없는 위대한 경지를 접하고서 자신의 역량이 부족한 것을 한탄함을 이른다. 황하의 신(神)인 하백(河伯)이 끝이 보이지 않는 북해(北海)에 처음 이르러 자신의 좁은 소견을 탄식하는 이야기에서 연유하였다. 《莊子 秋水》

3 여(如) 자 : 《대학장구(大學章句)》 전(傳) 9장에 "《서경(書經)》 〈강고(康誥)〉에 이르기를 '적자를 보호하듯이 한다.' 하였으니, 마음에 진실로 구하면 비록 딱 맞지는 않으나 멀지 않을 것이다. 자식 기르는 것을 배운 뒤에 시집가는 자는 있지 않다.〔康誥曰: 如保赤子. 心誠求之, 雖不中不遠矣. 未有學養子而后嫁者也.〕"라고 하였는데, 여기에서 말한 '적자를 보호하듯이 한다〔如保赤子〕'의 '여(如)' 자를 이른다. '여(如)' 자에 대한 박윤원(朴胤源)과 김지행(金砥行)의 해석은 《근재집(近齋集)》 권4 끝의〈여밀암김공(與密菴金公)〉 3편의 편지와 《밀암집(密菴集)》 권6 〈답영숙(答永叔)〉에 각각 자세히 보인다.

4 활간(活看) : 글을 볼 때 글자나 글귀에 얽매이지 않고 전체의 뜻을 보아 본의를 파악하는 것이다.

와 같이 한다〔孝弟如慈〕'는 의미의 '여(如)'로 여기는 것[5] 또한 온당치 못하니, 우선 《서경(書經)》의 본래 뜻을 따라서 《혹문(或問)》의 설(說)에 부합시키는 것만 못합니다. 이전에 '백성을 사랑하기를 자식과 같이 한다〔愛民如子〕'는 의미로 여기지 않고자 했던 까닭은 다만 이 장(章)에서 '미루어 나감〔推〕'을 말하지 않았기 때문이었습니다.[6] 지금 이미 이 장(章)이 '동화(動化)'와 '미루어 나감〔推〕'을 겸하고 있다고 여기는 이상, 비록 '백성을 사랑하기를 자식과 같이 한다〔愛民如子〕'는 의미의 '여(如)' 자로 보더라도 도리어 무방한 듯하니, 맨 처음의 단락에서 '동화(動化)'가 정의(正義)가 되는 것과 서로 모순되지 않을 것입니다.

그러나 이것은 확정되지 못한 견해이니 어느 때에나 한 가지로 확정될 수 있을지 모르겠습니다. 대체로 경서의 뜻 중에 힘들고 어렵게 풀이를 구하는 경우는 환하게 이해하기가 쉽지 않으니, 또한 억지로

5 효(孝)와……것 : 《대학장구(大學章句)》 전(傳) 9장 중 '적자를 보호하듯이 한다〔如保赤子〕'의 앞에 "효(孝)는 군주를 섬기는 것이고, 제(弟)는 장관을 섬기는 것이고, 자(慈)는 여러 백성들을 부리는 것이다.〔孝者, 所以事君也; 弟者, 所以事長也; 慈者, 所以使衆也.〕"라고 하였는데, 김지행(金砥行)은 "특별히 '여(如)' 자를 말한 것은 바로 배우지 않고도 잘할 수 있는 이 경우를 미루어 효(孝)와 제(弟)에까지 넓혀나가서 또한 이와 같이 하게 하고자 한 것이다.〔特其言如者, 乃欲推此不學而能者, 以廣之於孝弟而亦如之.〕"라고 하였다. 《密菴集 卷6 答永叔》

6 이 장(章)에서……때문이었습니다 : 《대학장구(大學章句)》 전(傳) 9장의 "《서경(書經)》〈강고(康誥)〉에 이르기를 '적자를 보호하듯이 한다.' 하였으니……〔康誥曰: 如保赤子……〕"라고 한 단락의 소주(小註)에 "이 장은 또 다만 동화(動化)가 근본이 된다는 것만을 말하였고 아직 미루어 나가는 데까지는 말하지 않았다. 뒷장에서 비로소 미루어 나감에 대해 전적으로 말하였다.〔此且只說動化爲本, 未說到推上. 後方全是說推.〕"라고 하였다.

힘을 써서 탐색하여 뜻을 찾아서는 안 됩니다. 주 부자(朱夫子)가 일찍이 '극기복례(克己復禮)'의 '예(禮)' 자에 대하여 매번 마음에 석연치 못하여 기어이 '이(理)' 자로 풀이하곤 하였는데, 나중에야 비로소 말씀하기를, "이제야 정미(精微)하고 치밀함이 보통 사람의 생각으로는 미칠 수 있는 바가 아님을 알겠다."라고 하였습니다.[7] 오랫동안 침잠하고 완미하여 깊이 자득한 것이 이와 같았습니다. 지금 어리석고 비루한 제가 주자처럼 참됨을 쌓고 힘을 들이지도 않고서 한때 강론하는 사이에 경서의 뜻을 헤아려 정하고자 하니, 어찌 가능하겠습니까. 오직 익숙하게 읽고 깊이 파고들며 차분하게 노력하고 충분히 무젖기를 일러주신 말씀과 같이 해야 할 것이니, 그런 뒤에야 혹시라도 끝내 초탈함이 있게 될 것입니다. 우선 이를 놓아두고 다시 말을 허비하지 않고자 할 뿐입니다.

다른 장(章)의 문의(文義)는 의문이 생기는 대로 가르침을 구하고자 하는데 병과 근심으로 여전히 어수선하여 기록할 겨를이 없습니다. 다만 《혹문》의 "지(知)는 심(心)의 신명(神明)이다."라는 한 구절에 대하여 별지(別紙)에 써서 질문을 아뢰니, 밝은 가르침을 내려주시기를 바랍니다.

7 주 부자(朱夫子)가……하였습니다 : 이 내용은 《회암집(晦菴集)》 권43 〈답임택지(答林擇之)〉와 《심경부주(心經附註)》 권1에 보인다. 공자(孔子)가 '극기복리(克己復理)'라고 하지 않고 '극기복례(克己復禮)'라고 하여 '예(禮)' 자를 쓴 것이 더욱 절실하고 요긴함을 깨달았다는 의미이다.

별지

《대학혹문(大學或問)》에서 '치지(致知)'의 '지(知)'를 풀이하여 말하기를, "지(知)는 심(心)의 신명(神明)이니, 모든 이(理)를 묘용하고 만물을 주재하는 것이다.〔知則心之神明 妙衆理而宰萬物者也〕"라고 하였는데, 이는 '지각(知覺)'으로 보아 말한 듯하였으므로 이전에 일찍이 이를 들어서 질정하였습니다. 그런데 "'신명(神明)' 아래에 '소이(所以)' 자를 붙이지 않은 것에서 '지각'이 아님을 알 수 있다."라고 하셨으니, 이는 진실로 옳은 듯합니다. 그러나 다만 '신명(神明)'이라는 글자는 본래 '심(心)'을 지칭하고 '지각(知覺)'을 지칭하는 말이고 보면, '지식(知識)'을 '신명(神明)'이라고 지칭하는 것은 끝내 말이 무거운 듯하니, 비록 '소이(所以)' 두 글자가 없더라도 또한 '지각(知覺)'이 아닌 이유를 볼 수 없습니다. 대체로 '심(心)'을 가지고 말하면 '사람의 신명〔人之神明〕'이라고 하고-《맹자(孟子)》〈진심(盡心)〉 편의 집주(集註)에 보임[8]- '지각(知覺)'을 가지고 말하면 마땅히 '심의 신명〔心之神明〕'이라고 해야 하는데, 지금 '지식(知識)'을 가지고 또한 '심의 신명〔心之神明〕'이라고 한다면 '지식(知識)'을 '지각(知覺)'과 구별할 수 없게 됩니다. 그러므로 집사께서 '소이(所以)' 두 글자의 유무를 가지고 '지각(知覺)'과 '지식(知識)'의 구분으로 삼고자 하신 것인데, 노옥계(盧玉溪)의 설(說)에 이르기를, "심(心)은

8 맹자(孟子)……보임 : 《맹자》〈진심 상(盡心上)〉에 "그 심(心)을 다하는 자는 그 성(性)을 안다.〔盡其心者, 知其性也.〕"라고 하였는데, 이에 대한 집주(集註)의 설명에 "심(心)은 사람의 신명(神明)이니, 모든 이(理)를 갖추고 있고 만사를 응하는 것이다.〔心者, 人之神明, 所以具衆理而應萬事者也.〕"라고 하였다.

진실로 모든 이(理)를 갖추고 사물에 응하니, 모든 이(理)를 묘용하고 만물을 주재하는 것이 신명(神明)이 아니겠는가.〔心固具衆理而應事物 所以妙衆理而宰萬物者 非神明乎〕"라고 하였습니다. 이 설(說)이 만약 '신명(神明)'을 '지각(知覺)'으로 여긴 것이 아니라면 이는 '지식(知識)' 또한 '묘용하고 주재하는 것'이라고 할 수 있는 것입니다. 그렇다면 '소이(所以)'라는 글자의 유무가 '지각(知覺)'과 '지식(知識)'의 구분이 되지는 못할 듯합니다. 주자(朱子)가 '소이(所以)'라는 글자를 말씀하지 않았으나 노씨(盧氏)가 '소이(所以)'라는 글자를 더하였으니, 주자가 '소이(所以)'라는 글자를 말씀하지 않은 것은 다만 글을 생략한 것으로, 꼭 이를 가지고 '지각(知覺)'이 아님을 보이려는 의도가 있었던 것은 아닙니다. 또 이 단락의 소주(小註) 속 주자의 말씀에 "지각하는 바가 없으면 만물을 재제(宰制)할 수 없으니, 이를 재제하고자 한다면 또한 지각함이 필요하다."라고 하였습니다. 이를 가지고 본다면 묘용하고 주재하는 '지(知)'가 '지각(知覺)'이 되는 것이 아니겠습니까.

그러나 만약 '치지(致知)'의 '지(知)'를 '지각(知覺)'으로 여긴다면, '지각(知覺)'은 바로 자연한 지각이므로 미루어 지극히 할 필요가 없는 것이니, '치지(致知)'의 '지(知)'는 끝내 '지각(知覺)'으로 여길 수 없습니다. 그런데 《대학혹문》과 소주의 설(說)이 이와 같으니, 내심 의문이 없을 수가 없습니다. 아니면 '지식(知識)'은 비록 전체의 '신명(神明)'이 아니지만 또한 '신명(神明)'으로부터 발한 것이기 때문에 '심(心)의 신명(神明)'이라고 한 것이고, 비록 통체(統體 전체)의 '지각(知覺)'은 아니지만 또한 '지각(知覺)'에서 나온 것이기 때문에 '또한 지각함이 필요하다'라고 한 것일 것입니다. 근본의 설

(說)과 《대학장구》의 훈(訓)에서 '지(知)'를 '식(識)'이라고 한 뜻을 따르는 것이 본디 서로 무방하겠습니까?

밀암 김공에게 보냄
與密菴金公

"지(知)는 심(心)의 신명(神明)이다."[9]라고 한 단락에 대하여, 앞서 하신 말씀에 "신명이 모든 이(理)를 묘용하는 것은 체단(體段)이 되고 만물을 주재하는 것은 공용(功用)이 되니, '묘(妙)'와 '재(宰)' 사이의 '이(而)' 자는 '이(以)' 자의 뜻으로 봐야 한다."라고 한 것은 참으로 세밀하게 구분해내신 것이니, 다른 사람이 보지 못한 바를 능히 보신 것이라 할 수 있습니다. 이에 매우 흠모하고 감탄합니다.

9 지(知)는 심(心)의 신명(神明)이다 : 《대학혹문(大學或問)》 경(經) 1장에, "지(知)로 말하면 심(心)의 신명(神明)이니, 모든 이(理)를 묘용하고 만물을 주재하는 것이다.〔若夫知則心之神明, 妙衆理而宰萬物者也.〕"라고 하였다.

밀암 김공에게 보냄
與密菴金公

《대학(大學)》 '치국(治國)' 장(章)의 '화(化)'와 '추(推)'의 뜻[10]은 비록 《변의(辨疑)》 가운데 논한 바가 어떠한지는 기억하지 못하지만, 《혹문(或問)》 중 '평천하(平天下)' 조목에서 "앞의 장에서는 오로지 자기를 미루어 나가 다른 사람이 교화되는 것을 말하였다.〔前章專以己推而人化爲言〕"라고 한 것을 가지고 본다면, 이는 '화(化)'와 '추(推)'를 겸하여 말한 것입니다. 다만 이른바 '자기를 미룬다〔己推〕'라는 것이 과연 '사군(事君)', '사장(事長)', '사중(使衆)'으로 미루어 나가는 '추(推)'가 아니라 단지 '자(慈)'를 미루어 '효(孝)'와 '제(弟)'로 넓혀나가는 '추(推)'인 것인지는 잘 모르겠습니다.[11]

10 대학(大學)……뜻 : '치국(治國)' 장(章)은 전(傳) 9장을 가리킨다. 《대학장구(大學章句)》 전(傳) 9장의 "《서경(書經)》 〈강고(康誥)〉에 이르기를 '적자를 보호하듯이 한다.' 하였으니……〔康誥曰: 如保赤子……〕"라고 한 단락의 소주(小註)에 "이 장은 또 다만 동화(動化)가 근본이 된다는 것만을 말하였고 아직 미루어 나가는 데까지는 말하지 않았다. 뒷장에서 비로소 미루어 나감에 대해 전적으로 말하였다.〔此且只說動化爲本, 未說到推上. 後方全是說推.〕"라고 하였는데, '화(化)'는 여기에서 말한 '동화(動化)'를, '추(推)'는 '미루어 나감'을 이른다.

11 사군(事君)……모르겠습니다 : '사군(事君)'·'사장(事長)'·'사중(使衆)'과 '효(孝)'·'제(弟)'·'자(慈)'는 《대학장구(大學章句)》 전(傳) 9장 중 '적자를 보호하듯이 한다〔如保赤子〕'의 앞에 "효(孝)는 군주를 섬기는 것이고, 제(弟)는 장관을 섬기는 것이고, 자(慈)는 여러 백성들을 부리는 것이다.〔孝者, 所以事君也; 弟者, 所以事長也; 慈者, 所以使衆也.〕"라고 한 데에 보인다.

밀암 김공에게 보냄
與密菴金公

'허령지각(虛靈知覺)'[12]은 심(心)을 가지고 말한 것이고 '허령불매(虛靈不昧)'[13]와 '허령통철(虛靈洞徹)'[14]은 '명덕(明德)'을 가지고 말한 것이다.

'허령지각(虛靈知覺)'은 심(心)에 있어서는 말할 수 있고 명덕(明德)에 있어서는 말할 수 없는 것입니까? '허령불매(虛靈不昧)'와 '허령통

12 허령지각(虛靈知覺) : 《중용장구(中庸章句)》 서문(序文)에 "심(心)의 허령지각(虛靈知覺)은 하나일 뿐인데, 인심과 도심의 다름이 있다고 한 것은, 혹은 형기의 사(私)에서 나오고, 혹은 성명의 올바른 것에서 근원하여, 지각을 한 것이 똑같지 않기 때문이다.〔心之虛靈知覺, 一而已矣, 而以爲有人心道心之異者, 則以其或生於形氣之私, 或原於性命之正, 而所以爲知覺者不同.〕"라고 한 데에 보인다.

13 허령불매(虛靈不昧) : 《대학장구(大學章句)》 경(經) 1장 '명덕(明德)'에 대한 주희(朱熹)의 주(註)에 "명덕은 사람이 하늘에서 얻은 것으로, 허령하고 어둡지 않아서 온갖 이치를 갖추고 있고 만사에 응하는 것이다.〔明德者, 人之所得乎天, 而虛靈不昧, 以具衆理而應萬事者也.〕"라고 한 데에 보인다.

14 허령통철(虛靈洞徹) : 《대학혹문(大學或問)》에 "오직 사람이 태어나서 바르고 통하는 기(氣)를 얻는데 성(性)이 가장 귀함이 된다. 그러므로 방촌(方寸)의 사이는 허령(虛靈)하고 통철(洞徹)하여 온갖 이치를 모두 갖추고 있으니, 금수와 다른 까닭이 바로 여기에 있는 것이고, 누구나 요순(堯舜)이 되어 천지의 조화에 참여하여 화육(化育)을 도울 수 있는 까닭 또한 여기에서 벗어나지 않는다. 이것이 이른바 명덕(明德)이다.〔唯人之生, 乃得其氣之正且通者, 而其性爲最貴. 故其方寸之間, 虛靈洞徹, 萬理咸備, 蓋其所以異於禽獸者, 正在於此, 而其所以可爲堯舜而能參天地以贊化育者, 亦不外焉. 是則所謂明德者也.〕"라고 한 데에 보인다.

철(虛靈洞徹)'은 명덕(明德)에 있어서는 말할 수 있고 심(心)에 있어서는 말할 수 없는 것입니까? 저의 생각으로는, 이를 가지고 심(心)과 명덕(明德)을 구별하는 것으로 삼을 수 있음을 알지 못하겠습니다. 어쩌면 '지각(知覺)'은 심(心)의 지각(知覺)이므로 마땅히 심(心)에 있어서 말을 해야 하지만, 명덕(明德)의 경우에는 명덕(明德)이 따로 지각(知覺)이 되므로 또 지각(知覺)을 가지고 말할 수 없는 것이 아닙니까? 그러나 '허령불매(虛靈不昧)'와 '허령통철(虛靈洞徹)'은 심(心)에 있어서도 말할 수가 있으니, 어떠한지 모르겠습니다.

> 심(心)은 재료(材料)인 것이고 명덕(明德)은 도리(道理)인 것이니, 재료(材料)는 형이하(形而下)이고 도리(道理)는 형이상(形而上)이다.

이를 가지고 말한다면 심(心)은 물(物)이고 명덕(明德)은 칙(則)인 것입니까? 그렇다면 이른바 '명덕(明德)'은 성(性)에 관계되는 것입니다. 또 명덕(明德)이 도리(道理)가 된다면 그 아래에 '온갖 이(理)를 갖추고 있다'라는 것은 이(理)로서 이(理)를 갖춘 것이 됩니다.

> 《중용(中庸)》 서문(序文) 중 '허령지각(虛靈知覺)'을 체(體)와 용(用)으로 나눈 설은 일찍이 선배 중에 이를 비판한 자가 있음을 보았다.-농암(農巖 김창협(金昌協))의 설인 듯함-

농옹(農翁 김창협(金昌協))의 문집은 아직 살펴보지 못하였으나 저 역시 '허령지각(虛靈知覺)'을 체(體)와 용(用)으로 나눈 설을 그르다고 여겼습니다. 무릇 체(體)는 하나이고 용(用)은 여러 가지로 다르니, 만일 '지각(知覺)'을 용(用)으로 여긴다면 어떻게 '하나일 뿐이다〔一而已

矣]'라고 말할 수 있겠습니까. 정물재(程勿齋)의 설(說)[15]은 아래의 글 중 '지각을 한 것[所以爲知覺者]'이라는 말이 용(用)을 말한 것임을 보고는 마침내 위의 글의 '지각(知覺)'까지 함께 가리켜 용(用)이라고 한 것입니다. 그러나 아래의 글의 '지각(知覺)'은 '소이위(所以爲)' 세 글자가 있으므로 진실로 용(用)이 되지만, 위의 글의 '지각(知覺)'은 본디 체(體)인 것이니, 참으로 이른바 '미발(未發)의 때에 지각이 어둡지 않다'라는 것입니다.

15 정물재(程勿齋)의 설(說) : 정물재는 남송(南宋) 때의 학자 정약용(程若庸)으로, 자는 달원(達原), 호는 물재이며, 휘주(徽州) 휴령(休寧) 사람이다. 일찍이 쌍봉(雙峯) 요씨(饒氏), 즉 요로(饒魯)에게서 주희(朱熹)의 학문을 배웠다. 〈중용장구서(中庸章句序)〉에서 "심(心)의 허령지각은 하나일 뿐이다.[心之虛靈知覺, 一而已矣.]"라고 한 것에 대하여 정약용이 말하기를, "허령은 심(心)의 체(體)이고, 지각은 심(心)의 용(用)이다.[虛靈, 心之體; 知覺, 心之用.]"라고 하였다. 이 내용은《중용장구》대전본(大全本) 소주(小註)에 보인다.

밀암 김공에게 보냄
與密菴金公

대대(大帶)의 척수(尺數)는 《예기(禮記)》〈옥조(玉藻)〉 편을 상고해 보면 비록 대부(大夫)와 사(士)를 구분하지는 않으나 자유(子游)의 말에 "대(帶)를 착용한 허리 아래의 길이를 3등분해서 신(紳)의 길이가 3분의 2를 차지한다."라고 하였는데, 주(註)에서 이를 풀이하여 이르기를, "사람의 신장이 8척이면 허리 아래가 4척 5촌이 되는데, 이를 3등분하면 신(紳)이 3분의 2를 차지한다. 그러므로 길이가 3척인 것이다."라고 하였습니다. 이를 가지고 보면 대부와 사(士)를 막론하고 그 대(帶)는 허리에서 묶는 곳부터 계산하면 응당 4척 5촌이 되는 것입니다.-허리를 두르는 척수(尺數)는 이 안에 포함되지 않음- 그러나 이른바 '4척 5촌'이라는 것은 심의(深衣)의 예(例)처럼 지척(指尺)[16]을 사용해야 합니까? 아니면 주척(周尺)[17]을 사용해야 합니까? 비록 지척으로 계산하더라도 허리 아래가 4척 5촌인 것은 너무 긴 듯합니다. 이는 본래 사람의 신장이 8척인 것을 기준으로 하는데 사람마다 신장의 장단은 또한 똑같지 않습니다. 만약 반드시 모두 허리 아래로 4척 5촌의 척수(尺數)를 사용하도록 한다면 신장보다 길어서 땅에 끌리는 문제가 있게 될까 염려되니, 꼭 이 설(說)에 구애될 필요가 없지 않겠습니

16 지척(指尺) : 가운데 손가락의 가운데 마디를 한 치로 기준하여 만든 자를 말한다.
17 주척(周尺) : 주례(周禮)에 규정된 자로서, 한 자가 곱자의 여섯 치 육 푼, 즉 23.1cm이다.

까. 일찍이 인가(人家)에서 대대(大帶)의 양식을 기록해 둔 것을 보았는데, 대부의 대(帶)는 지척(指斥)으로 18척이고 사(士)의 대(帶)는 23척이었습니다. 어떤 책에 근거한 것인지는 알 수 없으나 의아스럽습니다. 그 유래도 알 수 없고 또 이 양식을 따르면 너무 길어서 사용할 수가 없습니다. 오직 《가례(家禮)》와 《상례비요(喪禮備要)》의 '길이는 치마와 나란히 한다.'라고 한 조문을 따라야 하니, 대부와 사(士)를 막론하고 일러주신 말씀과 같이 사용하면 될 것입니다. 사(士)의 대(帶)는 두 번 두른다고 한 조문이 《예기(禮記)》에 명백하게 보이지만 선현(先賢)이 이를 그르다고 하였다고 들었습니다. 그렇다면 사(士)의 대(帶)는 두 번 두를 필요 없이 그냥 2촌의 넓이를 사용하는 것입니까? 대(帶)는 백증(白繒)을 사용하는데, 이른바 '증(繒)'이란 과연 세속에서 일컫는 동견(銅絹)이라는 것입니까? 동견은 흰 색을 얻기가 매우 어려우니 백사(白紗)를 대신 사용하는 것이 어떻겠습니까?

밀암 김공에게 보냄

與密菴金公

> 지금 우선 그 아래의 글을 바꿔서 "허령불매(虛靈不昧)는 하나일 뿐이다."라고 하고 "명덕(明德)은 사람이 하늘에서 얻은 것으로, 허령지각(虛靈知覺)하다."라고 하는 것[18] 운운(云云).

이곳의 문세(文勢)는 진실로 서로 바꿀 수 없습니다. 그러나 만약 범범하게 심(心)을 논하면서 '허령불매(虛靈不昧)하다'라고 하고, 범범하게 명덕(明德)을 일컬어서 '허령지각(虛靈知覺)'이라고 하는 것은 또한 어찌 불가하겠습니까.

> '불매(不昧)'는 전체적인 것으로서 말한 것이고 '중리(衆理)'는 자잘한 것으로서 말한 것이다.[19]

18 그 아래의……것 : 《중용장구(中庸章句)》 서문(序文)에 "심(心)의 허령지각(虛靈知覺)은 하나일 뿐인데……〔心之虛靈知覺, 一而已矣……〕"라고 하였고, 《대학장구(大學章句)》 경(經) 1장 '명덕(明德)'에 대한 주희(朱熹)의 주(註)에 "명덕은 사람이 하늘에서 얻은 것으로, 허령하고 어둡지 않아서……〔明德者, 人之所得乎天, 而虛靈不昧……〕"라고 하였는데, '허령지각(虛靈知覺)'과 '허령불매(虛靈不昧)'의 자리를 바꾸어 말한 것이다.

19 불매(不昧)는……것이다 : '불매(不昧)'와 '중리(衆理)'는 《대학장구(大學章句)》 경(經) 1장 '명덕(明德)'에 대한 주희(朱熹)의 주(註)에 "명덕은 사람이 하늘에서 얻은 것으로, 허령하고 어둡지 않아서 온갖 이치를 갖추고 있고 만사에 응하는 것이다.〔明德者, 人之所得乎天, 而虛靈不昧, 以具衆理而應萬事者也.〕"라고 한 데에 보인다.

'불매(不昧)'는 심(心)의 본체이고 '중리(衆理)'는 심(心)이 갖추고 있는 것이니, 이것이 심(心)과 성(性)의 구분이 됩니다. 그런데 지금 '불매(不昧)'를 전체적인 것으로 여기고 '중리(衆理)'를 자잘한 것으로 여긴다면, 이는 '불매(不昧)'가 절로 '일리(一理)'가 되고 '중리(衆理)'가 마침내 그 '만수(萬殊)'가 되는 것이니, 집사께서 명덕(明德)을 논함에 점차 성(性)으로 편입시키실까 삼가 염려됩니다. 이것이 제가 감히 의심하는 바입니다.

성(性)은 공공(公共)의 것이고 덕(德)은 자기에게 얻어진 것이다.

범범하게 '덕(德)' 자를 일컬을 경우에는 응당 이와 같지만, '명덕(明德)'에 있어서 말한다면 미진한 듯합니다. '명덕(明德)'의 '덕(德)'은 진실로 또한 자기에게 얻어졌다는 뜻이지만, 그 얻은 바는 바로 허령불매(虛靈不昧)인 것입니다. 지금 '자기에게 얻어진 것'을 가지고 '공공(公共)의 것'과 상대하여 말한다면, 이른바 '자기에게 얻어진 것'은 곧 그 공공(公共)의 성(性)을 얻은 것이 되니, 《중용장구(中庸章句)》의 '건순오상지덕(健順五常之德)'[20]의 '덕(德)'과 어찌 구별되겠습니까.

20 중용장구(中庸章句)의 건순오상지덕(健順五常之德) : '건순(健順)'은 음양(陰陽)을 가리키고 '오상(五常)'은 인(仁)·의(義)·예(禮)·지(智)·신(信)을 가리킨다. 《중용장구》 제1장에 "하늘이 명한 것을 성(性)이라 이르고, 성을 따름을 도(道)라 이르고, 도를 품절해 놓음을 교(敎)라 이른다.〔天命之謂性, 率性之謂道, 修道之謂敎.〕"라고 하였는데, 이에 대한 주희(朱熹)의 주에 "하늘이 음양·오행으로 만물을 화생함에 기(氣)로써 형체를 이루고 이(理) 또한 부여하였으니 명령함과 같다. 이에 사람과 물건이 태어남에 각기 부여 받은 바의 이(理)를 얻음으로 인하여 건순·오상의 덕을 삼으니, 이른바 '성(性)'이라는 것이다.〔天以陰陽五行, 化生萬物, 氣以成形而理亦賦焉, 猶命令

이는 명덕(明德)을 성(性)으로 여긴 뒤에야 가능할 것입니다.

> 도(道)의 큰 근원은 하늘에서 나온 것이니,[21] 이(理)가 이(理)에서 나온 것이다. 이(理)로서 이(理)를 갖추고 있는 것이 또한 어찌 불가하겠는가.

하늘은 이(理)이고 도(道)는 이(理)가 사물에 존재하고 있는 것이니, 사물의 이(理)는 본래 하늘의 이(理)에서 나온 것입니다. 그러므로 동자(董子 동중서(董仲舒))의 말이 이와 같았던 것입니다. 그 근원과 유래를 가지고 말한다면, '성을 따름〔率性〕'은 '하늘이 명함〔天命〕'에서 근원한 것입니다. 그러므로 '이(理)가 이(理)에서 나왔다'라고 말하는 것입니다. 형상을 이루고 품수(稟受)함을 가지고 말한다면, 물건이 있어야 비로소 이(理)를 갖출 수 있는 것입니다. 그러므로 '기(器)로서 이(理)를 갖추고 있다'라고 하는 것입니다. '이(理)가 이(理)를 내었다'라고 하는 것은 가능하지만 '이(理)가 이(理)를 갖추고 있다'라고

也. 於是人物之生, 因各得其所賦之理, 以爲健順五常之德, 所謂性也.〕"라고 하였다.

21 도(道)의……것이니 : 이 말은 본래 한(漢)나라의 대유(大儒) 동중서(董仲舒)가 한 말로, 한 무제(漢武帝)의 물음에 답하여 대책(對策)을 올릴 적에 천인(天人)이 감응하는 것에 대한 명제를 제시하여 "도의 큰 근원은 하늘에서 나온 것이니, 하늘이 변하지 않으면 도 역시 변하지 않는 것이다.〔道之大原出於天, 天不變, 道亦不變.〕"라고 하였다.《漢書 卷56 董仲舒傳》 주희(朱熹)는《중용장구(中庸章句)》의 첫 장인 "하늘이 명한 것을 성(性)이라고 이르고, 성(性)을 따름을 도(道)라고 이르고, 도(道)를 품절(品節)해 놓음을 교(敎)라고 이른다.〔天命之謂性, 率性之謂道, 修道之謂敎.〕"라는 구절의 주에서 "동중서가 이른바 '도의 큰 근원이 하늘에서 나왔다.'라는 것도 또한 이러한 뜻이다."라고 하였다.

하는 것은 불가하며, '기(器)가 이(理)를 갖추고 있다'라고 하는 것은 가능하지만 '이(理)가 이(理)를 갖추고 있다'라고 하는 것은 불가합니다. 선유(先儒)가 말씀하기를, "만리는 똑같이 하나의 근원에서 나오고, 만물은 저마다 하나의 이(理)를 갖추고 있다.〔萬理同出一源 萬物各具一理〕"라고 하였는데, '출(出)' 자와 '구(具)' 자의 뜻이 각각 다릅니다. 지금 이(理)가 이(理)에서 나왔다고 하여 이를 따라 '이(理)가 또한 이(理)를 갖추고 있다'라고 하는 것은 불가합니다. 어떻게 여기시는지 모르겠습니다.

> 심(心)은 실(實)하고 명덕(明德)은 허(虛)하며, 심(心)은 거칠고 명덕(明德)은 오묘하다.

심(心)이 그저 실(實)하기만 하고 허(虛)할 수 없다면 정자(程子)가 어찌하여 "심(心)은 본래 허하다〔心兮本虛〕"[22]라고 하였겠습니까. 심(心)이 그저 거칠기만 하고 오묘할 수 없다면 주자(朱子)가 어찌하여 "인심이 오묘하여 헤아리기 어렵다〔人心妙不測〕"[23]라고 하였겠습니까. 주자가 말씀한 "심(心)은 거친 것이 되고 성천(性天)은 오묘한 것이 된다."[24]라는 것은 바로 심(心)과 성(性)의 경계를 논한 것에 지나지

22 심(心)은 본래 허하다 : 정이(程頤)가 지은 〈사물잠(四勿箴)〉 중 〈시잠(視箴)〉에 보이는 말로, "심(心)은 본래 허하니, 사물에 응함에 자취가 없네.〔心兮本虛, 應物無迹.〕"라고 하였다.

23 인심이……어렵다 : 주희(朱熹)의 〈재거감흥(齋居感興)〉 시에 보이는 말로, "인심이 오묘하여 헤아리기 어려우니, 드나들 때에 기기를 타네.〔人心妙不測, 出入乘氣機.〕"라고 하였다.

않으니, "심(心)은 이(理)에 견주면 약간 자취가 있다."[25]라는 말과 같은 것입니다. 심(心)과 성(性)은 진실로 거칠고 오묘한 차이가 있지만, 심(心)과 명덕(明德)은 어찌 둘로 나뉘어서 어떤 것은 거칠고 어떤 것은 오묘한 차이가 있겠습니까. 심(心)이 바로 명덕(明德)인 것인데 지금 나누어 둘로 만들려고 하니, 모르겠습니다만 명덕(明德)이 과연 별도의 어떤 물건이기에 마침내 엄연하게 심(心)과 대립시켜 그 거침과 오묘함을 다투게 한단 말입니까.

24 심(心)은 거친……된다 : 주희(朱熹)가 정자상(鄭子上)에게 답한 편지에 보이는 말이다. 《맹자(孟子)》 〈진심 상(盡心上)〉에 "그 심(心)을 다하는 자는 그 성(性)을 아니, 그 성(性)을 알면 하늘을 알게 된다.〔盡其心者, 知其性也, 知其性, 則知天矣.〕"라고 한 것에 대한 정자상의 물음에 "그 이(理)를 논하면 심(心)은 거친 것이 되고 성천(性天)은 오묘한 것이 되며, 그 공부를 논하면 다하는 것이 중함이 되고 아는 것이 가벼운 것이 된다. 그러므로 '이른바 그 심(心)을 다하는 자는 바로 성(性)을 알고 하늘을 아는 자이다.'라고 한 것이다.〔論其理, 則心爲粗而性天爲妙, 論其功夫, 則盡爲重而知爲輕. 故云所謂盡其心者, 卽是知性而知天者也.〕"라고 하였다.

25 심(心)은……있다 : 《주자어류(朱子語類)》 권5 〈성리 이(性理二)〉에 보이는 말인데, '이(理)'가 '성(性)'으로 되어 있다. 심(心)이 형이상(形而上)에 해당되는지에 대한 질문에 주희(朱熹)가 "심(心)은 성(性)에 견주면 약간 자취가 있고, 기(氣)에 견주면 자연히 더 신령하다.〔心比性, 則微有迹, 比氣, 則自然又靈.〕"라고 답하였다.

밀암 김공에게 보냄

與密菴金公

제가 《중용(中庸)》 서문(序文)에 나오는 '동정(動靜)'[26]의 '정(靜)'을 '미발(未發)'로 보지 않는 것은 참으로 곡절이 있습니다. 그 위에서 '도심(道心)이 주장이 되게 하여 인심(人心)이 그 명을 따르게 한다'라고 말하였는데, 도심(道心)과 인심(人心)은 모두 심(心)의 용(用)으로 '이발(已發)'인 것이니, 이곳의 '정(靜)' 자는 '미발(未發)'이 아닌 듯합니다. 또 그 아래에 '저절로 지나치거나 모자라는 잘못이 없게 될 것이다'라고 하였는데, 주자(朱子)는 일찍이 편벽되거나 치우친 바가 없는 것을 가지고 '미발(未發)의 중(中)'[27]으로 여기고 지나치거나 모자란 바가 없는 것을 가지고 '시중(時中)의 중(中)'[28]으로 여겼습니

26 동정(動靜) : 《중용장구(中庸章句)》 주희(朱熹)의 서문(序文)에 "정(精)은 도심과 인심 두 가지 마음의 사이를 살펴 섞이지 않게 하는 것이며 일(一)은 본심의 올바름을 지켜 잃지 않게 하는 것이니, 이에 종사하여 잠시도 중단함이 없어서 반드시 도심이 한 몸의 주장이 되게 하고 인심이 매번 도심의 명을 듣게 하면 위태로운 인심은 안정되고 은미한 도심은 드러나게 되어, 동(動)할 때나 정(靜)할 때나 말할 때나 행할 때에 저절로 지나치거나 모자라는 잘못이 없게 될 것이다.〔精則察夫二者之間而不雜也, 一則守其本心之正而不離也, 從事於斯, 無少間斷, 必使道心常爲一身之主, 而人心每聽命焉, 則危者安, 微者著, 而動靜云爲自無過不及之差矣.〕"라고 한 데에 보인다.

27 미발(未發)의 중(中) : 희로애락의 감정이 발하지 않았을 때의 편벽되거나 치우침이 없는 상태를 말하는 것으로, 《중용장구(中庸章句)》 제1장에 "희로애락이 발하기 이전을 중(中)이라고 이르고, 발하여 모두 절도에 맞는 것을 화(和)라고 이른다.〔喜怒哀樂之未發, 謂之中, 發而皆中節, 謂之和.〕"라고 하였다.

다. 이곳의 '정(靜)' 자가 과연 '미발(未發)'이라면, 애초에 어찌 지나치거나 모자람을 말할 만한 것이 있겠습니까. 그러므로 제가 삼가 이곳의 '정(靜)' 자는 '미발(未發)'이 아니라고 말한 것입니다.

'정(靜)'이라고 말하고서 이를 '이발(已發)'이라고 하는 것은 무엇 때문입니까? '정(靜)'은 또한 지극한 것과 지극하지 않은 것이 있습니다. 예컨대 '지정지중(至靜之中)'[29]이라고 한 것과 '적연부동(寂然不動)'[30]이라고 한 것은 모두 '미발(未發)'을 가리키는 것이지만, 이곳의 '정(靜)' 자의 경우에는 다만 사물을 접하기 이전을 가지고 말한 것입니다. 비록 사물을 접하기 이전이라도 마음속의 희로애락이 혹 발하는 경우가 있고, 비록 희로애락이 발하기 이전이라도 또한 '생각하는 순간 이미 발한 것이다.'[31]라는 경우가 있습니다. 사물을 접하기 전에는

28 시중(時中)의 중(中) : '시중(時中)'은 때에 따라 중도(中道)에 맞게 처신하는 것으로, 《중용장구(中庸章句)》 제2장에 "군자는 중용을 하고, 소인은 중용에 반대로 한다. 군자가 중용을 함은 군자로서 때에 따라 중도를 지키는 것이고, 소인이 중용에 반대로 함은 소인으로서 거리낌이 없는 것이다.〔君子中庸, 小人反中庸. 君子之中庸也, 君子而時中 ; 小人之中庸也, 小人而無忌憚也.〕"라고 하였다.

29 지정지중(至靜之中) : 《중용장구(中庸章句)》 제1장의 '치중화(致中和)'에 대한 주희(朱熹)의 주에 "계구(戒懼)로부터 요약하여 지극히 정(靜)한 가운데에 편벽되거나 치우친 바가 없어 그 지킴을 잃지 않는 데 이르면 그 중(中)을 지극히 하여 천지가 자리를 잡는다.〔自戒懼而約之, 以至於至靜之中無所偏倚而其守不失, 則極其中而天地位矣.〕"라고 한 데에 보인다.

30 적연부동(寂然不動) : 주희(朱熹)의 〈태극설(太極說)〉에 "정(靜)하여 포괄하지 않음이 없는 것은 성(性)이 중(中)이 되는 까닭이니, 고요하여 동(動)하지 않는 것이다.〔靜而無不該者, 性之所以爲中也, 寂然不動者也.〕"라고 한 데에 보인다.

31 생각하는……것이다 : 《이정유서(二程遺書)》 권18에, 혹자가 희로애락이 발하기 전에 '중(中)'을 구하는 것이 가능한지를 물었는데, 정이(程頤)가 대답하기를 "불가하

'정(靜)'이라고 이를 수 있지만, 마음속이 이미 동(動)하였다면 '미발(未發)'이라고 이를 수 없습니다. 《중용》 서문의 '정(靜)' 자는 이러한 경계를 가리키는 것이지, '적연부동(寂然不動)한 지정(至靜)'과 같은 '미발(未發)'을 가리키는 것은 아닌 듯합니다.

제가 혼자서 터득한 것이 이와 같은데, 본래의 뜻에 어긋나지 않을 수 있을지 모르겠습니다.

보내주신 편지에서 "동(動)과 정(靜)이 모두 용(用)이다."라고 하신 부분의 '정(靜)'은 과연 '이발(已發)'이 아니라 '미발(未發)'입니다. '미발(未發)'을 '이발(已發)'과 상대하여 말하면 '미발(未發)'이 체(體)가 되고 '이발(已發)'이 용(用)이 되지만, '명덕(明德)'의 체(體)·용(用)을 가지고 말하면 '허령불매(虛靈不昧)'가 체(體)가 되고 이발(已發)과 미발(未發)이 있게 만드는 것이 모두 용(用)이 되는 것입니까?

다. 희로애락이 발하기 전에 이미 이를 구하기를 생각하는 것은 또 생각하는 것이 된다. 생각하는 순간 이미 발한 것이니, 발하면 '화(和)'라 이르지 '중(中)'이라 이를 수 없다. [不可. 旣思于喜怒哀樂未發之前求之, 又却是思也. 旣思, 卽是已發, 纔發, 便謂之和, 不可謂之中也.]"라고 한 내용이 보인다.

밀암 김공에게 보냄
與密菴金公

보내주신 편지에서 "정(靜)과 미발(未發)은 실로 구분이 없는데 《중용(中庸)》 서문(序文)의 '동정(動靜)'[32]의 '정(靜)'이 만약 미발(未發)인데 중(中)이 아닌 정(靜)이라면 이미 잘못된 것이니, '저절로 지나치거나 모자라는 잘못이 없게 된다'라고 말할 수가 없다."라고 하신 것은 진실로 매우 정밀하고 타당합니다.

정자(程子)가 말씀한 "생각하는 순간 이미 발한〔已發〕 것이다."라는 것은 본래 소계명(蘇季明)이 중(中)을 구하는 것을 물은 것 때문에 나오게 된 것이니,[33] 발하기 이전에〔未發〕 생각이 있는 것은 진실로

32 동정(動靜) : 《중용장구(中庸章句)》 주희(朱熹)의 서문(序文)에 "정(精)은 도심과 인심 두 가지 마음의 사이를 살펴 섞이지 않게 하는 것이며 일(一)은 본심의 올바름을 지켜 잃지 않게 하는 것이니, 이에 종사하여 잠시도 중단함이 없어서 반드시 도심이 한 몸의 주장이 되게 하고 인심이 매번 도심의 명을 듣게 하면 위태로운 인심은 안정되고 은미한 도심은 드러나게 되어, 동(動)할 때나 정(靜)할 때나 말할 때나 행할 때에 저절로 지나치거나 모자라는 잘못이 없게 될 것이다.〔精則察夫二者之間而不雜也, 一則守其本心之正而不離也, 從事於斯, 無少間斷, 必使道心常爲一身之主, 而人心每聽命焉, 則危者安, 微者著, 而動靜云爲自無過不及之差矣.〕"라고 한 데에 보인다.

33 정자(程子)가……것이니 : 소계명(蘇季明)은 북송(北宋)의 학자 소병(蘇昞)으로, 계명은 그의 자이다. 처음에는 장재(張載)에게 수학하였으며, 정호(程顥)와 정이(程頤) 형제에게 배워서 학문을 완성하였다. 《이정유서(二程遺書)》 권18에, 소계명이 희로애락이 발하기 전에 '중(中)'을 구하는 것이 가능한지를 물었는데, 정이(程頤)가 대답하기를 "불가하다. 희로애락이 발하기 전에 이미 이를 구하기를 생각하는 것은 또 생각하는 것이 된다. 생각하는 순간 이미 발한 것이니, 발하면 '화(和)'라 이르지

마음의 잘못입니다. 그런데 제가 이 말을 차용한 것은, 일찍이 함부로 '미발(未發)과 이발(已發)의 사이에 또한 정(靜)이라는 한 층의 경계가 있어서, 사물에 감응하기 이전의 때에 마땅히 생각해야 할 바가 있어서 생각하는 것은 잘못이 아니다. 생각은 미발(未發)이 아니지만 사물에 감응하기 이전은 또한 정(靜)인 것이다.'라고 여겼으므로 과연 운운(云云)한 바가 있었던 것입니다. 그러나 다시 생각해보니, 사물에 감응하기 이전의 때에는 군자의 가슴속에 응당 한 가지의 일도 없어야 하니, 어찌 생각함을 용납하겠습니까. 비록 마땅히 생각할 바를 생각한다고 하더라도 또한 망상(妄想)인 것입니다. 인심(人心)에는 다만 고요함과 감응함이 있을 뿐이니, 감응하지 않으면 고요하고 고요하지 않으면 감응하는 것입니다. 또 어찌 미발(未發)과 이발(已發)의 사이에 반은 정(靜)하고 반은 동(動)하는 경계가 있겠습니까. 비로소 이전의 견해가 잘못되었음을 알겠습니다.

당초에 지나치거나 모자라는 바가 없는 것을 이발(已發)의 중(中)으로 여기고 미발(未發)의 중(中)과 관통하여 설명하지 않고자 하였습니다. 그러므로 마침내 '동정(動靜)'의 '정(靜)'에 대하여 의심을 하게 되어, 이 '정(靜)' 자를 미발(未發)이 아니라고 여기게 되었습니다. 이 뜻은 중하게 여기는 바가 치우쳐 있어서, 중(中)이 아닌 정(靜)은 지나치거나 모자라는 잘못이 없음을 말할 수가 없다는 것을 미처 헤아리지 못하였습니다. 사슴을 쫓다가 태산(泰山)은 보지 못한 경우라고 할 수 있으니, 참으로 부끄럽습니다.

'중(中)'이라 이를 수 없다.〔不可. 既思于喜怒哀樂未發之前求之, 又却是思也. 既思, 卽是已發, 纔發, 便謂之和, 不可謂之中也.〕"라고 한 내용이 보인다.

'지나치거나 모자라는 바가 없다'는 것은 본래 '시중(時中)'[34]을 가지고 말한 것인데, '시중(時中)'의 '중(中)'은 본래 '이발(已發)'을 가지고 말한 것입니다. 그러다가 주자(朱子)에 이르러서 '시중(時中)'의 '중(中)'을 가지고 '미발(未發)'과 '이발(已發)'을 관통하여 말씀하였으니, '지나치거나 모자라는 바가 없다'는 것을 또한 '미발(未發)'의 '중(中)'에 있어서도 말할 수 있게 되었습니다. 집사의 '이는 본연(本然)을 가지고 말한 것이다.'라는 말씀이 참으로 옳으니, 《중용혹문(中庸或問)》의 "미발(未發)의 때에는 비록 지나치거나 모자라다고 이름 붙일 만한 것이 없으나, 지나치거나 모자라는 바가 없게 만드는 본체(本體)는 실로 여기에 존재한다."라는 말을 보면 대개 알 수 있습니다. '지나치거나 모자라는 바가 없다'는 것을 '미발(未發)'의 '중(中)'에 있어서도 말할 수 있는 이상, 이곳의 '정(靜)' 자가 '미발(未發)'이 됨을 또 어찌 의심하겠습니까. 일러주신 말씀을 삼가 따라야 할 것입니다.

명덕(明德)에 미발(未發)과 이발(已發)이 없는 것은 진실로 갑자기 간파해내기는 어렵습니다. 대체로 명덕(明德)을 심(心)으로 보지 않으면 비록 미발(未發)과 이발(已發)이 없다고 말하더라도 괜찮을 것입니다. 예컨대 이른바 '미발(未發)의 중(中)', '이발(已發)의 중(中)'이라는 것은 '중(中)'에 발함과 발하지 않음이 있는 것이 아니라 '심

34 시중(時中) : 때에 따라 중도(中道)에 맞게 처신하는 것으로, 《중용장구(中庸章句)》 제2장에 "군자는 중용을 하고, 소인은 중용에 반대로 한다. 군자가 중용을 함은 군자로서 때에 따라 중도를 지키는 것이고, 소인이 중용에 반대로 함은 소인으로서 거리낌이 없는 것이다.〔君子中庸, 小人反中庸. 君子之中庸也, 君子而時中; 小人之中庸也, 小人而無忌憚也.〕"라고 하였다.

(心)'에 발함과 발하지 않음이 있는 것입니다. 그러나 명덕(明德)이 바로 심(心)이라면 명덕(明德)에 발함과 발하지 않음이 있는 것입니다. 이는 응당 심(心)과 명덕(明德)에 관한 논변이 하나로 귀결된 뒤에야 다시 논의할 수 있을 것입니다.

밀암 김공에게 보냄
與密菴金公

명덕(明德)의 뜻에 있어, 집사께서는 비록 '성(性)'으로 여기시지는 않으나 또한 바로 '심(心)'으로 부르는 것은 원치 않으십니다. "명덕(明德)은 심(心)의 양능(良能)이니, 곧장 심(心)이라고 할 수 없다."라고 하셨는데, 저는 이에 대하여 감히 의문을 가지고 있습니다. 무릇 심(心)을 일컬어 명덕(明德)이라고 하는 것은 이(理)를 일컬어 태극(太極)이라고 하는 것과 같습니다. 이(理)는 지극하여 그보다 더할 수가 없으므로 태극(太極)이라고 하는 것이고, 심(心)은 신명하되 하늘로부터 얻은 것이므로 명덕(明德)이라고 하는 것입니다. 이미 이(理)의 지극함을 태극(太極)이라고 하였다면 태극(太極)을 이(理)라고 하지 않을 수 없고, 이미 심(心)의 신명함을 명덕(明德)이라고 하였다면 명덕(明德)을 심(心)이라고 하지 않을 수 없습니다. 선유(先儒)가 말하기를, "지선(至善)은 태극(太極)의 또 다른 명칭이다."[35]라고 하였으니, 저 또한 "명덕(明德)은 심(心)의 또 다른 명칭이다."라고 하겠습니다. 명덕(明德)이 심(心)이고 심(心)이 명덕(明德)이니, 어찌 두 가지가 있겠습니까. 그러나 집사께서는 매번 심(心)과 명덕(明德)을 쪼개어 두 가지로 여기려고 하십니다.-'심(心)은 재료(材料)가 되고 명덕(明德)은 도리(道理)가 된다', '심(心)은 형이하(形而下)이고 명덕(明德)은 형이상(形而上)이

35 지선(至善)은……명칭이다 : 이는 옥계 노씨(玉溪盧氏)의 말로, 《대학혹문(大學或問)》의 소주(小註)에 보인다.

다', '심(心)은 실(實)하고 명덕(明德)은 허(虛)하다', '심(心)은 거칠고 명덕(明德)은 오묘하다'와 같은 종류와 '허령지각(虛靈知覺)은 심(心)을 가지고 말한 것이고 허령불매(虛靈不昧)·허령통철(虛靈洞徹)은 명덕(明德)을 가지고 말한 것이다'-

삼가 생각건대 높은 식견이 탁월하여 틀림없이 홀로 터득한 견해가 있으신 것이므로, 또한 감히 확고하게 따를 수 없다고 여기지는 못하였습니다. 일찍이 집사의 논의로 인하여 반복하여 생각해보았습니다. 명덕(明德)은 비유하자면 마치 거울의 공명(空明)함이나 불의 광명(光明)함과 같은데, 공명(空明)함을 거울의 본체로 여기는 것은 가능하지만 공명(空明)함을 거울로 여기는 것은 불가하며, 광명(光明)함을 불의 형상으로 여기는 것은 가능하지만 광명(光明)함을 불로 여기는 것은 불가하며, 명덕(明德)을 심(心)의 양능(良能)으로 여기는 것은 가능하지만 명덕(明德)을 심(心)으로 여기는 것은 불가하다는 것이니, 아마도 집사의 생각이 또한 여기에서 나왔을 것입니다.

그러나 공명(空明)함과 광명(光明)함은 허자(虛字)이고 거울과 불은 실물(實物)이니, 허자(虛字)는 실물(實物)에 배치되지 못하면 속하는 바가 없게 됩니다. 그러므로 범범하게 공명(空明)함을 일컫는다면 물 또한 공명(空明)한 것이니, 어찌 오직 거울만 공명(空明)하겠습니까. 범범하게 광명(光明)함을 일컫는다면 해 또한 광명(光明)한 것이니, 어찌 오직 불만 광명(光明)하겠습니까. 범범하게 명덕(明德)을 일컫는다면 성(性) 또한 명덕(明德)인 것이니, 어찌 심(心)만 명덕(明德)이 되겠습니까. 허자(虛字)는 실물(實物)에 배치가 되어야 속한 바가 있게 됩니다. 그러므로 물 또한 공명(空明)하지만 이미 거울에 대하여 공명(空明)하다고 일컬었다면 공명(空明)한 것은 물이 아니라 결국 거울이 되는 것이고, 해 또한 광명(光明)하지만 이미 불에 대하여 광명

(光明)하다고 일컬었다면 광명(光明)한 것은 해가 아니라 결국 불이 되는 것이며, 성(性) 또한 명덕(明德)인 것이지만 이미 심(心)에 대하여 명덕(明德)이라고 일컬었다면 명덕(明德)은 성(性)이 아니라 결국 심(心)이 되는 것입니다. 나누어서 말하면 진실로 '공명(空明)함은 거울이 아니고 광명(光明)함은 불이 아니고 명덕(明德)은 심(心)이 아니다'라고 할 수 있지만, 합하여 말하면 또한 '공명(空明)함이 거울이고 광명(光明)함이 불이고 명덕(明德)이 심(心)이다'라고 할 수 있습니다. 집사의 논의에서는 반드시 심(心)과 명덕(明德)을 두 가지로 나누려고 하시니, 비록 세세하게 분석함은 있으나 크게 어우름은 도리어 부족한 듯합니다.

명덕(明德)은 진실로 심(心)의 양능(良能)이지만 심(心)은 이 양능(良能)이 없으면 심(心)이 될 수 없습니다. 그러므로 장자(張子 장재(張載))가 말씀하기를, "성(性)과 지각(知覺)을 합해서 심(心)이라는 명칭이 있게 되었다."[36]라고 한 것이니, 성(性)과 지각(知覺)을 합하지 않고 심(心)을 말한다면 온전한 심(心)이 아닌 것입니다. 명덕(明德)은 바로 성(性)과 지각(知覺)을 합한 것이니, 명덕(明德)이 어찌 심(心)의 명칭이 될 수 없겠습니까. 명덕(明德)을 심(心)이 아니라고 여긴다면 이 심(心)은 무엇이라고 일컬어야 합니까. '방촌(方寸)'이라고 일컬을

36 성(性)과……되었다 : 장재(張載)의 문집인《장자전서(張子全書)》권2〈정몽(正蒙) 1〉태화편(太和篇) 제1에 "태허를 말미암아 천(天)이라는 명칭이 있게 되었고, 기화를 말미암아 도(道)라는 명칭이 있게 되었으며, 태허와 기화를 합해서 성(性)이라는 명칭이 있게 되었고, 성(性)과 지각을 합해서 심(心)이라는 명칭이 있게 되었다.〔由太虛有天之名 由氣化有道之名 合虛與氣有性之名 合性與知覺有心之名〕"라는 말이 나온다.《맹자집주(孟子集註)》〈진심 상(盡心上)〉1장의 해설에도 이 말이 인용되어 있다.

것입니까? 방촌(方寸)이라는 것은 바깥은 둥글고 가운데에 구멍이 뚫린, 형체가 있는 심(心)인 것이니, 형체가 없는 심(心)이 아닙니다. 형체가 있는 심(心)은 이를테면 의가(醫家)에서 창포(菖蒲)나 복령(茯苓)으로 보양한다고 말하는 것이지만, 형체가 없는 심(心)은 성현이 성경(誠敬)으로 수양한다고 말하는 것입니다. 경전에서 말한 바는 대개가 형체가 없는 심(心)이니, 형체가 없는 심(心)이 이른바 명덕(明德)이 아니겠습니까.

명덕(明德)이라는 것은 인심(人心)의 신명(神明)함의 묘(妙)인데, 그것을 명명할 수가 없으므로 우선 명덕(明德)으로 지목한 것이니, 이것이 명덕(明德)이라는 명칭이 수립된 까닭입니다. 그렇다면 명덕(明德)이 심(心)이 아니고 무엇이겠습니까. 설령 경문(經文)의 본의가 곧장 명덕(明德)을 심(心)의 명칭으로 삼은 것은 아니라고 하더라도, 이를 계기로 심(心)의 명칭으로 삼는 것이 불가하지 않으니, 어째서입니까? '방훈(放勳)'[37]은 실로 사신(史臣)이 요(堯)임금을 찬미한 말인데 《맹자(孟子)》에서 이를 계기로 요(堯)임금의 명칭으로 삼았습니다. 명덕(明德) 또한 심(心)을 일컬은 말인데 이를 계기로 심(心)의 명칭으로 삼는 것이 또한 무방할 듯합니다.

또 본문의 뜻이 명덕(明德)으로 심(心)의 명칭을 삼지 않은 것이라고 어찌 알겠습니까. 주자(朱子)는 장구(章句)에서 '명덕(明德)은 심

37 방훈(放勳) : '공이 지극히 크다'는 뜻으로, 《서경(書經)》 〈요전(堯典)〉에 "옛 제요를 상고하건대 공이 크신 분이시니, 공경하고 밝으며 문채롭고 생각함이 편안하고 편안하시다.〔曰若稽古帝堯, 曰放勳, 欽明文思安安.〕"라고 한 데에서 요(堯)임금을 지칭하는 말로 쓰였다.

(心)이다'라고 말씀하지 않았습니다. 그러므로 학자들이 저마다 의견을 달리하여 어떤 이는 심(心)이라고 하고 어떤 이는 성(性)이라고 하는 등 의론이 분분하여 지금까지 정해지지 못하고 있습니다. 그런데 마침내 집사께서는 또 심(心)도 아니고 성(性)도 아니라고 여기시고 따로 또 하나의 명목으로 만드시는 듯합니다. 주 부자(朱夫子)가 장구(章句)에서 '심(心)' 자를 쓰지 않은 것은 명덕(明德)을 풀이하고 나면 비록 심(心)을 말하지 않더라도 사람들이 저절로 명덕(明德)이 심(心)이 됨을 알 것이라고 여겼기 때문입니다.

그리고 만약 명덕(明德)이 심(心)의 명칭이 아니고 심(心)의 양능(良能)의 명칭이었다면, 주자는 틀림없이 '인(人)' 자 대신에 먼저 '심(心)' 자를 써서 "사람이 하늘에서 얻은 것이다〔人之所得乎天〕"라고는 말하지 않았을 터인데, '심(心)' 자를 쓰지 않고 '인(人)' 자를 썼습니다. 예컨대《맹자(孟子)》〈진심(盡心)〉 장의 집주(集註)에서는 "심(心)이라는 것은 사람의 신명이니, 모든 이치를 갖추고 있고 만사에 응하는 것이다.〔心者 人之神明 所以具衆理而應萬事者也〕"라고 하여서, '허령불매(虛靈不昧)'를 '신명(神明)' 자로 바꾸고 '명덕(明德)'을 '심(心)' 자로 바꾸었습니다. 이를 가지고 살펴보면 명덕(明德)이 심(心)이 됨을 대략 알 수 있습니다. 그리고 소주(小註)를 살펴보건대, 혹자가 명덕(明德)이 심(心)인지, 성(性)인지 물었는데 주자(朱子)가 답하여 심(心)은 이러이러하고 성(性)은 이러이러하다고 말씀하고 끝에 가서는 마침내 장자(張子 장재(張載))의 "심(心)은 성(性)과 정(情)을 총괄하는 것이다."라는 말로 결론을 지었습니다. 여기에서 명덕(明德)은 심(心)과 성(性)을 합한 것인데 결국에는 심(心)이 주장이 됨을 볼 수 있습니다. 주자(朱子)가 일찍이 말씀하기를, "허령불매(虛靈不昧)가 명덕(明德)

을 설명한 뜻이 이미 충분하다."라고 하였고, 또 말씀하기를, "허령불매(虛靈不昧)가 바로 심(心)이다."라고 하였으니, 명덕(明德)이 어찌 심(心)이 아니겠습니까.

만약 '명덕(明德)은 심(心)의 덕(德)이지 곧장 심(心)이 되는 것은 아니다'라고 한다면, 그렇지 않은 점이 있습니다. 인(仁)·의(義)·예(禮)·지(智)·신(信)은 바로 성(性)의 덕(德)인데 주자(周子 주돈이(周敦頤))가 오성(五性)이라고 하였으니, 명덕(明德)은 진실로 심(心)의 덕(德)이지만 또한 곧장 심(心)이 될 수 있는 것입니다. 만약 '명덕(明德)은 심(心)이 지니고 있는 것이지, 곧장 심(心)이 되는 것은 아니다'라고 한다면, 또한 그렇지 않은 점이 있습니다. '인(仁)'이란 것은 성(性)이지 심(心)이 아니지만, 《맹자(孟子)》에서는 오히려 "인(仁)이란 사람의 마음이다."[38]라고 하였습니다. 하물며 명덕(明德)은 심(心)의 재능(才能)이니, 어찌 인하여 심(心)이라고 하는 것이 불가하겠습니까.

집사께서 심(心)과 명덕(明德)의 분변에 대해 논하신 설(說)이 비록 많지만 저는 여전히 의문을 해소할 수가 없습니다. 비록 허령지각(虛靈知覺)이 심(心)을 가지고 말한 것이고 허령불매(虛靈不昧)와 허령통철(虛靈洞徹)이 명덕(明德)을 가지고 말한 것이라고 여기더라도, 주자(朱子)가 이미 "허령불매(虛靈不昧)가 바로 심(心)이다"라고 말씀한 이상 심(心)에 있어서도 허령불매(虛靈不昧)를 말할 수 있는 것입니

38 인(仁)이란 사람의 마음이다 : 《맹자(孟子)》 〈고자 상(告子上)〉에 보이는 말로, "인(仁)은 사람의 마음이며, 의(義)는 사람의 길이다.〔仁, 人心也; 義, 人路也.〕"라고 하였다.

다. 비록 심(心)은 형이하(形而下)이고 명덕(明德)은 형이상(形而上)이라고 여기더라도, 주자(朱子)가 "심(心)은 형체가 없고 기(氣)는 물건이 있다."라고 말씀하였으니, 이 말은 또 무엇을 말한 것이겠습니까. 심(心)의 형체를 가지고 말하면 진실로 형이하(形而下)의 기(器)이지만, 심(心)의 성(性)·정(情)을 가지고 말하면 절로 형이상(形而上)의 이(理)인 것입니다. 심(心)은 본래 이(理)와 기(氣)를 합한 것이니, 어찌 치우쳐서 기(氣)만 말할 수 있겠습니까. 비록 심(心)은 재료(材料)이고 명덕(明德)은 도리(道理)라고 여기더라도, 먼저 심(心)을 말한 뒤에야 비로소 심(心)의 도리(道理)를 말할 수 있는 것입니다. 약(藥)에 비유하자면, 대황(大黃)과 부자(附子)는 재료이고 차갑게 하여 사(瀉)하게 하고 열을 내어 보(補)하는 것은 그 도리(道理)인데, 지금 대황과 부자는 말하지 않고 차갑게 함과 열을 냄만 말한다면, 그 차갑게 하고 열을 내는 것이 어떠한 물건인지 모르지 않겠습니까. 비록 심(心)은 거칠고 명덕(明德)은 오묘하며 심(心)은 실(實)하고 명덕(明德)은 허(虛)하다고 여기더라도 명덕(明德)은 다만 심(心)의 덕(德)인 것이니, 어찌 그 덕(德)이 오묘한데 그 자체는 오묘할 수 없으며 그 덕(德)이 허(虛)한데 그 자체는 허(虛)할 수 없는 경우가 있겠습니까. 집사께서 심(心)을 논한 바와 같다면 이 심(心)은 하나의 거친 물건에 불과할 뿐이니, 어찌 천지(天地)에 참여하고 화육(化育)을 도울 수 있겠습니까.[39]

39 천지(天地)에……있겠습니까 : '천지에 참여하고 화육을 돕는다'는 것은 《대학혹문(大學或問)》 권1 〈경 1장(經一章)〉에 보이는 말로, "오직 사람이 태어나서 바르고 통하는 기(氣)를 얻는데 성(性)이 가장 귀함이 된다. 그러므로 방촌(方寸)의 사이는

집사께서 말씀하신 바는 형체가 있는 심(心)이지, 형체가 없는 심(心)이 아닙니다. 심(心)은 기(氣)만 가리켜 말한 경우가 있고 이(理)와 기(氣)를 아울러 말한 경우가 있습니다. 기(氣)만 가리켜 말한 경우는 주자(朱子)가 "심(心)은 기(氣)의 정상(精爽)이다"[40]라고 말씀한 것과 같은 종류가 이에 해당합니다. 이(理)와 기(氣)를 아울러 말한 경우는 장자(張子 장재(張載))가 "성(性)과 지각(知覺)을 합하다"[41]라고 말씀한 것과 《대학(大學)》에서 말한 "명덕(明德)"과 같은 것이 이에 해당합니다. 집사께서는 심(心)을 논하실 적에 매번 기(氣)만 가리키는 경우를 가지고 말씀하십니다. 그러므로 반드시 심(心)과 명덕(明德)을 쪼개어 두 가지로 만들려고 하시니, 이것이 제가 대번에 따를 수 없는 까닭입니다. 후씨(侯氏)가 일찍이 "귀신(鬼神)의 덕(德) 됨〔鬼神之爲

허령(虛靈)하고 통철(洞徹)하여 온갖 이치를 모두 갖추고 있으니, 금수와 다른 까닭이 바로 여기에 있는 것이고, 누구나 요순(堯舜)이 되어 천지에 참여하여 화육(化育)을 도울 수 있는 까닭 또한 여기에서 벗어나지 않는다. 이것이 이른바 명덕(明德)이다.〔唯人之生, 乃得其氣之正且通者, 而其性爲最貴. 故其方寸之間, 虛靈洞徹, 萬理咸備, 蓋其所以異於禽獸者, 正在於此, 而其所以可爲堯舜而能參天地以贊化育者, 亦不外焉. 是則所謂明德者也.〕"라고 하였다.

40 심(心)은 기(氣)의 정상(精爽)이다 : 이 말은 《주자어류(朱子語類)》에 보이는 것으로, "심(心)이란 기(氣)의 정상(精爽)이다.〔心者, 氣之精爽〕"라고 하였다. 《朱子語類 卷5 性理2 性情心意等名義》

41 성(性)과 지각(知覺)을 합하다 : 장재(張載)의 문집인 《장자전서(張子全書)》 권2 〈정몽(正蒙) 1〉 태화편(太和篇) 제1에 "태허를 말미암아 천(天)이라는 명칭이 있게 되었고, 기화를 말미암아 도(道)라는 명칭이 있게 되었으며, 태허와 기화를 합해서 성(性)이라는 명칭이 있게 되었고, 성(性)과 지각을 합해서 심(心)이라는 명칭이 있게 되었다.〔由太虛有天之名, 由氣化有道之名, 合虛與氣有性之名, 合性與知覺有心之名.〕"라는 말이 나온다.

德〕"[42]에 대하여 논하여, '귀신(鬼神)'을 형이하(形而下)로 여기고 '덕(德)'을 형이상(形而上)으로 여겼는데, 주자(朱子)가 이를 비판하여 말씀하기를, "여기서 말한 '귀신(鬼神)'은 실제로 그러한 이치이다. '사람의 덕〔人之德〕'이라고 말하는 것과 같으니, '사람'이 따로 한 물건이 되고 그 '덕(德)'이 따로 '덕(德)'이 된다고 말할 수 없는 것이다."라고 하였습니다. 심(心)과 명덕(明德)이 두 가지 물건이 아닌 것이 어찌 이와 다르겠습니까.

이른바 '성(性)'이라고 하는 것은 또 심(心)과 명덕(明德)이 포함하는 도리(道理)이다.

하단에서 이미 명덕(明德)을 오상(五常)의 전덕(全德)으로 여겼다면, 오상(五常)의 덕(德)이 바로 이른바 오성(五性)인 것이니, 이는 명덕(明德)을 오성(五性)으로 여긴 것입니다. 그런데 지금 성(性)이 또 그것에 포함된다고 하시니, 일성(一性)은 진실로 오성(五性)을 포함할 수 있지만 오성(五性) 또한 일성(一性)을 포함할 수 있겠습니까. 만약 '「오상(五常)의 전덕(全德)」의 「전(全)」 자는 바로 일성(一性)인 것이다'라고 한다면, 일성(一性)으로서 일성(一性)을 포함하는 것은 성립이 되지 않습니다. 만약 '포함하는 성(性)은 바로 오성(五性)인 것이다'라고 한다면, 성(性)이라는 명칭은 본래 혼연(渾然)하여 나눌 수 없는 것을 가리키는 것이니, 오상(五常)으로써 명칭을 얻은 것이

42 귀신(鬼神)의 덕(德) 됨 : 《중용장구(中庸章句)》 제16장에 보이는 말로, "귀신의 덕 됨이 참으로 성대하다.〔鬼神之爲德, 其盛矣乎!〕"라고 하였다.

아닙니다. 어떻게 여기실지 모르겠습니다.

통체불매(統體不昧)의 통체(統體)와 영쇄불매(零碎不昧)의 영쇄(零碎)

불매(不昧)는 이(理)만 가리키는 것이 아니니, 이(理)와 기(氣)를 합하여 말하되 기(氣)가 주장이 되는 것입니다. 어째서 기(氣)가 주장이 된다고 말하는 것입니까? 불매(不昧)는 바로 지각(知覺)의 불매(不昧)이고 지각(知覺)은 바로 기(氣)로부터 온 것입니다. 불매(不昧)는 다만 기(氣)가 불매(不昧)한 것인데 기(氣)는 이(理)에서 떠나지 않으니, 광명(光明)의 기(氣)가 광명(光明)의 이(理)를 싣고 있는 것입니다. 이는 이(理)와 기(氣)를 합한 것이 되는데, 지금 불매(不昧)를 중리(衆理)의 통체(統體)라고 여긴다면, 이는 장차 불매(不昧)를 혼연(渾然)한 일리(一理)로 여기게 되는 것입니다. 이것이 제가 감히 성(性)으로 편입시키게 될까 의심하는 까닭입니다.

성(性)으로 편입되지는 않으나 절로 심(心)과는 구별되는 곳이 있음

이미 명덕(明德)을 형이상(形而上)의 이(理)라고 하시고는 또 성(性)으로 편입되지는 않는다고 하신 것은, 보내주신 글을 자세히 살펴보건대, 성(性)은 사람과 물건의 공통적인 것이지만 명덕(明德)은 사람만 홀로 얻은 것이라고 여기셔서, 이것으로 성(性)과 명덕(明德)의 구분을 삼고 계시는 것입니다. 그러나 이른바 '성(性)'이라는 것은 범범하게 말하면 진실로 사람과 물건의 공통적인 것이지만, 품부된 이후를 보자면, 받아서 자기에게 있는 이상 자기에게 있는 성(性)이 되는 것

이고 얻어서 마음에 갖춘 이상 마음에 있는 성(性)이 되는 것입니다. 예컨대 "능히 그 성(性)을 다할 수 있다"[43]의 성(性)은 바로 자기에게 있는 성(性)이고, "마음이 성(性)과 정(情)을 총괄한다"[44]의 성(性)은 바로 마음에 있는 성(性)인 것입니다. 이미 '명덕(明德)은 자기에게 있는 성(性)을 얻은 것이다'라고 하셨으니, 어찌 자기에게 있는 성(性)·마음에 있는 성(性)이 되지 않겠습니까. 그렇다면 명덕(明德)을 도리(道理)로 여기는 것은 결국에는 성(性)과 연결되는 것입니다. 자기에게 있는 성(性)·마음에 있는 성(性)과 공통의 성(性)은 진실로 차이가 있는 것이 아닌데, 혹은 품부받은 것을 가지고 말하고 혹은 내력을 가지고 말함에 가리키는 바가 똑같지 않은 점이 있는 것입니다. 어떻게 여기실지 모르겠습니다.

명덕(明德)과 범범하게 일컫는 '덕(德)' 자는 차이가 있음을 볼 수 없음

대체로 '덕(德)' 자는 천덕(天德), 달덕(達德), 의덕(懿德), 준덕(峻德), 명덕(明德)을 막론하고 모두 '득(得)' 자의 뜻으로 봐야 하니, 똑같은 '덕(德)' 자인 것입니다. 다만 덕(德)은 성(性)을 가지고 말하는 경우가 있고 심(心)을 가지고 말하는 경우가 있습니다. 성(性)을

43 능히……다한다 : 《중용장구(中庸章句)》 제22장에 보이는 말로, "오직 천하의 지극히 성실한 사람이라야 능히 그 성(性)을 다할 수 있다.〔唯天下至誠, 爲能盡其性.〕"라고 하였다.

44 마음이……총괄한다 : 장재(張載)가 한 말로, 《장자전서(張子全書)》 권4 〈성리습유(性理拾遺)〉에 "심은 성과 정을 총괄하는 것이다.〔心統性情者也〕"라고 보인다.

가지고 말하는 덕(德)은 진실로 '기(器)'라고 일컬을 수 없습니다. 그러나 심(心)을 가지고 말하는 덕(德)의 경우에는 덕(德)은 심(心)이고 심(心)은 기(器)이니, 이 '덕(德)' 자를 '기(器)'로 여기는 것이 또한 어찌 불가하겠습니까.

> 명덕(明德)은 다만 오상(五常)의 전덕(全德)으로, 금수(禽獸)와 다른 부분임

지금 명덕(明德)을 두고 오상(五常)의 전덕(全德)을 갖추고 있다고 말하는 것은 괜찮지만, 곧장 명덕(明德)이 바로 오상(五常)의 전덕(全德)이라고 말하는 것은 불가할 듯합니다. 명덕(明德)은 다만 허령불매(虛靈不昧)한 덕(德)으로서, 오상(五常)의 전덕(全德)이 그 속에 있는 것입니다. 어떻게 여기실지 모르겠습니다.

> '「지극히 고요하여 조짐이 없는 것」이 「만상(萬象)의 빼곡한 이치」를 포함한다'[45]라고 말하는 것이 또한 어찌 불가하겠는가.

제가 삼가 말하건대, '구(具)' 자에는 두 가지 뜻이 있으니, 자체에

45 지극히……포함한다 : '지극히 고요하여 조짐이 없는 것〔沖漠無眹〕'과 '만상(萬象)의 빼곡한 이치〔萬象之森然〕'는 본래 정이(程頤)의 말에 보이는 것으로, "지극히 고요하여 조짐이 없을 적에 만상의 이치가 빼곡하게 이미 갖추어져 있으니, 미응(未應)이 먼저가 아니고 이응(已應)이 뒤가 아니다. 예를 들면 100자 되는 나무가 근본으로부터 지엽에 이르기까지 모두 하나로 꿰여 있는 것과 같다.〔沖漠無眹, 萬象森然已具, 未應不是先, 已應不是後. 如百尺木, 自根本至枝葉, 皆是一貫.〕"라고 하였다.《近思錄 卷1 道體》

조리(條理)를 지니고 있는 경우를 말하여 '구(具)'라고 하기도 하고, 물(物)로서 이(理)를 포함하고 있는 경우를 말하여 '구(具)'라고 하기도 합니다. 자체에 조리(條理)를 지니고 있는 경우의 '구(具)'는 《중용혹문(中庸或問)》에서 말한 "하늘이 명한 성(性)에 만리(萬理)가 갖추어져 있다.〔天命之性 萬理具焉〕"라는 것과 같은 것이고, 물(物)로서 이(理)를 포함하고 있는 경우의 '구(具)'는 《중용장구(中庸章句)》에서 말한 "사람의 몸이니, 이 생리를 갖추고 있다.〔人身 具此生理〕"[46]라는 것과 같은 것입니다. 자체에 조리(條理)를 지니고 있는 경우로 말하였다면 '「지극히 고요함」이 「만상(萬象)」을 갖추고 있다'라고 말하는 것이 과연 불가할 것이 없습니다. 그러나 '명덕(明德)'에 대한 주(註)에서 "중리를 갖추고 있다〔以具衆理〕"[47]라고 한 것으로 말하면, 자체에 조리(條理)를 지니고 있는 경우의 '구(具)'가 아닌 듯하니, 이는 물(物)로서 이(理)를 포함하고 있는 경우의 '구(具)'인 것입니다. 만약 자체에 조리(條理)를 지닌 경우의 '구(具)'로 여긴다면 '이(以)' 자가 쓸모없어질 듯합니다.

46 사람의……있다 : 《중용장구(中庸章句)》 제20장에 "인(仁)이란 인(人)이다.〔仁者, 人也.〕"라고 하였는데, 주희(朱熹)의 주(註)에서 이를 해설하여 "'인(人)은 사람의 몸을 가리켜 말한 것이니, 이 생리를 갖추고 있어 절로 측은히 여기고 사랑하는 뜻이 있다.〔人, 指人身而言, 具此生理, 自然便有惻怛慈愛之意.〕"라고 하였다.

47 중리를 갖추고 있다 : 《대학장구(大學章句)》 경(經)1장의 '명덕(明德)'에 대하여 주희(朱熹)의 주(註)에서 해설하여 말하기를, "명덕은 사람이 하늘에서 얻은 것으로, 허령(虛靈)하고 어둡지 않아서 중리(衆理)를 갖추고 있고 만사에 응하는 것이다.〔明德者, 人之所得乎天, 而虛靈不昧, 以具衆理而應萬事者也.〕"라고 하였다.

'허(虛)'와 '실(實)'이라는 글자는 일정하게 말할 수 없음.

심(心)은 진실로 허(虛)하고 오묘하지만〔妙〕 성(性)에 비하면 비교적 실(實)하고 거치니〔粗〕, '허(虛)'·'실(實)', '추(粗)'·'묘(妙)'라는 글자는 상황에 따라 달라지는 것입니다. 이를 일정하게 말할 수 없다는 것을 제가 또한 어찌 모르겠습니까. 다만 심(心)과 명덕(明德)은 애초에 나눌 수 없으므로 저것은 허(虛)하고 이것은 실(實)하며 이것은 거칠고〔粗〕 저것은 오묘하다〔妙〕고 논해서는 안 됨을 말한 것입니다.

밀암 김공에게 보냄

與密菴金公

가르침을 주시는 장문의 편지에서 단락마다 변론하고 분석하여 어리석은 저를 기어코 환하게 깨우쳐주시고자 하시니, 내치지 않는 성대한 뜻에 실로 감동하였습니다. 제가 올린 편지에서 한 말에 과연 결점이 많으나 그 중에서도 '집사께서 논하신 것은 바로 형체가 있는 심(心)이다'라고 한 것이 가장 온당치가 못합니다. 집사께서 심(心)을 논하실 적에 어찌 일찍이 일개 빈껍데기를 가지고 끝마치셨겠습니까. 이는 제가 글을 제대로 보지 못하여 도리어 집사의 본의를 놓친 것입니다. 이 때문에 다시 편지를 보내시어 개찬(改撰)하는 가르침을 내리시게 만들었으니, 황공함을 이기지 못하겠습니다. 지금 청컨대 이전의 잘못을 다시 바로잡겠습니다.

집사의 말씀 중에 이른바 심(心)이 형이하(形而下)가 된다고 하신 것은 심(心)을 두고 형체가 없는 것이 아니라고 여기신 것이 아니라 다만 심(心)은 기(器)이기 때문에 형이하(形而下)라고 하신 것입니다. 주자(朱子)가 '심(心)은 형체가 없다'고 한 것은 심(心)을 형이상(形而上)으로 여긴 것이 아니라 다만 심(心)의 신령함은 눈으로 볼 수 있는 형상이 없기 때문입니다. 이해한 것이 이와 같으니, 잘못이 없기를 바랄 수 있을는지요?

그러나 심(心)과 명덕(明德)의 구별은 끝내 너무 잘게 쪼갠 듯하니, 저는 여전히 예전의 견해를 버리고 이를 따를 수가 없습니다. 보내주신 편지에 조건(條件)이 번거롭게 많고 단서(端緖)가 어지러이 뒤섞여 있으니, 정신이 어둡고 식견이 짧아 아득하게 그 요점을 찾을 수가 없어서 진실로 어떻게 대답해야할지 모르겠으며, 또한 이리저리 변론하다가 오류를 범하여 한갓 체면만 상하게 될까 염려됩니다. 그러므로 우선 이를 그만두고 다만 일러주신 말씀 중에 '속에 간직하라〔包蓄〕'라는 두 글자의 말씀을 따르겠습니다. 그리고 먼저 공부에 힘쓰고 다시 필설(筆舌)을 허비하지 않고자 합니다.

그러나 다만 다시 아뢸 만한 말씀이 한 마디 있습니다. 집사께서는 일찍이 도(道)의 큰 근원은 하늘에서 나온 것이라고 논하시고 하늘을 이(理)로 여기셨습니다. 하늘은 형체(形體)를 가지고 말한 것이고 이(理)는 성도(性道)를 가지고 말한 것이니, 명의(名義)가 본래 똑같지 않지만 또한 합하여 말할 수 있는 것입니다. 그러므로 선유(先儒)가 말씀하기를, "하늘이 곧 이(理)이다."라고 한 것입니다. 심(心)은 비유하자면 하늘인 것이고, 명덕(明德)은 비유하자면 이(理)인 것입니다. 하늘을 이(理)라고 할 수 있다면 심(心)만 유독 명덕(明德)이라고 할 수 없겠습니까. 지금 무릇 하늘을 논하면서, 단지 그 높은 모양과 푸른 빛깔만 보고서 하늘이라고 해서야 되겠습니까. 또한 그 원형이정(元亨利貞)의 덕(德)[48]과 심원하여 그치지 않는 명(命)[49]을 가지고 하늘이라고 해서야 되겠습니까. 높고 푸른 것도 하늘이며 심원하여 그치지 않는

48 원형이정(元亨利貞)의 덕(德) : 천도(天道)의 네 가지 덕(德)으로, 《주역(周易)》 〈건괘(乾卦)〉에 "건(乾)은 원(元)하고 형(亨)하고 이(利)하고 정(貞)하다.〔乾, 元亨利貞.〕"라고 한 데에서 나온 말이다.

49 심원하여……명(命) : 《시경(詩經)》 주송(周頌) 〈유천지명(維天之命)〉에 "하늘의 명이, 아 심원하여 그치지 않도다.〔維天之命, 於穆不已.〕"라고 하였는데, 이를 원용하여 말한 것이다.

것도 하늘인 것입니다. 하늘만 그러한 것이 아니고 심(心) 또한 그러합니다. 정상(精爽)과 지각(知覺)도 심(心)이며 불매(不昧)하고 통철(洞徹)한 것도 심(心)인 것입니다. 하늘과 이(理), 심(心)과 명덕(明德)을 모두 합하여 말할 수 있는 것이 이와 같습니다.

그러나 만약 반드시 하늘과 이(理)를 나누어서 말하고자 한다면, 소자(邵子 소옹(邵雍))가 말씀한 "도(道)를 가지고 천지(天地)를 본다면 천지 또한 하나의 물(物)이 되는 것이다."[50]라는 설(說)이 있습니다. 그러나 심(心)과 명덕(明德)을 나누어서 말한 경우는 선유(先儒)들의 설(說) 중에서 찾아볼 수 없습니다. 어쩌면 있는데 제가 보지 못한 것입니까? 만약 없는 것이라면, 하늘과 이(理)는 그래도 나눌 수 있지만 심(心)과 명덕(明德)은 끝내 나눌 수 없는 것입니다.

그러나 집사께서 '주자(朱子)가 이에 대하여 이미 자세히 논하였으니 훗날에 살펴보고서 다하는 것이 좋겠다'라고 하셨으니, 우매한 제가 어찌 감히 질언(質言)할 수 있겠습니까. 응당 널리 살피고 두루 열람한 뒤에야 비로소 입을 열 수 있을 것입니다. 처음에 편지를 왕래한 것은 다만 의심나는 것을 질정하여 가르침을 구하는 데에서 나온 것인데, 질문하는 사이에 또한 논란함이 전혀 없을 수가 없었습니다. 그러므로 외람되이 어리석은 견해를 아뢴 것인데, 도리어 끝없는 갈등을 야기하여 사람의 심사가 황폐하고 어지러워지게 만들었습니다. 그러니 묵묵

50 도(道)를……것이다 : 소옹(邵雍)의 《황극경세서(皇極經世書)》 권11 〈관물내편(觀物內篇)〉에 보이는 말로, "이에 도가 천지의 근본이 되고 천지가 만물의 근본이 된다는 것을 안다. 천지를 가지고 만물을 본다면 만물이 물(物)이 되는 것이고 도를 가지고 천지를 본다면 천지 또한 만물이 되는 것이다.〔是知道爲天地之本, 天地爲萬物之本. 以天地觀萬物, 則萬物爲物; 以道觀天地, 則天地亦爲萬物.〕"라고 하였다.

히 앉아서 체인하는 것이 더 절실하고 요긴하지 않겠습니까.

지금 녹문(鹿門)을 지나는 걸음에 임장(任丈 임성주(任聖周))을 찾아 뵙고는 심(心)·성(性)의 설(說)을 대략 언급하였는데, 임장께서 말씀하시기를, "배우는 자가 이(理)·기(氣)를 논함에 근원을 환하게 보지 못하므로 말의 지엽적인 것 속에서 번번이 병폐가 많아지게 되니, 응당 먼저 근원이 묘함이 됨을 보아야 한다."라고 하였습니다. 이 말씀이 참으로 옳습니다. 저처럼 새로 배우는 이가 어찌 그 근본을 탐구하지 않고 지레 스스로 설(說)을 세워서 참람하고 망령되다는 기롱을 사서야 되겠습니까. 저의 견식이 다소 진전되는 날을 기다리더라도 늦지 않을 것입니다. 원컨대 집사께서는 제가 명쾌하게 대답을 올리지 못하는 것을 대번에 책망하지 마시고 다소 너그럽게 용서해주십시오. 그렇게 해주신다면 매우 다행일 것입니다.

밀암 김공에게 보냄
與密菴金公

집사의 가르침이 반복하여 일깨워 주셔서, 위로하여 저의 뜻을 편안하게 해주시고 경책(警策)하여 저의 잘못된 생각을 되돌리게 해주시니, 지극한 뜻을 삼가 받들어 봄에 감사하는 마음이 백배가 됩니다. 당초 올린 천견(淺見)의 설(說)은 감히 집사의 논의에 이의를 제기하는 데에 힘썼던 것이 아니라 다만 의심나는 바를 모두 아뢰려고 했던 것입니다. 그러나 여러 차례 논의를 주고받았음에도 여전히 생각이 일치되지 못하였는데, 어리석고 꽉 막힌 저의 견해를 또한 되돌릴 줄을 알지 못하였으니 자신의 주장만 편 죄과(罪科)로 귀결될까 염려되어 도리어 몹시 송구합니다.

소주(小註)의 주자(朱子)의 설(說)[51]은 저도 보지 못한 것은 아니지만 일찍이 이에 대하여 활간(活看)[52]하고자 하였습니다. 대개 심(心)과 명덕(明德)의 위에 두 개의 '위(謂)' 자를 놓은 이상, 진실로 구분해놓

51 소주(小註)의 주자(朱子)의 설(說) : 《대학장구대전(大學章句大全)》 경(經) 1장의 "대학의 도(道)는 명덕을 밝히는 데 있다……〔大學之道, 在明明德……〕"라고 한 부분에 있는 소주(小註)에 "하늘이 사람과 금수에게 부여한 것을 명(命)이라 이르고, 사람과 금수가 받은 것을 성(性)이라 이르며, 일신에서 주장이 되는 것을 심(心)이라 이르고, 하늘에서 얻어서 광명정대한 것을 명덕이라 이른다.〔天之賦於人物者, 謂之命. 人與物受之者, 謂之性. 主於一身者, 謂之心. 有得於天而光明正大者, 謂之明德.〕"라는 주희(朱熹)의 말이 실려 있는데, 이를 가리킨다.

52 활간(活看) : 글을 볼 때 글자나 글귀에 얽매이지 않고 전체의 뜻을 보아 본의를 파악하는 것이다.

은 것 같지만, 사실은 또한 꼭 명덕(明德)이 심(心)이 아니라고 말한 것은 아닙니다. 대체로 경문(經文)에서 '심(心)을 밝힌다〔明心〕'라고 말하지는 않았으나 '명덕(明德)을 밝힌다〔明明德〕'라고 하였으면, 명덕(明德)이 바로 이 심(心)을 예찬한 말인 것입니다. 그러니 이른바 '하늘에서 얻어서 광명정대하다'는 것도 이 심(心)의 광명정대함을 말한 것에 불과하니, 이 심(心)에 광명정대한 덕(德)이 있어서 이러한 이름을 얻었음을 말한 것일 뿐입니다. 어찌 두 개의 '위(謂)' 자에 구애되어 곧장 심(心)과 명덕(明德)에 구별이 있다고 말해서야 되겠습니까. 그리고 비록 주자(朱子)의 설(說)이라고 하더라도 소주(小註)에 보이는 것은 오히려 장구(章句)보다 더 적확하지는 못하니, 장구(章句)를 가지고 본다면 명덕(明德)을 심(心)으로 여긴 것이 분명합니다. 어떻게 여기실지 모르겠습니다.

밀암 김공에게 보냄
與密菴金公

수많은 가르침의 말씀이 분명하고도 절실하니, 반복하여 외우고도 또 띠에 새겨 간직하고자 합니다. 성인(聖人)의 경지는 순서를 뛰어넘어 들어갈 수 없다는 가르침은 참으로 옳은 말씀입니다. 석씨(釋氏)의 '돈오(頓悟)'는 바로 이른바 "공연히 불러 깨워 여기에 있게 한다."[53]라는 것이니, 비록 순서를 뛰어넘어 들어간다고 말하더라도 귀하게 여길 것이 못 됩니다. 오도(吾道)는 원래 순서를 뛰어넘어 들어가는 것이 없습니다. 생이지지(生而知之)한 자는 바로 도(道) 가운데에 있는 것이니 성인의 경지에 들어감을 가지고 말할 수 없고, 학이지지(學而知之)한 자는 순서대로 따른 이후에야 들어간 것이니 순서를 뛰어넘은 것이 아닙니다. 간혹 순서를 뛰어넘는 경우가 있기는 하지만 그저 증점(曾點)이 대의(大意)를 본 것과 같은 것[54]일 뿐이니, 이른바 '경지에

53 공연히……한다 : 주희(朱熹)의 말에 보이는 것으로, 사씨(謝氏)가 말한 '마음이 항상 깨어 있는 상태〔常惺惺〕'를 두고 불가(佛家)의 말과 비교하여 말하기를, "이 마음을 불러 깨우는 것은 똑같지만, 그 방도는 서로 다르다. 우리 유가는 이 마음을 불러 깨워서 그로 하여금 허다한 도리를 조관하게 하려는 것이고, 불가는 공연히 불러 깨워서 여기에 있게만 할 뿐 아무런 작위하는 바가 없다. 그 차이가 여기에 있다.〔其喚醒此心則同, 而其道則異. 吾儒喚醒此心, 欲他照管許多道理, 佛氏則空喚醒在此, 無所作爲, 其異處在此.〕"라고 하였다. 《朱子語類 卷17 大學4》

54 증점(曾點)이……것 : 증점이 성인(聖人)의 기상에 대하여 이미 그 대의(大意)를 본 바가 있었으나, 그의 행실은 이에 미치지 못하였던 것을 두고 말한 것이다. 공자(孔子)가 제자들에게 자신의 포부를 말해 보라고 했을 때 증점이 "늦봄에 봄옷이 이루어지

들어갔다'는 것은 아닙니다. 그러므로 상달(上達)은 반드시 하학(下學)으로부터 말미암는 것이고[55] 성공(成功)은 반드시 차근차근 쌓는 것을 기다려야 하니, 보내주신 편지에서 '일상의 사람의 일 속에서 미루어 행해나간다'라고 하신 말씀과 같은 것이 바로 이것입니다. 우리 유가(儒家)에 만약 순서를 뛰어넘어 들어가는 신묘한 지름길이 있다면, 성현(聖賢)이 사람을 가르칠 적에 어찌하여 허다한 단계와 허다한 절목을 두었겠습니까. 여기에서 오도(吾道)에는 순서를 뛰어넘어 들어감이 없음을 볼 수 있습니다. "지기(志氣)가 청명(淸明)한 때에는 마치 순서를 뛰어넘어 들어갈 수 있을 것만 같으니, 그 본체(本體)는 본래 이와 같은 것이다."라는 말씀은, 집사께서 몸소 이러한 경지를 경험하신 것이 아니라면 어찌 이러한 말씀을 하셨겠습니까. 이와 같은 때가 많고 이와 같은 생각이 오래되면 본체(本體)를 회복할 수 있어서 성인의 경지에 이르기가 어렵지 않은 것입니다. 그러나 '할 수 있을 것만 같다〔若可〕'라고 말씀하신 이상, 또한 참으로 순서를 뛰어넘어

거든 어른 대여섯 사람, 동자 예닐곱 사람과 함께 기수(沂水)에서 목욕하고 무우(舞雩)에서 바람 쐬고 시를 읊으면서 돌아오겠습니다."라고 하였는데, 공자가 그의 기상에 감탄하며 "나는 점(點)을 허여하노라.〔吾與點也〕"라고 한 데 대해, 정자(程子)는 증점을 두고 "이미 대의를 보았다.〔已見大意〕"라고 평가하는 한편, "공자가 증점을 허여하였으니, 성인(聖人)의 뜻과 같은 것으로, 바로 요순(堯舜)의 기상인 것이다. 진실로 다른 세 제자의 포부와는 다르나, 다만 행실이 말을 따라가지 못함이 있었을 뿐이니, 이것이 이른바 광자(狂者)라는 것이다.〔孔子與點, 蓋與聖人之志同, 便是堯舜氣象也. 誠異三子者之撰, 特行有不掩焉耳, 此所謂狂也.〕"라고 하였다. 《論語集註 先進》

55 상달(上達)은……것이고 : '상달(上達)'은 하늘의 이치를 통달하는 것이고 '하학(下學)'은 인간의 일을 배우는 것이다. 《논어(論語)》 〈헌문(憲問)〉에 "아래로 인간의 일을 배우면서 위로 하늘의 이치를 통달한다.〔下學而上達〕"라고 한 데서 온 말이다.

들어갈 수 있는 것은 아닌 것입니다. 설령 오도(吾道)에 과연 순서를 뛰어넘어 들어감이 있더라도 저처럼 불민한 자는 진실로 감히 기대할 수도 없으니, 더구나 이러한 이치가 없다면 어떠하겠습니까.

이전의 편지에서 탄식한 것은 감히 지름길을 좋아하여 빠르게 가고자 한 것이 아니라 그저 앞으로 나아가지 못하면 반드시 뒤처지게 됨을 두려워한 것입니다. 대개 학문을 하는 일은 어제 알지 못했던 것을 오늘에 알고 작년에 행하지 못했던 것을 올해에 행하는 것이니, 그런 뒤에야 비로소 '진수(進修)'라고 말할 수 있습니다. 그러나 저는 그렇지 못하여 오늘이 어제와 같고 올해가 작년과 같아서 애당초 조금이라도 쌓이는 성취가 없으니, 어찌 한 푼, 한 치를 부여잡고 올라감이 있겠습니까.[56] 이 때문에 자신을 돌아보며 부끄러워하고 지난 일을 떠올리며 후회하여서 저도 모르게 편지의 글 속에 탄식이 흘러나온 것입니다. 그러나 부지런히 힘쓰지 못하고 그저 혼자 답답해하고만 있다면 끝내 공효를 따지는 병통에 가까울 것이기에, 집사께서 마침내 이를 근심하여 지레 빨리 가는 것에 대한 경계를 하신 것입니까? 지레 빨리 가는 것이 참으로 좋지 못하지만 더디게 늦추는 것도 또한 좋지 못합니다. 주 부자(朱夫子 주희(朱熹))가 일찍이 말씀하기를, "서서히 하여 빨리 하려고 하지 않고, 급급히 하여 게을리 하려고 하지 않는다."라고 하였으니, 이것이 바로 배우는 자가 공부함에 있어 완급을 적절하게 조절하

56 한 푼……있겠습니까 : '한 푼, 한 치를 부여잡고 올라간다'는 것은 한유(韓愈)의 〈영사의 거문고 연주를 듣다〔聽穎師彈琴〕〉에 "한 푼, 한 치도 부여잡고 올라가지 못하니, 한 번 놓치면 천 길이 넘도록 굴러 떨어진다네.〔躋攀分寸不可上, 失勢一落千丈強.〕"라고 한 것을 원용하여 말한 것이다.

는 부분입니다. 지금 보내주신 편지의 말씀을 자세히 보건대, 순서를 뛰어넘어 들어가는 것을 가지고 경계하신 뒤에 또 힘차게 달리는 것을 가지고 권면하셨으니, 이는 또한 주 부자가 서서히 함과 급급히 함을 함께 행하게 한 뜻일 것입니다. 제가 이에 대하여 어찌 잘 이해하여 받아들일 것을 생각하지 않을 수 있겠습니까.

참전의형(參前倚衡)[57]하여 죽은 뒤에야 그만둔다는 말씀으로 말하면, 이는 실로 사도(斯道)를 맡은 자인 것이니, 용렬하고 나약한 저는 여기에 미칠 수 없을 듯합니다. 그러나 또한 일찍이 율옹(栗翁 이이(李珥))의 말씀을 들은 적이 있는데, "'성공과 실패, 이로움과 불리함은 미리 헤아릴 수 있는 바가 아니니, 온몸을 바쳐 수고를 다해서 죽은 뒤에야 그만둔다'는 것[58]은 국사(國事)에 있어서뿐만 아니라 학문에 있어서도 또한 그러하다."라고 하였습니다. 이 말씀이 어찌 후학들이 응당 본받고 따라야 할 바가 아니겠습니까. 구구한 제가 망령되이 스스로를 헤아리지 못하고 삼가 이와 같이 하기를 소원하오니, 부디 집사께서는 끝까지 가르쳐주십시오. 편지의 끝에서 총결한 소심(小心), 효제

57 참전의형(參前倚衡) : 언제나 잊지 않고 항상 생각함을 뜻하는 말로, 자장(子張)이 뜻이 세상에 행해지게 하려면 어떻게 해야 하는지 묻자, 공자(孔子)가 말의 충신(忠信)과 행실의 독경(篤敬)을 말하면서 "일어서면 그것이 앞에 끼어 있음을 볼 수 있고, 수레에 있으면 그것이 멍에에 기대어 있음을 볼 수 있어야 하니, 이와 같이 한 뒤에야 뜻이 행해지는 것이다.〔立則見其參於前也, 在輿則見其倚於衡也. 夫然後行.〕"라고 한 데에서 온 말이다.《論語 衛靈公》

58 성공과……것 : 이는 본래 제갈량(諸葛亮)의 〈후출사표(後出師表)〉에 보이는 말로, "신은 온몸을 바쳐 수고를 다해서 죽은 뒤에야 그만둘 것이니, 성공과 실패, 이로움과 불리함으로 말하면 신의 지혜로 미리 헤아릴 수 있는 바가 아닙니다.〔凡事如是, 難可逆見. 臣鞠躬盡瘁, 死而後已, 至於成敗利鈍, 非臣之明所能逆覩也.〕"라고 하였다.

(孝弟), 구용(九容),[59] 삼귀(三貴),[60] 직내(直內),[61] 위기(爲己)[62] 등의 말씀은 학문의 절실하고 요긴한 바가 아님이 없으니, 이는 모두 제가 평소에 잘 하지 못하여 마음속에서 항상 스스로 부끄러워하던 바입니다. 감히 경계하고 성찰하며 기억하고 노력하여, 힘써 가르침을 내리신 뜻의 만분의 일이나마 보답하지 않아서야 되겠습니까.

59 구용(九容) : 군자가 지녀야 할 아홉 가지 몸가짐으로, 발 모양은 무거운 것〔足容重〕・손 모양은 공손한 것〔手容恭〕・눈 모습은 단정한 것〔目容端〕・입모양은 그치는 것〔口容止〕・소리는 조용한 것〔聲容靜〕・머리 모양은 곧은 것〔頭容直〕・숨 쉬는 모양은 엄숙한 것〔氣容肅〕・서 있는 모습은 덕스러운 것〔立容德〕・얼굴 모습은 장엄한 것〔色容莊〕을 말한다.《禮記 玉藻》

60 삼귀(三貴) : 군자가 귀하게 여기는 세 가지 도(道)로, 증자(曾子)가 "군자가 귀하게 여기는 도(道)가 세 가지 있으니, 용모를 움직일 때에는 사나움과 태만함을 멀리하며, 얼굴빛을 바르게 할 때에는 성실함에 가깝게 하며, 말과 소리를 낼 때에는 비루하고 도리에 어긋나는 것을 멀리해야 한다. 제기(祭器)를 다루는 등의 사소한 일은 유사에게 맡기면 된다.〔君子所貴乎道者三, 動容貌, 斯遠暴慢矣; 正顔色, 斯近信矣; 出辭氣, 斯遠鄙倍矣. 籩豆之事則有司存.〕"라고 한 데에서 나온 말이다.《論語 泰伯》

61 직내(直內) : '경이직내(敬以直內)', 곧 단정하고 엄숙한 마음가짐으로 내면을 바르게 함을 뜻한다.《주역(周易)》〈곤괘(坤卦) 문언(文言)〉에 "군자는 경(敬)으로 안을 곧게 하고 의(義)로 밖을 방정하게 한다.〔君子敬以直內, 義以方外.〕"라고 한 데에서 나온 것이다.

62 위기(爲己) : 위기지학(爲己之學), 즉 오직 자신의 덕성을 함양하기 위해 공부하는 것을 말하는 것으로, 남이 알아주기를 바라서 공부하는 '위인지학(爲人之學)'과 상대되는 말이다.《논어(論語)》〈헌문(憲問)〉에 "옛날의 학자들은 자신을 위한 학문을 하였는데, 지금의 학자들은 남에게 보여 주기 위한 학문을 한다.〔古之學者爲己, 今之學者爲人.〕"라고 한 데에서 나온 것이다.

밀암 김공에게 보냄
與密菴金公

지난 편지에서 논한 바는 우연히 집사의 말씀으로 인하여 반우(反隅)[63] 하여 미루어나간 것이니, 스스로 지어낸 기저(機杼)[64]가 있는 것이 아닙니다. 그런데 지나치게 허여하고 인정해주심을 입어 칭찬하고 장려하는 말씀까지 들었으니, 어리석고 둔한 제가 어떻게 이러한 일을 겪게 되었는지 모르겠습니다. 사례하고 싶으나 알맞은 말이 없으니, 다만 감히 감당하지 못하겠다는 말씀만 올릴 뿐입니다. 그러나 '항상 민첩하게 배워서 날로 드러난다'라는 말씀은 집사께서는 비록 칭찬으로 말씀하신 것이지만, 저는 권면하는 말씀으로 들어서 이로써 좌우명(座右銘)의 자료로 삼겠으니, 이렇게 하면 그래도 괜찮지 않겠습니까.

'《중용(中庸)》의 종지(宗旨)는 책을 펼치기 전에 있다'라고 하신 말씀은 더욱 저의 마음을 일으켜 세울 만합니다. 소자(邵子 소옹(邵雍))의 이른바 '획(劃)을 긋기 이전의 《주역(周易)》'이라는 말씀과 주자(朱子)의 이른바 '가슴 속의 《대학(大學)》'이라는 말씀은 글자 밖에 그 이치가 절로 있음을 말한 것이니, 이것이 어떠한 의취(意趣)입니까. 심(心)을

63 반우(反隅) : 한 가지를 알면 이를 미루어 그와 유사한 것을 유추하여 안다는 뜻으로, 《논어(論語)》 〈술이(述而)〉의 "한 귀퉁이를 들어 보여주매 이것을 가지고 남은 세 귀퉁이를 반증하지 못하거든 다시 더 일러주지 않는다.〔擧一隅, 不以三隅反, 則不復也.〕"라는 구절에서 유래하였다.

64 기저(機杼) : 베틀의 북이라는 뜻인데, 전하여 시문(詩文)을 창작할 때의 참신한 표현과 배치를 의미한다.

가지고 말하면 미발(未發)[65]이 체(體)가 되고, 이(耳)・목(目)을 가지고 말하면 보지 않는 바와 듣지 않는 바[66]가 체(體)가 되고, 책을 가지고 말하면 책을 펼치기 이전이 체(體)가 됩니다. 이와 같은 오묘한 뜻은 제가 진실로 쉽게 이해할 수는 없지만 또한 어찌 때때로 혼자 완미하지 않겠습니까. '신독(愼獨)'[67] 두 글자로 말하면, 참으로 추요(樞要)가 되고 참으로 긍경(肯綮)이 되니, 호호(浩浩)한 도(道)가 여기에서부터 착수되며 천덕(天德)이 이루어짐도 다만 여기에 달려있을 뿐입니다. 학문을 하면서 누가 이를 버려둘 수 있겠습니까. 제가 비록 불민하지만 삼가 이를 가슴에 새기겠습니다. 체용(體用)의 공부에 있어서 집사의 가르침을 들은 것이 많으니, 거듭하여 감사드립니다.

별지

지난날 화암(花巖)에서 가르침을 받았던 때에 《중용(中庸)》의 '천(天)' 자[68]의 뜻에 대하여 여쭈었는데, 집사께서는 "이 '천(天)' 자는

65 미발(未發) : 《중용장구(中庸章句)》 제1장에 "기뻐하고 노하고 슬퍼하고 즐거워하는 정(情)이 발하지 않은 것을 중(中)이라 이르고, 발하여 모두 절도에 맞는 것을 화(和)라 이른다.〔喜怒哀樂之未發, 謂之中. 發而皆中節, 謂之和.〕"라고 하였다.

66 보지……바 : 《중용장구(中庸章句)》 제1장에 "도(道)라는 것은 잠시도 떠날 수 없는 것이니, 떠날 수 있으면 도(道)가 아니다. 그러므로 군자는 그 보지 않는 바에도 경계하고 근심하며 그 듣지 않는 바에도 걱정하고 두려워하는 것이다.〔道也者, 不可須臾離也, 可離非道也. 是故君子戒愼乎其所不睹, 恐懼乎其所不聞.〕"라고 하였다.

67 신독(愼獨) : '홀로 있을 때를 삼간다'는 뜻으로, 《중용장구(中庸章句)》 제1장에 "어두운 곳보다 더 드러나는 곳이 없으며 작은 일보다 더 나타나는 일이 없으니, 그러므로 군자는 그 홀로 있을 때를 삼가는 것이다.〔莫見乎隱, 莫顯乎微, 故君子愼其獨也.〕"라고 하였다.

바로 '이(理)' 자이니, '천지(天地)'의 '천(天)'이 아니다. 비록 '이(理)가 명한 것을 성(性)이라고 이른다〔理命之謂性〕'라고 말하더라도 괜찮다."라고 하셨습니다. 저는 이를 듣고는 석연하게 이해할 수 없어서 물러나 반복하여 생각해보았으나 더욱 의심이 더하였습니다. 지금 청컨대 다시 질정하겠습니다.

무릇 하늘이 사람에게 명하는 것은 군주가 관원에게 명하는 것과 같으니, '명하다'라고 말한 것은 윗자리에 있으면서 아래에 명함을 말한 것입니다. 이미 '명하다'라고 하였다면, 이른바 '천(天)'이란 가리킬 수 있는 형체가 있는 것인 듯하니, 이 '천(天)' 자는 끝내 상천(上天)의 '천(天)'이지 '이(理)'의 명칭이 아닌 것입니다. '이(理)'라는 것은 '하늘의 도(道)'인데, 하늘이 이 '이(理)'로써 인물(人物)에게 명한 것을 '성(性)'이라고 이르니, '명(命)'과 '성(性)'은 똑같이 '이(理)'인 것이고 '하늘〔天〕'은 이 '이(理)'를 명한 주체인 것입니다. 그러니 '천(天)'과 '이(理)'는 각각 별개의 글자가 되는 것입니다. 그러므로 범범하게 '이(理)'를 말할 때에 반드시 '천리(天理)'라고 말하고 '이리(理理)'라고 말하지 않는 것이니, 그렇다면 이 '천(天)' 자는 '이(理)' 자로 바꾸어 쓸 수 있는 것이 아닙니다.

선유(先儒)들이 이 '천(天)' 자에 대하여 진실로 '이(理)'라고 본 경우가 많습니다. 진북계(陳北溪)는 말씀하기를, "진실로 '상천(上天)'의 '천(天)'이니, 요컨대 바로 '이(理)'인 것이다."라고 하였고, 호운봉(胡雲峰)은 말씀하기를, "이른바 '일리(一理)'라는 것은 바로

68 중용(中庸)》의 '천(天)' 자 : 《중용장구(中庸章句)》 제1장의 "하늘이 명한 것을 성(性)이라 이른다.〔天命之謂性〕"라는 구절의 '천(天)' 자를 이른다.

이 '천(天)' 자이다."라고 하였으며, 주 부자(朱夫子) 또한 일찍이 말씀하기를, "이른바 '천(天)'이라는 것은 '이(理)'일 뿐이다."라고 하였습니다.[69] 이 몇 가지 설(說)은 모두 하늘이 하늘이 되는 까닭은 이 이(理)를 가지고 있기 때문임을 말한 것입니다. 그 말뜻이 마치 "인(仁)이란 사람이다.〔仁者人也〕"라고 말한 것과 같을 뿐이니, 곧장 '이(理)'를 '천(天)'으로 여긴 것이 아닙니다. 그렇다면 이 '천(天)' 자는 곧장 '이(理)' 자로 부를 수가 없습니다. 만약 이 '천(天)' 자를 '이(理)' 자로 바꿀 수 있다고 여겨서 '이(理)가 명한 것을 성(性)이라 이른다〔理命之謂性〕'라고 하고자 한다면, 장구(章句)에서 이른바 '하늘이 음양오행으로〔天以陰陽五行〕'[70]라고 한 부분 또한 '이(理)가 음양오행으로〔理以陰陽五行〕'라고 바꿀 수 있단 말입니까. 이 부분은 비록 '이(理)가……〔理以……〕'라고 하더라도 진실로 또한 무방하지만 그 아래의 '이(理) 또한 부여한다〔理亦賦焉〕'라는 말 또한 '천(天) 또한 부여한다〔天亦賦焉〕'라고 할 수 있단 말입니까.

이러한 부분은 진실로 어긋나서 부합되지 못하는 듯합니다. 그러므로 제가 감히 이 '천(天)' 자는 결국 '상천(上天)'의 '천(天)'이지

69 진북계(陳北溪)는……하였습니다 : 이 내용은 모두 《중용장구대전(中庸章句大全)》 제1장의 "하늘이 명한 것을 성(性)이라 이른다……〔天命之謂性……〕"라고 한 부분의 소주(小註)에 보인다. 진북계(陳北溪)는 송(宋)나라의 학자 진순(陳淳)으로, 북계는 호이고, 호운봉(胡雲峰)은 원(元)나라의 학자 호병문(胡炳文)으로, 운봉은 호이다.

70 하늘이 음양오행으로 : 《중용장구(中庸章句)》 제1장의 "하늘이 명한 것을 성(性)이라 이른다……〔天命之謂性……〕"라고 한 부분에 대한 주희(朱熹)의 주(註)에 "하늘이 음양오행으로 만물을 화생함에 기(氣)로써 형체를 이루고 이(理) 또한 부여하니, 명령함과 같다.〔天以陰陽五行化生萬物, 氣以成形而理亦賦焉, 猶命令也.〕"라고 하였다.

'이(理)'의 명칭이 아니라고 여기는 것입니다. '상천(上天)'의 '천(天)'은 바로 '천지(天地)'의 '천(天)'인 것이니, 어찌 '천지(天地)'의 '천(天)' 외에 따로 '천(天)'이 있겠습니까. 집사께서 만약 '천지(天地)의 천(天)은 하나의 물건과 똑같으니, 만화(萬化)의 근본이 되기에 부족하다'라고 여기신다면, 이는 그렇지 않은 듯합니다. 무릇 이른바 '천(天)'이란 기(氣)를 위주로 하여 보면 진실로 높다란 하나의 물건이지만, 이(理)를 위주로 하여 보면 바로 혼연(渾然)한 태허(太虛)입니다. 횡거(橫渠 장재(張載)) 선생이 말씀하기를, "태허(太虛)로부터 말미암아 천(天)이라는 명칭이 있게 되었다."[71]라고 하였으니, '천(天)'이라는 명칭이 만들어진 것은 비단 우산을 기울인 듯한 형상과 거대한 덩어리의 기(氣) 때문만은 아닌 것입니다. 그렇다면 '천지(天地)'의 '천(天)'이 어찌 사람에게 명하기에 부족하기에, 반드시 '지(地)'와 상대하여 일컫는 '천(天)' 이외에 또 별개의 '천(天)'을 구한단 말입니까. '천(天)'은 진실로 형체를 이르는 것이나 그 형체에 나아가 그 도리를 구한다면, '천지(天地)'의 '천(天)'은 또한 오로지 형기(形氣)로만 볼 수는 없습니다. 그러므로 제가 일찍이 이 '천(天)' 자는 진실로 이(理)를 위주로 하여 봐야 하지만 결국 또한 '천지(天地)'의 '천(天)'에서 벗어나지 않는다고 여긴 것입니다.

'천(天)'만 말하고 '지(地)'를 말하지 않은 것은, 땅은 하늘이 시행하는 바를 받들므로 '천(天)'을 말하면 '지(地)'는 그 속에 있기 때문

71 태허(太虛)로부터……되었다 : 장재(張載)의 저술인 《정몽(正蒙)》 〈태화(太和)〉에 "태허로부터 말미암아 천(天)이라는 명칭이 있게 되었고, 기화로부터 말미암아 도(道)라는 명칭이 있게 되었다.〔由太虛, 有天之名 ; 由氣化, 有道之名.〕"라고 보인다.

입니다. 만약 이 '천(天)' 자가 끝내 '지(地)'와 상대하여 일컬을 수 없다고 여기신다면, 주자(朱子)가 《중용혹문(中庸或問)》에서 어찌 하여 '인(人)'과 상대하여 일컬었겠습니까.[72] "하늘에 있는 것과 사람에게 있는 것이 비록 성(性)과 명(命)의 구분이 있지만〔在天在人雖有性命之分〕"이라고 한 것은 분명하게 '천(天)'과 '인(人)'을 상대하여 말한 것입니다. '인(人)'과 상대하여 일컬은 이상, 어찌 유독 '지(地)'와 상대하여 일컬을 수 없겠습니까. '천인(天人)'의 '천(天)'이 '천지(天地)'의 '천(天)'이 아니고 무엇이겠습니까.

집사께서 비록 '천지(天地)의 천(天)은 형기(形氣)에 관계되고 천명지성(天命之性)은 순수한 일리(一理)인데, 만약 형체가 있는 천(天)이 명한 바라면 이미 기(氣)를 겸하는 것이니 일원(一原)의 성(性)이 아니다'라고 여기시더라도 이는 또 그렇지 않습니다. 비록 형기(形氣)의 천(天)이 명한 바라고 하더라도 그 명한 바는 이(理)인 것입니다. 이(理)는 본래 선(善)하니 어찌 외잡(猥雜)함이 있겠습니까. 또 천명지성(天命之性)은 또한 어찌 완전히 기(氣)와 떨어뜨려서 볼 수 있겠습니까. 다만 기품(氣稟)과 섞이지 않은 것을 가리켜 말한 것일 뿐입니다. 주자(朱子)가 일찍이 말씀하기를, "천지(天地)의 성(性)은 오로지 이(理)를 가리켜 말한 것이다."[73]라고 하였는

72 주자(朱子)가……일컬었겠습니까 : 《중용혹문(中庸或問)》 권상(卷上)에 "대개 하늘에 있는 것과 사람에게 있는 것이 비록 성(性)과 명(命)의 구분이 있지만 그 이(理)는 똑같지 않은 적이 없다.〔蓋在天在人, 雖有性命之分, 而其理則未嘗不一.〕"라고 한 것을 이른다.

73 천지(天地)의……것이다 : 이 말은 《주자어류(朱子語類)》 권4 〈성리 일(性理一)〉에 보이는 것으로, "천지의 성(性)을 논할 적에는 오로지 이(理)만 가리켜 말한

데, 집사의 뜻과 같다면 천지(天地)의 성(性)도 또한 기질(氣質)과 관계된단 말입니까? 이것이 제가 점점 의심이 일어나서 집사의 말씀을 이해하지 못하는 까닭이니, 다시 가르침을 받기를 원합니다.

것이고 기질(氣質)의 성(性)을 논할 적에는 이(理)와 기(氣)를 섞어서 말한 것이다.〔論天地之性, 則專指理言, 論氣質之性, 則以理與氣雜而言之.〕"라고 하였다.

밀암 김공에게 보냄

與密菴金公

별지(別紙)는 절반도 채 읽기 전에 저도 모르게 위연(喟然)히 탄식이 나왔습니다. 저는 이 일에 있어서 곡진하게 다 말씀해 주시기를 기다릴 것도 없이 참으로 그 권형(權衡)의 소재와 취사(取捨)의 득중(得中)을 이미 알겠습니다. 당초에 만약 의심스러운 바가 있었다면 응당 진작 여쭈었을 것입니다.

무릇 군자는 진실로 잘 먹고 사는 것을 추구하지는 않지만, 또한 입을 닫고 배를 주리는 것을 정도(正道)로 여기지도 않습니다. 그러므로 비록 먹고 사는 데에 관계된 일이라고 하더라도 만일 의리에 부합하면 그 일을 행하니, 예컨대 옛사람이 밭 갈고 곡식 심으며 질그릇 굽고 물고기 잡았던 것[74]과 어물과 소금을 파는 곳, 저잣거리, 제방을 쌓는 곳에 있었던 것[75]이 모두 이에 해당합니다. 어찌 의리에 부합하는가의

74 밭……것 : 순(舜)임금이 미천한 신분으로 있을 적에 행했던 것으로, 《맹자(孟子)》 〈공손추 상(公孫丑上)〉에서 순(舜)임금에 대하여 말하기를, "밭 갈고 곡식 심으며 질그릇 굽고 물고기 잡을 때로부터 황제가 되어서까지 남에게서 취하지 않은 것이 없었다.〔自耕稼陶漁, 以至爲帝, 無非取於人者.〕"라고 하였다. 이에 대한 집주(集註)의 해설에 "순(舜)임금은 미천할 때 역산(歷山)에서 밭을 갈고, 하빈(河濱)에서 질그릇을 굽고, 뇌택(雷澤)에서 물고기를 잡았다.〔舜之側微, 耕于歷山, 陶于河濱, 漁于雷澤.〕"라고 하였다.

75 어물과……것 : 순(舜)임금, 부열(傅說), 교격(膠鬲), 백리해(百里奚) 등을 두고 말한 것으로, 《맹자(孟子)》 〈고자 하(告子下)〉에 "순(舜)은 밭두둑 사이에서 발탁되었고, 부열은 제방을 쌓는 곳에서 등용되었고, 교격은 어물과 소금을 파는 곳에서 등용되

여부는 따지지도 않고 먹고 사는 방도에 관계되는 모든 것을 일체 하지 않아서야 되겠습니까. 만약 그렇게 한다면 이는 오릉(於陵)의 중자(仲子)[76]가 된 이후에야 가능할 것입니다.

지금 보(洑)를 쌓는 일은, 범범하게 말하면 유사(儒士)가 지키는 원칙으로는 진실로 하지 않고자 하는 바가 있겠지만, 집사의 사정에 있어서는 또한 어찌 그만둘 수 있는데도 그만두지 않는 것이겠습니까. 실로 또한 변통하여도 의리에 부합하는 것이니, 참으로 맹자(孟子)가 말씀한 "먹는 것의 중요한 것과 예(禮)의 가벼운 것을 취하여 비교한다면 어찌 먹는 것이 중요할 뿐이겠는가."[77]라는 경우입니다. 나흘 동안

었고, 관이오는 사관(士官)에 갇혔다가 등용되었고, 손숙오는 바닷가에서 등용되었고, 백리해는 저잣거리에서 등용되었다.〔舜發於畎畝之中, 傳說擧於版築之間, 膠鬲擧於魚鹽之中, 管夷吾擧於士, 孫叔敖擧於海, 百里奚擧於市.〕"라고 보인다.

76 오릉(於陵)의 중자(仲子) : 전국 시대 제(齊)나라의 은자인 진중자(陳仲子)를 이른다. 진중자의 집안은 제(齊)나라의 세가(世家)로, 형이 만종(萬鍾)의 봉록을 받았는데, 이를 불의(不義)한 것으로 여겨 집을 떠나 초(楚)나라 오릉(於陵)에 은거하며 가난하게 살았다. 제(齊)나라 사람인 광장(匡章)이 진중자가 사흘 동안 굶주려 우물가에서 굼벵이가 파먹은 오얏을 삼키고 나서야 귀에 소리가 들리고 눈이 보였던 일을 들면서 그의 청렴함을 칭송하였는데, 이에 대해 맹자(孟子)는 "제(齊)나라의 선비 중에서는 내가 반드시 중자(仲子)를 첫손가락에 꼽겠다. 그러나 중자를 어찌 청렴하다고 할 수 있겠는가. 중자의 지조를 충족시키려면 지렁이가 된 뒤에야 가능할 것이다.〔於齊國之士, 吾必以仲子爲巨擘焉. 雖然, 仲子惡能廉? 充仲子之操, 則蚓而後可者也.〕"라고 하며 그를 비판하였다. 《孟子 滕文公下》

77 먹는……뿐이겠는가 : 이 말은 《맹자(孟子)》 〈고자 하(告子下)〉에 보인다. 임(任)나라 사람이 맹자의 제자인 옥려자(屋廬子)에게 "예(禮)와 먹는 것 중에 무엇이 중요한가."라고 묻자 "예(禮)가 중요하다."라고 대답하였는데, "예(禮)대로 먹으면 굶어 죽고, 예(禮)대로 먹지 않으면 밥을 얻을 수 있더라도 반드시 예(禮)대로 해야 하는가?"라는 물음에는 대답을 하지 못하여, 이를 맹자에게 물어보았다. 이에 맹자가 "먹는

화식(火食)이 끊어진 지경은 비단 '자주 끼니를 거르는 것'[78]일 뿐만이 아니고, 열 식구의 시신이 구학(溝壑)에 나뒹구는 근심은 비단 일신에 관계된 것만이 아닙니다. 이러한 때에 만약 의롭지 못한 선물과 바르지 못한 물건이 이르렀다면 비록 더없이 위급한 형편이라 하더라도 집사께서는 결코 취하지 않으실 것입니다. 하지만 그렇지 않아서, 의리에는 해가 되지 않으면서도 생계를 잇는 데에 도움이 될 수 있다면, 또한 무엇이 괴로워서 이를 하지 않겠습니까.

밭 갈고 곡식 심으며 질그릇 굽고 물고기 잡는 것도 할 수 없고 어물과 소금을 파는 곳, 저잣거리, 제방을 쌓는 곳에 있는 것도 할 수 없는데, 마침 공한지(空閑地)가 있어서 개간할 수 있으니, 법전(法典)에 실려 있는 바이고 교조(教條 법규)에서 권면하는 바이며, 이것 외에는 다른 방법이 없습니다. 위로는 그 소출에 대하여 세금을 내니 나라에 이익이 되고, 아래로는 사람들에게 경작하도록 나누어 주니 백성에게 이익이 됩니다. 나라와 백성에 이익이 되고 또 나의 굶주림도 구제할 수 있으니, 저는 이를 할 수 있는 이유만 알겠지, 할 수 없는 이유는 모르겠습니다. 이와 같은데도 이를 의심하거나 비방하는 자가 있다면 변통의 도리를 아는 자가 아닌 것입니다. 온 집안이 굶어죽게 된 상황

것의 중요한 것과 예(禮)의 가벼운 것을 취하여 비교한다면 어찌 먹는 것이 중요할 뿐이겠는가.〔取食之重者與禮之輕者而比之, 則奚翅食重?〕"라고 하였다. 곧 예(禮)대로 먹는 것은 예(禮)의 가벼운 것이고 먹지 못하여 굶어 죽는 것은 생명을 멸하는 중대한 것이므로 경중을 비교할 만한 것이 못됨을 말한 것이다.

78 자주……것 : 공자(孔子)가 안회(顏回)의 안빈낙도(安貧樂道)함을 말하여 "회(回)는 도(道)에 가까웠으며, 자주 끼니를 굶었다.〔回也其庶乎, 屢空.〕"라고 한 데에 보인다. 《論語 先進》

에서 이를 구제할 방법이 있는데도 하지 않는다면 이는 인(仁)을 손상시키는 것이고, 한 가닥의 살길로 갈 수 있는 방법이 있는데도 하지 않는다면 이는 의(義)를 해치는 것이니, 인(仁)을 손상시키고 의(義)를 해치는 일은 군자가 하지 않습니다. 만약 집사께서 다만 산업을 경영한다는 작은 혐의에 구애되어 생명을 멸하는 중대한 일을 잊으셔서 한결같이 변통하지 않으신다면 이는 교주고슬(膠柱鼓瑟)[79]의 격인 것이니, 어찌 대중지정(大中至正)의 도(道)이겠습니까.

무릇 향곡(鄕曲)의 보(洑)는 서로 바라며 이익을 불리는 경우가 또한 많습니다. 그러므로 사람들은 제방을 쌓는 것을 보면 번번이 부(富)를 탐하는 것이라고 말합니다. 그러나 똑같이 보(洑)를 쌓는 일이지만 그 마음의 공변됨과 사사로움은 다릅니다. 부(富)를 늘리고자 해서 이를 하는 것은 사사로운 마음이지만, 단지 굶주림을 구제하고자 해서 이를 하는 것은 공변된 마음입니다. 천리(天理)와 인욕(人慾)은 행동은 같아도 정상(情狀)이 다르니, 이는 참으로 분변하지 않아서는 안 됩니다. 그러나 의리의 정밀한 곡절은 다른 사람들이 혹 다 알 수가 없으니, 언뜻 듣고서 의심하고 범범히 논하며 비난하는 것은 또한 그 형세가 그러하기 쉽습니다. 하지만 나의 마음에 부끄러움이 없는 이상 또 어찌 바깥에서 이르는 비방을 신경 쓸 것이 있겠습니까.

79 교주고슬(膠柱鼓瑟) : 기러기발에 아교를 칠하고 거문고를 연주한다는 뜻으로, 고지식하여 융통성이 없음을 비유하는 말이다. 조(趙)나라의 명신 인상여(藺相如)가 조괄(趙括)에 대해 "왕께서 명망이 있다는 이유로 조괄을 쓰는 것은 기러기발에 아교칠을 하고서 거문고를 뜯는 것과 같습니다. 조괄은 한갓 그의 아비가 지은 책만 읽어서 임기응변할 줄을 모릅니다.〔王以名使括, 若膠柱而鼓瑟耳. 括徒能讀其父書傳, 不知合變也.〕"라고 말한 데서 유래하였다. 《史記 卷81 廉頗藺相如列傳》

대저 보(洑)를 쌓는 것이 비록 가능하다고 하더라도 집사께서 가난하지 않으시다면 반드시 할 필요는 없으며, 집사께서 비록 가난하시더라도 보(洑)를 쌓는 것이 가능하지 않다면 반드시 해서는 안 됩니다. 보(洑)를 쌓는 것이 비록 가능하고 집사께서 비록 가난하시더라도 만약 달리 대체할 방법이 있다면 또한 반드시 할 필요는 없습니다. 진실로 이 점을 헤아려볼 수 있으시면 집사께서 마땅히 대처해야 할 바를 아실 수 있을 것이고 의심하고 비방하는 말도 해명하시기가 어렵지 않을 것입니다. 그 땅의 형지(形止)와 가부(可否)로 말하면 제가 진실로 상세하게 알 수 없으나, 집사의 지려(智慮)로 볼 때 또한 어찌 이에 대해 어두워서 한갓 이러한 터무니없는 계획을 하시겠습니까. 의리로 헤아려 볼 때 이미 저와 같고 지형(地形)을 참고하여도 또한 이와 같습니다. 그러므로 애당초 의혹을 부를 만한 단서는 없고 오직 이루기를 원하는 뜻만 있을 뿐입니다.

밀암 김공에게 보냄
與密菴金公

《중용(中庸)》은 여전히 책상에 있으나 보는 것이 몽롱하여 천 하나가 가리고 있는 듯할 뿐만이 아니니, 이는 책이 이해하기 어려운 것이 아니라 마음이 밝지 못한 것입니다. 이에 먼저 본원(本原)을 다스린 이후에야 비로소 독서할 수 있음을 더욱 잘 알겠습니다. 내심 이 공부를 하고 싶으나 방만해진 것이 이미 오래되어 수습하지를 못하니, 몹시 스스로 답답하고 염려됩니다.

별지(別紙)에서 반복하여 일깨워주시어 이(理)와 기(氣)는 혼융(渾融)해 있으면서도 또한 한 가지의 물건이 아님을 분명하게 알려주셨으니, 발명함이 매우 정밀하여 저로 하여금 가려져 있던 것을 떨쳐버리게 하였습니다. 다만 '천명(天命)'[80]의 '천(天)'이 '천지(天地)'의 '천(天)'이 아니라고 하신 것은 끝내 바로 가르침을 따르지 못하는 점이 있습니다. 정자(程子)가 '천(天)'을 논하여 말씀하기를, "하늘이 '천(天)'이라고 이름 지어진 것은 바로 자연의 이(理)인 것이다."라고 하였습니다. 이를 가지고 보자면 '천(天)'이라는 이름이 확립된 것은 진실로 이(理) 때문인 것이나, 저 '천명(天命)'의 '천(天)'으로 말하면, '명하다〔命〕'라고 한 이상 마치 형체가 있는 주체가 명한 듯한 점이 있는 것입니다. 비록 형체를 가지고 말하더라도 이(理)가 그 가운데에 있는 것이니,

80 천명(天命) : 《중용장구(中庸章句)》 제1장에 "하늘이 명한 것을 성(性)이라 이른다.〔天命之謂性〕"라고 한 부분을 가리킨다.

이 '천(天)' 자는 비록 '천지(天地)'의 '천(天)'으로 보더라도 또한 그 명한 것이 오로지 '이(理)'를 말한 것이 되는 데에는 문제가 없는 것입니다. 만약 이 '천(天)' 자를 곧장 '이(理)' 자로 본다면, 《시경(詩經)》의 "하늘이 뭇 백성을 내었다〔天生烝民〕"[81]라는 말도 "이(理)가 뭇 백성을 내었다〔理生烝民〕"라고 말할 수 있고, "하늘의 명〔維天之命〕"[82]이라는 말도 "이(理)의 명〔維理之命〕"이라고 말할 수 있단 말입니까.

'천지지성(天地之性)'으로 말하면, 장자(張子)가 말씀한 '천지지성(天地之性)'[83]은 과연 공자(孔子)가 말씀한 '천지지성(天地之性)'[84]과는 똑같지 않습니다. 다만 공자가 말씀한 '천지지성(天地之性)'이 기(氣)를 겸한 성(性)이 되는 까닭은 단지 '사람이 가장 귀하다〔人爲貴〕'라는 세 글자의 말이 있기 때문입니다. 만약 '사람이 가장 귀하다〔人爲貴〕'라는 세 글자가 없었다면 비록 '천지지성(天地之性)'이라고 하더라도 또

81 하늘이……내었다 : 이 말은 《시경(詩經)》 대아(大雅) 〈탕(蕩)〉과 〈증민(烝民)〉에 보인다.

82 하늘의 명 : 이 말은 《시경(詩經)》 주송(周頌) 〈유천지명(維天之命)〉에 보이는 것으로, "하늘의 명이 아 심원하여 그치지 않으시니, 아 드러나지 않겠는가, 문왕의 덕의 순수함이여.〔維天之命, 於穆不已, 於乎不顯, 文王之德之純.〕"라고 하였다.

83 장자(張子)가 말씀한 천지지성(天地之性) : 장자(張子)는 북송(北宋)의 학자 장재(張載)로, "형체가 있게 된 뒤에 기질지성이 있으니, 이를 잘 돌이키면 천지지성이 있게 된다. 그러므로 기질지성은 군자가 성(性)으로 여기지 않는 경우가 있다.〔形而後, 有氣質之性, 善反之, 則天地之性存焉. 故氣質之性, 君子有弗性者焉.〕"라고 하였다. 《張子全書 卷2 正蒙1》《近思錄集解 卷2 爲學》

84 공자(孔子)가 말씀한 천지지성(天地之性) : 증자(曾子)가 "성인(聖人)의 덕(德)은 효(孝)보다 더한 것이 없습니까?"하고 물었는데, 공자가 답하여 말하기를, "천지에서 받은 만물의 성품 가운데 사람이 가장 귀하고, 사람의 행실에 있어서는 효도보다 더 큰 것이 없다.〔天地之性, 人爲貴. 人之行, 莫大於孝.〕"라고 하였다. 《孝經 聖治》

한 어찌 오로지 이(理)를 말한 것이 아니겠으며, '천명지성(天命之性)'과 어찌 구별이 있겠습니까. 이는 장자(張子)가 '잘 돌이켜야 한다〔善反之〕'라고 말씀을 남긴 이유입니다.

저의 견해는 이와 같으니, 감히 다시 아룁니다. 만약 온당치 못한 점이 있으면 다시 가르침을 내려 주십시오.

밀암 김공에게 보냄

與密菴金公

계산(稽山)의 질정하는 편지는 진실로 스승으로서의 정성이 간절하여 그만둘 수 없는 것을 잘 알겠으나 혹시라도 천 가지 생각 중에 한 가지 실수가 있어서 도리어 뭇 사람들의 논란을 초래할까 염려되오니, 관계된 바가 또한 중대합니다. 부디 더욱 깊이 헤아리시고 처리하시기를 바랍니다.

밀암 김공에게 보냄

與密菴金公

저는 큰 병을 앓은 이후로 원기와 정신이 끝내 평소와 같지 못하여 한감(寒感)이 쉽게 침습하고 어지럼증이 자주 일어나고 있습니다. 다소 완화된 틈을 타서 비록 서책을 공부할 수는 있지만 또한 감히 각고의 힘을 쓰지는 못합니다. 그러나 때로 뜻에 맞는 부분에 이르면 왕왕 이를 읊으면서 흐뭇해하며 아픈 것을 잊고자 합니다. 주 부자(朱夫子)의 "북창(北窓) 밑에서 신음할 때엔 마음이 답답해 풀리지 않더니, 내 책을 내가 읽으니 병에서 소생하는 듯하네.〔呻吟北牕 氣鬱不舒 我讀我書 如病得蘇〕"[85]라는 말씀이 진실로 의미가 깊습니다. 지난날 병이 위독했을 적에는 심화(心火)가 몹시 성하여 칠정(七情)의 작용이 대체로 그 절도에 어긋났습니다. 평소에 함양을 한 것이 없으니, 어떻게 힘을 쓰겠습니까. 뒤늦게 이를 생각해보니 매우 후회되고 두렵습니다. 근래에 들어서 병이 누그러져 비로소 대략 수습할 수가 있어서 선(善)의 씨앗이 싹트는 것을 때때로 볼 수 있으나, 끝내는 사욕(私慾)이 완고하고 천리(天理)가 미미합니다. 비유하자면 된서리가 내려 꽁꽁 얼어붙은 가운데에서는 비록 약간의 온화한 바람과 따스한 햇살이 스치더라도 다수(多數)가 이기게 되는 것과 같습니다. 근본이 되는 부분이 이처럼 엉성하여 정일(精一)의 공부[86]에 착수하지 못하니, 《중용

85 북창(北窓)……듯하네 : 이 말은 주희(朱熹)의 〈지락재명(至樂齋銘)〉에 보인다.

86 정일(精一)의 공부 : 마음을 정밀하게 살피고 전일하게 지키는 공부를 뜻한다.

(中庸)》을 허투로 읽은 사람이 될까 염려됩니다. 만약 집사께서 이를 들으신다면 틀림없이 함께 학문하기 어렵다고 여기실 것입니다. 더욱 부끄럽고 송구한 마음이 더합니다.

이는 요(堯), 순(舜), 우(禹)가 천자의 자리를 선양(禪讓)할 때 전수한 심법(心法)으로, 요(堯)임금은 순(舜)임금에게 천자의 자리를 선양하며 "진실로 그 중도를 잡으라.〔允執厥中〕"라고 하였고, 순(舜)임금은 다시 우(禹)임금에게 "인심은 위태롭고 도심은 은미하니, 오직 정밀하게 살피고 전일하게 지켜야 진실로 그 중도를 잡으리라.〔人心惟危, 道心惟微, 惟精惟一, 允執厥中.〕"라고 하였다. 《論語 堯曰》《書經 大禹謨》

밀암 김공에게 보냄

與密菴金公

보내주신 편지에서 권면하고 경계해주신 것이 간절하고 지극합니다. 장사숙(張思叔)이 변화한 것[87]을 가지고 말씀해주셨으니, 이는 바로 '동심인성(動心忍性)'[88] 네 글자가 아닙니까. 삼가 깊이 경계하고 성찰하겠습니다. 계산(稽山)의 질정하는 편지는 끝내 그만둘 수 없는 것입니까? 저처럼 우매한 이가 진실로 그 사이에서 입을 놀릴 수는 없으나, 다만 이 편지가 나온 뒤에 더욱 분란을 더하게 될까 염려되니, 매우 불행해질 것입니다. 왕래한 말로 말하면, 사실과 어긋나기가 쉬우니 이를 가지고 혹시라도 의혹을 초래해서는 안 될 것입니다. 어떻게 여기십니까? 참람되고 망령되게도 이를 말씀드리니, 도리어 몹시 송구합니다.

87 장사숙(張思叔)이 변화한 것 : 장사숙은 송(宋)나라의 학자 장역(張繹)으로, 정이(程頤)의 문인이다. 장역이 마부를 심하게 꾸짖자, 정이가 "어찌하여 동심인성(動心忍性)하지 않는가."라고 하였는데, 장역이 부끄러워하여 사죄한 일이 있다. 《近思錄 卷5》

88 동심인성(動心忍性) : 마음을 분발시키고 성질을 참게 한다는 뜻으로, 《맹자(孟子)》 〈고자 하(告子下)〉에 "하늘이 어떤 사람에게 큰 사명을 내리려 할 때에는, 반드시 먼저 그의 마음과 뜻을 고통스럽게 하고 그의 힘줄과 뼈를 수고롭게 하며, 그의 육체를 굶주리게 하고 그의 몸을 궁핍하게 하여 그가 행하는 일마다 어긋나서 이루지 못하게 하는데, 이는 그의 마음을 분발시키고 그의 성질을 참게 하여 그의 부족한 능력을 키워주려는 것이다.〔天將降大任於是人也, 必先苦其心志, 勞其筋骨, 餓其體膚, 空乏其身, 行拂亂其所爲, 所以動心忍性, 增益其所不能.〕"라고 한 데에 보인다.

밀암 김공에게 보냄
與密菴金公

삼 년 동안 찾아뵙지 못하고 열 달 동안 편지가 끊어졌으니, 산천이 어찌 그리 먼지요. 매양 사람의 심사로 하여금 날아가 만나보고 싶게 만들었습니다. 월말에 이르러 홀연히 시직(侍直) 임허(任許)로부터 9월 26일에 보내신 편지를 전해 받았습니다. 몹시 놀라고 기뻐서 마치 세상 밖의 소식을 들은 것만 같았으니 아침에는 창가에서, 밤에는 등불 옆에서 읽고 완미한 것이 몇 번이나 되는지 모르겠습니다. 편지를 보낸 지가 오래되었고 한 해가 또 저물어 가는데, 도(道)를 보존하며 수양하시는 기거가 또 어떠하신지 모르겠습니다. 춥고 눈 내리는 산중의 집에서 불도 때지 않으면서 오직 책만을 마주하며 호연(浩然)하게 배고픔을 잊으시니, 가슴 속에 즐거워하는 바가 어떠한 일인지요. 이러한 경지를 상상하노라면 흠모함이 일고 감탄이 나옵니다.

저는 어버이를 곁에서 모시며 그럭저럭 지내고 있는데, 공부는 여전히 적실(的實)하게 알게 된 부분이 없으니, 몹시 스스로 민망하고 근심스럽습니다. 얼굴이 야위고 병이 심해진 것이 고생스러운 것이 아니고 도의(道義)의 윤택함이 없는 것이 번민에 시달리게 만드니, 매우 부끄럽습니다. 현재의 근심은 바로 각고의 노력을 하지 않는 데에 있을 뿐입니다. 본래 허약하여 병을 잘 앓았는데 근래에 한 차례 지독한 학질을 앓은 후로 원기가 크게 상하여 오래도록 회복하지 못하고 있습니다. 달마다 감기에 걸리고 날마다 하혈을 하며 풍현(風眩)과 담체(痰滯)를 가지가지 앓고 있으니 도무지 개운한 날이 없습니다. 이 때문에 소리를 내어 글을 읽고 사색을 하며 탐구하는 일은 모두 엄두를 내지 못하니, 이와 같은 형편에 어찌 학업에 진전이 있으리라는 기대를 하겠습니까.

춘옹(春翁 송준길(宋浚吉))이 일찍이 말씀하기를, "이렇게 비루한 지경에 이르게 된 것은 오직 병 때문이다."[89]라고 하였습니다. 이는 진실로 선정(先正)께서는 겸사로 한 말씀이나 저에게 있어서는 참으로 이러한 통한이 있으니, 항상 속으로 혼자 개연(慨然)하게 여겼습니다. 가난하고 게을러서 약을 쓰는 일이 매우 드물었습니다. 그러나 "온갖 방법의 보양이 모두 부질없는 것이니, 오직 마음을 다잡는 것이 요법이라네.〔萬般補養皆虛僞 惟有操心是要規〕"[90]라는 것은 허노재(許魯齋 허형(許衡))의 말인데, 매번 이를 외우며 힘을 쓰기를 원하였으나 능히 하지 못하였습니다. 보내주신 편지의 '정밀하고 절실히 하다〔密切〕', '관대하게 하다〔廣大〕', '온화하게 하다〔優柔〕', '너그럽게 처하다〔寬居〕' 등의 말씀은 모두 마음에 새겨 실천할 만하니, 감히 좌우명으로 삼지 않을 수 있겠습니까.

'천지지성(天地之性)'[91]은 최초로 나온 출처를 가지고 보자면, '사람

89 이렇게……때문이다 : 이 말은 송준길(宋浚吉)이 기묘년(1639, 인조17)에 홍주세(洪柱世)에게 답한 편지에 보이는 말로, "평생 동안 이렇게 비루한 지경에 이른 것은 실로 병 탓인 것이니, 일찍이 통한했던 바이다.〔平生究此汚下, 實坐病之一字, 嘗所痛恨者.〕"라고 하였다. 《同春堂集 卷12 答洪叔鎭》

90 온갖……요법이라네 : 이는 원(元)나라의 학자 허형(許衡)이 지은 〈이생기소시(李生器所恃)〉에 나오는 말로, 《노재유서(魯齋遺書)》 권11에 보이는 원문에는 "온갖 방법의 보양이 끝내 부질없으니, 그저 마음을 다잡는 것이 바로 요법이라네.〔萬般補養終成僞, 只有操心是要規.〕"라고 하여 몇 글자의 차이가 있다.

이 가장 귀하다〔人爲貴〕'라는 세 글자는 진실로 '기(氣)'를 겸하여 말한 것이지만, 장자(張子 장재(張載))가 '기질지성(氣質之性)'에 상대하여 말한 것으로 말하면, 아마도 '천명지성(天命之性)'[92]으로 여긴 것인 듯합니다. 공자(孔子)의 말을 인용하였지만 가리키는 뜻은 다르니, 또한 활법(活法)인 것입니다. 그러므로 제가 구구하게 논한 바가 있었던 것입니다. 지금 보내주신 편지에서 네 개의 기질을 나누고 '천지지성(天地之性)'을 가지고 자질이 가장 나쁜 경우에 상대하여 운운하셨으니, 그 분석이 매우 세밀합니다. 앞서 저의 편지에서 '기질지성(氣質之性)'을 때로 인물(人物)의 귀천(貴賤)을 가지고 말하기도 하고 사람들 중의 청탁(淸濁)을 가지고 말하기도 하였는데, '이른바 「돌이킨다〔反之〕」는 것은 인(人)으로서 물(物)보다 귀하게 되는 이(理)를 회복하는 것이다'라고 말씀하신 것은 대략 집사의 뜻을 잘 알겠습니다. 그러나 정자(程子), 주자(朱子), 율곡(栗谷 이이(李珥))이 모두 '천지지성(天地

91 천지지성(天地之性) : 공자(孔子)의 말과 장재(張載)의 말에 보인다. 공자의 말은, 증자(曾子)가 "성인(聖人)의 덕(德)은 효(孝)보다 더한 것이 없습니까?"하고 묻자, 공자가 답하여 말하기를, "천지에서 받은 만물의 성품 가운데 사람이 가장 귀하고, 사람의 행실에 있어서는 효도보다 더 큰 것이 없다.〔天地之性, 人爲貴. 人之行, 莫大於孝.〕"라고 한 것이다.《孝經 聖治》 장재의 말은 "형체가 있게 된 뒤에 기질지성이 있으니, 이를 잘 돌이키면 천지지성이 있게 된다. 그러므로 기질지성은 군자가 성(性)으로 여기지 않는 경우가 있다.〔形而後, 有氣質之性, 善反之, 則天地之性存焉. 故氣質之性, 君子有弗性者焉.〕"라고 한 것이다.《張子全書 卷2 正蒙1》《近思錄集解 卷2 爲學》

92 천명지성(天命之性) :《중용장구(中庸章句)》 제1장에 "하늘이 명한 것을 성(性)이라고 이르고, 성(性)을 따름을 도(道)라고 이르고, 도(道)를 품절(品節)해 놓음을 교(敎)라고 이른다.〔天命之謂性, 率性之謂道, 修道之謂敎.〕"라고 한 데에 보이는 것으로, 하늘이 만물에게 부여한 이(理)를 가리켜 말한 것이다.

之性)'의 '성(性)'을 '일원의 성〔一原之性〕'으로 여겼으니, 이는 틀림없이 소견이 있었던 것이므로 쉽게 단정해서는 안 될 듯합니다. 선배를 존경함이 의리의 공정함을 훼손해서는 안 됨을 모르는 바가 아닌데도 오히려 다시 이와 같이 여기는 것은 어쩌면 견문에 국한된 바가 있어서 그러는 것일는지요. 천천히 응당 다시 생각해보겠으니, 부디 고체(固滯)하여 죄를 얻게 되지 않기를 바랍니다.

밀암 김공에게 보냄
與密菴金公

근래에 《사전(思傳 중용(中庸))》의 '보지 않는 바〔不睹〕·듣지 않는 바〔不聞〕'[93]와 '미발(未發)'[94]에 천심(淺深)과 선후(先後)가 있다는 뜻으로 임치공(任穉恭)[95]과 편지를 왕래하며 의론하였으나 의견이 일치되지 못하였습니다. 저는 보통의 사람은 눈과 귀에 비록 보고 듣는 바가 없더라도 마음속에는 생각이 있음을 면치 못하기 때문에 미발(未發)이 될 수 없다는 주장을 하였고, 치공은 보고 듣는 바가 없는 때에는 생각이 싹트지는 않으나 혼매함이 뒤흔들기 때문에 그 보고 듣지 않는 바가 미발(未發)이 될 수 없다는 주장을 하였습니다.[96] 이 두 주장은

93 보지……바 : 《중용장구(中庸章句)》 제1장에 보이는 말로, "도(道)라는 것은 잠시도 떠날 수 없는 것이니, 떠날 수 있으면 도(道)가 아니다. 그러므로 군자는 그 보지 않는 바에도 경계하고 근심하며 그 듣지 않는 바에도 걱정하고 두려워하는 것이다.〔道也者, 不可須臾離也, 可離非道也. 是故君子戒愼乎其所不睹, 恐懼乎其所不聞.〕"라고 하였다.

94 미발(未發) : 희로애락의 감정이 발하지 않았을 때의 편벽되거나 치우침이 없는 상태를 말하는 것으로, 《중용장구(中庸章句)》 제1장에 "희로애락이 발하기 이전을 중(中)이라고 이르고, 발하여 모두 절도에 맞는 것을 화(和)라고 이른다.〔喜怒哀樂之未發, 謂之中, 發而皆中節, 謂之和.〕"라고 하였다.

95 임치공(任穉恭) : 임정주(任靖周, 1727～1796)로, 자는 치공, 호는 운호(雲湖), 본관은 풍천(豐川)이다. 녹문(鹿門) 임성주(任聖周)의 아우이다. 평생 동안 학문에 전심하였는데, 임성주의 학통을 이어받아 이기이원론(理氣二元論)을 배격하고 이기일원의 주기설(主氣說)을 확립하였다. 문집에 《운호집》이 있다. 시호는 문경(文敬)이다.

96 저는……하였습니다 : 박윤원(朴胤源)과 임정주(任靖周)가 이에 대하여 의론한

과연 누가 맞고 누가 틀립니까? 집사께서는 일찍이 이를 보고 어떻게 여기셨는지 궁금합니다. 농옹(農翁 김창협(金昌協))은 말씀하기를, "생각이 분란한 것은 보고 듣지 않는 때가 되기에 무방하다."라고 하였으니, 이는 저의 주장과 유사합니다. 연옹(淵翁 김창흡(金昌翕))은 또 말씀하기를, "보고 듣지 않는 때에는 마음의 근원이 지극히 맑고 깨끗하지는 못하다."라고 하였으니, 이는 치공의 주장과 유사합니다. 농옹과 연옹 두 선생의 주장이 똑같지 않으니, 누구의 주장을 따라야 합니까? 밝은 가르침을 내려주시길 원합니다. 또한 이를 계기로 평소에 이미 헤아려 정하셨던 바도 듣기를 원합니다.

내용은 《근재집(近齋集)》 권7 〈임치공에게 보냄〔與任穉共〕〉 다섯 번째 편지에 자세히 보인다.

밀암 김공에게 보냄

與密菴金公

앞서 말씀하신 '천명(天命)'[97]의 '천(天)' 자에 대하여 지금 청컨대 다시 질정하겠습니다. 제가 이 '천(天)' 자를 형체가 있는 '천(天)'으로 여기는 것은 감히 '하늘이 명한 성〔天命之性〕'을 일원(一原)이 아니라고 여기는 것이 아니라, '천(天)'은 형체가 있는 것이지만 이(理)가 그 속에 존재한다고 여기는 것입니다. '천(天)'이 이(理)로써 인물(人物)에게 명하였으니, 명한 것은 바로 '일원(一原)의 이(理)'인 것입니다. 당초에 의심을 일으킨 것은, 본래 《중용(中庸)》의 장구(章句) 가운데 '천(天)' 자와 '이(理)' 자에 분별이 있어서 '천(天)' 자를 곧장 '이(理)' 자로 바꿀 수 없는 듯하였기 때문입니다. 또 《중용혹문(中庸或問)》 속에서 '하늘에 있는 것과 사람에게 있는 것〔在天在人〕'[98]이라고 한 것은 '천(天)'과 '인(人)'을 상대하여 말한 것이 분명하므로 '인(人)'과 상대되는 '천(天)'은 곧 '지(地)'와 상대되는 '천(天)'인 것이었습니다. 그러므로 마침내 감히 이 '천(天)' 자를 형체가 있는 '천(天)'이라고 한 것입니다. 그런데 회답하신 편지를 받아보건대 이에 대해 크게 논박하여 틀렸다고 하시니, 황공한 마음을 이기지 못하겠습니다. 그러나

97 천명(天命) : 《중용장구(中庸章句)》 제1장에 "하늘이 명한 것을 성(性)이라 이른다.〔天命之謂性〕"라고 한 부분을 가리킨다.

98 하늘에……것 : 《중용혹문(中庸或問)》 권상(卷上)에 "대개 하늘에 있는 것과 사람에게 있는 것이 비록 성(性)과 명(命)의 구분이 있지만 그 이(理)는 똑같지 않은 적이 없다.〔蓋在天在人, 雖有性命之分, 而其理則未嘗不一.〕"라고 한 데에 보인다.

제가 말한 '형체가 있는 천(天)'이라는 것은 또한 '천(天)' 자를 오로지 형기(形器)로 만들어 이(理)가 달라붙지 못하게 하려는 것이 아니고, 실로 형체 가운데 그 자연스러운 바를 보고자 하는 것입니다. 그리고 감히 형체를 버리고 '천(天)'을 논하지 못하는 것은 또한 그 이유가 있습니다.

무릇 물(物)에 있으면 이(理)라고 하니,[99] 물(物)은 천(天)보다 큰 것이 없고 또한 천(天)보다 앞서는 것이 없습니다. 이 이(理)는 천(天)이 먼저 얻어서 만물에게 부여해 준 것이니, 이것이 천(天)이 만물의 아버지가 되는 까닭입니다. 이(理)는 진실로 천(天)이 열리기 전에 존재하였으나 천(天)이 열린 뒤에는 이(理)가 천(天)에 존재합니다. 만약 형체가 있는 천(天)이 아니라면 이 이(理)는 장차 허공에 매달려 홀로 서 있는 존재가 될 것입니다. 그러므로 이(理)를 말할 적에 반드시 천(天)을 말하는 것이니, 비록 형체가 있는 천(天)을 말하더라도 사실은 이(理)로 보고자 하는 것입니다. 비유하자면 '격물(格物)'의 '물(物)'이 또한 '궁리(窮理)'의 '이(理)'가 될 수 있는 것과 같은 것입니다. 그러나 이러한 곡절을 모두 자세히 설명하지 못하고서 갑작스럽게 '형체(形體)'라는 두 글자를 말하였으니, 오로지 기(氣)를 가리킨다는 것에 가까운 듯하여 마치 기천(氣天)이 물(物)에 명할 때에는 이천(理天)이 상관하지 않는 바가 있는 것처럼 여겨지게 하였습니다. 그러니 집사

99 물(物)에……하니 : 이 말은 정이(程頤)의 말에 보이는 것으로, "하늘에 있으면 명(命)이라고 하고 사물에 있으면 이(理)라고 하고 사람에 있으면 성(性)이라고 하고 몸에서 주재하면 심(心)이라고 하니, 그 실제는 하나이다.〔在天爲命, 在物爲理, 在人爲性, 主於身爲心, 其實一也.〕"라고 하였다.《近思錄 卷1 道體》

의 의문을 부른 것이 당연합니다.

그러나 하늘이 물(物)에 명한 것은 또한 이(理)에 불과할 뿐입니다. 진북계(陳北溪)가 말씀하기를, "진실로 '상천(上天)'의 '천(天)'이니, 요컨대 바로 '이(理)'인 것이다.〔固是上天之天 要之卽理是也〕"라고 하였습니다.[100] 이미 '상천(上天)'이라고 하였다면 이는 형체가 있는 천(天)인 것이고, 또 '바로 이(理)이다〔卽理〕'라고 하였다면 이는 이(理)를 위주로 하여 말한 것입니다. 그렇다면 제가 말한 '형체가 있는 천(天)'이라는 것은 또한 어찌 이(理)를 떠나서 본 적이 있었겠습니까. 그 뜻은 또한 진북계의 뜻과 같을 뿐입니다. 지금 만약 집사의 말씀과 같이 '천(天)' 자를 곧장 '이(理)' 자로 바꾸어서 '천(天)' 자에 있어 형체를 말하는 것을 용납하지 않는다면, 이(理)라는 것은 필경 천지(天地)가 생겨나기 전에 먼저 있었던 것이니 형체가 있는 천(天)이 있기 이전에는 천(天)이라는 명칭을 어디에 세울 수 있겠습니까.

집사께서는 비록 '천명(天命)'의 '천(天)'이 '천지(天地)'의 '천(天)'과 다르다고 여기시지만, 제가 볼 적에는 《중용(中庸)》 첫 장의 '천명(天命)'의 '천(天)'은 바로 마지막 장의 '상천지재(上天之載)'[101]의 '천(天)'입니다. '천(天)'은 '상천(上天)'을 일컬은 것이고 '명(命)'은 '위에 싣고

100 진북계(陳北溪)가……하였습니다 : 진북계(陳北溪)는 송(宋)나라의 학자 진순(陳淳)으로, 북계는 호이다. 이 말은 《중용장구대전(中庸章句大全)》 제1장의 "하늘이 명한 것을 성(性)이라 이른다……〔天命之謂性……〕"라고 한 부분의 소주(小註)에 보인다.

101 상천지재(上天之載) : 《중용장구(中庸章句)》 제33장에 보이는 말로, 《시경》 대아(大雅) 〈문왕(文王)〉의 구절을 인용하여 "상천의 일은 소리도 없고 냄새도 없다.〔上天之載, 無聲無臭.〕"라고 하였다.

있음〔載上〕'을 일컬은 것이니, 어찌 높다랗게 위에 있는 형체가 아니겠습니까. 위에 있는 '천(天)'인 것이라면, 어찌 아래에 있는 '지(地)'와 상대되는 것이 아니겠습니까. 《중용(中庸)》 첫 장의 소주(小註)에 진실로 "곡량(穀梁)은 천(天)을 말하면서 지(地)를 가지고 상대하여 말하지 않았으니, 이른바 '천(天)'이라는 것은 '이(理)'일 뿐이다."라는 말이 있으나 여기에서 이른바 '천(天)을 말하면서 지(地)를 가지고 상대하여 말하지 않았다'는 것은 다만 입언(立言)할 때에 지(地)를 가지고 상대하여 일컫지 않았다는 것일 뿐이지, '천지(天地)'의 '천(天)' 이외에 별개의 '천(天)'이 있다는 것은 아닙니다.

일찍이 집사의 논의를 듣건대, 《중용(中庸)》이라는 책 속의 "천지가 제대로 자리를 잡는다〔天地位〕",[102] "천지에 대해서도 오히려 유감이 있다〔天地猶有憾〕"[103] 등과 같은 부분의 '천지(天地)'라는 글자는 모두가 형기(形器)인 것이지만 '천명(天命)'의 '천(天)'은 오로지 '도(道)'를 말하는 '천(天)'인 것이라고 하셨습니다. 이 말씀이 진실로 그럴듯합니다만, '천지(天地)'라는 두 글자도 '도(道)'를 가지고 말한 경우가 있으니, 바로 제29장의 "천지에 세워놓아도 어그러지지 않는다〔建諸天地而

102 천지가……잡는다 : 이 말은 《중용장구(中庸章句)》 제1장에 보이는 말로, "중(中)과 화(和)를 극진하게 하면 천지가 제대로 자리를 잡고 만물이 제대로 생육될 것이다.〔致中和, 天地位焉, 萬物育焉.〕"라고 하였다.

103 천지에……있다 : 이 말은 《중용장구(中庸章句)》 제12장에 보이는 말로, "필부필부(匹夫匹婦)의 불초한 수준으로도 능히 도(道)를 행할 수가 있지만, 그 지극한 차원에 이르러서는 성인도 능하지 못한 바가 있으며, 위대한 천지에 대해서도 사람들이 오히려 유감스러워 하는 바가 있다.〔夫婦之不肖, 可以能行焉, 及其至也, 雖聖人, 亦有所不能焉, 天地之大也, 人猶有所憾.〕"라고 하였다.

不悖〕"[104]라고 한 경우와 같은 것입니다. 그렇다면 비록 '천명(天命)'의 '천(天)'을 '천지(天地)'의 '천(天)'으로 여기더라도 어찌 '이(理)'로 보는 데에 문제가 되겠습니까. 《중용혹문(中庸或問)》 속에서 하늘과 사람을 상대하여 일컬은 것[105]은 결국 삼재(三才)의 '천(天)'을 가리키는 것이니, '하늘에 있는 것과 사람에게 있는 것〔在天在人〕'이라는 말을 '이(理)에 있는 것과 사람에게 있는 것〔在理在人〕'이라는 말로 부를 수 없는 이상, '천(天)' 자와 '이(理)' 자에 확실한 구분이 있다는 것을 알 수 있습니다. 집사께서 "비록 '이(理)가 명한 것을 성(性)이라 이른다〔理命之爲性〕'라고 하더라도 어찌 뜻에 맞지 않겠는가."라고 하신 말씀은, 저의 생각에는 온당치 못한 듯합니다.

그리고 보내주신 편지에서 "천(天)·명(命)·성(性)·도(道)가 모두 똑같이 이(理)인 것이지만 만약 '이(理)가 명한 것을 성(性)이라 이른다〔理命之爲性〕'라고 한다면 '이(理)'라는 명칭은 또 오로지 '천(天)'에만 소속되고 '명(命)'·'성(性)'·'도(道)' 등은 마치 '이(理)'라는 명칭이 될 수 없는 듯한 점이 있기 때문에 불가한 것이다."라고 하신

104 천지에……않는다 : 이 말은 《중용장구(中庸章句)》 제29장에 보이는 말로, "군자의 도(道)는 자기 몸에 근본하여 여러 백성들에게 징험하며, 삼왕(三王)에게 상고하여도 틀리지 않으며, 천지에 세워 놓아도 어그러지지 않으며, 귀신에게 질정하여도 의심이 없으며, 백세 뒤에 성인이 나온다 하더라도 의혹되지 않는 것이다.〔君子之道, 本諸身, 徵諸庶民, 考諸三王而不謬, 建諸天地而不悖, 質諸鬼神而無疑, 百世以俟聖人而不惑.〕"라고 하였다.

105 중용혹문(中庸或問)……것 : 《중용혹문(中庸或問)》 권상(卷上)에 "대개 하늘에 있는 것과 사람에게 있는 것이 비록 성(性)과 명(命)의 구분이 있지만 그 이(理)는 똑같지 않은 적이 없다.〔蓋在天在人, 雖有性命之分, 而其理則未嘗不一.〕"라고 한 것을 가리킨다.

말씀은, 진실로 이 장(章)에서 '이(理)'라고 하지 않고 '천(天)'이라고 한 뜻을 이해할 수 있습니다만, 저의 생각으로는 끝내 옳지 못한 듯합니다. '명(命)'은 곧 '이(理)'이지만 '이(理)'라고 하지 않고 '명(命)'이라고 한 것은 어째서입니까? 하늘이 만물에게 명한 것을 가지고 말하였기 때문입니다. '성(性)'은 곧 '이(理)'이지만 '이(理)'라고 하지 않고 '성(性)'이라고 한 것은 어째서입니까? 인물(人物)이 품부받은 것을 가지고 말하였기 때문입니다. '도(道)'는 곧 '이(理)'이지만 '이(理)'라고 하지 않고 '도(道)'라고 한 것은 어째서입니까? 일을 마땅히 행해야 함을 가지고 말하였기 때문입니다. '천(天)'은 곧 '이(理)'이지만 '이(理)'라고 하지 않고 '천(天)'이라고 한 것은 어째서입니까? 또한 응당 절로 그 의미가 있는 것입니다. '천(天)'은 진실로 자연(自然)한 이치로서, 그 글자의 뜻이 '이(理)' 자와는 똑같지 않습니다. '이(理)' 자는 조리(條理)가 있음을 범범하게 말하는 뜻이고, '천(天)' 자는 곧 위에 있는 자가 존엄함을 갖추고 있다는 뜻이니, 존엄함의 뜻은 명령한다는 뜻과 호응합니다. 그러므로 '이(理)가 명하다〔理命〕'라고 하지 않고 '천(天)이 명하다〔天命〕'라고 한 것이니, 이것이 '천(天)'과 '이(理)'의 구별입니다.

'천지지성(天地之性)'[106]으로 말하면, 공자(孔子)와 장자(張子)가 말

106 천지지성(天地之性) : 공자(孔子)의 말과 장재(張載)의 말에 보인다. 공자의 말은, 증자(曾子)가 "성인(聖人)의 덕(德)은 효(孝)보다 더한 것이 없습니까?"하고 묻자, 공자가 답하여 말하기를, "천지에서 받은 만물의 성품 가운데 사람이 가장 귀하고, 사람의 행실에 있어서는 효도보다 더 큰 것이 없다.〔天地之性, 人爲貴. 人之行, 莫大於孝.〕"라고 한 것이다.《孝經 聖治》 장재의 말은 "형체가 있게 된 뒤에 기질지성이 있으니, 이를 잘 돌이키면 천지지성이 있게 된다. 그러므로 기질지성은 군자가 성(性)으로 여기지 않는 경우가 있다.〔形而後, 有氣質之性, 善反之, 則天地之性存焉. 故氣質之性, 君子

한 바가 똑같지 않다고 운운(云云)하였습니다. 공자(孔子)가 말씀한 '천지지성(天地之性)'은 인물(人物)의 귀천(貴賤)을 나누어 말한 것으로, 일원지성(一原之性)이 아니니, 자사(子思)가 말씀한 '천명지성(天命之性)'과는 똑같지 않습니다. 장자(張子)가 말씀한 '천지지성(天地之性)'은, '잘 돌이킨다〔善反之〕'라고 말한 것이 바로 그 본연지성(本然之性)을 회복하는 것이고 보면 '천명지성(天命之性)'과 차이가 없습니다. 그렇다면 장자(張子)가 말씀한 '천지지성(天地之性)'은 어찌 공자(孔子)가 말씀한 '천지지성(天地之性)'과 다른 것이 아니겠습니까. 장자(張子)가 말씀한 '천지지성(天地之性)'이 자사(子思)가 말씀한 '천명지성(天命之性)'과 차이가 없다는 것은 저의 억측이 아닙니다. 《근사록(近思錄)》의 소주(小註)에 있는 섭씨(葉氏)의 말에 "천명(天命)이 유행(流行)하여 운운(云云)."이라고 하였으니,[107] 이는 '천지지성(天地之性)'이 바로 '천명지성(天命之性)'임을 말한 것입니다. 집사의 말씀과 같다면, 섭씨의 주가 틀린 것입니까. 이는 알 수가 없습니다. 지금 집사의 뜻을 따라서 '천지지성(天地之性)'을 '기질지성(氣質之性)'으로 여긴다면, '천명지성(天命之性)'은 진실로 '돌이키다〔反之〕'라고 말할 수 있

有弗性者焉.〕"라고 한 것이다. 《張子全書 卷2 正蒙1》《近思錄集解 卷2 爲學》

107 근사록(近思錄)의……하였으니 : 섭씨(葉氏)는 《근사록집해(近思錄集解)》를 편찬한 송(宋)나라 학자 섭채(葉采)를 가리킨다. 《근사록집해》 권2 〈위학(爲學)〉에 "형체가 있게 된 뒤에 기질지성이 있으니, 이를 잘 돌이키면 천지지성이 있게 된다. 그러므로 기질지성은 군자가 성(性)으로 여기지 않는 경우가 있다.〔形而後, 有氣質之性, 善反之, 則天地之性存焉. 故氣質之性, 君子有弗性者焉.〕"라는 장재(張載)의 말이 실려 있는데, 이에 대한 소주(小註)에 "천명이 유행하여 만물에게 부여함에 본래 선하지 않은 것이 없으니, 이른바 '천지지성'이라는 것이다.〔天命流行, 賦予萬物, 本無非善, 所謂天地之性也.〕"라는 말이 보인다.

는 것이지만 '기질지성(氣質之性)' 또한 '돌이키다〔反之〕'라고 말할 수 있는 것입니까? 아니면 이 '기질지성(氣質之性)'은 사람의 청탁(淸濁)을 말한 것이 아니고 다만 인물(人物)의 귀천(貴賤)을 말한 것이며, 이른바 '돌이키다〔反之〕'라고 말한 것은 인(人)으로서 물(物)보다 귀하게 되는 이(理)를 회복하는 것입니까? 그렇다면 이른바 '기질지성(氣質之性)' 또한 두 가지로 볼 수 있어서 혹은 인물(人物)의 귀천(貴賤)을 가지고 말하기도 하고 혹은 사람의 청탁(淸濁)을 가지고 말하기도 하는 것입니까? 모두 가르침을 내려주시길 바랍니다.

근래에 《삼연집(三淵集)》의 만록(謾錄)에서 '천명지성(天命之性)'을 논한 것을 보았는데, 저의 주장의 증거가 될 만한 것이 있었습니다. 그러므로 삼가 여기에 기록해 올립니다. "'천(天)'이라는 명칭에는 숭고(崇高)의 뜻이 있고 호대(浩大)의 뜻이 있으니, 큰 형각(形殼)의 모습으로 도리(道理)를 포함하고 있는 것이다. 능히 속에서 만물을 낳을 수 있음이 호대한 것이고 능히 아래에 명령을 내릴 수 있음이 숭고한 것이다. 만약 이 '천(天)' 자를 단지 '도리(道理)'로 여길 뿐이라면 부모(父母)·진재(眞宰)의 뜻이 감춰지게 된다."[108] 라고 하였습니다. 연옹(淵翁 김창흡(金昌翕))의 이 주장을 보면, 선배 중에도 진실로 이미 이 '천(天)' 자를 형체가 있는 '천(天)'으로 여긴 자가 있었던 것입니다. 이를 통하여 저의 주장이 제가 처음으로 지어낸 것이 아님을 알 수 있습니다.

108 천(天)이라는……된다 : 이 말은 김창흡(金昌翕)의 문집인 《삼연집(三淵集)》 권35 〈만록(漫錄)〉에 보인다.

근재집

제6권

書서

녹문 임공 성주[1] 에게 줌

與鹿門任公 聖周

제가 일찍이 오래전부터 하집사(下執事)[2]를 흠모하였습니다만 덕스러운 모습을 뵐 인연이 없어서 항상 그리운 마음을 갖고 있었습니다. 그런데 금강(錦江) 가에 오게 되자 고상한 분의 거처가 멀지 않음을 기뻐하였으나,[3] 병으로 엎드려 있어 외출하기가 어려운 탓에 또 나아가 배알(拜謁)하지 못하였습니다. 그러다가 지난번에 처음으로 문하(門下)를 방문하여 덕스러운 모습을 직접 뵈었으니, 구구한 저의 마음이 얼마나 기뻤을지 알 수 있으실 것입니다. 다만 한스러운 것은 행색이 황급하여 의심나는 것을 여유롭게 질정(質正)하지 못하였으니, 남은 회포의 창망(悵惘)함을 다시 이겨내기가 어렵습니다. 가을비가 장마가 되었습니다. 삼가 생각하건대 그동안 도체(道體)가 신(神)의 도

1 녹문(鹿門) 임공(任公) 성주(聖周) : 녹문은 임성주(任聖周, 1711~1788)의 호로, 자는 중사(仲思), 본관은 풍천(豐川)으로 도암(陶菴) 이재(李縡)의 문인이다. 여러 번 벼슬에 천거되었으나 대부분 나아가지 않고 공주(公州)의 녹문에 은거하며 학문에 전념하였다. 처음에는 스승을 따라 낙론(洛論)을 주장하다가 중년에 이르러 낙론과 호론(湖論)을 모두 비판하고, 화담(花潭) 서경덕(徐敬德)의 기일원론(氣一元論)을 계승 발전시켜 기일분수설(氣一分殊說)을 주장하여 한 학맥(學脈)을 이루었다.

2 하집사(下執事) : 본래 측근에서 신변의 일을 처리하는 사람을 이르는데, 옛날에는 상대방을 직접 호칭하는 것을 결례로 생각하여 '하집사' 또는 '좌우(左右)'라고 써서 공경하는 뜻을 표시하였다. 여기서는 임성주를 존칭한 것이다.

3 금강(錦江)……기뻐하였으나 : 금강 줄기가 임성주가 은거하여 지내고 있는 공주를 거쳐 흐르기 때문에 이렇게 말한 것이다.

움을 받아 조심하시던 병환이 평복(平復)되셨겠지요. 우러러 위안되고 염려되어 저의 마음을 가눌 수 없습니다.

저는 두 군데의 나루를 건너서 어둑해질 무렵에 집에 도착하였습니다. 병을 앓은 뒤에 말을 달려서 비록 심히 피곤하였으나 오직 몸소 장자(長者)의 문하에서 노닐며 도(道)가 있는 분의 의논을 들은 것을 영광과 다행으로 여기니, 도리어 피곤함을 알지 못하였습니다. 많은 훌륭한 가르침은 저의 몽매함을 개발시켜주지 않음이 없었습니다. 이미 정심(精深)한 조예(造詣)를 우러러 알았고, 또 융숭하게 돌봐주신 은혜에 감격하였으니, 공경하고 감탄하는 나머지 가슴속에 새겨 칭송하기를 그칠 수 없습니다.

생각하건대 저는 용렬하고 혼약(昏弱)하여 덕과 학문을 닦은 바가 없습니다. 때로 현인(賢人)과 군자(君子)를 만나서 부러워하고 사모하고 공경히 복종하여 송연(悚然)히 뜻을 굳게 세우고자 하는 소원이 있지만, 이 의사(意思)를 오랫동안 유지하지 못합니다. 간혹 얻는 바가 있더라도 번번이 다시 잃으니, 이는 몹시 나약하기 때문입니다. 마침내 세월을 그럭저럭 나태하게 보내어 끝내 성취가 없을까 두렵습니다. 이 때문에 불안하고 부끄러워 얼굴이 벌게지고 땀이 흐릅니다.

삼가 생각하건대 참된 공부가 몸에 쌓여있고 거룩한 덕으로 남을 사랑해주시니, 마땅히 사람들을 교도(教導)하려는 생각이 있으실 것입니다. 엎드려 바라건대 때때로 가르침을 주셔서 저로 하여금 경책(警策)을 얻게 해주십시오. 이밖에는 다만 도(道)로 수양하심에 더욱 신명의 가호가 있기를 바랍니다.

녹문 임공에게 줌
與鹿門任公

"하늘이 명한 것을 성이라 한다.〔天命之謂性〕"[4]의 '천(天)' 자는 마땅히 '이(理)' 자로 보아야 합니까? 하늘〔天〕이 진실로 이(理)이지만 또한 곧바로 '이(理)'라고 불러서는 안 됩니다. 만약 '이(理)' 자로 보면 "하늘이 명한 것을 성이라 한다."는 것을 장차 "이(理)가 명한 것을 성이라 한다."라고 할 수 있겠으며, "하늘이 음양(陰陽)과 오행(五行)으로"[5]를 장차 "이(理)가 음양과 오행으로"라고 할 수 있겠습니까? 이는 말이 되지 않을 듯합니다.

제가 생각하건대 이 '천(天)' 자는 바로 이른바 "형체(形體)의 천(天)"[6]이라는 것이니, '명(命)' 자를 살펴보면 "명(命)한다."는 것은 바

4 하늘이……한다 : 《중용장구》 제1장에 "하늘이 명한 것을 성(性)이라 이르고, 성을 따름을 도(道)라 이르고, 도를 품절해 놓음을 교(敎)라 이른다.〔天命之謂性, 率性之謂道, 修道之謂敎.〕"라고 보인다

5 하늘이 음양오행(陰陽五行)으로 : 이 내용은 《중용장구》 제1장에 대한 주자의 주에 "성(性)은 바로 이(理)이다. 하늘이 음양과 오행으로〔天以陰陽五行〕 만물을 생성할 때 기(氣)로 형체를 이루고 이(理) 또한 부여하였다. 이는 마치 명령하는 것과 같다. 이에 사람과 물건이 태어날 때 각기 부여받은 바의 이(理)를 얻음으로 인하여 건순(健順)과 오상(五常)의 덕을 삼으니, 이른바 '성(性)'이라는 것이다."라고 보인다.

6 형체(形體)의 천(天) : 《주역》 〈건괘(乾卦)〉 괘사(卦辭)에 대한 이천(伊川) 정이(程頤)의 전(傳)에 "대저 '천(天)'은 전지(專指)하여 말하면 '도(道)'이니, '하늘도 어기지 못한다〔天且弗違〕'는 것이 이것이다. 그러나 나누어 말한다면, 형체를 가지고 말할 때에는 '하늘'이라 하고〔以形體謂之天〕, 주재하는 차원에서 말할 때에는 '상제(上帝)'라

로 위에 있으면서 아래에 명을 내리는 것입니다. 이미 "하늘이 명했다."고 말하였으면 하늘〔天〕은 다만 '상천(上天)'의 '천(天)'인데, '상천'의 '천'은 '형체의 천'이 아닙니까?

혹자는 말하기를 "이 '천' 자를 만약 '형체의 천'으로 보면 이미 기(氣)를 겸하였으니, 명한 바의 '성(性)'은 오로지 '이(理)'를 말한 것이 되지 못한다."라고 하는데, 이 말이 그럴듯합니다. 그러나 저의 생각에는 이 '천' 자는 비록 형체로 보더라도 명하는 것은 '이(理)'이니, 어찌 '일원(一元)인 성(性)'이 됨을 방해하여 기(氣)에 뒤섞이게 하는 혐의가 있겠습니까.

"성을 따름을 도라 한다.〔率性之謂道〕"의 '도(道)' 자는 체(體)입니까? 용(用)입니까? 아니면 체와 용을 겸하여 말한 것입니까? "도라 한다.〔謂道〕"의 '위(謂)' 자는 바로 "'도(道)'가 '도'라는 이름을 얻은 뜻"을 말한 것인데, "한 번 음하고 한 번 양하는 것을 도라 한다.〔一陰一陽之謂道〕"[7]와 더불어 두 가지의 '도' 자에 마땅히 차이가 없을 것입니다. 그러니 '성을 따른다〔率性〕'의 '도(道)'를 도의 체(體)로 보아야 할 것이지만 주자(朱子)가 '달도(達道)'를 해석함에 "성을 따름〔循性〕을 '도'

하고, 공용(功用)의 측면에서 말할 때에는 '귀신'이라 하고, 묘용(妙用)의 시각에서 말할 때에는 '신(神)'이라 하고, 성정(性情)을 가리켜 말할 때에는 '건(乾)'이라 한다."라는 데에서 온 말이다.

7 한 번……한다 : 이 내용은 《주역》 〈계사전 상(繫辭傳上)〉에 "한 번 음하고 한 번 양하는 것을 도라고 하고, 한 번 음하고 한 번 양함을 계속하여 만물을 화육하는 것이 선이고, 사물이 생겨나면서 갖추고 있는 것이 성이다.〔一陰一陽之謂道, 繼之者善也, 成之者性也.〕"라고 보인다.

라 함은 천하와 고금(古今)에 함께 행하는 바이니, 도의 용(用)이다."[8] 라고 하였습니다. 이것을 가지고 살펴보면 "성을 따름을 도라 한다.〔率性之謂道〕"의 '도'는 마땅히 도의 용(用)으로 보아야 하는데, "도는 떠날 수 없는 것이다.〔道 不可離〕"를 풀이할 적에 "도는 날로 쓰는 사물에 마땅히 행해야 할 이치이니, 모두 성의 덕으로 마음에 갖추어져 있다.〔道者 日用事物當行之理 皆性之德而具於心〕"[9]라고 하였습니다. 이곳에서는 또 '체'와 '용'을 겸하여 말씀하였으니, 마땅히 어느 것을 주장해야 할지 모르겠습니다.

"도를 품절함을 가르침이라 한다〔修道之謂敎〕"의 '교(敎)' 자는 "명(明)으로 말미암아 성(誠)해지는 것을 교(敎)라 한다."의 '교(敎)'[10]와는 같지 않으니, 이는 사람을 가르침을 말한 것이고 자기의 학문이 아니

8 성을……용(用)이다 : 이 내용은 《중용장구》 제1장의 "희로애락이 미발한 것을 중(中)이라 하고, 발해서 다 절도에 맞는 것을 화(和)라 하니, 중은 천하의 큰 근본이고, 화는 천하의 공통된 도이다.〔喜怒哀樂之未發, 謂之中, 發而皆中節, 謂之和, 中也者, 天下之大本也, 和也者, 天下之達道也.〕"라는 구절에 대한 주자의 주에 "대본은 하늘이 명한 성이니, 천하의 이치는 모두 여기에서 나오니 도의 체이다. 달도는 성을 따름을 말하니, 천하와 고금에 함께 행하는 것으로 도의 용이다.〔大本者, 天命之性, 天下之理, 皆由此出, 道之體也. 達道者, 循性之謂, 天下古今之所共由, 道之用也.〕"라고 보인다.

9 도는……있다 : 이 내용은 《중용장구》 제1장의 "도라는 것은 잠시도 떠날 수가 없는 것이다. 떠날 수가 있다면 그것은 도가 아니다.〔道也者, 不可須臾離也. 可離, 非道也.〕"라는 구절에 대한 주자의 주에 보인다.

10 명(明)으로……교(敎) : 이 내용은 《중용장구》 제21장에 "성(誠)으로 말미암아 밝아지는 것을 '성(性)'이라 하고 명(明)으로 말미암아 성(誠)해지는 것을 '교(敎)'라 이르니, 성(誠)하면 밝아지고 밝아지면 성(誠)해진다.〔自誠明, 謂之性; 自明誠, 謂之敎, 誠則明矣, 明則誠矣.〕"라고 보인다.

기 때문입니다. '솔성(率性)'의 '솔(率)'은 "공부에 힘을 쓴다.〔用力〕"는 뜻의 글자가 아니고, '수도(修道)'에 이르러 비로소 공부를 말하였는데, 수도(修道)의 '수(修)'는 또 남을 가르침에 속합니다. 세 구절의 강령(綱領) 안에 자기 공부를 찾을 곳이 없으니, 이것이 의심스러울 만한 것 같습니다.

자기를 이룬 뒤에 비로소 남을 이룰 수 있으니,[11] 자기를 이루지 못하고 능히 남을 가르칠 수 있는 사람은 없습니다. 그렇다면 비록 자기 공부를 말하지 않았더라도 실로 이 가르침 속에 그것이 포함되어 있는 것입니까? 아니면 예악(禮樂)과 형정(刑政)이 모두 성인(聖人)의 분수 안의 일이니, 등급에 맞게 절제(節制)하여 가르침을 세우는 것 또한 자기의 공부여서 그러한 것입니까?

제20장의 "인으로써 도를 닦는다.〔修道以仁〕"는 것[12]을 가지고 살펴보면 '수도(修道)'라는 글자는 본래 자기 자신의 수행(修行)을 가지고 말한 것입니다. 그렇다면 "도를 품절함을 가르침이라 한다.〔修道之謂敎〕"의 '교(敎)' 자가 성인(聖人)의 입장에서 말하면 가르침이 되고, 배우는 자의 입장에서 말하면 학문이 되니, 겸하여 볼 수 있을 듯합니

11 자기를……있으니 : 자신을 완성한 뒤에 그것을 바탕으로 미루어 나아가 주변의 사람과 사물을 완성시킬 수 있음을 말하는바, 《중용장구》 제25장에 "성은 스스로 자기만을 이룰 뿐 아니라 남을 이루어 주니, 자기를 이룸은 인이요, 남을 이루어 줌은 지이다. 이는 성의 덕이니, 내외를 합한 도이다. 그러므로 때로 둠에 마땅한 것이다.〔誠者, 非成己而已也, 所以成物也. 成己仁也, 成物知也, 性之德也, 合內外之道也, 故時措之宜也.〕"라고 한 데서 온 말이다.

12 제20장……것 : 《중용장구》 제20장에 "정사를 함이 사람에게 달려 있으니, 자기 몸으로써 사람을 취하고, 도로써 자기 몸을 닦고, 인으로써 도를 닦는다.〔爲政在人, 取人以身, 修身以道, 修道以仁.〕"라고 보인다.

다. 《중용(中庸)》은 바로 가르치는 자의 일이니, 진실로 남을 가르치는 것을 위주하여야 할 것이지만, 가르침을 말미암아 들어가는 뜻이 또한 이 가운데에 들어있을 것입니다. 어떨지 모르겠습니다.

녹문 임공에게 줌
與鹿門任公

《상례비요(喪禮備要)》에 “소렴한 뒤에 주인이 손님에게 절하고 습질[13]을 한다.〔小斂後主人拜賓襲絰〕”는 조(條) 아래에 “손님이 답배(答拜)한다.”는 글이 없음은 어째서입니까? 손님이 답배하지 않으면 미안할 듯하니, 마땅히 일어나서 자리를 피해야 합니까? 아니면 고개를 숙이고 엎드릴 뿐입니까?

대렴(大斂)한 뒤에 빈(殯)을 이루고-성복(成服)하기 하루 전입니다.- 영상(靈床)[14]과 병풍과 베개와 자리와 옷과 이불, 빗과 세면도구의 등속을 모두 평상시처럼 진설하니, 그렇다면 마땅히 이날 저녁부터 혼백을 받들어 들어가 영상(靈床)에 모셔야 합니까? “혼백을 받들고 들어가서 영상에 나아간다.〔奉魂帛入就靈床〕”는 글이 “성복 후 저녁에 곡을 한다.〔成服後夕哭〕”는 조(條)에 있는데, 성복 전에는 곡소리가 끊이지 않아서 “아침과 저녁의 곡〔朝夕哭〕”이 없습니다. 빈소를 이룬 날 저녁에 이미 저녁의 곡이 없으면 이미 영상을 진설하였더라도 혼백을 받들고 들어가 영상에 나아가는 절차는 마땅히 다음날 성복을 한 뒤에 하는 것입니까? 그렇다면 이른바 “영상을 진설한다.〔設靈床〕”의 ‘설(設)’ 자

13 습질(襲絰) : 습을 하고 수질(首絰)과 요질(腰絰)을 착용함을 이른다. 《儀禮 士喪禮》

14 영상(靈床) : 대렴(大斂)을 마치고 나서 입관(入棺)하기 전까지 시신을 안치한 곳을 말한다.

는 다만 도구를 진설할 뿐임을 말한 것이고, 반드시 이날 저녁부터 이불과 요를 펴고 그 위에서 혼백을 받드는 것을 말한 것은 아닙니까? 이는 자세하지 않은 듯하니, 분명한 가르침을 주시기를 원합니다.

다시 살펴보건대 빈(殯)을 이룬 뒤에 대곡(代哭)[15]을 그치게 한다면 "성복 전에 곡소리가 끊이지 않는다.〔成服前 哭不絶聲〕"는 말은 점검을 잘못한 부분입니다.

아버지의 생부(生父)와 생부의 아버지는 낳아준 조부〔生祖〕가 됨은 똑같으니, 복(服)은 마땅히 똑같이 대공복(大功服)을 입어야 하는데, 혹자는 말하기를 "아버지의 생부는 생부의 아버지와 똑같지 않아서 낳아준 조부의 복을 입어서는 안 된다. 다만 아버지가 양자 간 집안의 촌수를 계산해서 족대부(族大父)의 복(服)에 따라 입어야 한다."라고 합니다. 만일 이 설처럼 하여 촌수를 계산해서 복(服)이 없는 친족이 된다면 장차 복을 입지 않을 것이니, 사람이 아버지의 생부에 대해서 복(服)이 없다면 어찌 매우 박하지 않겠습니까.

15 대곡(代哭) : 상주가 거상 중에 기력이 쇠하는 등의 변고가 생겨 곡을 할 수 없을 경우 다른 사람에게 대신 곡하게 함을 이른다.

녹문 임공에게 줌
與鹿門任公

보여주신 편지에 "이 '천(天)' 자는 진실로 상천(上天)의 의미로 보아야 하나, 또 모름지기 '상천'의 '천'이 바로 '이(理)'의 '천'임을 알아야 한다."고 말씀한 것은 참으로 정밀하고 간결하고 적당합니다. 저의 어리석은 견해도 본래 이와 같았는데, 지난번의 문목(問目) 가운데 "'천(天)'을 형체가 있는 하늘로 보아야 한다."는 말의 아래에 "이(理)가 이 안에 있다.〔理在其中〕" 네 글자를 빠뜨려 말뜻이 미비하였으니, 한스럽습니다.

'천(天)'을 말하면 이(理)와 기(氣)가 진실로 모두 이 안에 들어 있습니다. 그러나 '천(天)'은 이(理)의 측면에서 말한 경우가 있고 기(氣)의 측면에서 말한 경우가 있으니, 이(理)의 측면에서 말한 것은 오로지 '도(道)의 천(天)'을 말한 것이 이것이고, 기(氣)의 측면에서 말한 것은 '형체의 천(天)'이 이것입니다. 이(理)와 기는 서로 떨어져 있지 않기 때문에 이(理)를 가지고 말하면 기가 이 가운데 들어있고 기를 가지고 말하면 이(理)가 이 가운데 들어있으니, 혹자가 말하기를 "이 '천(天)' 자를 '이(理)' 자로 보아야 한다."라고 한 것은 또한 완전히 기에서 떨어트려 보라는 말이 아닌 듯합니다. 이는 "기에 뒤섞이지 않으면 바로 오로지 '도(道)의 천(天)'을 말하는 것이다."라는 말입니다.

저의 말에 "이 '천(天)' 자는 상천(上天)이다."라고 한 것은 바로 '형체의 천(天)'이니, 이 또한 이(理)에서 떨어트려 본 것이 아닙니다. 이는 형체가 있는 것이라고 말하더라도 이(理)가 이 가운데에 있는 것입니다. 두 설이 각각 주장하는 바가 있으나, 반드시 형체를 가지고 말한 것은 진실로 '명(命)' 자의 뜻이 바로 상천(上天)이 천하에 명하는 것임을 보았기 때문입니다.

'천(天)'은 바로 형체이고 '명(命)'은 성리(性理)입니다. 성리는 바로 하나의 근원〔一原〕이므로 기(氣)에 뒤섞이지 않으니, 어찌 반드시 이 '천(天)' 자를 가지고 곧바로 '이(理)' 자로 삼기를 혹자의 설과 같이 한 뒤에야 비로소 기에 뒤섞이지 않는 것이 되겠습니까. 그렇다면 고견과 저의 어리석은 견해가 모두 이 '천(天)' 자를 '상천(上天)'이라고 하더라도 이(理)를 포괄하여 보는 것이 '명(命)' 자의 뜻에 부합하니, 이는 바꿀 수 없을 듯합니다. 다만 편지에서 말씀하신바 "기를 가지고 이(理)에 배합하여야 비로소 성(性)의 참된 지선(至善)을 볼 수 있다."는 것은 비록 이(理)가 기와 떨어지지 않음을 위주로 한 것이지만, "이(理)가 기와 뒤섞이지 않는다."는 뜻에 있어서는 약간 미진한 듯합니다. 이른바 "기에 뒤섞인다."라는 것은 다만 좋지 못한 기에 뒤섞인 뒤에 비로소 "뒤섞인다."고 말하는 것이 아니고, 비록 좋은 기라도 이(理)와 겸하여 말하면 또한 "뒤섞인다."고 말하는 것이니, '잡(雜)'은 "더럽게 뒤섞이다〔汚雜〕"의 '잡(雜)'이 아니고, 바로 "혼합하다〔混竝〕"는 말입니다.

지금 보내주신 편지에서 "하늘의 체(體)가 지극히 크고 지극히 순수하다.〔天體至大而至純〕" 하셨는데, "지극히 순수하다.〔至純〕"는 글자는 '잡(雜)' 자를 상대하여 말씀한 것인 듯합니다. 그러나 지극히 순수한 기가 비록 지극히 좋은 기라 하더라도 이미 기와 이(理)를 겸하여 말하였다면 이(理)가 기에 뒤섞인 것입니다. 이(理)가 기에 뒤섞이면 그 성(性)은 기질지성(氣質之性)을 겸한 것이 되므로 오로지 이(理)의 성(性)을 말한 것만은 아닙니다. 기에는 선(善)과 악(惡) 두 가지가 있는데 다만 선 한쪽을 집어내어 말하면 기질지성을 겸한 것과 똑같지 않은 듯하나, 오로지 "이(理)의 성이다."라고 말하면 이것은 사람과 물건이 똑같이 얻은 하나의 근원〔一原〕입니다.

"이(理)와 기가 혼융(混融)하여 간격이 없음"을 논하여 "기가 있어야 이(理)가 비로소 붙을 곳이 있다."라고 한다면 사람과 동물을 통하여 말할 수 있습니다. 그런데 이제 "기(氣)를 가지고 이(理)에 배합하여야 비로소 성(性)의 참된 지선(至善)을 볼 수 있다."라고 하면, 이는 사람의 성에서는 말이 되지만 동물의 성에서는 말이 되지 않는 것입니다. 이른바 "이(理)를 배합하여야 성선(性善)의 기를 볼 수 있다."는 것은 하늘〔天〕에 있어서는 지극히 순수한 기가 되고 사람〔人〕에 있어서는 호연지기(浩然之氣)가 되는데, 호연지기는 바로 사람이 받은 것이고, 동물은 함께 받을 수 없는 것입니다. 이것을 가지고 "하늘이 명한 성〔天命之性〕"을 말하면, 하늘이 명한 성은 사람과 동물의 성을 통할 수가 없으니, 어떨지 모르겠습니다. 예컨대 "'성(性)을 따르는 것을 도(道)라 한다'의 '도(道)'가 체(體)와 용(用)을 겸한다."와 "'도를 품절해 놓음을 교(教)라 한다'의 '교(教)'가 교(教)와 학(學)을 막론한다."의 경우 본체(本體)의 측면에서 할 수 있는 공부이니, 이에 대해서는 삼가 가르쳐주신 것을 모두 따르겠습니다.

녹문 임공에게 줌
與鹿門任公

"참최(斬衰)의 연복(練服)은 가장자리를 꿰매야 한다.〔斬衰練服 緝邊〕"는 말은 "공최[16]와 같이 한다.〔如功衰〕"는 글을 통해서 나온 듯합니다. 그러나 "공최와 같이 한다."의 '여(如)' 자는 다만 최(衰)와 부판(負版)과 벽령(辟領)을 제거하여[17] 공최와 똑같이 함을 말했을 뿐이고, 가장자리를 꿰매는 것 또한 공최와 똑같이 함을 말한 것은 아닙니다. 만약 가장자리를 꿰맨다면 참최 3년의 뜻이 아닙니다.[18]

혹자는 말하기를 "참최 3년은 맨 처음 시작하는 복제(服制)를 이어

16 공최(功衰) : 참최(斬衰)나 자최(齊衰)의 상복이 연제(練祭), 즉 소상(小祥)을 지낸 후 즉 대공(大功)의 상기(喪期)와 같아졌을 때 바꿔 입는 상복을 말한다. 《예기》 〈잡기(雜記)〉의 "부모상을 당해서 복을 입는 중에 대공최(大功衰)를 입는 경우〔有父母之喪, 尙功衰.〕"에 대한 공영달(孔穎達)의 소(疏)에 "부모의 삼년상 중에 연제를 마친 뒤의 참최 상복은 그 삼베옷을 짠 밀도가 대공의 그것과 같기 때문에 공최라고 한다.〔三年練後之衰, 升數與大功同, 故云功衰也.〕"라고 하였다. 《禮記註疏 卷41》

17 최(衰)와……제거하여 : 최와 부판(負板), 벽령(辟領)은 '삼물(三物)'이라고 하여 애통함을 표시하는 것인데, 소상(小祥)을 마친 후에 제거한다. 최는 상복의 왼쪽 가슴에 다는 작은 베 조각으로 눈물받이라고도 한다. 부판은 상복의 등 위에 붙이는 베 조각이다. 벽령은 '적(適)'이라고도 하는데, 목 부분을 넓게 파낸 것을 어깨 부분에 덧댄 것이다. 《家禮 喪禮 小祥》

18 가장자리를……아닙니다 : 《서의(書儀)》 권6 〈오복제도(五服制度)〉의 주에 "참최는 옷자락의 가장자리를 꿰매지 않고 나머지 최는 모두 꿰맨다. 꿰맨 곳을 반드시 밖으로 향하게 함은 길복과 구별하고자 함이다.〔斬衰, 不緝, 餘衰, 皆緝之. 緝必外向, 所以別其吉服也.〕"라고 보인다.

받아 말한 것이고, 삼년상이 끝날 때까지 참최의 복을 쓰는 것은 아니다."라고 하니, 이 또한 말이 적확(的確)하지 못합니다. 일찍이 보건대 《율곡별집(栗谷別集)》에 "참최의 연복은 마땅히 가장자리를 꿰매야 할 듯하다.〔斬衰練服 似當緝邊〕"라는 설이 있었는데,-이 내용은 《송강일록(松江日錄)》에 보입니다.-[19] 이는 율곡 선생의 정론(定論)이 아닐 듯하니, 어떨지 모르겠습니다.

공최는 《의례(儀禮)》를 따르면 마전한 삼베를 사용하지 않고 《가례(家禮)》를 따르면 마전한 삼베를 사용해야 하는데, 《상례비요》에는 두 가지를 다 남겨 두었으니, 마땅히 어느 책을 따라야 옳겠습니까? 옛것을 따르면 《의례》가 근본이 되어서 최(衰)와 부판(負版)과 벽령(辟領)을 제거할 뿐이고, 이미 《가례》를 따랐다면 마전한 삼베를 사용하는 것 또한 《가례》를 따라야 비로소 어긋남이 없게 되니, 어떨지 모르겠습니다.

공최(功衰)를 마전하지 않고자 하는 자는 이르기를 "대공복(大功服)에 일찍이 마전한 삼베를 사용하지 않았으니, 소상(小祥)의 최복(衰服)도 마땅히 마전하지 않아야 한다."라고 합니다. 저의 생각에 "공최와 같이 한다.〔如功衰〕"의 '여(如)' 자는 다만 최(衰)와 부판(負版)과 벽령(辟領)을 제거함을 말했을 뿐이고, 마전함과 마전하지 않음을 반드시 공최와 똑같이 해야 함을 말한 것은 아닙니다. 최복(衰服)의 치

19 율곡별집(栗谷別集)에……보입니다 : 인용한 내용과 《송강일록(松江日錄)》은 현재 전하는 《율곡전서(栗谷全書)》에는 보이지 않는다.

마를 마전하고자 하는 자는 이르기를 "윗옷과 아래쪽 치마를 마전하지 않으면 자못 연제(練祭)를 행하는 뜻이 아니다."라고 하니, 저의 생각에는 이것도 옳지 않은 것 같습니다. 관(冠)과 중의(中衣)를 이미 마전했다면 최복의 치마를 비록 마전하지 않더라도 어찌 갑자기 마전하는 뜻에 위배되겠습니까. 두 설은 모두 편협하게 집착한 것이니, 오직 마땅히 주자(朱子)가 정하신 《가례》를 위주하고 사옹(沙翁 김장생(金長生))이 지은 《상례비요》를 근거로 삼아서 최복의 치마를 함께 마전하는 것이 참작하여 중도(中道)를 얻는 방도가 될 듯한데, 어떨지 모르겠습니다.

참최의 연관(練冠)[20]을 《상례비요》에는 다만 "초상의 제도처럼 한다." 라고 말하고, 갓끈을 고치는 여부는 말하지 않았는데, 남계(南溪)가 말하기를 "본래의 관(冠)을 따라 고친다."라고 하였습니다.[21] 참최의 연관의 갓끈에는 삼베〔布〕를 써서는 안 되니, 마땅히 그대로 삼〔麻〕을 사용해야 할 듯하나, 요질(腰絰)의 재료를 이미 갈(葛 칡)로 바꾸었으면 갓끈에 그대로 생마(生麻)를 사용하는 것은 또한 옳지 않을 듯합니

20 연관(練冠) : 소상에 착용하는 관으로, 부모의 삼년상에서 1주기인 연제(練祭)에 착용하는바, 삼베를 곱게 마전하였으므로 붙여진 이름이다.

21 남계(南溪)가……하였습니다 : 남계는 박세채(朴世采, 1631~1695)의 호로, 인용한 내용은 《남계집》 권41 〈최문숙의 물음에 답함〔答崔文叔問〕〉에 "《가례》에 관의 끈을 말하지 않은 것은 마땅히 본래의 관을 따라 고쳐야 하기 때문이다. 《예기》 〈잡기〉에 '삼년상의 연관(練冠)을 또한 끈을 단다.' 하였으니, 이치가 본래 그런 것이다.〔家禮不言冠纓者, 當從本冠而改之故也. 雜記曰: 三年之練冠亦條屬, 其理固然.〕"라고 보인다.

다. 그렇다면 요질의 재료로 칡을 사용하면 갓끈도 칡으로 만들어야 하고, 요질의 재료로 숙마(熟麻)를 사용하면 갓끈도 숙마로 만들어야 합니까?

참최의 효대(絞帶 새끼로 만든 띠)를 소상(小祥)에는 삼〔麻〕을 삼베〔布〕로 바꾸어 썼으니, 《상례비요》에서는 고례(古禮)를 인용하여 이것을 말하였습니다. 그러므로 사람들이 대부분 이것을 따라 쓰는데, 외암(巍巖)은 홀로 말씀하기를 "《상례비요》에서 인용한 것은 바로 가공언(賈公彦) 소(疏)의 '공사(公士)와 중신(衆臣)이 군주를 위하여 복을 입으면서 삼베 띠를 착용해야 한다.'는 글이니, 아버지 상의 참최에 이것을 준례로 삼아서는 안 됩니다. 원래의 설은 자세히 살피지 못했으나 《상례비요》에 이것을 인용한 것은 의심할 만합니다."라고 하였으니,[22] 이 설은 어떻습니까? 가공언 설 가운데 "우제(虞祭) 뒤에 효대(絞帶)를 비록 바꾸는 것을 말하지 않았더라도〔虞後絞帶 雖不言所變〕"라는 말에서 "수불언(雖不言)" 세 글자를 자세히 살피지 못한 것이라고 말하여도 또한 마땅할 듯합니다. 그러나 비록 《의례》의 정문(正文)이

22 외암(巍巖)은……하였으니 : 외암은 이간(李柬, 1677～1727)의 호로, 인용한 내용은 《외암유고》 권5 〈수암선생께 올림〔上遂菴先生〕〉에 보인다. 인용한 가공언의 소는 《의례》 〈상복(喪服)〉의 전(傳)에 "효대란 승대이다.〔絞帶者, 繩帶也.〕"라고 한 데 대한 소에 "질대는 우제(虞祭)를 지낸 뒤에 삼〔麻〕을 칡〔葛〕으로 바꾸어 입는다. 효대에 대해서는 우제를 지낸 뒤에 비록 바꾼다고 말하지 않았지만 공사와 중신이 임금을 위해 삼베 띠를 착용한다는 말을 참고하면, 효대는 우제를 지낸 뒤에 삼을 삼베로 바꾸어 입는 것이 의리에 맞을 것이다.〔絰帶, 至虞後, 變麻服葛. 絞帶, 虞後雖不言所變, 案公士、衆臣爲君服布帶, 則絞帶, 於虞後變麻服布, 於義可也.〕"라고 보인다. 《儀禮注疏 卷11》

아니더라도 이미 가공언의 소가 있어서 문원공(文元公 김장생(金長生)) 이 인용하여 근거로 삼았으니, 그렇다면 지금 따르지 않는 것이 어렵지 않겠습니까?

외암(巍巖)의 말씀에 "《가례》를 따르면 수질(首絰)과 요대(腰帶)를 모두 바꾸지 않아야 하고, 만약 《상례비요》를 따르면 수질과 요대를 마땅히 모두 바꾸어야 한다고 생각하였습니다. 그런데 근래 다시 출처를 검사하여 살펴보니, '효대(絞帶)를 삼베로 만든다.'는 설이 이와 같이 어긋납니다. 그렇다면 지금 비록 《상례비요》를 따르더라도 경례(經禮)를 근거하여 수질은 바꾸고 요대는 바꾸지 않아야 합니다."[23] 하였는데, 이 또한 따르기 어렵습니다. 요질은 중(重)하고 효대는 가벼우니, 이제 요질은 이미 칡과 경(潁)[24]으로 바꾸었는데 효대는 홀로 생마를 그대로 사용한다면 가벼운 것이 도리어 중함이 되는 혐의가 있을 듯하니, 어떨지 모르겠습니다.

23 가례를……합니다 : 이 내용도 《외암유고》 권5 〈수암선생께 올림〔上遂菴先生〕〉에 보인다.

24 칡과 경(潁) : 《예기》 〈잡기 하(雜記下)〉에 "만일 앞 초상과 뒷 초상이 모두 삼년상이면 이미 경(潁)을 착용하고, 연제와 대상을 모두 행한다.〔如三年之喪, 則旣潁, 其練、祥皆行.〕"라고 하였는데, 《예기집설(禮記集說)》에 "경은 풀이름이니, 칡이 없는 지방에서 경으로 대용한다.〔潁, 草名. 無葛之鄕, 以潁代.〕"라고 보인다.

녹문 임공에게 줌
與鹿門任公

답해주신 의심스러운 예는 고례(古禮)의 본의(本意)를 깊이 밝히시어 저에게 단연코 행하게 하고자 하시니, 제가 비록 불민하지만 거룩한 뜻이 어디에 있는지를 어찌 모르겠습니까. 다만 경문(經文)과 주소(註疏)에 "가장자리를 꿰맨다.〔緝邊〕"는 두 글자가 없으니, 갑자기 가장자리를 꿰매는 것 또한 중대하고 어렵게 여겨야 할 듯합니다. 이 때문에 여러 번 계씨(季氏) 노형(老兄)[25]과 편지를 왕복하였는데, 계씨 또한 예 가운데 의심스러운 것은 후(厚)한 쪽을 따르라고 말씀하였습니다. 그러므로 마침내 참최를 그대로 따르는 예(例)를 사용할 것이며, 그 밖에 삼베로 효대(絞帶)를 만들고 삼베로 갓끈을 만드는 것도 삼가 모두 내려주신 가르침을 따르겠습니다.

별지

중의(中衣)를 이미 속을 누렇게 하고 가장자리를 붉은 것으로 둘렀으면서 최복(衰服)만 아랫단을 꿰미지 않는다면 과연 서로 걸맞지 못합니다. 그러나 중의는 본래 상(喪)을 당한 처음부터 아랫단을

25 계씨(季氏) 노형(老兄) : 임성주의 막내 아우인 임정주(任靖周, 1727~1796)를 가리키는바, 미호(渼湖) 김원행(金元行), 임성주 등을 스승으로 모셨고, 삼산재(三山齋) 김이안(金履安), 박윤원 등과 교분이 두터웠다. 임정주는 자가 치공(穉恭), 호가 운호(雲湖)이다.《梅山集 卷42 雲湖任公墓誌銘, 卷49 近齋朴先生行狀》

꿰매니, 참으로 정복(正服)과 차이가 있습니다. 다만 최복 한 가지 안에서 말하면 대공복(大功服)을 입어 가벼운 복을 지향하면서 참최복(斬衰服)을 입어 중한 복을 그대로 잇는 것은 더욱 걸맞지 못할 듯합니다. 성인(聖人)이 이것을 제작하실 적에 본래 깊은 뜻이 있으셨으나, 미묘(微妙)하여 알기가 어려운 것입니까?

"참최 또한 최복의 이름이다. 운운〔斬亦衰之名云云〕"이라고 하셨는데, 여기에서 '곧〔便是〕'이라는 말을 쓰지 않고 단지 '또한〔亦〕'이라는 말을 쓰셨으니, 본 글자의 뜻에 순(順)하게 합하지 못하여 사람들의 변론을 초래하기 쉬울 듯합니다.

《예기》〈잡기(雜記)〉의 글은 제가 그 본래의 설에 대해서 의혹이 없을 수가 없습니다. 대공(大功)의 마질(麻絰)로 연복(練服)의 갈질(葛絰)과 바꾼 것은 마(麻)가 갈(葛)보다 무겁기 때문이지만, '최(衰)'의 경우 연복(練服)의 '최(衰)'는 9월의 공최(功衰)와 똑같아서 거친 것과 고운 것의 구별이 없는데 어찌하여 9월의 공최로 3년의 연최(練衰)와 바꾼단 말입니까. 이미 "똑같은 미투리이다.〔同是繩屨〕"라고 말했으므로 신을 바꾸지 않으면 똑같은 공최이니, 공최는 마땅히 바꾸지 않아야 하는데 바꾸는 것은 어째서입니까? 이 뜻을 간파한 뒤에야 비로소 분명한 증거가 되기에 충분한가의 여부를 논할 수 있습니다.

문 참최(斬衰)의 연제(練祭) 뒤에 가장자리를 꿰맵니다.
답 가장자리를 꿰매는 것에 대해서는 이미 고경(古經)에 분명한 글이 없고 또한 선현(先賢)의 정론(定論)이 없으니, 진실로 천고(千古)에 결단하기 어려운 예(禮)입니다. 일찍이 《상례보편(喪禮補編)》[26]을 보니 우리나라 예에 "국상(國喪)에는 연제(練祭) 뒤에 가장자리를 꿰맨다."라고 하였으니, 마땅히 당대 임금님의 제도를 따라 서인(庶人)의 의리에 이르기까지 아래위로 두루 쓰이게 함이 적절할 듯하니, 어떻습니까, 어떻습니까?

문 "공최(功衰)로써 가벼운 복으로 향하고 참최로써 중한 복을 그대로 잇는 것은 더욱 걸맞지 않을 듯하다."라는 말은 참으로 명쾌합니다. 운운.

답 저의 말은 이를 의심스러워한 것이지, 참으로 명쾌하게 말한 것이 아닙니다. 횡거(橫渠 장재(張載))는 최복(衰服)의 최(衰)를 넓이 6촌(寸)으로 하는 제도를 7승(升)의 포(布) 위에 붙이셨으니, 이는 가벼운 복으로 향하고 중한 복을 그대로 따르는 두 가지 뜻을 겸하여 사용한 것입니다. 그런데 옛 성인이 예를 제정할 때에도 이와 같은 경우가 있었는지 모르겠습니다.

문 참최(斬衰) 또한 바로 최(衰)의 뜻입니다. 운운.

답 '참(斬)' 자는 다만 가장자리를 꿰매지 않는 뜻으로 보면 온당할 듯한데, 어떻습니까, 어떻습니까?

26 상례보편(喪禮補編) : 《국조상례보편(國朝喪禮補編)》을 가리키는바, 영조 34년(1758)에 홍계희(洪啓禧) 등이 왕명을 받고 《국조오례의(國朝五禮儀)》의 상례에 관한 부분을 보충하고 개편하여 완성한 책이다.

문 《예기》 〈잡기(雜記)〉 운운.

답 《예기》 〈잡기〉는 진실로 증명할 수 있을 듯하나 《의례(儀禮)》에서 이미 가장자리를 꿰매는 것을 분명하게 말하지 않았으면 이는 끝내 궐문(闕文)이니, 어떻게 천고의 논쟁을 종식할 수 있겠습니까.

녹문 임공에게 줌
與鹿門任公

"사람과 동물의 성(性)이 똑같지 않다.〔人物性不同〕"라는 논(論)은 매번 명(命)과 성(性)을 나누어 두 가지로 삼아 "형체를 이룰 때부터 부여받은 바가 이미 똑같지 않다.〔自其成形時 所受已不同〕"라고 합니다. 만약 이와 같으면 주자(朱子)의 "기로써 형체를 이루고 이(理) 또한 부여했다.〔氣以成形而理亦賦焉〕"의 '부여〔賦〕'가 '균일하지 않은 부여함〔不均之賦〕'가 될 것이고, "사람과 동물이 태어날 때 각각의 얻음을 인했다.〔人物之生 因各得〕"의 '얻음〔得〕'도 "얻음에 많고 적음이 있음〔得有多少〕"이 될 것이니, 이 설은 끝내 《중용장구(中庸章句)》의 본지(本旨)[27]와 똑같지 않습니다. 연옹(淵翁 김창흡(金昌翕))이 매번 이것을 밝게 분변하고자 하신 것은 이것 때문입니까?

《중용혹문(中庸或問)》에서는 사람과 동물의 성(性)을 말할 적에 "범

27 중용장구(中庸章句)의 본지(本旨) : 《중용장구》 제1장에 "하늘이 명하신 것을 성(性)이라 이르고, 성을 따름을 도(道)라 이르고, 도를 품절해 놓음을 교(教)라 이른다.〔天命之謂性, 率性之謂道, 修道之謂教.〕"라고 하였는데, 이에 대한 주자의 주에 "하늘이 음양과 오행으로 만물을 화생함에 기로써 형체를 이루고 이(理) 또한 부여하였으니, 명령함과 같다. 이에 사람과 물건이 태어남에 각기 부여받은 바의 이(理)를 얻음으로 인하여 건순과 오상의 덕을 삼으니, 이른바 '성(性)'이라는 것이다.〔天以陰陽五行, 化生萬物, 氣以成形而理亦賦焉, 猶命令也. 於是人物之生, 因各得其所賦之理, 以爲健順五常之德, 所謂性也.〕"라고 한 것을 이른다.

과 승냥이에게 부자간의 친함이 있고, 벌과 개미에게 군신 간의 의리가 있고, 승냥이와 수달이 조상에게 제사할 줄을 알고, 물수리에게 암수의 분별이 있다.〔虎狼之父子 蜂蟻之君臣 豺獺之報本 雎鳩之有別〕"는 것을 가지고 말하였습니다. 범과 승냥이의 인(仁)과 벌과 개미의 의(義)와 승냥이와 수달의 예(禮)와 물수리의 지(智)는 각각 오상(五常)에서 하나를 보존하여 이른바 "한 점(點)을 밝게 안다.〔一點明〕"[28]라는 것입니다. 그러나 지금 벌과 개미를 관찰해보면 인(仁)·의(義)·예(禮)·지(智)·신(信)을 다 말할 수 있습니다. 군신 간이 있음은 '예'이고 한 벌레의 살을 여럿이 에워싸서 먹음은 '인'이고, 의심할 것 없이 확실히 죄를 지은 한 마리를 여럿이 함께 죽임은 '의'이고-여럿이 에워싸서 먹고 여럿이 죽인다는 것은 《화서(化書)》[29]의 글인데, 《중용혹문》의 소주(小註)에 보입니다.- 마땅히 이와 같은 줄을 아는 것은 '지'이고, 반드시 이와 같이 하는 것은 '신'입니다. 이것으로 미루어보면 동물 또한 오상(五常)이 다 갖추어져 있으니, 어떨지 모르겠습니다.

28 한……안다 : 주자가 사람과 동물의 성(性)에 대해 논한 것에 "기(氣)는 서로 비슷하니, 예컨대 춥고 따스한 것을 느끼는 것이나, 배고프고 배부른 것을 아는 것이나, 사는 것을 좋아하고 죽는 것을 싫어하는 것이나, 이익을 좇고 해를 피하는 것 등은 사람과 동물이 모두 같다. 이(理)는 같지 않으니, 예컨대 벌과 개미의 군신은 단지 그 의(義)에 대해서 한 점을 밝게 아는 것이며〔一點子明〕, 범과 승냥이의 부자는 단지 그 인(仁)에 대해서 한 점을 밝게 아는 것이다.〔一點子明〕"라고 보인다. 《朱子語類 卷4 性理1 人物之性氣質之性》

29 화서(化書) : 중국 당(唐)나라 말부터 오대십국(五代十國) 시기까지 살았던 인물인 담초(譚峭)가 편찬한 도가(道家) 계열의 책이다. 총 6권 116편으로, 주제는 도화(道化), 술화(術化), 덕화(德化), 인화(仁化), 식화(食化), 검화(儉化)로 분류되어있다.

지난해 서재의 서쪽에서 가르침을 받을 적에 고명께서 말씀하시기를 "맹자가 말씀한 '개와 소와 사람의 성(性)'을 '본연지성(本然之性)'이라 하는 것은 맹자가 말씀한 '성선(性善)'과 동일한 뜻이다."라고 하셨는데, 저는 일찍이 의심하였으나 미처 다시 여쭈지 못했습니다. 이른바 "개와 소와 사람의 성"은 주자(朱子)로부터 이미 "기질지성(氣質之性)"이라 하였고, 우암(尤菴 송시열)의 가르침에서도 그러하였는데, 집사(執事)의 의논은 이와 똑같지 않으니, 무엇 때문인지 감히 여쭙니다.

녹문 임공에게 줌 국상 때의 문답
與鹿門任公 國恤時問答

문 세속의 명절과 초하루와 보름의 참례(參禮)에 대해 혹자가 "큰 것으로 작은 것을 포괄할 수 있다."라고 한 것이 옳은 듯합니다. 운운.[30]

답 저 또한 처음에는 그대로 따라 행하다가 곧바로 온당치 못함을 깨닫고서 폐하였는데, 이제 말씀해주신 훌륭하신 가르침이 우연히 저의 생각과 부합하니, 매우 다행이고 다행입니다.

문 소상(小祥)과 대상(大祥) 날에 간략히 제수를 진설하는 것을 그만 둘 수 없을 듯합니다. 운운.[31]

30 세속의……운운 : 이 내용은 《녹문집(鹿門集)》 권6 〈박영숙에게 답함〔答朴永叔〕〉에 "의주(儀註)에서 세속의 명절과 초하루와 보름의 참례(參禮)를 언급하지 않은 것에 대해서, 혹자가 '큰 절목으로 작은 절목을 포괄한 것이다. 운운〔以大包小云云〕' 하였는데, 그 말이 옳은 것 같습니다. 우리 집에서도 처음에는 선유(先儒)의 설을 따라서 초하루와 보름의 참례는 행하였습니다만,【세속의 명절은 폐했습니다.】 다시 생각해 보니 미안하기에 막 개정하려 하고 있습니다."라고 보인다.

31 대상(大祥)과……운운 : 이 내용도 위의 편지에 "기제는 물론 폐해야 하겠습니다만, 소상과 대상의 일은 상시(常時)의 기일(忌日)과는 차이가 있는 만큼, 단헌(單獻)을 올리는 것까지 폐한다는 것은 끝내 차마 못할 점이 있으니, 간략하게 진설하고서 곡을 한다 해서 또 안 될 것이 뭐가 있겠습니까. 대개 3년 이내의 삭망전(朔望奠)은 평상시의 조석전(朝夕奠)과 같기 때문에 폐하지 않으니, 《예기》 〈증자문(曾子問)〉의 '관원의 집에 성대한 제사인 은사가 있으면 조정에 있다가 집으로 돌아간다.〔有殷事則歸〕'라는 글을 가지고 살펴보면 알 수 있습니다. 그런데 삭망을 폐하지 않는 이상 기일에 간략하게 진설하는 것도 그만둘 수 없을 듯한데, 모르겠습니다만 어떻게 생각하십니까?"라고

답　소상・대상과 기제(忌祭)는 신(新)・구(舊)의 구별이 있을 듯하고, 《예기》〈증자문(曾子問)〉의 내용이 더욱 분명한 증거가 되니, 축문 없이 한 잔만 올려야 함이 확실합니다.

보인다.

녹문 임공에게 줌
與鹿門任公

《주자어류(朱子語類)》에서 "치중(致中)"을 논하며 "과녁에 화살을 쏠 적에 붉은 중앙〔紅心〕을 맞추는 것이다."는 비유[32]는 끝내 의심할 만합니다. 중(中)은 바로 '순수하고 지극히 선(善)한 것'을 칭하는 이름입니다. 희로애락(喜怒哀樂)이 아직 발(發)하지 아니하여 혼연(渾然)히 중(中)으로 있을 때에 어찌 우열(優劣)이 있겠습니까. 그런데 혹 이것을 과녁에 빗대고 혹 붉은 중심에 빗댐은 어째서입니까? 만일 중(中)에 지극하지 못한 중(中)이 있다고 한다면 이것은 천명(天命)의 본체가 아직도 순수하게 선(善)하지 못한 것이니, 이는 어찌 의심할 만한 것이 아니겠습니까.

《주자어류》에서 '치화(致和)'를 논함에 "또한 대강 '화(和)'라고 부르는 경우가 있으니, 크게 어그러진 것에 견주어 '화(和)'라고 말하는 것은 괜찮으나, 능히 화(和)를 지극히 한 것은 아니다.〔大綱喚做和者 比大段乖戾者 謂之和則可 非能極其和〕"[33]라고 하였으니, 이는 또 의심

32 주자어류(朱子語類)》에서……비유 : 《주자어류》 권62 〈중용1(中庸一) 제1장(第一章)〉에 "중(中)을 지극히 함은 마치 활쏘기와 같으니, 과녁 안을 맞추는 경우가 있고 살받이에 맞추는 경우가 있으며, 붉은 중심의 주위에 맞추는 경우가 있는데, 모두 지극하지 못한 것이다. 모름지기 중심을 맞추어야 비로소 지극히 함이 된다.〔致其中, 如射相似, 有中貼者, 有中垜者, 有中紅心之邊暈者, 皆是未致. 須是到那中心, 方始爲致.〕"라고 보인다.

33 또한……아니다 : 이 내용도 《주자어류》 권62 〈중용1 제1장〉에 보인다.

할 만합니다. 자사자(子思子)의 이른바 '화(和)' 자에 이미 "모두 절도에 맞다.〔皆中節〕"[34]의 '개(皆)' 자를 써놓았습니다. 그렇다면 이 '화(和)' 자는 '희로애락' 네 글자를 거듭 말한 것이니, 한 가지라도 절도에 맞지 않으면 또한 '화'라고 말할 수가 없습니다. 그런데 지금 "크게 어그러진 것에 견주어 '화(和)'라고 말하는 것은 괜찮다."라고 한 것은 어찌 가볍게 여긴 것이 아니겠습니까. 어리석은 저는 감히 이것을 주자의 정론(定論)이 아니라고 여깁니다.

"치중화(致中和)" 한 단락은 《주자어류》 가운데 한 곳에 가장 분명하게 설명한 것이 있는데, 그 설명은 "'치중(致中)'은 편벽되고 치우치는 바가 없고자 하고 또 능히 잃지 않도록 지켜야 하는 것이고, '치화(致和)'는 조금도 어긋남이 없고자 하고 또 가는 곳마다 그렇지 않음이 없어야 하는 것이다.〔致中 欲其無所偏倚而又能守之勿失 致和 欲其無少差謬而又能無適不然〕"[35]라고 한 것이니, '치(致)' 자의 실질적인 의미가 '우능(又能)' 두 글자에 있습니다. '치(致)'는 바로 "미루어 지극히 함"을 말한 것인데, 중(中)에 지극하지 못한 중(中)이 있고, 화(和)에 지극하지 못한 화(和)가 있어서 반드시 미루어 지극히 함을 말한 것은 아닙니다. 다만 이 중화(中和)의 지점에 나아가 이미 세움이 있고서 또 지키고, 이미 행함이 있고서 또 넓히는 것이니, 이것이 이른바 "치중화(致中和)"라는 것입니다.

34 모두……맞다 : 이 내용은 《중용장구》 제1장에 "희로애락이 미발한 것을 중(中)이라 하고, 발해서 다 절도에 맞는 것을 화(和)라 하니, 중은 천하의 큰 근본이요, 화는 천하의 공통된 도이다.〔喜怒哀樂之未發, 謂之中, 發而皆中節, 謂之和, 中也者, 天下之大本也, 和也者, 天下之達道也.〕"라고 보인다

35 치중(致中)은……것이다 : 이 내용도 《주자어류》 권62 〈중용1 제1장〉에 보인다.

녹문 임공에게 줌
與鹿門任公

문 삼재(三才)[36]의 도(道)가 다르지 않겠습니까? 운운.

답 삼재의 도는 일에 따라 나타나 보이므로 음(陰)과 양(陽), 강(剛)과 유(柔), 인(仁)과 의(義)의 구분이 있으나, 그 실제는 동일한 이치일 뿐입니다. 사시(四時)의 운행이 기(氣)를 통해 바뀌고 변하기 때문에 나고 자라고 수확하고 갈무리함의 구별이 있으나, 그 실제는 또한 동일한 이치일 뿐입니다. 만일 하늘의 이치와 사람의 이치가 다르다고 한다면 원형이정(元亨利貞)과 인의예지(仁義禮智)에 과연 두 가지로 구별되는 차이가 있겠습니까? 만일 추운 이치와 더운 이치를 다르다고 한다면, "오행(五行)은 하나의 음양(陰陽)이고 음양은 하나의 태극(太極)이다."[37]라는 것은 과연 무엇을 말하는 것입니까?

문 물건마다 모두 오상(五常)을 갖추고 있으니, 비록 이렇게 말하지 않았더라도 운운.

36 삼재(三才) : 천(天)·지(地)·인(人)을 가리키는 말로, 《주역》〈설괘전(說卦傳)〉에 "하늘의 도를 세움은 음과 양이고, 땅의 도를 세움은 유와 강이고, 사람의 도를 세움은 인과 의이니, 삼재를 겸하여 두 번 하였기 때문에 역(易)이 여섯 번 그어서 괘가 이루어진다.〔立天之道曰陰與陽, 立地之道曰柔與剛, 立人之道曰仁與義, 兼三才而兩之, 故易六畫而成卦.〕"라고 보인다.

37 오행(五行)은……태극(太極)이다 : 이 내용은 염계(濂溪) 주돈이(周敦頤)의 〈태극도설(太極圖說)〉에 보인다. 《古文眞寶後集 卷10》

답 "물건마다 모두 오상을 갖추고 있다.〔物物皆具五常〕"의 '구(具)'는 바로 '갖추어 소유함'을 말한 것입니까? '갖추어 소유함'을 말했다면 사람과 동물의 성(性)이 동일합니다. 그러나 만일 갖추어 소유함을 말한 것이 아니고 다만 오상(五常) 가운데에서 하나를 소유한 것을 또한 '구(具)'라고 말했다면 이 '구(具)' 자는 다만 '선천적으로 타고남〔禀得〕'의 뜻이니, '구(具)'의 본래 뜻이 아닙니다. 어떻습니까, 어떻습니까?

인용하신 엄시형(嚴時亨)에게 답한 편지의 '동(同)'·'이(異)' 두 글자[38]는 본래 사람의 좌우에서 본 것입니다. 그런데 일설(一說)에는 "같은 가운데 다름이 있다.〔同中有異〕"의 '이(異)'를 "기의 다른 것이다.〔氣異〕"라고 하고, "일찍이 똑같지 않음이 없다.〔未嘗不同〕"의 '동(同)'을 "성의 같은 것이다.〔性同〕"라고 합니다. 또 일설에는 "같은 가운데 다름이 있다.〔同中有異〕"의 '이(異)'를 "성(性)이 다른 것이다.〔性異〕"라고 하고, "일찍이 똑같지 않음이 없다.〔未嘗不同〕"의 '동(同)'을 "이치가 같은 것이다.〔理同〕"라고 합니다. 다만 주자의 이 한 통의 편지 안에서 의논하는 자가 각기 자기의 뜻으로 본 탓에 이처럼 어긋나게 되었으니, 어떻게 감정(勘定)할 수 있습니까?

문 개와 소와 사람의 성(性)은 본연(本然)입니다. 운운.

38 엄시형(嚴時亨)에게……글자 : 주자가 엄시형에게 답한 편지에서 "오행(五行)과 태극(太極)은 곧 '타고난 것을 『성』이라 한다.〔生之謂性〕'와 비슷한데, '같다〔同〕'고 하면 같은 것 안에 다른 것이 있고, '다르다〔異〕'고 하면 일찍이 같지 않음이 없습니다.〔五行太極, 便與生之謂性相似, 以爲同則同中有異, 以爲異則未嘗不同.〕"라고 한 데 보이는 '동(同)' 자와 '이(異)' 자를 이른다. 《朱子大全 卷61》

답 개와 소와 사람의 성(性)에 대해 주자의 집주(集註)에 해석한 것이 과연 《주자어류》의 해석과 똑같지 않으니, 보내주신 편지를 통해 비로소 다시 헤아리고자 합니다. 차분하게 익숙히 읽고 자세히 생각한 뒤에야 우러러 아뢸 수 있겠습니다.

녹문 임공에게 줌
與鹿門任公

심(心)과 성(性)에는 '발(發 발함)'과 '미발(未發 아직 발하지 않음)'이 있으나 중(中)에는 '발(發)'과 '미발(未發)'이 없으니, 심과 성은 사물(事物)이고 중은 바로 사물의 형상입니다.-중(中)은 성(性)의 덕을 형상한 것입니다.- 중(中)이 따로 한 물건이 되어서 혹은 들어가 안에 있기도 하고 혹은 나와 밖에 있기도 하여 마치 심과 성에 동(動)과 정(靜)이 있는 것과 같은 것이 아닙니다.

녹문 임공에게 줌

與鹿門任公

저는 약한 몸을 겨우 보존하고 있으나, 한 가지 병이 항상 몸에 있어서 백 가지 행위가 나태하여 장구(章句)를 찾는 공부도 간단(間斷)이 생길까 염려하였습니다. 그래서 마음이 오랫동안 황폐하여 의거할 만한 바탕이 없습니다. 이와 같다면 도(道)에 나아갈 희망이 없을 듯하여 몸을 어루만지면서 다만 스스로 서글피 한탄할 뿐입니다. 엎드려 생각하건대 연래(年來)에 장자(長者)께서는 지기(志氣)가 노쇠하지 아니하여 마땅히 연세가 높아질수록 더욱 높아지는 공부가 있으실 것이니, 흠모하고 우러르는 마음 이길 수가 없습니다. 사방에서 배우러 온 자가 많아서 응접하느라 너무 피곤하지 않으십니까? 일찍이 듣건대 거룩한 장자께서는 문을 열어 생도(生徒)를 받는 것을 일삼지 않고자 하는 뜻이 있으시다 하니, 어리석은 저는 감히 옳지 않다고 여깁니다. 예로부터 준걸스러운 선비들이 대부분 선유(先儒)의 문하(門下)에서 나왔으니, 후진(後進)을 유도(誘導)하여 인재를 성취시켜 세상의 쓰임이 되게 하는 것은 바로 태평한 시대를 여는 방도입니다. 지금의 선각자로서 후생(後生)을 계도하는 책임이 누구에게 있겠습니까? 문장(文丈)[39]께서 그 책임을 사양하실 수 없을 듯하니, 어떨지 모르겠습니다.

39 문장(文丈) : 학덕이 높은 어른에 대한 경칭으로, 임성주를 비유한 말이다.

녹문 임공에게 답함

答鹿門任公

《대전차의(大全箚疑)》[40]는 일찍이 익숙히 보지는 못했으나, 유감스러운 점이 있다는 것은 근래 사우(士友)들 중에서도 그렇다고 말하는 이들이 많습니다. 이제 듣건대 문장(文丈)께서 수정하고 보충할 뜻이 있어서 이미 그 작업을 시작하셨다 하더군요. 끝내 만약 완수하신다면 선정(先正)의 유문(遺文)에 보탬이 되고 미진한 점을 발휘하게 될 것이니, 우리 도(道)의 다행스러움이 마땅히 어떠하겠습니까. 유념하시어 작업을 완수하셔서 후학에게 은혜를 베풀어주시기를 크게 바랍니다.

40 대전차의(大全箚疑) : 우암(尤菴) 송시열(宋時烈)이 저술한 《주자대전차의(朱子大全箚疑)》로, 《주자대전》 중에서 난해한 문자나 고사, 의문점 등을 뽑아 주석을 붙여 엮은 책이다. 송시열이 김수흥(金壽興)·김수항(金壽恒) 등과 함께 편찬하였으나 완성하지 못하였는데, 그의 제자인 권상하(權尙夏)와 김수항의 아들인 김창협(金昌協) 등이 정리하여 정유자(丁酉字)로 간행하였다.

녹문 임공에게 줌

與鹿門任公

하늘과 땅의 마음은 비유하면 사람의 마음과 같으니, 이 또한 '지각(知覺)'으로 말할 수 있습니까? 혹자는 말하기를 "혈기(血氣)가 있는 것이어야 지각을 말할 수 있으니, 하늘과 땅의 마음은 '지각'으로 말할 수 없다."라고 합니다. 저는 생각하건대 이미 "하늘이 본다", "하늘이 듣는다", "천도(天道)가 앎이 있다."라고 하였으면, 하늘과 땅의 마음이 본래 큰 지각이니, 초목(草木)이 꽃이 피고 마르고 시드는 것 같은 것도 다 지각입니다. 홀로 혈기가 있는 것만 지각이 있는 것이 아니라고 생각합니다. 주자(朱子)는 일찍이 하늘과 땅의 마음을 "무심(無心)한 마음"[41]이라고 하셨는데, 저는 "지각이 없는 지각이다."라고 여깁니다. 어떨지 모르겠습니다.

하늘과 땅의 마음을 만약 '하늘과 땅의 기(氣)'로 볼 경우 '복(復)'은 바로 양기(陽氣)가 회복되는 것이니, 양기가 회복되는 것에서 하늘과 땅의 기운을 본다는 것은 의미가 중첩될 듯합니다. 주자가 오회숙(吳晦

41 무심(無心)한 마음 : 이 내용은 《주자어류》 권98 〈장자지서1(張子之書一)〉에 "혹자가 묻기를 '선한 사람에게 복을 주고 악한 사람에게 화를 주는 것은 하늘의 뜻입니까?' 하니, 주자가 대답하기를 '정선생(程先生)이 「천지는 물건을 생성시키는 것을 마음으로 삼는다.」라고 하신 말씀이 가장 좋으니, 이것이 바로 무심한 마음이다.'〔或曰: 福善禍淫, 天之志否? 曰: 程先生說: 天地以生物爲心, 最好, 此乃是無心之心也.〕"라고 보인다.

叔)에게 답한 편지에 "이 괘(卦 복괘(復卦)) 아래의 한 양효(陽爻)는 바로 천지(天地)가 물건을 생성하는 마음이다."[42]라고 하신 것은 한 양을 천지의 마음이라고 한 것은 아니고, 물건을 생성하는 것을 가지고 천지의 마음이라 한 것입니다. 물건을 생성하는 것 또한 이치를 범범히 말한 것이 아닙니다. 이치〔理〕는 정의(情意)가 없고 마음〔心〕은 정의가 있으니, 이 '심(心)' 자를 '활동(活動)'의 뜻으로 보아야 비로소 의미가 있습니다. 주자가 또 말씀하기를 "복(復 복괘)에서 한 양(陽)이 아래에서 싹틈을 볼 수 있다.〔於其復而見一陽之萌於下〕"[43]라고 하셨는데, '맹(萌)' 자는 바로 마음〔心〕이 동(動)하는 것입니다. 하늘과 땅과 사람의 마음을 막론하고 이는 성(性)과 정(情)을 주재(主宰)하여 통합한 것이니, 하늘과 땅의 마음은 이(理)와 기(氣)를 합하여 보는 것이 좋을 듯합니다. 어떨지 모르겠습니다.

"낳고 자라고 거두고 갈무리함〔生長收藏〕"이 모두 마음인데 오직 '태어남〔生〕'에서만 이것들을 볼 수 있는 것은 또한 인(仁)이 인의예지(仁義禮智) 네 가지를 포괄하는 뜻[44]입니까?

42 이 괘(卦)……마음이다 : 이 내용은 《주자대전》 권42 〈오회숙에게 답함〔答吳晦叔〕〉에 보인다.

43 복(復)에서……있다 : 이 내용도 〈오회숙에게 답함〉에 보인다.

44 인(仁)이……뜻 : 《주자어류》 권20 〈논어2(論語二) 학이편 상(學而篇上)〉의 '유자왈기위인야효제장(有子曰其爲人也孝弟章)'에 혹자가 '인(仁)이 네 가지를 포괄한다.〔仁包四者〕'라는 말의 뜻을 묻자, 주자가 "인(仁)은 바로 생성하는 의사(意思)이니, 마치 사시(四時)에 봄이 있는 것과 같다. 여름에 자라고, 가을에 수확하고, 겨울에 완성되는 것은 비록 각각 기후를 갖추었기 때문이지만, 봄의 생성하는 기운이 그 속에

모두 관통한다. 인(仁)은 곧 동(動)하여 선(善)하게 하는 뜻이 있으니, 예컨대 '동하여 예가 있다.〔動而有禮〕'라는 것은 사양하고 겸손함이 모두 예이지만 동하여 예를 선(善)하게 하는 것은 인(仁)이다. '의(義)', '지(智)'가 모두 그렇지 않음이 없다."라고 보인다.

녹문 임공에게 줌

與鹿門任公

연평(延平)은 배우는 자들로 하여금 희로애락(喜怒哀樂)이 아직 발하기 전〔未發〕의 기상(氣象)을 보게 하셨으니,[45] 기상은 바로 용모를 가리켜 말한 것입니까? 실로 내외-내(內)는 마음이고, 외(外)는 용모입니다.-를 겸하여 말한 것입니까? 그 기상이 과연 어떠한 것입니까? 심히 형용하기가 어려우니, 마땅히 청명(淸明)하고 엄숙한 기상이라고 칭해야 합니까?

"명도(明道)의 인을 어기지 않은 영자(影子)"의 '영자(影子)'는 바로 화상(畫像)이니, 이는 명도와 안자(顏子)가 털끝만큼도 서로 같지 않음이 없다는 뜻을 말한 것입니까?[46] 아니면 명도를 안자에 비할 때

45 연평(延平)은……하셨으니 : 연평은 주자의 스승인 이통(李侗)의 호로, 나종언(羅從彦)의 문하에서 배웠는데, 훗날 주자에게 보낸 편지에 "선생〔나종언〕이 나에게 고요한 가운데에서 '희로애락미발지위중'의 미발이 어떠한 기상인지 살펴보도록 하셨다.〔令靜中看喜怒哀樂未發之謂中未發, 作何氣象.〕"라고 하고서, 이 말씀은 학문을 진전시키는 데에도 도움이 되고 마음을 수양하는 데에도 도움이 된다고 하여 주자에게도 실천하기를 권한 것을 두고 한 말이다. 《延平答問》

46 명도(明道)의……것입니까 : 명도는 정호(程顥)의 호이고 안자(顏子)는 공자의 제자 중에 아성(亞聖)으로 일컬어지는 안회(顏回)에 대한 존칭인바, 이 내용은 자기의 덕성을 기르는 위기(爲己)의 학문에 충실하였던 정호와 3개월 동안 인(仁)을 떠나지 않았던 안회의 인물됨을 두고 한 말이다. 주자가 범문숙(范文叔)에게 답한 편지에 "더구나 명도 선생의 기상이 이와 같으셨으니, 바로 인을 떠나지 않은 영자(影子)인데, 지금

오히려 그림과 참모습의 우열(優劣)을 구분한 것처럼 우열을 둔 것입니까?

그러한 영자 밖에서 그 분과 유사한 형체를 겉으로 보고 완상(玩賞)하기만 하는 것이 그 분의 마음이 도달한 경지를 깊이 살펴 실질적으로 자신을 그 경지에 이르도록 하는 것보다 어찌 낫겠습니까.〔況明道先生氣象如此, 乃是不違仁之影子, 今於影外旁觀而玩其形似, 孰若深察其心之所到而身詣之之爲實耶?〕"라고 한 말과 공자가 "안회는 그 마음이 석 달 동안 인을 떠나지 않고, 나머지 사람은 하루나 한 달에 한 번 인에 이를 따름이다.〔回也, 其心三月不違仁, 其餘則日月至焉而已矣.〕"라고 한 말을 원용한 것이다.《朱子大全 卷38 答范文叔》《論語 雍也》

녹문 임공에게 줌

與鹿門任公

"도심(道心)에 과(過)와 불급(不及)이 없다."는 말을 보내주신 편지에서 결단코 옳다고 하셨으니, 다른 말을 용납할 수 없을 듯합니다. 그러나 율곡(栗谷) 선생의 이른바 "도심으로 시작했다가 인심(人心)으로 끝난다."[47]라는 것은 무슨 말입니까? 도심을 혹 곧바로 이루지 못하고 그 바름을 잃으면 비록 "도심에 과와 불급이 있다.〔道心有過不及〕"라고 말하더라도 가능할 것입니다. 그러나 도심을 곧바로 이루지 못함은 바로 기(氣)에 가려진 이후의 일이니, 그 과와 불급은 도심의 본체가 아닙니다. 이에 따라 말하면 도심은 의심할 것 없이 마땅히 순선(純善)한 것으로 보아야 합니까?

47 도심으로……끝난다 : 율곡 이이가 우계(牛溪) 성혼(成渾)에게 보낸 편지에 "인심과 도심이 서로 처음과 끝이 된다는 것은 무엇을 말하는가 하면, 가령 사람의 마음이 성명(性命)의 바른 데에서 곧바로 나왔다 하더라도 혹 이것을 순히 따라 이루지 못하고 여기에 사의(私意)가 뒤섞이게 되면 이것은 도심으로 시작되었으나 인심으로 마치게 되는 것입니다.〔是始以道心, 而終以人心也.〕"라고 보인다. 《栗谷全書 卷9 答成浩原》

녹문 임공에게 줌

與鹿門任公

완산부(完山府 전주부(全州府))의 득실(得失)은 집사에게 무슨 손익이 있겠습니까마는 중도에 낭패할 일은 많으니, 우러러 매우 지극히 염려스럽습니다. 근일(近日)의 의논은 학문(學問)과 정사(政事)를 두 가지 일로 여기니, 일찍이 "우리 유가(儒家)의 치국평천하(治國平天下)하는 규모가 도리어 큰 고을 하나를 다스릴 수 없다."고 말한 적이 있습니까? 옛날 겸산(兼山) 유공(兪公)이 전주부의 판관(判官)이 되셨는데,[48] 그때에는 이러한 의논이 없었습니다. 그런데 삼사십 년 사이에 시론(時論)이 이와 같이 변하였으니, 참으로 개탄스럽습니다.

48 겸산(兼山)……되셨는데 : 겸산은 유숙기(兪肅基, 1696~1752)의 호로, 정묘년(1747, 영조23)에 전주부 판관에 제수되었다. 유숙기는 자가 자공(子恭), 본관은 기계(杞溪)이다.

삼산재 김공 이안[49] 에게 줌
與三山齋金公 履安

미호(渼湖) 선생의 장례를 함께 살피고 돌아와서는 만사가 쓸쓸하여 눈물을 더욱 금할 수 없었습니다. 졸곡(卒哭) 때가 이미 지나가고 가을이 겨울로 바뀌니, 엎드려 생각하건대 효심에 따라가고 싶어도 따라갈 수 없는 고통이 망극할 것입니다. 초겨울 추위에 기력이 어떠하신지 궁금합니다. 우러러 그리운 마음 간절합니다.

척제(戚弟)[50]는 어버이를 모시고 대충 지내며 해가 저물도록 종일 문을 닫고서 홀로 남은 책을 보지만 한탄스럽게도 질문할 곳이 없어 갈팡질팡하고 있으니, 이 인생이 복이 없어 병몽(帡幪)의 비호(庇護)[51]를 영원히 잃은 것이 더욱더 한스럽습니다. 침통함을 어찌 다 말할 수 있겠습니까. 서울에서 거처함에 더욱 불편함을 느끼고 있으나 귀의

49 삼산재(三山齋)……이안(履安) : 삼산재는 김이안(1722~1791)의 호로, 자는 원례(元禮), 본관은 안동(安東), 시호는 문헌(文獻)이다. 농암 김창협의 증손이고 미호(渼湖) 김원행(金元行)의 아들이다. 부친 문하의 박윤원 등과 교유하며 성리학과 예학을 깊이 연구하였다.

50 척제(戚弟) : 박윤원의 누이가 안동 김씨 김재순(金在淳)에게 시집갔는바, 김이안의 집안과 인척 관계로 이어지기 때문에 자신을 이렇게 칭한 것으로 보인다. 김이안은 김재순보다 한 항렬 높다.

51 병몽(帡幪)의 비호(庇護) : '병몽'은 비바람을 가리고 덮어 주는 휘장을 가리키는바, 《법언(法言)》에 "우레와 바람, 세찬 폭우가 온 뒤에야 큰 집이 병풍과 휘장이 됨을 안다.〔震風陵雨, 然後知廈屋之爲帡幪也.〕"고 한 데서 온 말인데, 여기에서는 자신을 보호해주는 스승을 가리킨다.

(歸依)할 수 있는 곳이 없으니, 참으로 제 자신이 가련합니다.

선친의 문집을 간행함은 그 작업의 더디고 빠름을 우선 알 수 없으나, 유묵(遺墨) 가운데 인가(人家)에 흩어져 있는 것들을 미리 수습하지 않을 수가 없습니다. 지난번에 듣자하니 문하의 여러 사람이 이미 이 일을 의논하였다고 하던데, 알지 못하겠습니다. 그 사이에 과연 얼마나 모으셨습니까?

송치존(宋穉存)은 끝내 병으로 일어나지 못하였으니,[52] 저를 비통하게 합니다. 이 친구는 뜻이 높고 재주가 민첩하여 일찍이 선생께 사랑과 장려를 받았는데 지금 여기에서 끝나니, 애석합니다. 이밖에는 다만 제전(祭奠)을 올리는 몸을 지탱하시기를 빌 뿐입니다. 이만 줄입니다.

52 송치존(宋穉存)은……못하였으니 : '치존'은 송정양(宋養鼎, 1740~1772)의 자로, 신묘년(1771, 영조47)에 정시에 급제하고 바로 다음 해에 세상을 떠났다. 본관은 은진(恩津)으로, 옥오재(玉吾齋) 송상기(宋相琦)의 증손이다. 《自著集 卷23 宋稚存養鼎哀辭》

삼산재 김공에게 줌
與三山齋金公

예서(禮書)를 읽는 여가에 무슨 책을 보십니까? 가학(家學)의 연원(淵源)이 있는 집안에 사우(士友)들의 기대가 자별(自別)하니, 비록 슬픈 상중(喪中)이지만 경적(經籍) 공부를 폐해서는 안 될 듯합니다. 덕(德)을 높이고 업(業)을 넓혀서 능히 선친의 아름다움을 계승하는 것이 더욱 큰 효도이니, 구구한 제가 우러러 권면하는 바가 참으로 여기에 있습니다.

유묵(遺墨)은 거의 다 수합하였을 것인데, 누가 교정을 합니까? 옛날 문도(門徒) 중에 궤연(几筵)의 옆에 남아서 모시는 자가 몇 사람입니까? 그 중에 능히 남은 실마리를 강구하여 차츰차츰 위로 향하는 자가 있어서 우리의 도(道)가 쓸쓸하지 않습니까?

계동(桂洞)의 이석사(李碩士)가 연이어 그 곳에 머물고, 송도(松都)의 조진사(趙進士) 형제도 자주 왕래합니까? 모두 생각나는 사람들이어서 언급하였습니다.

삼산재 김공에게 답함

答三山齋金公

말씀하신바 "지기(志氣)를 붙들어 세울 수가 없다."라는 것은 자신을 겸양하는 말씀인 듯합니다. 집사는 타고난 성품이 빼어나고 고아한 데다 훌륭한 가정에서 아름다운 훈도를 받았으니, 도(道)에 이르는 것[53]이 보통 사람에 비하여 쉽습니다. 더구나 오늘날 우리 당(黨)의 학문이 묘연(渺然)해지고 있는 날에 그 부지(扶持)할 책임이 장차 누구에게 있겠습니까? 지난번 편지에서 감히 우러러 권면했던 것은 이 때문이었습니다. 노쇠한 연세에 총명이 비록 크게 줄었다고는 하나 전에 이미 박학(博學)을 하셨으므로 근래에는 마땅히 요약하는 공부를 하여 지탱하셔야 할 것이니, 연세가 많다 하여 혹시라도 태만히 하지 마시기 바랍니다.

아우와 같은 자는 본래 둔하고 꽉막힌 사람인 데다 또 질병으로 인하여 한갓 빈 마음만 가지고 있고 스스로 힘을 쓰지 못하고 있습니다. 근래에는 또 황폐함이 날로 심해져 옛날 들은 것을 모두 산실(散失)하게 되었으니, 어찌 말씀드릴 만한 새로운 취미가 있겠습니까. 그러나 종전에는 책을 볼 적에 오직 글 뜻을 해석하고자 하여 입으로 외고 듣는 공부에서 벗어나지 못하였습니다. 그리고 중년에 성취한 것이 없게 되자 저절로 잘못을 뉘우치고 깨달아 그 중에 한두 가지를 막

53 도(道)에 이르는 것 : 대본에는 '지어도(之於道)'로 되어있는데, 문맥에 의거하여 '지(之)'를 '지(至)'로 바로잡아 번역하였다.

몸과 마음으로 체행(體行)하기를 원하였으나 능히 해내지 못하였습니다. 의사(意思)가 비록 이와 같았으나 이러한 의사가 번번이 다시 꺾이고 없어지니, 저절로 깊이 부끄럽고 두렵습니다. 부디 때때로 덕음(德音)을 하사하여 어리석고 누추한 저를 경계해주시기를 바랍니다.

삼산재 김공에게 답함

答三山齋金公

경서(經書)의 의의(疑義)를 하문하셨는데, 평소 차기(箚記)하는 한 가지 일을 가장 잘하지 못하니, 이는 필력이 둔하고 습관이 나태해서 손으로 기록하기가 어려웠기 때문입니다. 간혹 기록한 적이 있었으나 도리어 뜻에 부합하지 않는다 하여 버리고 남겨두지 않는 것이 있었고, 또한 초고의 내용이 두서없고 분명하지 않아 수습할 수 없는 것이 있었습니다. 연래에 횡거(橫渠 장재(張載))의 "기록해 두지 않으면 다시 막힌다.〔不記還塞〕"[54]라는 경계를 생각해서 다시 하고자 하였으나, 슬프고 괴롭고 우환이 있고 병이 있어서 할 겨를이 없었습니다. 이 때문에 참으로 가져다 고명하신 분에게 보여드릴 만한 것이 없었는데, 부족하나마 근일에 우연히 《중용장구》 몇 조항에 대해 생각한 것을 간략히 기록하여 우러러 올리니, 부디 비평하여 가르쳐 주시기를 바랍니다.

별지

《중용장구》의 "항상 경(敬)과 외(畏)를 보존한다."는 주석[55] 아래의

54 기록해……막힌다 : 횡거 장재의 "마음속에 새로 깨달은 바가 있으면 즉시 차기(箚記)를 하여야 할 것이니, 생각하지 않으면 도로 막혀 버린다.〔心中有所開, 卽便箚記, 不思則還塞之矣.〕"는 말을 인용한 것이다. 《近思錄 卷3 致知》

55 중용장구의……주석 : 주석의 내용은 《중용장구》 제1장의 "이 때문에 군자는 보지 않는 바에도 경계하고 삼가며 듣지 않는 바에도 두려워하고 걱정하는 것이다.〔是故, 君子戒愼乎其所不睹, 恐懼乎其所不聞.〕"라는 구절에 대해 주자가 "군자의 마음은 항상

소주(小註)에-"'경(敬)'은 '경계하고 삼감〔戒愼〕'을 이르고 '외(畏)'는 '두려워하고 걱정함〔恐懼〕'를 이른다."-라고 적혀 있는데, 이 말은 옳지 않을 듯합니다. 계신(戒愼)과 공구(恐懼)는 다만 똑같은 의미의 글자이니, '공구(恐懼)'는 역시 '경(敬)'을 의미합니다. 그런데 지금 '계신'과 '공구'를 가지고 '경'과 '외' 두 글자에 나누어 소속시켜서 마치 '경'과 '외'에 구별이 있는 것 같이 되었으니, 이는 주자가 '경'의 뜻을 풀이하면서 "'외' 자에 가장 가깝다."[56]라고 하신 뜻이 아닐 듯합니다. '외'는 다만 '경'의 의미가 담긴 글자이니, 어찌 '경' 밖에 또다시 '외'가 있을 수 있겠습니까. 이 때문에 저는 이 소주를 그르다고 여기니, 어떨지 모르겠습니다.

"신독(愼獨)"의 '독(獨)'은 마음속의 생각이 나오는 곳인데, 아직 일과 행위에 나타나지 않은 상태를 가리킵니다. 《중용장구》에서 이른바 "세미한 일〔細微之事〕"[57]은 외면에서 하는 일이 아니라 마음속의

'경'과 '외'를 보존하여 비록 보고 듣지 않을 때라도 또한 감히 소홀히 하지 못한다. 이 때문에 천리의 본연함을 보존하여 도에서 잠시도 떠나지 않게 하는 것이다.〔君子之心, 常存敬畏, 雖不見聞, 亦不敢忽, 所以存天理之本然, 而不使離於須臾之頃也.〕"라고 주한 것을 가리킨다.

56 외(畏)자에……가깝다 : 주자의 문인인 황간(黃榦)이 "나는 일찍이 돌아가신 스승께 들으니, '『경』자의 뜻은 오직 『외』자의 뜻에 가깝다.' 하셨으니, 참으로 이른바 '외' 자를 가지고 능히 이것을 징험할 수 있다면 어둡지도 않고 어지럽지도 않다는 것을 알 수 있다.〔嘗聞之先師, 曰 : 敬字之說, 惟畏爲近之, 誠能以所謂畏者驗之, 則不昏不亂, 可見矣.〕"라고 한 데에 보인다. 《性理大全書 卷47 學5 存養》

57 중용장구에서……일 :《중용장구》 제1장의 "숨은 것보다 더 드러남이 없으며 세미한 것보다 더 나타남이 없다. 이 때문에 군자는 홀로 있을 때를 삼간다.〔莫見乎隱,

일입니까? 비록 외면에서 하는 일이라 하더라도 그 일이 지극히 세미하면 사특한 생각에서 나오는 것인지 바른 생각에서 나오는 것인지를 사람들이 미처 알지 못하는 경우가 혹 발생할 수도 있습니다. 그렇다면 여기의 '사(事)' 자는 마음속의 일만을 가리킨 것이 아니고, 외면의 세미한 일까지 포괄하여 말한 것입니까?

"아직 발하기 전은 '성'이다.〔未發則性〕"[58]라고 한 것은 성(性)의 본체를 가지고 말한 것입니다. 그 용(用)을 말하면 희로애락(喜怒哀樂)의 발함이 모두 성이니, 성이 발하지 않았을 때 실로 그 속에 희로애락의 이치를 갖추고 있는 것입니까? 애당초 이름 붙일 만한 희로애락의 이치가 없고 다만 인의예지(仁義禮智)만 있을 뿐입니까? 인의예지도 오히려 건수(件數)인데, 단지 혼연하여 나눌 수 없는 것이 있습니까?

"대본은 하늘이 명한 성이다.〔大本者 天命之性〕"[59]라고 한 것은 마치

莫顯乎微, 故君子愼其獨也.〕"라는 구절에 대한 주자의 주에 "'은(隱)'은 어두운 곳이고 '미(微)'는 세미한 일이다. '독(獨)'은 다른 사람들은 알지 못하고 자기만 아는 부분이다. 이 구절은 어두울 때와 세미한 일은 자취는 비록 나타나지 않았으나 기미는 이미 동하였고, 남은 비록 알지 못하나 자기만은 알고 있으니, 이는 천하의 일이 드러나 보이고 밝게 나타남이 이보다 더함이 없다는 것을 말한다.〔隱, 暗處也. 微, 細事也. 獨者, 人所不知而己所獨知之地也. 言幽暗之中, 細微之事, 跡雖未形, 而幾則已動, 人雖不知, 而己獨知之, 則是天下之事, 無有著見明顯而過於此者.〕"라고 보인다.

58 아직……성이다 : 《중용장구》 제1장에 대한 주자의 주에 "희로애락은 정이고, 희로애락이 아직 발하기 전은 성이다.〔喜怒哀樂, 情也, 其未發則性也.〕"라고 보인다.

59 대본은……성이다 : 《중용장구》 제1장의 "희로애락이 아직 발하지 않은 것을 '중

중(中)을 성(性)으로 본 것 같습니다. 정자(程子)의 "방원유중(方圓喩中)"[60]의 뜻과 같지 않은 듯한데, 어떨지 모르겠습니다.

"달도(達道)"의 '도(道)' 자는 "성(性)을 따르는 것을 '도'라 한다.〔率性之謂道〕"의 '도(道)'와 다른데, 주자(朱子)의 《중용장구(中庸章句)》에서 "순성(循性)"으로 해석한 것은 무엇 때문입니까? '순(循)'은 "억지로 힘을 쓴다."는 말이 아니니면-'순(循)'은 바로 '따름〔率〕'이니, 주자가 일찍이 "'순'은 '억지로 힘을 쓴다.'는 뜻의 글자가 아니다."라고 하셨습니다.-[61]

(中)'이라 이르고, 발하여 모두 절도에 맞는 것을 '화(和)'라 이른다. 중은 천하의 큰 근본이요, 화는 천하의 공통된 도이다.〔中也者, 天下之大本也; 和也者, 天下之達道也.〕"라는 구절에 대한 주자의 주에 보이는데, 자세한 내용은 193쪽 주8 참조.

60 방원유중(方圓喩中) : 이천 정이가 문인인 여대림(呂大臨)에게 보낸 편지에 "'중'은 바로 '성'이라는 이 말은 매우 온당치 않다. '중'이라는 것은 성의 체단을 형상한 것으로 마치 '하늘은 둥글고 땅은 네모나다.'라고 말하는 것과 같으니, 마침내 네모나고 둥근 것을 일러 하늘과 땅이라고 할 수 있겠는가. 네모나고 둥근 것을 이미 하늘과 땅이라고 말할 수 없다면 만물은 결코 네모나고 둥근 데서 나온 것이 아니다. '중'을 이미 '성'이라고 말할 수 없다면 도를 어떻게 '중'에서 나온 것이라고 말하겠는가.〔中卽性也, 此語極未安. 中也者, 所以狀性之體段, 如稱天圓地方, 遂謂方圓而天地可乎? 方圓旣不可謂之天地, 則萬物決非方圓之所出, 如中旣不可謂之性, 則道何從稱出於中?〕"라고 한 데에서 연유한 말이다. 《二程文集 卷10 伊川文集 與呂大臨論中書》

61 순(循)은 바로……하셨습니다 : 《중용장구》 제1장에 "하늘이 명하신 것을 성(性)이라 이르고, 성을 따름을 도(道)라 이르고, 도를 품절해 놓음을 교(敎)라 이른다.〔天命之謂性, 率性之謂道, 修道之謂教.〕"라고 한 곳의 소주에 "주자가 말씀하였다. '「솔성(率性)」은 사람이 그것을 따름이 아니다. 「솔」은 단지 「순(循)」을 풀이한 것이니, 「만물의 자연스러운 성을 따름을 도(道)라고 한다.」라는 것이다. 이 「솔」자는 「억지로 힘을 쓴다」는 뜻의 글자가 아니다.'〔朱子曰: 率性, 非人率之也. 率, 只訓循, 循萬物自然之性之謂道. 此率字, 不是用力字.〕"라고 보인다.

정(情)이 발(發)함에 선(善)도 있고 불선(不善)도 있는 것이니, 어찌 힘써 닦지 않고도 저절로 절도에 맞을 수 있겠습니까.

'치중화(致中和)'에 대해서 소주(小註)에 "호운봉(胡雲峰)이 말하였다. '장구(章句)의 「약지(約之)」와 「정지(精之)」는 바로 「치(致)」 자를 해석한 것이다.'"라고 하였는데,[62] 저는 "'약지(約之)'와 '정지(精之)'는 장차 지극히 하려는 것이고, 바로 '치(致)' 자를 해석한 것이 아니다. 그 아래 '지어(至於)'의 '지(至)' 자를 가지고 비로소 '치(致)' 자를 해석한 것이다."라고 생각하니, 어떨지 모르겠습니다.

제2장의 하단의 장구(章句)에 "군자는 중(中)이 자신에게 있음을 알기 때문에 능히 보지 않을 때에도 계신(戒愼)하고 듣지 않을 때에

62 치중화(致中和)의……하였는데 : '치중화'는 《중용장구》 제1장에 "중과 화를 지극히 하면 천지가 제자리를 편안히 하고 만물이 잘 생육한다.〔致中和, 天地位焉, 萬物育焉.〕"라고 보이고, '호운봉(胡雲峰)'은 호가 운봉인 원(元)나라 학자 호병문(胡炳文, 1250~1333)이다. '장구'는 '치중화'에 대해 주자가 "계신(戒愼)과 공구(恐懼)로부터 요약하여〔約之〕 지극히 정한 가운데 편벽되고 치우친 것이 없게 되어 그것을 지켜서 잃지 않는 데 이르면, 중(中)을 지극히 하여 천지가 제자리를 잡을 것이다. 신독(愼獨)으로부터 정밀하게 하여〔精之〕 외물을 응접하는 즈음에 조금도 차질을 빚는 일이 없도록 하여 언제 어디에서든 그렇지 않음이 없는 경지에 이르면, 화(和)를 지극히 하여 만물이 생육할 것이다.〔自戒懼而約之, 以至於至靜之中, 無所偏倚而其守不失, 則極其中而天地位矣. 自謹獨而精之, 以至於應物之處, 無少差謬, 而無適不然, 則極其和而萬物育矣.〕"라고 주한 것을 가리키는바, 소주의 내용은 이 주자 주에 대한 소주에 "운봉호씨가 말하였다. '《중용장구》의 「정지(精之)」와 「약지(約之)」는 다만 한 「치(致)」자를 해석한 것이니, 요약하면 존양의 공부가 더욱 치밀해지고 정밀히 하면 성찰의 공부가 더욱 엄해진다.'〔雲峯胡氏曰: 章句精之、約之, 只是釋一致字, 約之則存養之功益密; 精之則省察之功益嚴.〕"라고 보인다.

도 공구(恐懼)하여 때마다 맞지 않음이 없다.〔君子知其在我 故能戒謹不睹 恐懼不聞 而無時不中〕"[63]라고 하였는데, 이곳에서는 다만 보고 듣지 않을 때에 계신(戒愼)하고 공구(恐懼)함만 말하였고 신독(愼獨)을 말하지 않음은 어째서입니까? 이미 "때마다 맞지 않음이 없다.〔無時不中〕"라고 하였으면 신독 또한 이 가운데에 포함된 것입니까?

63 군자는……없다 : 이 내용은 《중용장구》 제2장의 "군자가 중용을 함은 군자이면서 때로 중하기 때문이다.〔君子之中庸也, 君子而時中.〕"에 대한 장(章) 하단의 주에 보인다.

삼산재 김공에게 줌

與三山齋金公

아버지 상(喪)에 대상(大祥)이 되어, 사당에 들어가기 하루 전에 마땅히 술과 과일을 가지고 조묘(祖廟)에 고해야 하는데, 어머니가 먼저 별세한 경우는 비위(妣位)에 대해서 굳이 별도로 고할 것이 없습니까? 이 한 절(節)은 《상례비요》에 말하지 않았으니, 마땅히 어떻게 해야 합니까? 비위를 막 증조비(曾祖妣)의 감실(龕室)에 부(祔)하였으니, "부위(祔位)에는 축문이 없다."라는 예(例)를 가지고 비록 별도로 고유하는 말을 하지 않더라도 술과 과일은 마땅히 증조의 바른 신위와 일체(一體)로 똑같이 진설해야 합니까? 어머니가 먼저 별세하여 사당에 들어가서 막 동쪽 벽의 서향(西向)의 자리에 계신데, 아버지 상에 신주가 사당에 들어갈 때에도 동쪽 벽에서 서향을 하면-대상(大祥) 뒤와 협제(祫祭) 전에 이와 같이 합니다.- 고위(考位)가 마땅히 비위의 오른쪽에 있어야 하므로 오른쪽이 매우 협소하니,-비위가 동쪽 벽의 중앙에 있기 때문입니다.- 비위의 의자를 다소 왼쪽으로 옮기는 것이 마땅합니까?-왼쪽 또한 신위를 따라 말한 것입니다.- 동쪽 벽에 끝내 두 신위를 용납하기 어렵다면 지형을 따라서 고위를 서쪽 벽에서 받들어 동향(東向)하는 것도 무방할 듯한데, 어떻습니까?

삼산재 김공에게 줌
與三山齋金公

"천명(天命)"의 '천(天)' 자는 바로 《중용》의 권두(卷頭)의 첫 번째 뜻인데, 주자의 《중용장구》에 이에 대한 주석이 없음은 어째서입니까? '하늘〔天〕'에는 '도(道)'라고 전언(專言)하는 하늘이 있고, 형체를 가지고 말하는 하늘이 있는데,[64] 이 '천(天)' 자는 마땅히 어느 것으로 보아야 합니까? 만약 "오로지 도(道)의 하늘〔道之天〕을 말한 것"이라고 하면 하늘은 바로 '이(理)'이니, "이(理)가 명함을 성이라고 한다.〔理命之謂性〕"라는 것이 과연 말이 되겠습니까? 만약 '형체의 하늘'로 본다면 하늘은 바로 '기(氣)'이니, 기에서 나온 것을 또 어찌 "일원(一原)의 성(性)"이라고 할 수 있겠습니까? 훌륭한 가르침을 해주시기를 원합니다.

"기로써 형체를 이루고 이(理) 또한 부여했다.〔氣以成形而理亦賦〕"라는 것을 읽는 자들이 대부분 "기가 먼저이고 이(理)가 뒤이다."라는

64 도(道)라고……있는데 : 이 내용은 《주역》〈건괘(乾卦)〉 괘사(卦辭)의 정전(程傳)에 "하늘은 전언(專言)하면 '도(道)'이니, '하늘도 어기지 않는다'는 것이 이것이다. 나누어 말할 경우, 형체로써 말하면 '천'이라 이르고, 주재로써 말하면 '상제'라 이르고, 공용으로써 말하면 '귀신'이라 이르고, 묘용으로써 말하면 '신'이라 이르고, 성정으로써 말하면 '건'이라 이른다.〔夫天, 專言之則道也, 天且弗違是也. 分而言之, 則以形體謂之天; 以主宰謂之帝; 以功用謂之鬼神; 以妙用謂之神; 以性情謂之乾.〕"라고 한 말에 보인다. 여기서 '전언(專言)'은 '총체적으로 말하다'의 의미이다.

말로 의심하는데,-일두(一蠹) 선생도 또한 이 의심을 면치 못했습니다.-[65] 해석하는 자가 이르기를 "이(理)는 반드시 기를 기다려서 기에 붙기 때문에 먼저 기를 말하지 않을 수 없다."라고 합니다. 어리석은 저는 이 뿐만이 아니라고 생각합니다. 기에는 이(理)가 없는 기가 있지 않으니, 물건을 생성하고 형체를 이루는 것은 기이고, 물건을 생성하고 형체를 이루는 소이(所以)는 이(理)입니다. 그렇다면 이(理)의 맥락이 실로 물건을 생성하고 형체를 이루는 가운데에 있으니, "이(理) 또한 부여했다.〔理亦賦焉〕"의 '이(理)' 자를 기다린 뒤에 있는 것이 아닙니다.

"성(性)과 도(道)가 비록 똑같으나 기품(氣稟)은 혹 다를 수 있다.〔性道雖同 而氣稟或異〕"라고 하였는데, '동(同)' 자와 '이(異)' 자가 모두 사람과 동물을 통하여 말한 것이라면 그 아래 과(過)와 불급(不及)의 차이를 동물에 대해서도 말할 수 있습니까? 동물은 바로 편벽되고 막혀서 통하지 못하는 것이니, 과(過)와 불급(不及)으로 논할 수 없을 듯한데, 어떨지 모르겠습니다.

65 일두(一蠹)……못했습니다 : '일두'는 정여창(鄭汝昌, 1450~1504)의 호로, 이 내용은 《일두유집(一蠹遺集)》 권3 〈찬술(讚述)〉의 "정여창은 주자의 《중용장구》에 나오는 '하늘이 음양오행으로 만물을 화생한다.〔天以陰陽五行化生萬物.〕'라는 구절을 취하고 '기로써 형체를 이루고 이 또한 부여한다.〔氣以成形而理亦賦焉.〕'라는 구절은 취하지 않고서 말하기를 '어찌 기(氣)보다 뒤에 있는 이(理)가 있겠는가.' 하였다."라는 것을 두고 한 말이다. 정여창은 자가 백욱(伯勗), 본관은 하동(河東)이다. 김종직(金宗直, 1431~1492)의 문인인데, 1610년(광해군2) 김굉필(金宏弼)·조광조(趙光祖)·이언적(李彦迪)·이황(李滉) 등과 함께 5현으로 문묘에 종사됨으로써 조선 성리학의 정통을 계승한 인물로 인정받았다.

이(理)는 기가 없으면 탑재할 수가 없습니다. 그러므로 《중용》 수장(首章)의 장구(章句)에 '기'를 말한 것이 자못 많습니다. 성(性)은 기가 아니면 발(發)할 수가 없으니, 제4절의 희로애락(喜怒哀樂)의 발함을 해석할 때에도 마땅히 '기' 자를 말해야 할 듯하나, 장구에 '기' 자가 조금도 보이지 않음은 어째서입니까? 성(性)은 기를 타고 발하고, 타는 바가 또 청순(淸純)한 기이기 때문에 정(情)이 능히 바름을 얻는 것인데, 장구에서는 이러한 곡절(曲折)이 부족한 듯합니다. 여기에서는 다만 성(性)과 정(情)의 체단(體段)을 가지고 말했기 때문에 굳이 발하는 이유를 말할 필요가 없는 것입니까?

삼산재 김공에게 줌

與三山齋金公

국상(國喪) 중에 사가(私家)의 제사를 지낼 수 있느냐 폐해야 하느냐에 대해서는 여러 선정(先正)의 의논이 동일하지 않으나, "기제(忌祭)와 묘제(墓祭)에 단헌(單獻)을 한다."라는 뜻은 동일합니다.-묘제는 묘에 올라가지 않고 재실(齋室)이나 단(壇)에서 지냅니다.- 기제와 묘제 때에는 국가에서 제사를 금하게 한 명령이 없습니다. 그러므로 아래의 백성들이 다만 분수나 의리상 감히 예를 갖추지 못하여 간략히 행하여 정(情)을 폈습니다. 그런데 이번에는 조정에서 영갑(令甲)[66]이 있으니, 정축년 이후의 수교(受教)에 따라 반포한 거조(擧條)에는 사가(私家)의 제사 가운데 우제(虞祭) 외의 기제와 묘제도 국장(國葬)의 졸곡 뒤에 행하게 하였습니다. 그렇다면 단헌을 포함하여 모두 행할 수 없을 듯합니다. 비록 선현(先賢)의 의논이 있으나, 이 문제의 경우 다만 조령(朝令)을 따를 뿐입니다. 혹자는 "조정에서 기제와 묘제를 허락하지 않은 것은 다만 삼헌(三獻)을 금했을 뿐이고 단헌을 금한 것은 아니다."라고 말하기도 하는데, 이는 틀림없이 옳은 것은 아닐 듯합니다. 어리석은 저의 생각에는 오직 제사를 금(禁)하기 전인가 후인가를 가지고 의리를 살펴야 할 것으로 보입니다. 만약 율곡(栗谷 이이(李珥))과

66 영갑(令甲) : '법령(法令)'의 다른 이름으로, 한(漢)나라 가의(賈誼)의 《신서(新書)》〈등제(等齊)〉에 "천자의 말씀을 '영'이라 하는데, 예컨대 '영갑', '영을' 같은 것이다.〔天子之言曰令, 令甲、令乙是也.〕"라고 보인다.

우암(尤菴 송시열(宋時烈)) 두 선생이 오늘날과 같이 제사를 금한 때에 살아계셨다면 틀림없이 단헌을 하게 하지 않으셨을 것입니다. 참람하고 경솔하게 이것을 언급하였는데, 어떨지 모르겠습니다.

초하루와 보름의 참례(參禮)는 이전부터 관직이 있는가 없는가를 막론하고 모두 폐하지 않았으니, 이는 그 예가 매우 간략하기 때문입니다. 그러나 "초하루와 보름의 참례를 폐하지 않는다."라는 것을 속절(俗節)에도 적용하는 것은 온당하지 않을 듯합니다. 속절의 경우 그 본의(本義)를 따져보면 잔치를 벌여 즐기는 시기에 행하는 것이고, 초하루와 보름처럼 달마다 항상 행하는 예(禮)가 아닙니다. 그렇다면 마땅히 폐(廢)해야 할 듯합니다. 퇴계(退溪 이황(李滉))는 사당 안의 속절에 제찬(祭饌)을 줄여 행함을 논하실 적에 비록 제찬을 줄이더라도 제철 음식에서 두 가지를 올리셨으니,[67] 초하루와 보름에 올리는 한 쟁반의 과일에 비하면 오히려 조금은 풍성합니다. 속절은 비록 제사를 금하는 조항에 포함되지 않았으나, 또한 마땅히 의리를 참작하여

67 사당 안의……올리셨으니 : 이황의 제자인 정구(鄭逑, 1543~1620)가 묻기를 "《가례》의 원주(原註)에는 '어(魚)·육(肉) 2가지 음식을 쓴다.'라고 하였고, 《성리대전(性理大全)》의 〈가례(家禮) 통례(通禮) 사당(祠堂)〉의 '속절에는 제철 음식을 올린다〔獻以時食〕'라는 내용에 대한 주에 《주자어류》의 '큰 제사 때에는 매 신위마다 4가지 음식을 쓰고 나무 신주를 청하여 내온다. 속절의 작은 제사는 가묘에서만 지내고 2가지 음식만 쓴다.'라는 내용을 인용하였습니다. 그러므로 오늘날 4가지 음식을 쓰고자 하는 것은 아마도 큰 제사에 2가지 음식만 쓰는 것이 너무 소략하기 때문일 것입니다.〔家禮本註: 魚肉用二味, 而通禮獻以時食註, 引語類云: 大祭則每位用四味, 請出木主. 俗節小祭, 只就家廟止二味. 故今欲用四味, 蓋於大祭只設二味太略故也.〕"라고 한 것에 대해 이황이 "좋다〔善〕"고 답변한 것을 두고 한 말이다. 《退溪集 卷39 答鄭道可問目》

폐하는 것이 맞을 듯한데, 어떨지 모르겠습니다.

연제(練祭)와 상제(祥祭)를 날짜를 물려 행하는 자는 예전에는 다만 제사 지내는 날에 단헌(單獻)을 하여 슬픔을 표하였습니다. 이것은 기제와 똑같은 예(例)였는데, 이번에 기제의 단헌 또한 폐하였으면 두 상일(祥日)의 단헌도 감히 행할 수 없을 듯합니다. 다만 기제는 그래도 해마다 행하는 제사이지만 두 상제는 어버이가 죽은 날이 첫 번째 돌아오거나 두 번째 돌아온 것입니다. 그런데 밥과 국 몇 그릇도 진설하여 제사할 수가 없다면 자식의 마음에 애통하고 서운함의 망극함이 기제에 비하여 갑절이 될 뿐만이 아니니, 여기에 혹 새것과 옛것의 구별을 적용하여 기제의 단헌은 그만두고 두 상제 날의 단헌을 행한다면, 임금님께서 효도로 다스리시는 나라의 백성으로서 죄가 없을 수 있겠습니까. 이것은 정(情)을 더 많이 표해야 하는 경우인데, 예로써 억제하여 감히 정을 펴지 못하게 하는 것이 끝내 바른 의리란 말입니까?

삼산재 김공에게 줌

與三山齋金公

보내주신 답장에서 "'사가(私家)에서 제사를 폐한다.'라는 한 조항으로 보면 기제(忌祭)와 묘제(墓祭)의 단헌(單獻) 또한 행할 수 없는 것이다."라고 하셨는데, 참으로 이 가르침대로 해야 합니다. 주(周)나라의 제도를 따르는 의리[68]를 기준으로 삼으면 결단코 이와 같이 해야 합니다. 금하는 조항에 들어있지 않은 여러 가지를 꼼꼼히 강구하여 말씀해주신 데에서 선조를 제향하는 일에 엄격하고 예를 구차히 행하지 않으시는 거룩한 뜻을 볼 수 있으니, 공경하고 우러르는 마음 그지없습니다.

어리석은 저는 이에 대하여 아직 결정하지 못한 것이 있습니다. 속절(俗節)과 삭망전(朔望奠)이 비록 행하는 것을 금지하는 계령(戒令) 안에는 들어있지 않으나, 어떤 사람이 이것을 가지고 "큰 것을 든 것은 작은 것을 포함하는 것이니, 마땅히 폐지해야 한다."라고 주장하는데, 이 또한 주석을 경솔하게 덧붙이는 혐의가 있을 듯합니다. 만약 혹자의 설처럼 한다면 속절과 삭망전에 행하는 것은 모두 미안한 일일 듯하니, 어떨지 모르겠습니다.

68 주(周)나라의……의리 : 당시의 제도를 따르는 것을 말하는바, 《중용장구》 28장에 공자가 "하(夏)나라의 예를 내가 말할 수 있으나 기(杞)나라에서 징험하기에 부족하고, 은(殷)나라의 예를 내가 배웠고 송(宋)나라가 남아 있지만, 주나라의 예를 내가 배웠고 지금 시행되고 있으니, 나는 주나라의 예를 따르겠다."라고 한 데서 온 말이다.

속절에 잔치를 벌여 즐기는 뜻에 대해서는 집사께서 "어버이 상을 치르는 3년 안에 속절을 폐하지 않는다."라는 준례를 인용하여 혐의될 것이 없음을 밝히셨으니, 이는 진실로 한 가지 증거가 되기에 충분합니다. 다만 제사를 금하는 때에 이렇게 작은 시향(時享)을 행하는 것은 신하의 마음에 끝내 편치 못한 점이 있습니다.

초하루와 보름의 참례(參禮)는 그 예가 가장 간략하여 선현(先賢)들이 모두 폐하지 않으셨습니다. 그러므로 저의 집에서도 이달 보름에 이미 사당의 다례(茶禮)를 행하였습니다. 그런데 근래 듣건대 인가(人家)에서 대부분 이것을 행하지 않는다 하므로 또 어리석은 견해에 행랑의 기둥을 세는 의혹[69]이 있으니, 헤아려 가르쳐주시기를 바랍니다.

소상(小祥)과 대상(大祥)을 지내는 날에 제전(祭奠)을 설치함은 상중의 삭망전(朔望奠)의 준례로 미루어보면 불가할 것이 없을 듯하니, 지난번 편지에서 "기제와는 신(新)·구(舊)의 구별이 있습니다."라고 말한 것은 이 때문에 아뢰었던 것입니다. 이제 훌륭한 가르침을 받들었으니, 마땅히 이로써 단정(斷定)할 것입니다.

율곡(栗谷)과 우계(牛溪 성혼(成渾)) 등 여러 선생은 모두 "초하루와 보름의 참례를 행할 수 있고 능묘(陵廟 능과 사당)에도 분향과 천신(薦

69 행랑의……의혹 : 그동안 사실로 믿어 왔던 것을 공연히 의심하여 다시 문제 삼는 것을 말한다. 명도(明道) 정호(程顥)가 장안(長安)의 창고 안에 한가로이 앉아서 긴 행랑의 기둥〔長廊柱〕을 바라보고는 마음속으로 그 숫자를 세어 보고서 더는 의심하지 않았다. 그러다가 다시 세어 보니 숫자가 맞지 않으므로 사람을 시켜서 일일이 소리 내어 세어 보게 한 결과, 처음에 마음속으로 세었던 것과 차이가 없었다는 이야기가 《근사록(近思錄)》 권4 〈존양류(存養類)〉에 보인다.

新)을 행할 수 있다."라고 하셨는데, 이 설은 의심할 만합니다. 신하의 집에서 제사를 행함을 만약 국가의 사전(祀典)을 행하고 폐하는 것을 보고서 할 경우, 태묘(太廟)의 초하루와 보름의 참례를 아직 행하지 않았으면 신하의 집의 초하루와 보름의 참례도 행하지 않아야 하는데, 어찌하여 능묘의 천신(薦新)을 기준으로 삼는단 말입니까. 여러 선현(先賢)이 초하루와 보름의 참례를 폐하지 않은 뜻은 아마도 그 예가 가장 간략하기 때문일 것입니다. 그러나 그때에는 조정에서 금하는 명령이 없어서 신하들이 직접 분수와 의리로 헤아려 큰 제사는 줄이고 작은 예절은 폐하지 않은 것입니다. 그런데 이번의 경우에는 차이가 있어 시왕(時王)의 제도에 크고 작은 제사를 모두 허락하지 않으니, 이는 "임금이 온 나라를 집안으로 삼는다."라는 뜻에서 나온 듯합니다.

신하 된 자는 같은 집에 함께 살았던 부모의 상과 다름이 없는 것으로 보아서 제사의 크고 작음과 풍성하고 소략함을 막론하고 제사를 완전히 폐하는 것이 마땅합니다. 비록 지극히 소략한 한 쟁반의 과일로 행하는 초하루와 보름의 참례라 하더라도 또한 평상시의 천신하고 제향하는 예에 관계되니, 이 또한 행하지 않는 것이 마땅할 듯합니다. 어떨지 모르겠습니다.

우암(尤菴) 선생은 일찍이 초하루와 보름의 참례를 폐하지 않는 뜻을 미루어 기제에 단헌을 행하고자 하셨습니다. 지금 기제의 단헌을 이미 폐하였다면 초하루와 보름의 참례 또한 마땅히 함께 폐해야 하니, 슬픈 휘일(諱日)의 일〔기제(忌祭)〕에도 오히려 감히 정(情)을 펼 수가 없는데, 하물며 평상시의 예이겠습니까. 어리석은 저의 생각에는 초하루와 보름의 참례에 단지 분향만 하되, 만일 올릴 만한 어물과 과일

등속의 제철 음식이 없을 경우 다만 한 그릇을 올리는 것이 마땅할 듯하니, 어떨지 모르겠습니다.

삼산재 김공에게 답함

答三山齋金公

가르쳐주신 예절에 대해 연이어 보내주신 편지에서도 분석해 보여주시니, 감사하고 다행입니다. 다만 "자기 생각을 믿지 못하고 스승을 믿는다."[70]라는 말씀은 비록 신중함에서 하신 말씀이지만 우리 스승과 선정(先正)의 설이 《상례보편(喪禮補編)》[71]이 나오기 이전에 있었습니다. 그렇다면 때가 똑같지 않고 의리도 차이가 있으니, 어떨지 모르겠습니다. "큰 것을 든 것은 작은 것을 포함하는 것이다.〔擧大包小〕"라는 말씀은 일리가 있을 듯합니다.

또 제사를 금하는 국가 제도의 주된 뜻이 오로지 '능묘(陵墓)의 제향을 폐하면 신하가 감히 홀로 행할 수 없다.'라는 의리에서 나온 것입니다. 그렇다면 태묘(太廟)의 초하루와 보름의 제례를 행하지 않을 경우 사가(私家)에서도 마땅히 이것을 살펴 폐해야 할 것이니, 이 의리가 가장 분명할 듯합니다. 어제 존(尊) 족대부(族大父)이신 효재(嘐齋) 공[72]이 왕림하셨을 적에 마침 이 예를 여쭈었더니, 제사를 행하는 것을

70 감히……믿는다 : 이천 정이가 한 말로, 지식을 지극하게 하기 위해서는 스승의 가르침이 자기의 생각과 맞지 않더라도 자기의 생각을 내려놓고 스승의 가르침을 믿고 따를 필요가 있다는 뜻이다. 《近思錄 卷3 致知》

71 상례보편(喪禮補編) : 영조 34년(1758)에 간행된 《국조상례보편(國朝喪禮補編)》을 가리키는바, 자세한 내용은 208쪽 주26 참조.

72 존(尊)……공 : 호가 효효재(嘐嘐齋)인 김용겸(金用謙, 1702~1789)으로, 김이안에게 6촌 재종조가 되기 때문에 '존(尊) 족대부(族大父)'라고 칭한 것이다. 김용겸은

크게 잘못된 것이라고 하셨습니다. 하교하시기를 “속절(俗節) 및 초하루와 보름의 참례는 비록 시제(時祭)나 기제와는 다르나 또한 제사 의식을 갖추는 것이니, 결코 행할 수 없다.”라고 하셨습니다. 비록 곡절은 부족한 듯하나 주된 뜻은 정도(正道)를 벗어나지 않았기 때문에 장차 따르려고 하였습니다. 그런데 지금 훌륭한 가르침을 받고서 예를 단정(斷定)하기가 어렵다는 것을 더욱 크게 알았습니다. 부디 다시 생각하여 헤아려주시는 것이 어떻겠습니까?

자가 제대(濟大)로, 아버지는 김창즙(金昌緝)이며 할아버지는 김수항(金壽恒)이다. 경서(經書)와 예에 밝았다.《臺山集 卷12 族曾祖嘐嘐齋先生行狀》

삼산재 김공에게 줌
與三山齋金公

초하루와 보름의 참례를 행하는가 행하지 않는가에 대한 문답을 두세 번 주고받았으나, 저의 얕은 소견은 끝내 거룩한 뜻과 부합하지 않습니다. 양측의 설이 각각 근거한 바가 있으니, 참으로 분명하게 결단하기가 어렵습니다. 이에 대해 한 가지 의리가 있으니, 무릇 제사의 예법은 종가(宗家)에 통솔되는 것입니다. 저희 집은 바로 증조(曾祖)를 받드는 종(宗)이어서 고조의 사당에는 종자(宗子)가 예를 행하지 않습니다. 이를 따르는 것이 편안하기 때문에 마침내 제사를 폐하였는데, 어떻게 생각하실지 모르겠습니다.

삼산재 김공에게 답함

答三山齋金公

"배움〔學〕과 정사〔政〕 운운"이라고 하신 것은 근세(近世)에 수령(守令)들 중에 행하는 자가 있지 않으니, 마음에 항상 서글퍼서 종전에 우러러 여쭌 것이 있었습니다. 지금 보내주신 편지를 받아보니, 비록 겸양의 뜻으로 하신 말씀이지만 사세(事勢)상 실로 그러한 점이 있습니다. 백성이 곤궁하면 가르침을 베풀 곳이 없으니, 이것은 부자(夫子)께서 "부유하게 한 뒤에 가르쳐야 한다."[73]라는 훈계를 하셨던 이유입니다. 일은 점진적으로 하지 않을 수가 없으니, 요컨대 백성의 재력을 아끼고 길러서 잔폐(殘廢)한 것을 소생(蘇生)시키고, 마음을 다해 경영하고 처리하여 백성들의 옷과 음식이 다소 풍족해진 후에 가르친다면 비로소 가르침을 실행할 수 있을 것입니다. 이는 진실로 쉽지 않은 일이지만 집사의 덕량(德量)과 학술로는 장차 한 세상을 다스리고 구제함에 여유가 있으실 것이니, 어찌 작은 고을을 시행하기 어렵다 하여 대번에 중지할 수 있겠습니까. 다시 바라건대 마음을 더 써주십시오.

73 부유하게……한다 : 이 내용은 《논어》 〈자로(子路)〉에 "공자께서 위(衛)나라로 가실 때에 염유(冉有)가 수레를 몰았는데, 공자께서 '백성이 많구나.'라고 하였다. 염유가 '백성이 많아진 다음에는 또 무엇을 더해야 합니까?'라고 하니, '부유하게 해주어야 한다.'라고 하였고, '부유해진 다음에는 또 무엇을 더해야 합니까?'라고 하니, '가르쳐야 한다.'라고 하였다."라고 보인다.

삼산재 김공에게 줌

與三山齋金公

근래 사우(士友) 간에 책임이 막중한 도(道)를 맡을 만한 자가 매우 적습니다. 인척이거나 이웃으로서 서로 자주 종유(從遊)한 자 중에는 오직 오사집(吳士執)[74]이 가장 사랑할 만하여 기대가 컸는데, 갑자기 저세상으로 가버려 이 몸을 외롭고 방황하게 하니, 비통함이 어떻겠습니까. 그는 자품이 온화하고 순수하며 공부가 정밀하고 돈독한 사람인데 불행하게도 단명(短命)하였으니, 참으로 우리 당(黨)의 운기(運氣)가 좋지 못한 것입니다. 집사께서도 틀림없이 서글퍼하고 애석해하는 마음이 깊으실 것이므로 제 생각을 이와 같이 아뢰는 것입니다.

74 오사집(吳士執) : '사집'은 오윤상(吳允常, 1746~1783)의 자로, 호는 영재(寧齋), 본관은 해주(海州)이다. 김원행(金元行)의 문인으로, 박윤원 등과 교류하였으며, 경학에 정통하여 《대학차기(大學箚記)》·《중용차기(中庸箚記)》를 저술하였다.

삼산재 김공에게 줌
與三山齋金公

유선(儒選)[75]의 명령이 내리자, 여론이 모두 집사에게 촉망하였는데 과연 첫 번째로 천거되셨습니다. 가학(家學)의 연원(淵源)이 있고 사림(士林)의 중망(重望)을 받는 집사께서 어찌 이러한 천거를 면할 수 있겠습니까. 삼가 성상(聖上)의 별유(別諭)를 보건대, 말씀한 뜻이 성대하여 선대(先代)를 제시하고 대대로 이어온 아름다운 덕을 칭찬해서 국가와 고락(苦樂)을 함께 한 의리로 책임을 권하시니, 보고 들은 사람들이 모두 기뻐하였습니다. 집사께서 받들어 읽으시고 감읍함이 마땅히 또 어떠했을지 상상이 갑니다.

한 번 은둔하여 오랫동안 돌아오지 않는 것은 유가(儒家)의 가르침이 아니며, 세상을 돕고 남을 윤택하게 하는 것이 본디 학자(學者)의 뜻이요 사업입니다. 지금 이후로 은혜로운 소명(召命)을 더욱 부지런히 내리시고 예우를 더욱 융숭하게 하실 것이니, 비록 집사의 겸양하는 뜻으로도 한결같이 사양하실 수 없을 듯합니다. 어떻습니까, 어떻습니까?

75 유선(儒選) : 유학에 뛰어난 유현(儒賢)을 선발하는 것을 말한다.

삼산재 김공에게 줌
與三山齋金公

보내주신 편지에서 '출처(出處)' 한 조목에 대해 비록 어리석은 저의 말을 불가(不可)하다고 하지 않으셨으나, 또한 "사람은 각자의 역량(力量)이 있다."라고 말씀하셨습니다. 성대한 덕을 갖추시고 겸양을 베풀어주시니, 저로 하여금 공경하고 우러르게 합니다.

어리석은 저 역시 일찍이 들은 것이 있으니, 예법에는 세 번 읍(揖)하는 것을 중하게 여긴다는 것입니다. 그래서 군자의 나아가기를 어려워하는 예절을 모르지는 않습니다. 다만 성상께서 반드시 초치(招致)하려는 뜻이 있으시고 아래에서는 굳이 사양해야 할 의리가 없으니, 그렇다면 끝내 한 번 나아갈 수밖에 없을 듯합니다. 그러므로 지난번 편지에서 감히 운운(云云)하였던 것입니다. 그런데 집사께서 오래도록 쌓은 덕〔宿德〕과 바른 학문〔正學〕과 능통한 재주〔通才〕를 갖추고서도 지금 마침내 이렇게까지 겸양을 하여 스스로 경세제민(經世濟民)을 기약하고자 하지 않으시니, 그렇다면 오히려 누구에게 바란단 말입니까. 그러나 세도(世道)를 자임(自任)함은 옛날 선유(先儒)들도 혹 어렵게 여겼습니다. 그런데 경연(經筵)의 직책의 경우에는 글의 뜻을 아뢰어서 우러러 고문(顧問)에 대비함에 불과할 뿐이니, 이러한 직책에도 처하지 않는다면 평생 독서한 것을 장차 어디에 쓰시려는 것입니까? 더구나 진저(震邸)[76]를 보도(輔導)하는 직책에는 사람들이 간절히

76 진저(震邸) : 팔괘(八卦) 가운데 '진(震)'이 동쪽 방위를 가리키므로 동궁(東宮)

앙망(仰望)하는 의리가 있으니, 무슨 말을 가지고 사양할 수 있겠습니까. 이것에 대처함에는 반드시 적절한 방도가 있을 것이니, 이는 구구한 제가 집사를 위하여 도모하고자 하는 것입니다. 궁금합니다. 집사의 고상한 의리로는 끝내 어떻게 여기십니까? 종유하는 여러 공의 의논은 또 어떠합니까? 집사께서 이미 어리석고 고루한 저를 비루(鄙陋)하게 여기지 않아서 기꺼이 편지를 왕복하여 일득(一得)의 소견[77]을 채택하고자 하시므로 감히 또다시 가지고 있는 생각을 다 고하는 것입니다.

과 같은 말로 쓰이는바, 세자를 가리킨다.

77 일득(一得)의 소견 : 많은 생각 중에 한 번 정도는 들어맞는 것이 있는 어리석은 사람의 소견이라는 뜻으로, 《안자춘추(晏子春秋)》 〈내편잡하(內篇雜下)〉에 "성인(聖人)도 천 번의 생각 중에서 반드시 한 번은 틀리고, 어리석은 사람도 천 번의 생각 중에서 반드시 한 번은 들어맞는다.〔愚者千慮, 必有一得.〕"라고 한 데서 온 말이다.

삼산재 김공에게 줌

與三山齋金公

수암(遂菴)이 성이홍(成爾鴻)의 질문에 "자부(子婦)의 신주를 쓸 때에 우리 집에서는 '자부 모씨(子婦某氏)'라고 칭한다."라고 답하셨는데,[78] 자부의 위에 '망(亡)' 자를 쓰지 않은 것은 무슨 뜻이었겠습니까? 아마도 그 아들이 생존해있다 하여 '자(子)' 자 위에 '망' 자를 덧붙이는 것에 꺼려지는 마음이 있었을 것입니다.

남계(南溪 박세채(朴世采))는 "망부를 신주에 쓴다.〔以亡婦題主〕"[79]라고 하였는데, 다만 '부(婦)'라고만 칭하고 '자부'라고 칭하지 않음은 어째서입니까? '부(婦)'는 본래 아내의 칭호이니, 그렇다면 '부(婦)' 자만 쓰는 것은 미안한 점이 있지 않겠습니까? '부(婦)' 자를 '부부(夫婦)'라는 글자를 가지고 말하면 '부(婦)'는 바로 아내를 칭하는 것이지만, '총부(冢婦)', '개부(介婦)'라는 글자를 가지고 말하면 '부(婦)'는 바로 '자부'를 칭하는 것이니, 통용하여도 무방하기 때문에 그러한 것입니까?

시아버지가 자부의 상(喪)을 주관함은 《예기(禮記)》 〈분상(奔喪)〉의

78 수암(遂菴)이……답하셨는데 : 수암은 권상하(權尙夏, 1641~1721)의 호인데, 또 다른 호는 한수재(寒水齋)이고, 성이홍(成爾鴻)은 자가 중거(仲擧)인바, 인용한 내용은 《한수재집》 권15 〈성중거에게 답함〔答成仲擧〕〉에 보인다.

79 망부를……쓴다 : 이 내용은 《남계집(南溪集)》 권49 〈이군보의 물음에 답함〔答李君輔問〕〉에 보인다.

"아버지가 살아계시면 아버지가 주인이 된다.〔父在 父爲主〕"라는 글을 따른 것이고, 남편이 우제(虞祭)와 졸곡(卒哭)을 주장함은 《예기》〈상복소기(喪服小記)〉의 글을 따른 것이니, 상을 주장함과 제사를 주장함을 나누어 두 가지로 만든 것은 끝내 모순이 될 듯합니다. 도암(陶菴 이재(李縡))은 비록 "두 가지를 병행하여도 어긋나지 않는다.〔幷行而不悖〕"라고 하였으나, 근세의 사천(沙川)[80]의 의논은 "'남편이 우제와 졸곡의 예를 주관함'은 후세에 시아버지가 주관하는 것으로 방제(傍題)를 쓴 뒤로는 행할 수 없을 듯하다."라고 하였습니다. 그렇다면 초상과 제사를 구분하지 않고 시아버지가 모두 주관하는 것에 방해될 것이 없을 만한데, 어떨지 모르겠습니다.

《속문해(續問解)》[81]에 "최석유(崔碩儒)가 '부(婦)의 상에 우제와 졸곡을 남편이 주관하나 축사는 마땅히 「시아버지가 아들 아무로 하여금 고하게 하였습니다.〔舅使子某告之〕」라고 해야 합니까?'라고 묻자, 신재(愼齋 김집(金集))가 '마땅히 이와 같이 해야 한다.'라고 답하셨다." 하였는데, 이 답변은 의심할 만한 듯합니다. 이는 "아버지가 살아계실 적에 아버지가 상주가 된다."와 "남편이 우제와 졸곡을 주관한다.〔夫主虞卒〕"라는 두 가지 의리를 종합해서 쓰고자 한 것입니다. 그러나 이미 "시아버지가 시켰다.〔舅使〕"라고 말했으면 이는 섭행(攝行)하는 예

80 사천(沙川) : 《근재집》 권9 〈이사심에게 답함〔答李士深〕〉에 보이는 '김사천(金沙川)'이라는 사람으로 보이는데, 인물 정보는 자세하지 않다.

81 속문해(續問解) : 사계(沙溪) 김장생(金長生)이 예에 관해 문답 형식으로 지은 《의례문해(疑禮問解)》의 빠진 내용을 그의 아들 신독재(愼獨齋) 김집(金集)이 보완해서 편찬한 《의례문해속편(疑禮問解續編)》이다.

(例)이고, 남편이 주관하는 의리가 아닙니다. 또 '사(使)' 자 위에 "병이 들어 제사를 받들 수 없다", "몸이 먼 지역에 있다" 등의 연유가 없고 다만 '사(使)' 자를 사용함은 또한 뜬금없는 것일 듯하니, 어떨지 모르겠습니다.

이미 "아들 아무개를 시킨다.〔使子某〕"는 글을 썼다면 초헌(初獻)은 남편이 마땅히 하여야 하고 시아버지는 다만 제사에 참석할 뿐입니까? 이미 섭행(攝行)의 예(禮)를 썼다면 제사에 참여하는 것이 불편할 듯하나, 아무런 연고 없이 제사에 참여하지 않는 것 또한 심히 서운한 일이니, 어떻게 대처해야 할지 모르겠습니다.

부장(祔葬)할 때 선영(先塋)에 고함은 다만 높은 신위(神位)에 할 뿐만이 아니고, 같은 산에 묘소를 쓴 누대(累代)의 여러 신위에 두루 고해야 합니까? 자부(子婦)를 선영 안에 장례할 때에는 아내〔妻〕의 묘소에 고해서는 안 됩니까? 이미 "선영에 고한다."라고 말하였으면 아내의 묘소에는 고하지 않아야 할 듯합니다. 다만 죽은 아내가 새로 장사 지내는 자에게 시어머니가 되니, 며느리를 시어머니 곁에 장사 지내면서 그 시어머니에게 고하지 않는 것은 사리에 어두운 처사인 듯한데, 어떨지 모르겠습니다.

삼산재 김공에게 줌
與三山齋金公

세자께서 돌아가시니,[82] 신하와 백성들의 애통함이 하나같이 깊습니다. 엎드려 생각하건대 궁함(宮銜)의 직책에 계셨으니,[83] 애통함이 곱절로 더 크실 것입니다.

가르쳐주신 예절은 삼가 하나하나 가르침을 따르겠는데, 또 우러러 여쭐 것이 있습니다. 신하와 백성들이 저군(儲君)의 상에 거상(居喪)하는 예에 대해서는 선현의 자세한 의논을 보지 못하였으니, 국조(國朝)에 드물게 있는 일이어서 그런 것입니까?

"사가(私家)의 제사는 공제(公除)한 뒤에는 조정에서 행하는 것을 허락하는 명령이 있으나, 신하의 분수상 감히 예를 갖추어 행할 수가 없다. 그래서 기제(忌祭)는 제찬(祭饌)을 줄여 단헌(單獻)을 하지만, 졸곡(卒哭)과 부제(祔祭), 연제(練祭)와 상제(祥祭)는 상제(喪祭 상례(喪禮)의 제사)에 관계되기 때문에 모두 예의(禮儀)처럼 행하고 오직 담제(禫祭)만 행하지 않는다."라고 하니, 담제는 바로 길제(吉祭)여서 그러한 듯합니다. 그러나 어리석은 저의 생각에는 담제에도 여전히 곡하고 우는 절차가 있으니, 이 또한 행할 수 있을 듯한데, 어떨지

82 세자께서 돌아가시니 : 문효세자(文孝世子, 1782~1786)가 5월 11일에 5세의 나이로 갑자기 세상을 떠난 것을 이른다. 《正祖實錄 10年 5月 11日》

83 궁함(宮銜)의……계셨으니 : '궁함'은 세자궁(世子宮)의 직함으로, 김이안이 1786년(정조10)에 세자시강원(世子侍講院) 찬선(贊善)이었기 때문에 이렇게 말한 것이다. 《承政院日記 正祖 10年》

모르겠습니다. 예(禮)에 "상중(喪中)에는 담제를 지내지 않는다."[84]라는 글이 있으나, 이는 "사가(私家)의 상에서는 후상(後喪) 중에 앞 초상의 담제를 폐한다."를 말한 것이니, 이 경우에 인용해서는 안 될 듯합니다.

방친(旁親)의 기년복(期年服)은 국가의 소상(小喪 세자의 상)과 똑같이 기년복이지만, 공(公)·사(私)의 존(尊)·비(卑)의 분수로 말하면 평소에는 마땅히 항상 저군(儲君) 상의 복을 입어야 합니다. 다만 후세에 부모의 상에 거상하는 자는 군주의 상을 지키는 법이 없습니다. 이러한 뜻으로 미루어 보면 기년복을 입는 사람은 평소에는 마땅히 사사로운 상의 삼베 띠를 착용하더라도 오직 궁중을 출입할 때에는 저군 상의 삼베 띠를 착용해야 할 듯한데, 이것은 과연 예법의 뜻에 해로울 것이 없겠습니까?

사사로운 상의 발인(發靷)하고 반혼(返魂)할 때에 기년복과 대공복(大功服)은 마땅히 그에 맞는 복을 입고 따라야 하는데, 의논하는 자가 "사사로운 상복을 착용하고 도로를 다니는 것은 편치 못하다."라고 하니, 최질(縗絰)을 사용하지 않고 장례 행렬을 따라가는 경우가 많습니다. 그러나 어리석은 저의 생각에는 굳이 그럴 필요가 없을 듯합니다. "중한 상중에 가벼운 상사(喪事)가 있으면 가벼운 상의 복을 입고 곡하다가 일이 끝나면 다시 중한 복을 입는다."[85]라고 하는데, 예에 이러한

84 상중(喪中)에는……않는다 : 사계 김장생이 "상중에는 담제를 지낼 수 없으며 시기가 지났어도 뒤늦게 제사를 지낼 수 없다.〔喪中, 旣不可行禫, 而過時, 又不可追行.〕"라고 하였다. 《疑禮問解 喪禮 禫 嫡孫祖喪禫時母亡》

85 중한 상중에……입는다 : 《가례》〈상례(喪禮) 성복(成服)〉 조에 "일반적으로 무거운 복을 아직 벗지 않았는데 가벼운 상을 만나면 가벼운 복을 입고 곡하며, 매달

글이 있습니다. 이것을 준례로 삼으면 비록 도로에서 다니더라도 이미 구여(柩輿 상여)나 영거(靈車 혼백을 싣는 작은 수레)의 뒤를 따랐다면 사사로운 상을 주장하는 것이니, 이때에 사사로운 복을 입는 것이 어찌 불가하겠습니까.

남계(南溪 박세채(朴世采))의 말씀에 "사사로운 장례에 반곡(返哭)하여 도로에 있을 적에 기년복과 소공복(小功服)의 사람은 그 복을 입고 따르는 것이 마땅하지 않다."[86]라고 한 것이 있으나, 이는 대상(大喪 임금의 상사(喪事))을 가리켜 말한 것입니다. 소상(小喪)에는 차등이 있을 듯한데, 어떨지 모르겠습니다. 이것도 아울러 하교해주시기를 바랍니다.

초하루에는 신위를 설치하고 그에 해당하는 복을 입고 곡한다. 곡이 끝나면 다시 무거운 복을 입는다."라고 한 것을 두고 한 말이다.

86 사사로운……않다 : 박세채가 이정영(李挺英)의 물음에 답한 글에 "국상 중에는 사상(私喪)의 반곡(反哭)을 위해 돌아오는 길에 기년복과 대공·소공복을 입는 사람들은 자신의 본복(本服)을 입고 따라가지 않아야 할 듯하다. 군신 간의 예는 엄하여 집에서 예를 행하는 것과 의리가 똑같지 않기 때문이다."라고 보인다. 《南溪外集 卷8 答問 答李士秀問》

청원당 김공 양순[87] 에게 답함
答淸遠堂金公 養淳

저는 영종손(令從孫 상대방의 종손)의 옥처럼 아름다운 자질을 마음속으로 항상 사랑하였으니, 이는 실로 고인(古人)의 전형(典刑)이 있어서이지, 다만 저의 문하(門下)에 들어왔다고 하여 그렇게 보는 것은 아닙니다. 그런데 지금 부탁하신 바가 정중하시니, 돌아보건대 어리석고 누추한 제가 후생(後生)과 소년에게 유익함이 있는 자가 아니나, 책을 펼쳐놓고 강습(講習)하고 연구하며 일을 따라 지도하는 것에 또한 어찌 감히 저의 책임을 다하지 않을 수 있겠습니까. 다만 자신을 그르치고 남을 그르치는 탄식이 있을까 염려됩니다.

87 청원당(淸遠堂)……양순(養淳) : 청원당은 김양순(1722~1798)의 당호(堂號)로, 자는 호원(浩元), 자호(自號)는 봉서(鳳西), 본관은 안동(安東)이다. 선원(仙源) 김상용(金尙容)의 7대손이고, 정암(貞菴) 민우수(閔遇洙)의 제자이다. 《淵齋集 卷37 鳳西金公墓誌銘》

최공 예 에게 답함

答崔公 禮

물으신바 "면복(緬服) 중에 시제(時祭) 한 절차"는 도암(陶菴 이재(李縡))의 설을 참조할 수 있을 듯합니다. 시제와 길제(吉祭)는 진실로 나누어 말한 경우가 있고 또 합하여 말한 경우가 있으니, 그 의절(儀節)이 서로 같기 때문입니다. 길제를 이미 행할 수 있으면 시제 또한 행할 수 있고, 또 면복이 비록 중하기는 하나 그래도 시마복(緦麻服)입니다. 기년복과 대공복을 입는 자는 장례 뒤에 시제를 평상시처럼 행하나, 다만 "수조(受胙)[88]를 하지 않는다."는 글이 《상례비요(喪禮備要)》에 있으니, 이를 따라 행하는 것이 마땅할 듯합니다.

88 수조(受胙) : 제사 의식의 하나로, 제사를 마치고서 제육(祭肉)을 나누어 받는 의식을 이르는데, 제사의 음복(飮福)을 바로 수조라고도 한다.

홍형미 병은 에게 답함
答洪亨美 秉殷

우제(虞祭)를 이미 신(神)을 편안히 하는 것이 급하다는 생각으로 같은 집의 상(喪)을 장례하기 전에 행한다면 단지 초우(初虞)와 재우(再虞)뿐만 아니라 삼우(三虞)까지도 행할 수 있는데, 우옹(尤翁 송시열)께서 "초우와 재우는 곧장 행하고 삼우는 졸곡(卒哭)과 부제(祔祭)와 더불어 뒤로 물려 행한다."라고 하셨으니, 아마도 두 번에 걸쳐 신을 편안히 하는 제사를 행했으면 삼우는 크게 급하지 않기 때문일 것입니다. 저의 생각에 졸곡은 비록 뒤로 물려 행하더라도 삼우는 그대로 행하고 폐하지 않는 것이 무방할 듯합니다. 그러나 "감히 제 의견을 믿지 못하고 스승을 믿는다."라는 뜻에 입각하여 선현의 말씀을 따라 삼우를 우선 정지하고서 새로운 상의 발인(發靷)이 끝난 뒤에 행하여 졸곡과 부제를 연달아 거행하는 것이 마땅한데, 재량하여 대처하면 될 뿐입니다. 또 영서자(令庶子 상대방의 서자)의 상은 달을 넘겨 장례하는 것입니다. 그렇다면 졸곡에는 "반드시 3개월을 기다린다."라는 글이 있으므로 비록 새로운 상이 아니더라도 절로 내달에 행하는 것이 마땅하니,[89] 어떻습니까, 어떻습니까?

89 졸곡에는……마땅하니 : 다른 사정이 있을 경우 장례를 부장(報葬)으로 치르기도 하지만, 졸곡제는 3개월 뒤에 지낸다는 말이다. 본디 사(士)는 죽은 뒤 3개월이 지나서 매장하고, 매장한 뒤 곧바로 우제를 지내며, 우제를 지낸 뒤 곧바로 졸곡제를 지내는 것이 예이기 때문에 나온 말이다. 《禮記 喪服小記》 '부장(報葬)'은 가난이나 기타의 사정으로 인하여 예(禮)에서 정한 날짜보다 일찍 지내는 장사를 말한다.

홍형미에게 답함
答洪亨美

"심상(心喪)의 변제(變除)는 반드시 길제(吉祭)의 시기를 기다려야 한다."라는 것은 이미 신재(愼齋 김집)의 정론(定論)과 우암(尤菴)과 남계(南溪 박세채)의 말씀이 있습니다.[90] 오직 마땅히 이것을 따라 행해야 하고, 다시 헤아릴 필요가 없습니다.

본생부모(本生父母)의 형제에 대해서는 담제(禫祭) 후에 곧 길제를 지내는데, 출계(出系)한 자는 여전히 참복(黲服)[91]을 입습니다. 이렇게 하면 비록 무거운 상복을 다시 입는 혐의가 있을 듯하나, 실제는 무거운 상복을 다시 입는 것이 아니고 바로 가벼운 상복이 되는 것이니, 다시 무엇을 의심하겠습니까.

90 심상(心喪)의……있습니다 : 김집(金集)이 말한 것은, 그의 《의례문해속(疑禮問解續)》 〈상례(喪禮) 연·상·담(練祥禫)〉에 '부재모상(父在母喪)의 심상(心喪)의 제도는 길제(吉祭) 때까지 기다렸다가 평상으로 돌아오는 것인지에 대하여'라는 문목(問目)에 보인다.

91 참복(黲服) : 옅은 청색이나 검푸른 빛깔의 상복으로, 연제(練祭) 때부터 담제(禫祭) 전까지 입는다.

홍형미에게 답함
答洪亨美

상가(喪家)에서 관(棺)의 재목(材木)을 구하지 못하여 시기가 지났는데도 성복(成服)을 못했으면, 날짜가 비록 많이 지났더라도 무릇 복(服)이 있는 친족들만 먼저 성복해서는 안 될 듯하니, 시신(屍身)을 입관하지 않아서 슬픈 마음에 차마 하지 못하는 점이 있기 때문입니다. 성복을 아직 못 했으면 비록 기제(忌祭)라도 폐하는 것이 마땅할 것입니다. 도암(陶菴 이재(李縡))의 설에 "외가(外家)와 처가(妻家)의 복은 아직 성복하기 전에는 집안에 복이 없는 자로 하여금 대신 행하게 한다."[92]라는 글이 있는데, 어리석은 저의 생각에는 편치 못한 처사가 될 듯합니다. 제사를 주관하는 자의 몸을 따라 말하면 비록 자제(子弟)가 대행하더라도 이는 곧 자기가 제사를 행하는 것이니, 절대로 《격몽요결(擊蒙要訣)》에서 말한 "오복친(五服親)이 성복하기 전에는 제사를 폐한다."라는 뜻[93]이 아닙니다.

92 외가(外家)와……한다 : 이 내용은 《도암집(陶菴集)》 권18 〈오백온의 문목에 답함〔答吳伯溫問目〕〉에 보인다.

93 격몽요결(擊蒙要訣)에서……뜻 : 인용한 내용은 《격몽요결》의 부록인 〈제의초(祭儀鈔) 상복중행제의(喪服中行祭儀)〉에 보인다 《栗谷全書 卷27》

홍형미에게 답함

答洪亨美

문 선조(先祖)의 사판(祠版)을 친진(親盡)하면 마땅히 매안(埋安)하여야 합니다.[94] 율곡(栗谷)의 말씀으로 미루어보면 "추원(追遠)[95]을 하는 일에 한계가 있어 이제 장차 영원히 체천(遞遷)하여 영결(永訣)하려고 합니다. 운운.〔追遠有限 今將永遷 永訣終天云云〕"이라고 한 것은 묘에서 매안할 때의 고유(告由)하는 말인 듯한데, 매안할 때의 고유문(告由文)에 처음으로 '청작(淸酌)' 등의 글자가 있고, 사당 안에서 고유할 때에는 주과(酒果)를 진설하지 않는 것입니까? 묘에서는 사당 안과 차이를 두어 반드시 영악(靈幄)[96]을 진설하고 제사를 행해야 합니까? 우암(尤菴)의 말씀에 "굳이 '영결종천(永訣終天)' 등의 말을 쓸 필요는 없는데, 다만 '영역(塋域)을 열어 헤칩니다.〔開破塋域〕'라고 말해야 한다."라고 하셨습니다. 남계(南溪 박세채)의 "다만 묘차(墓次 묘소의 막차(幕次))에 고하고 신주 앞에서는 재차 고유할 것이 없다."라는 등의 말씀은 율곡과 우암의 정론과 모순되는 바가 있으니, 의심이 없

94 선조(先祖)의……합니다 : '사판(祠版)'은 신주를 이르고, '친진(親盡)'은 제사를 지내는 대수(代數)가 다 된 것을 이르는바, 임금은 5대, 일반인은 4대 조상까지 제사를 지낸다.

95 추원(追遠) : 후손이 조상의 제사에 정성을 다하는 것을 말하는바, 공자의 제자 증자(曾子)가 "상에 그 예를 다하고 제사에 그 정성을 다하면, 백성의 덕이 후한 데로 돌아갈 것이다.〔愼終追遠, 民德歸厚矣.〕"라고 한 데서 온 말이다. 《論語 學而》

96 영악(靈幄) : 영침(靈寢)이나 영좌(靈座)에 둘러치는 휘장을 이른다.

을 수가 없습니다.

답 체천한 신주를 매안할 때에 두 번 고함은 번독(煩瀆)할 듯합니다. 또 길제에 체천할 신주를 합하여 제향할 때에 이미 "장차 묘소에 매안하려고 하여 백배(百拜)하여 고사(告辭)를 합니다."라는 말이 있으니, 그렇다면 다시 술과 과일을 가지고 장차 체천할 이유를 고한다면 어찌 중첩되지 않겠습니까. 이는 남계의 말씀이 율곡과 똑같지 않은 이유입니다. 그렇다면 사당 안에서 장차 묘지로 나아갈 때 굳이 술과 과일을 진설하여 고유할 필요가 없고, 산 아래에 이르러 묘의 곁에 사판(祀版)을 받들어 매안할 적에 술과 과일을 올려 고하되, 고사(告辭)는 율옹(栗翁 이이)이 지은 매안할 때의 고사를 사용하면 됩니다. 그런데 "깨끗한 땅〔潔地〕"이라는 두 글자는 "양쪽 섬돌 사이〔兩堦間〕"라는 말과 같게 될 혐의가 있으므로 "묘소 곁〔墓側〕"으로 고치는 것이 마땅할 듯하니, 어떻습니까, 어떻습니까?

묘소에 고하는 말은 우옹(尤翁 송시열)의 설이 실로 정(情)과 예(禮)에 부합하고, 남계 또한 "빼놓아서는 안 된다."라고 말씀하였습니다. 다만 묘에 고유하는 글을 지을 때 "영결종천(永訣終天)"은 부합하지 않을 듯하니, 보내주신 편지의 말씀에 따라서 "영역을 열어 헤칩니다.〔開破塋域〕"라고 말하는 것이 무방할 것입니다. 고유문의 서두에 마땅히 "이제 체천한 신주가 친진(親盡)하여 장차 신주를 묘 곁에 매안하여 영역을 열어 헤치오니, 애통한 마음을 이기지 못합니다. 삼가 청작(淸酌)을 가지고 운운.〔今以祧遷親盡 將埋安神主于墓側 開破塋域 不勝感愴 謹以淸酌云云〕"이라고 하는 것이 어떨지 모르겠습니다.

묘소에 영악(靈幄)을 설치하는 것은 참으로 불가할 것이 없으나, 묘소 아래에 만일 재실(齋室)이 있으면 신주를 재실에서 받들고 묘

앞에서 제전(祭奠)을 올려 고하는 절차를 행하는 것이 마땅할 듯하니, 헤아려 대처하시기 바랍니다.

윤여오 취동[97] 에게 답함

答尹汝五 聚東

하교하신 책을 엮는 일은 비록 도움을 구하는 성대한 뜻에서 나왔으나, 실로 어리석고 누추한 제가 감당할 수 있는 바가 아닙니다. 무릇 의리(義理)의 깊은 뜻을 발휘하고 경전(經傳)을 보충 설명하는 것은 반드시 학문이 넓고 지식이 정밀하며 총명하여 기억력이 뛰어난 자만이 능하니, 저처럼 어리석은 자가 어찌 여기에 참여할 수 있겠습니까. 학식을 말하면 노망(鹵莽)하고 저열(低劣)하여 여러 학설을 절충할 수가 없고, 총명을 말하면 질병을 앓고 정신이 어지러워 예전에 들은 것을 수습할 수가 없으니, 이와 같고서 어찌 할 수 없는 것을 억지로 할 수 있겠습니까. 노형이 만일 이것을 하고자 하신다면 모름지기 당세(當世)의 지식이 해박한 군자와 도모하셔야 할 것입니다.

대저 사서(四書)의 소주(小註)의 여러 설은 진실로 잡란(雜亂)하고 번쇄(煩碎)해서 본지(本旨)에 부합하지 않은 것이 많으나, 만일 크게 잘못된 것이 아니면 다 없앨 수가 없습니다. 다만 그 우열을 비교하여 시비(是非)를 정하고자 한다면 자신이 책을 읽을 때 묵획(墨畫)으로 지우거나 점을 찍어서 표시하면 되고, 또 간혹 손수 차록(箚錄)을 해서 열람에 편리하게 하면 충분하니, 하필 책으로 저술하여 일의 규모를

97 윤여오(尹汝五) 취동(聚東) : 여오는 윤취동(1727~1808)의 자로, 호는 응와(凝窩), 본관은 해평(海平)이다. 천거로 정릉참봉(貞陵參奉)에 제수되고, 용인 현령(龍仁縣令), 첨지중추부사(僉知中樞府事) 등을 지냈다. 《梅山集 卷40 凝窩尹公墓誌銘》

확대해서 후인에게 보일 것이 있겠습니까. 더구나 우리 동방 선현(先賢)들의 논설에 후학이 어찌 감히 가볍게 취사선택을 첨가할 수 있겠습니까. 공경하고 두려워하는 뜻과 의리의 공정함이 진실로 마땅히 병행되어야 하는데, 만일 식견이 정미한 경지에 투철하게 도달하여 푼(分)의 눈금이 있는 정밀한 저울로 정확하게 저울질할 수 있는 자가 아니면 갑자기 취하거나 버리는 것을 의논하기가 어렵습니다.

고명(高明)은 비록 탁연(卓然)하다고 자신하고 있으나 어리석은 저는 감히 자신하지 못합니다. 동유(東儒)의 문집은 범위나 양이 광대하고 번다해서 일일이 다 빌리기가 어렵고, 흐릿한 정신으로는 또한 빠짐없이 찾아내기가 어려우며, 붓, 종이, 먹 등의 문구 비용도 매우 많이 필요하니, 이것이 어찌 미약한 힘으로 해낼 수 있는 것이겠습니까. 어리석은 저는 본래 이러한 큰일을 하기에는 의지가 굳세지 못하여 번번이 머뭇거리고 뒷걸음질한 자이니, 비록 간곡한 가르침을 받았으나 받들어 주선할 수가 없습니다. 저의 사정을 깊이 양찰하여 죄주지 마십시오.

윤여오에게 답함

答尹汝五

노래자(老萊子)[98]의 성명은 일찍이 출전을 보지 못하였으니, 아마도 있는데 널리 상고하지 못한 것이 아닙니까?

'사숙(私淑)'의 '사(私)' 자를 《맹자》의 주(註)에 '절(竊)' 자로 해석하였습니다.[99] 그러나 이 '절' 자는 "삼가 정자의 뜻을 취한다.〔竊取程子之意〕"[100]의 '절' 자와 언해(諺解)는 비록 같으나, 뜻은 조금 다릅니다. '절취정자지의'의 '절' 자는 《논어》의 "삼가 우리 노팽(老彭)에게 견준다〔竊比我老彭〕"[101]의 '절' 자와 같습니다. 바로 "감히 드러나게 하

98 노래자(老萊子) : 춘추 시대 초(楚)나라 사람으로, 70세의 나이에도 항상 색동옷을 입고 어린아이의 놀이를 하며 효성으로 부모를 섬겼던 인물로 유명하다.《高士傳 卷上 老萊子》 한편 사마천의 《사기》 권63 〈노장·한비열전(老莊韓非列傳)〉에 "노래자는 또한 초나라 사람으로 저서 15편이 있는데, 도가(道家)의 쓰임을 말했고 공자(孔子)와 동시대에 살았다고 한다."라고 하여 도가의 인물로 소개되어있을 뿐이고, 이름 및 자호(字號) 등 더 구체적인 인물 정보는 알려진 것이 거의 없다.

99 사숙(私淑)의……해석하였습니다 : '사숙'은 《맹자》 〈진심 상(盡心上)〉에 "군자가 가르치는 방법이 다섯 가지인데, 단비가 초목을 변화시키듯이 하는 경우가 있고, 덕을 이루게 하는 경우가 있고, 재주를 통달하게 하는 경우가 있고, 물음에 답하는 경우가 있고, 사숙을 통해 자신을 다스리게 하는 경우가 있으니〔有私淑艾者〕, 이 다섯 가지가 바로 군자가 사람을 가르치는 방법이다."라고 한 데에서 온 말이고, 주자의 《맹자집주》에 '사(私)' 자를 '절(竊)' 자로 풀이한 것이 보인다.

100 삼가……취한다 : 이 내용은 주자가 지은 《대학》의 '보망장(補亡章)'에 "근간에 내가 일찍이 삼가 정자의 뜻을 취해 빠진 부분을 보충하였다.〔間嘗竊取程子之意以補之.〕"라고 보인다.

지 못하다.〔不敢顯然〕"라는 뜻인데, 이것은 겸사(謙辭)입니다. '사숙'의 '사'에 대한 해석인 '절' 자는 다만 "스스로 취하여 자기의 소유로 삼았다.〔自取以爲己有〕"라는 뜻인 듯한데, 어떨지 모르겠습니다. 이미 문하(門下)에 이르러 직접 수업받지 못하고 다만 선(善)을 전수(傳受)하기만 하였으면, 두 번 전(傳)하고 세 번 전하는 동안에 변동이 없을 듯하니, 어찌 "온당하지 못하다."라고 말하겠습니까.

101 삼가……견준다 : 이 내용은 《논어》〈술이(述而)〉에 "옛것을 전술(傳述)만 하고 창작하지 않으며, 옛것을 믿고 좋아하는 것을 나는 삼가 우리 노팽에게 견준다.〔竊比於我老彭.〕"라고 보인다.

윤여오에게 답함
答尹汝五

《대학(大學)》의 〈경1장(經一章)〉은 공자의 말씀인데[102] 《논어》와 《공자가어(孔子家語)》에 이 내용이 보이지 않고 다만 《대학》에만 보입니다. 이는 아마도 증자(曾子)가 부자(夫子)에게 들어서 기술한 것인 듯한데, 《대학혹문(大學或問)》에서 주자가 "달리 증거로 삼을 자료가 없다."라고 하셨으니, 이 말씀이 다른 책에 보이지 않음을 알 수 있습니다. 《대학혹문》에 주자가 또 "혹 옛날 선민(先民 선현(先賢))의 말씀에서 나온 듯하다."라고 하셨으니, 공자의 이 말씀은 또한 유래한 바가 있을 것입니다. 아마도 선왕(先王)이 사람을 가르쳤던 법을 공자가 발명하신 듯한데, 증자가 홀로 공자의 가르침의 종지(宗旨)를 얻고 이 말씀을 기술하여 〈경1장〉을 만들었다면 또 굳이 별도의 문헌에 기록할 필요가 있겠습니까. 후세의 독자(讀者)들은 다만 마땅히 《대학》을 가지고 보아야 하니, 어찌 다시 다른 책에서 보려고 할 필요가 있겠습니까. 또 《중용》에 인용한 공자의 말씀도 대부분 《논어》와 《공

102 대학(大學)의……말씀인데 : 《대학》의 〈경1장(經一章)〉에는 삼강령(三綱領)인 명덕을 밝히는 것〔明明德〕, 백성을 새롭게 하는 것〔新民〕, 지선에 머무는 것〔止於至善〕과 이에 따른 팔조목(八條目)인 사물의 이치를 연구하는 것〔格物〕, 지식을 지극히 하는 것〔致知〕, 뜻을 성실히 하는 것〔誠意〕, 마음을 바루는 것〔正心〕, 몸을 닦는 것〔修身〕, 집안을 가지런히 하는 것〔齊家〕, 나라를 다스리는 것〔治國〕, 천하를 고르게 하는 것〔平天下〕이 실려있는데, 주자의 주에 "이것은 공자의 말씀을 증자가 기술한 것이다.〔孔子之言, 而曾子述之.〕"라고 하였다.

자가어》에 보이지 않는데, 어찌 홀로 《대학》의 첫 장에서만 이것을 의심한단 말입니까.

〈중용장구서(中庸章句序)〉의 "미묘(微妙)"[103]의 '묘(妙)' 자는 실로 "미소(微小 매우 작음)"의 뜻이니, "'미소(微小)'라고 말하면 '미매(微昧 밝지 못함)'의 뜻이 포함된다."라고 한 겸산(兼山)의 말씀이 맞는데,[104] 고명의 말씀 가운데 처음에 하신 말씀이 겸산의 말씀과 대략 비슷합니다. 그러나 다만 "미묘한 것이 드러난다.〔微者著〕"[105]의 '미(微)' 자를 반드시 '암(暗)' 자로 삼으려고 한 것은 너무 집착한 것인 듯합니다. '미(微)'와 '저(著)'의 뜻은 본래 상반되어서 예컨대 '위(危)'와 '안(安)'의

103 미묘(微妙) : 이 말은 《중용장구》의 서문에 "'심(心)'의 허령지각(虛靈知覺)은 하나〔一〕일 뿐인데, '인심(人心)과 도심(道心)의 구별이 있다.'고 한 것은 혹은 형기(形氣)의 사(私)에서 나오고 혹은 성명(性命)의 바름에서 근원하여 지각을 한 것이 똑같지 않기 때문이다. 그러므로 혹은 위태로워 편안치 못하고 혹은 미묘하여 보기가 어렵다.〔或微妙而難見耳.〕"라고 한 데에 보인다.

104 미소(微小)하다라고……것인데 : 겸산(兼山)은 유숙기(兪肅基, 1696~1752)의 호로, 인용한 내용은 《겸산집》 권17 〈차의(箚疑) 중용(中庸)〉에 보인다. 유숙기는 자가 자공(子恭), 본관은 기계(杞溪)로, 김창흡(金昌翕)의 문하에서 수학하였고, 경서(經書) 공부에 매진하며 이론과 실천의 부합에 힘썼다.

105 미묘한……드러난다 : 이 내용은 《중용장구》 서문에 "'정(精)'은 인심(人心)과 도심(道心) 두 가지의 사이를 살펴 섞이지 않게 하는 것이고, '일(一)'은 본심(本心)의 올바름을 지켜 떠나지 않게 하는 것인데, 여기에 종사(從事)하여 조금도 간단(間斷)함이 없어 반드시 도심으로 하여금 일신(一身)의 주장이 되게 하고 인심으로 하여금 매양 도심의 명령을 듣게 하면, 위태로운 것이 편안하게 되고 은미한 것이 드러나게 되어〔危者安, 微者著.〕 동(動)하고 정(靜)하는 것과 말하고 행하는 것이 저절로 과(過)·불급(不及)의 잘못이 없게 될 것이다."라고 한 데에 보인다.

뜻과 같으니, 하필 '미(微)' 자를 '암(暗)' 자로 바꾸어 쓴 뒤에야 비로소 합당하겠습니까. 만약 '미(微)' 자를 '암(暗)' 자로 바꾸어 쓴다면 '저(著)' 자도 마땅히 '명(明)' 자로 바꾸어 써야 합니까? 이것은 옳지 않을 듯합니다. 또 '미묘(微妙)'에 이미 '미암(微暗)'의 뜻이 들어있다면 "미자유미(微者愈微)"[106] 또한 "미묘한 것이 더욱 미묘해진다."라는 말로 보아야 하니, "'미묘(微妙)'의 '묘(妙)'는 '고묘(高妙 높은 수준과 뛰어난 솜씨)'의 '묘(妙)'가 아니고 다만 '묘소(妙小 매우 가늘고 작다)하여 보기 어렵다.'라는 뜻이다."라고 하더라도 어찌 해될 것이 있겠습니까. 그렇다면 만약 "본래 묘소(妙小)하여 보기 어려운 것이 더욱더 묘소하여 보기 어렵다."라고 한다면 어찌 문리(文理)가 되지 않겠습니까. 겸산이 이른바 "미묘의 면목이 좋은 듯하다.〔微妙面目 似好〕"[107]라는 것은 말뜻이 평탄하고 순한데, 고명의 뜻은 '면목(面目)'이라는 글자를 따라 분수(分數)를 너무 침범해서 심지어 "배우는 자들이 도심(道心)을 하찮게 볼까 염려스러우므로 '미묘'라고 말해서 배우는 자들로 하여금 미묘한 곳을 알게 하였다."라고 말씀하기까지 하니, 이것은 인위적으로 계교(計較)하고 안배(安排)한 것이 될 듯합니다. 이는 참으로 정자(程子)가 경계하신바 "성인(聖人)이 천근(淺近)한 것을 말씀한 부분을 억지로 천착(穿鑿)해서 심원(深遠)하게 하려고 한다."[108]라는

106 미자유미(微者愈微) : 이 내용도 《중용장구》 서문에 "도심(道心)과 인심(人心) 두 가지가 마음의 사이에 섞여 있어서 다스릴 바를 알지 못하면 위태로운 것은 더욱 위태로워지고 은미한 것은 더욱 은미해져서〔微者愈微〕 공변된 천리(天理)가 끝내 사사로운 인욕(人慾)을 이길 수가 없다."라고 한 데에 보인다.

107 미묘의……듯하다 : 이 내용은 《겸산집》 권17 〈차의(箚疑) 중용(中庸)〉에 보인다.

것이니, 주자가 경문을 해석할 적에 반드시 이와 같이 하지 않으셨을 것입니다.

대순(大舜)의 '위미(危微)'의 가르침[109]은 참으로 경계하신 뜻이고, 도심(道心)을 찬양함에는 미치지 않았으니, "도심유미(道心惟微)"의 '미(微)'는 '정미(精微 정밀하고 자세함)'의 '미(微)'와 같은 의미가 아니고, 본래 "밝히기는 어렵고 어두워지기는 쉽다.〔難明易昧〕"[110]라는 뜻입니다. 그러므로 주자가 〈중용장구서〉에서 '미묘(微妙)'라는 말로 해석하여 '암매(暗昧 어두워 밝지 못하다)'의 뜻을 포함시켰으니, 다만 '미매(微昧)'나 '미소(微小)'보다 더 나은 면목(面目)을 취한 것이고, 배우는 자들이 '미매'나 '미소'라고 하여 경시하고 소홀히 여길까 염려한 것이 아닙니다. 만약 '미소(微小)'라고 하면 '미(微)' 자가 이미 '소(小)'의 뜻이고, 만약 '미암(微暗)'이라고 하면 '미(微)' 자가 이미 '암(暗)'의 뜻이니, 모두 의미가 중첩될 듯합니다. 그러므로 '묘(妙)' 자를 사용하여 지극히 작음을 형용한 것입니다. 주자의 뜻이 여기에서 나온 듯한데, 어떨지 모르겠습니다.

108 성인(聖人)이……한다 : 이 내용은 《근사록》 권3 〈치지(致知)〉에 보인다.

109 대순(大舜)의 위미(危微)의 가르침 : '대순'은 순(舜)임금을 높여 칭한 것인바, '위미(危微)의 가르침'은 순임금이 우(禹)에게 선양하면서 요(堯)임금의 "진실로 그 중을 잡으라.〔允執其中〕"는 말씀 앞에 "인심은 위태롭고 도심은 은미하니 정밀히 살피고 한결같이 지켜라.〔人心惟危, 道心惟微, 惟精惟一.〕"라는 세 구절을 보탠 것을 가리킨다. 《論語 堯曰》《書經 大禹謨》

110 밝히기는……쉽다 : 이 내용은 《주자대전》 권65 〈잡저(雜著) 우서(虞書)〉에 "인심은 동(動)하기는 쉽고 돌이키기는 어렵기 때문에 위태로워 편안하지 못한 것이고, 의리는 밝히기는 어렵고 어두워지기는 쉽기 때문에 은미하여 드러나지 않는 것이다.〔義理, 難明而易昧, 故微而不顯.〕"라고 보인다.

'불편(不偏)'과 '불의(不倚)'[111]는 남당(南塘 한원진(韓元震))이 설명한 것을 그르다고 할 수가 없습니다. '불편'과 '불의'는 본래 동일한 뜻이니, '편의(偏倚)'라는 글자는 '과불급(過不及)'과 그 의례(義例 주지(主旨)와 용례)가 똑같지 않습니다. 그러나 이미 '불편(不偏)'을 말하고서 또 '불의(不倚)'를 말하였으니, 또한 간략히 분별한 것인 듯합니다.

글자의 뜻을 가지고 말하면 '편(偏)'은 '한쪽'이라는 뜻이고 '의(倚)'는 물건이 있은 연후에 기댈 수 있는 것입니다. 그러므로 남당이 이것을 해석하기를 "한쪽에 치우치지 않고 한 물건에 기대지 않는다.〔不偏於一邊 不倚於一物〕"[112]라고 하였습니다. 그 뜻은 희(喜)나 노(怒)나 애(哀)나 낙(樂) 중의 한 가지 정(情)에 치우치지 않고, 기뻐할 만한 것이나 노여워할 만한 것 등의 한 가지 일〔事〕에 기대지 않는 것인데, '편의(偏倚)' 두 글자는 모두 희·로·애·락에 속하나 이 가운데서 한 글자는 정(情)을 가지고 말하고 한 글자는 일〔事〕을 가지고 말하였으니, 두 글자의 뜻을 각각 해석함에 어찌 분명하지 않겠습니까.

고명의 말씀은 남당의 설에 이견을 세우고자 하시나, 어리석은 저는 남당 설과의 차이점을 볼 수가 없습니다. 위 구(句)의 "희로애락이 애당초 치우칠 만한 곳이 없다.〔喜怒哀樂 初無可偏處〕"라는 것은 바로 남당이 말씀한 "한쪽에 치우치지 않는다.〔不偏於一邊〕"라는 뜻이고, 아

111 불편(不偏)과 불의(不倚) : 주가가 《중용장구》에서 《중용》의 제목을 해설하며 "중은 치우치지 않고 의지하지 않으며 과와 불급이 없는 것의 이름이고, 용은 평상이다.〔中者, 不偏不倚無過不及之名, 庸平常也.〕"라고 한 데에 보인다.

112 한쪽에……않는다 : 이 내용은 《남당집(南塘集)》 권21 〈심성유에게 답함〔答沈聖游〕〉에 보인다.

래 구의 "의지하지 않고 중립한다.〔不爲倚着 而中立〕"라는 것은 "어느 곳에도 의지하지 않는다.〔不爲倚着於何處〕"라는 말입니까? 의지하면 사물에 의지하니, 남당의 "한 물건에 의지하지 않는다.〔不倚於一物〕"라는 말씀과 무엇이 다릅니까.

또 이 아래《중용장구》 제10장[113]에 대해 남당이 "중립하여 치우치지 않음이다.〔中立爲不偏〕"라고 한 설을 그르다고 하셨습니다. 그렇다면 "중립하여 의지하지 않음〔中立不倚〕"은 바로 희로애락이 발한 뒤의 일인데, 지금 이것을 가지고 아직 발하지 않았을 때의 '불의(不倚)'를 해석한다면 모순될 듯하니, 어떨지 모르겠습니다.

대저 '불편(不偏)'과 '불의(不倚)'는 비록 간략히 나누어 말한 경우가 있으나 끝내 똑같은 뜻이므로 치우치지 않으면 곧 의지하지 않는 것이니, "치우치지 않음이 있고, 또 의지하지 않음이 있음"을 이르는 것이 아닙니다. 주자가《중용혹문(中庸或問)》에서 '불편'과 '불의'를 합하여 해석하기를 "자리를 잡아 서되 사방 어디에도 가까이 하지 않음은 마음의 체(體)이고, 자리의 중앙이다.〔立而不近四旁 心之體地之中〕"[114]라고 하셨으니, 여기에서 볼 수 있습니다.

'편(偏)'과 '의(倚)'가 이미 동일한 뜻이라면, '불(不)' 자 하나가 많기

113 중용장구 제10장 :《중용장구》 제10장에 "군자는 화하되 흐르지 않으니, 강하다, 꿋꿋함이여! 중립해서 치우치지 않으니, 강하다, 꿋꿋함이여!〔君子和而不流, 强哉矯! 中立而不倚, 强哉矯!〕"라고 한 것을 가리킨다.

114 자리를……중앙이다 :《중용혹문》 첫 조목에 혹자가 "정자(程子)는 '중(中)'의 의미를 '치우치지 않음〔不偏〕'으로만 해석했고, 여대림(呂大臨)은 '과・불급이 없음〔無過不及〕'으로만 해석하였습니다. 둘의 의미는 다른데, 왜 주자는 합쳐서 설명합니까?"라고 묻자, 주자가 대답한 말에 이 내용이 보인다.

는 하지만 고인(古人)의 문장과 어법(語法)에 이렇게 쓰는 경우가 있으니,[115] 또한 군이 깊이 의심할 필요가 없습니다. 어떨지 모르겠습니다.

"지성무식(至誠無息)" 장[116]의 "박후재물(博厚載物)"의 주(註)와 "배지(配地)"의 주에서 먼저 '용(用)'을 말하고 뒤에 '체(體)'를 말하였는데,[117] 육가서(陸稼書)는 '체(體)' 자를 "용(用) 가운데의 체(體)이다."라고 하였으니,[118] 적확한 뜻인지를 알 수 없습니다. 고명하신 말씀에 논하신바 "'용'으로 말미암아 '체'에 이르고, 아래로부터 위로 도달한

115 편(偏)과……있으니 : '편(偏)'과 '의(倚)'가 동일한 뜻이기 때문에 부정의 의미로 쓸 경우 부정사인 '불(不)' 자를 하나만 써서 '불편의(不偏倚)'라고 하면 되는데, 굳이 '불(不)' 자를 하나 더 써서 '불편불의(不偏不倚)'라고 한 것은 옛사람들의 글쓰는 방식일 뿐이라는 말이다.

116 지성무식(至誠無息) 장 : "지성은 쉼이 없다.〔至誠無息〕"라는 말이 나오는 《중용장구》 제26장을 가리킨다.

117 박후재물(博厚載物)의……말하였는데 : 제4절에 "박후는 만물을 실어주는 것이고, 고명은 만물을 덮어주는 것이고, 유구는 만물을 이루어주는 것이다.〔博厚, 所以載物也; 高明, 所以覆物也; 悠久, 所以成物也.〕"라고 한 부분에 대한 주자의 주에 "이는 성인이 천지와 더불어 용이 같음을 말씀한 것이다.〔此言: 聖人與天地同用.〕"라고 한 것과, 제5절에 "넓고 두터운 것은 땅의 덕과 배합하고, 높고 밝은 것은 하늘의 덕과 배합하고, 길이 지속되는 것은 다함이 없다.〔博厚配地, 高明配天, 悠久無疆.〕"라고 한 부분에 대한 주자의 주에 "이는 성인이 천지와 더불어 체가 같음을 말씀한 것이다.〔此言: 聖人與天地同體.〕"라고 한 것을 가리킨다.

118 육가서(陸稼書)는……하였으니 : 가서는 청나라 문인인 육농기(陸隴其, 1630~1692)의 자로, 인용한 내용은 육농기의 《사서강의곤면록(四書講義困勉錄)》 권3 〈중용(中庸)〉에 보인다. 육농기는 호가 당호(當湖)로, 정주학(程朱學)을 숭배하고 양명학(陽明學)을 극력 반대하였다. 사후에 공자묘(孔子廟)에 배향되었으며, 시호는 청헌(淸獻)이다.

다."라는 것은 좋은 견해입니다만 육가서의 설도 하나의 뜻이 되니, 다 버려서는 안 됩니다. 마땅히 고명의 말씀과 함께 보존해야 할 것인데, 어떨지 모르겠습니다.

〈사하(肆夏)〉는 진실로 〈시매(時邁)〉라고 말하지만 〈채자(采齊)〉는 과연 어떤 시입니까?[119] 전일(前日)에 "아직 상고하지 못했다."고 대답한 것은 이 때문입니다. 《시경》 〈주송(周頌) 청묘지십(淸廟之什)〉의 〈시매(時邁)〉 장에 "이 중하(中夏)에 베푸네〔肆于時夏〕"라는 말이 있습니다. 그러므로 여숙옥(呂叔玉)이 〈사하〉를 〈시매〉라고 하였으나, 《주례(周禮)》의 '구하(九夏)'에 대한 정현(鄭玄)의 주를 가지고 살펴보면 〈사하〉가 반드시 〈시매〉가 됨을 발견할 수가 없습니다.[120] 그리

119 사하(肆夏)는……시입니까 : 《예기》 〈옥조(玉藻)〉에 "추창(趨蹌)할 적에는 〈채자〉에 맞추고 걸어갈 적에는 〈사하〉에 맞춘다.〔趨以采齊, 行以肆夏.〕"라고 하였는바, 〈채자〉와 〈사하〉는 모두 옛날 악장(樂章) 이름인데, 지금은 전하지 않는다. 〈사하〉의 경우 《의례》 〈대사의(大射儀)〉에 "〈사하〉를 연주하면 주빈이 서쪽 계단을 통하여 당에 오르는데, 주인이 주빈을 따라 뒤이어 오른다.〔奏肆夏, 賓升自西階, 主人從之.〕"라고 하였는데, 후한(後漢)의 정현(鄭玄)이 이에 주를 달아 다음과 같이 설명하였다. "〈사하〉는 악장의 이름으로 지금은 전하지 않는다. 여숙옥(呂叔玉)이 말하기를 '〈사하〉는 〈시매(時邁)〉이다.'라고 하였다. 〈시매〉는 태평성대에 왕이 천하를 순수(巡守)하면서 산천에 제사를 올릴 때 부르는 악가(樂歌)이다. 그 시에 '밝은 주(周)나라가 지위에 있는 이들을 차례로 서열하네.〔明昭有周, 式序在位.〕'라고 하고, 또 '내가 아름다운 덕을 구하여 이 중하(中夏)에 베푸네.〔我求懿德, 肆于時夏.〕'라고 하였다. 이 악장을 연주하면서 빈객을 맞이하고 선왕(宣王)의 덕을 드러내고 어질게 되고자 하는 뜻을 권면하였다. 《주례》에 '빈객이 드나들 때에 〈사하〉를 연주하였다.〔賓出入, 奏肆夏.〕'라고 하였다."

120 주례(周禮)의……없습니다 : 〈구하(九夏)〉는 총 아홉 가지로 되어있는 악장 이

고 《춘추좌씨전(春秋左氏傳)》 두예(杜預)의 주에 〈사하〉를 "악곡(樂曲)의 이름이다."라고 하였습니다.[121] 〈사하〉가 만약 악곡이라면 바로 가사(歌詞)가 없는 생시(笙詩)[122]이니, 〈시매〉로 보아서는 안 될 것이고, 〈채자〉의 이름은 《시경》에 보이지 않습니다. 학씨(郝氏)는 〈사하〉와 〈채자〉를 모두 일시(逸詩)의 이름이라 하였으니,[123] 이것이 맞을 듯합니다. 〈채자〉의 '자(齊)'를 《주례》 〈악사(樂師)〉에는 '제(薺)'로 썼습니다. '제(薺)'는 바로 감채(甘菜)이니, "이것을 채취(采取)한다."라는 뜻이 합당합니다. 그러나 왕소우(王昭禹)[124]는 "걸어갈 때는 느리니, 느리면 목적지에 곧장 도달하게 하고자 하므로 〈사하〉를 연주

름으로 《주례》 〈춘관(春官) 종사(鍾師)〉에 나온다. 〈사하〉도 그중에 하나인데, 정현의 주에 〈사하〉를 설명하면서 《의례》 〈대사의(大射儀)〉의 주에서 인용한 여숙옥의 설만 그대로 실어놓았고, 다른 구체적인 설명은 하지 않았기 때문에 이렇게 말한 것이다.

121 춘추좌씨전(春秋左氏傳)……하였습니다 : 《춘추좌씨전》 양공(襄公) 4년 조에 "진후(晉侯)가 연향(宴享)을 베풀 적에 종(鍾)으로 〈사하〉의 3장을 연주하니, 목숙(穆叔)은 배사(拜謝)하지 않았다."라고 하였는데, 〈사하〉를 "악곡(樂曲)의 이름이다."라고 한 설이 두예(杜預)의 주에 보인다.

122 생시(笙詩) : 《시경》 〈소아(小雅)〉 가운데 〈남해(南陔)〉, 〈백화(白華)〉, 〈화서(華黍)〉, 〈유경(由庚)〉, 〈숭구(崇丘)〉, 〈유의(由儀)〉 6편은 편명만 있고 내용은 없는바, 주자가 《시경집전(詩經集傳)》에서 이들 6편을 가리켜 '생시'라고 하였다.

123 학씨(郝氏)는……하였으니 : '학씨'는 누구인지 자세하지 않고, 〈사하〉와 〈채자〉를 모두 일시(逸詩)라고 한 내용은 《주례주소(周禮注疏)》 권23 〈악사(樂師)〉의 정현의 주에 혹자(或者)의 말로 인용되어있다.

124 왕소우(王昭禹) : 저본에는 '왕복우(王服禹)'로 되어있으나, 《사고전서(四庫全書)》의 〈주례집설제요(周禮集說提要)〉에 의거하여 '복(服)'을 '소(昭)'로 바로잡아 번역하였다. 왕소우는 북송 때 인물로, 자는 광원(光遠)이다. 저술로 《주례상해(周禮詳解)》 40권이 있다.

하고, 추창(趨蹌)할 때는 빠르니, 빠르면 정제(整齊)하고 엄숙하게 하고자 하므로 〈채자〉를 사용한다."[125]라고 하였으니, '자(薺)' 자에 비록 초두(草頭 艹)를 붙였더라도 결국에는 '정제(整齊)'의 뜻인 것입니다.

중인(衆人)에 대해 "'미발(未發)'이 있다", "'미발'이 없다."라고 하는 설의 경우 주자(朱子)의 세 가지 말씀이 과연 똑같지 않습니다. 그러나 주자가 서언장(徐彦章)에게 답한 편지에 "시장의 일꾼도 미발이 있다."[126]라고 한 것은 미정(未定)의 의논일 듯합니다. 《주자어류》에 "만약 공부가 없으면 정(靜)할 때에도 동(動)한다.〔若無工夫 靜亦動〕"[127]라고 한 것이 바로 정론(定論)입니다. 그리고 호광중(胡廣仲)에게 답한 편지에 "성품이 고요한 자는 이러한 때가 있기도 하다.〔性靜者 或有此時節〕"[128]라고 말씀한 것도 일리가 있을 듯합니다. 사람의 성품이 고요한 자는 기품이 매우 좋고 물욕(物欲) 또한 적어서 불안하게 동요하는 근심이 없으므로 사물에 응하지 않았을 때에 본체를

125 걸어갈……사용한다 : 이 내용은 《주례집설(周禮集說)》 권5 〈악사(樂師)〉의 주에 보인다.

126 시장의……있다 : 이 내용은 《주자대전》 권54 〈서언장에게 답함〔答徐彦章〕〉에 "미발은 외물에 아직 응하지 않은 때이니, 설령 시장바닥의 장사꾼이나 일꾼이나 노예라 할지라도 이러한 때가 없지 않다.〔未發只是未應物時, 雖市井販夫、厮役、賤隸, 亦不無此等時節.〕"라고 보인다.

127 만약……동(動)한다 : 이 내용은 《주자어류》 권12 〈지수(持守)〉에 보인다.

128 성품이……하다 : 이 내용은 《주자대전》 권42 〈호광중에게 답함〔答胡廣仲〕〉에 보인다.

잃지 않을 수 있습니다. 그러나 이미 "간혹 있기도 하다."라고 말했으면 반드시 많이 있는 것은 아닙니다.

저는 주자의 세 말씀에서 《주자어류》의 설을 따르고자 하는데, 단지 《주자어류》의 말이 이와 같을 뿐만 아니라 임택지(林擇之)에게 답한 편지에 "사물에 감동하지 않았을 때에 만약 마음에 주재(主宰)가 없으면 또한 그 고요함을 편안히 여기지 못하니, 다만 이것이 곧 천성(天性)을 어둡게 하는 것이다. 그리고 신독(愼獨)을 하지 못하면 비록 사물이 나에게 이르지 않았더라도 진실로 이미 잡란하고 요란하여 다시는 미발(未發)의 때가 없다."[129]라고 하셨습니다. 이것을 근거해 보면 주자의 의논은 "중인(衆人)은 미발이 없다."는 것을 헤아려 결정하셨음을 알 수 있습니다. 우리 동방 제현(諸賢)의 의논은 실제로 모두 주자에게 전수받은 바가 있으나, 율곡(栗谷 이이)과 우암(尤菴 송시열)의 설이 비교적 더 자세하고 분명하니, 후학들이 마땅히 이해하고 깨달아야 할 것입니다. 보내주신 편지에 이른바 "하늘이 명(命)한 성(性)으로 사람이 되었으면 원초(原初)의 미발에는 성인(聖人)과 범인(凡人)의 차이가 없는데, 계구(戒懼)[130] 공부에 깊고 얕은 차이가 있음으로 인해 비로소 크게 달라지고, 중인은 미발의 경계가 없게 된다."라는 것이 맞습니다.

'미발' 한 절(節)은 바로 "도를 품절(品節)함을 가르침이라고 한다.

129 사물에……없다 : 이 내용은 《주자대전》 권43 〈임택지에게 답함〔答林擇之〕〉에 보인다.

130 계구(戒懼) : '계신공구(戒愼恐懼)'의 줄임 말로, 《중용장구》 제1장에 "군자는 보지 않을 때에도 경계하고 삼가며, 듣지 않을 때에도 두려워한다.〔君子戒愼乎其所不睹, 恐懼乎其所不聞.〕"라고 한 데서 온 말이다.

〔修道之謂敎〕" 이후의 일인데, 의논한 자들은 매양 "하늘이 명한 것을 성이라고 한다.〔天命之謂性〕"에까지 미루어 가서 말하기 때문에 "성인과 범인이 똑같이 미발이 있다."라고 하는 것입니다. 그러나 성인과 범인이 똑같이 가진 것은 바로 유강공(劉康公)의 이른바 "사람은 천지(天地)의 중(中)을 받았다."라는 것[131]이고, 자사자(子思子)가 이른바 "미발의 중(中)"[132]이 아닙니다. 중인은 계구(戒懼)의 공부가 없으니, 어떻게 본체를 보전하여 지켜서 그 중(中)을 잃지 않겠습니까. "전광석화(電光石火)의 삽시간에 혹 있기도 하다."라는 설도 매우 거칠고 경솔한 말입니다. 중인(衆人)의 마음은 종일토록 분란하고 소요한 나머지 비록 사물을 접하지 않는 때가 있더라도 바로 방촌(方寸 마음)의 사이에 기질(氣質)의 탁한 것과 악한 것이 그대로 있으니, 비유하면 화염이 겨우 그쳤더라도 연기는 여전히 생기고 있는 것과 같으니, 어찌 이른바 '중(中)'이라는 것이 있겠습니까. 말씀하신바 "설혹 있을 수 있다."라는 것은 끝내 명쾌한 결론이 아니고, 미발(未發) 때의 분수(分數)의 조목 또한 구차할 듯한데, 어떨지 모르겠습니다.

어리석은 저는 《중용》의 이 절에 대하여 삼가 일찍이 생각하고 헤아

131 유강공(劉康公)의……것 : 인용한 내용은 《춘추좌씨전》 성공(成公) 13년 조에 "사람은 천지의 중(中)을 품부받고 태어나니, 이것이 이른바 '천명'이라는 것이다.〔民受天地之中以生, 所謂命也.〕"라고 보이는데, 바로 유강공의 말이다. 유강공은 주(周)나라 정왕(定王)의 아우로, 진(秦)나라를 토벌하기 위하여 주나라 도읍에서 회합을 갖고 제후와 대부들에게 제사 고기를 나눠 줄 적에 이를 받는 성자(成子)의 태도가 공경스럽지 못한 것을 보고는 그가 전쟁에서 살아 돌아오지 못할 것임을 알아본 일이 있다.

132 자사자(子思子)가……중(中) : '자사자'는 《중용》을 지은 자사(子思)를 높여 부른 것으로, 인용한 내용은 《중용장구》 제1장의 "희로애락이 발하기 이전을 중이라고 한다.〔喜怒哀樂之未發, 謂之中.〕"를 가리킨다.

려 마음속에 터득한 것이 있습니다. "중인은 미발이 없다."라는 것을 다만 "계구(戒懼)하지 못한다."라는 것을 가지고 알 수 있을 뿐만이 아니고, 아래 구의 "발하여 모두 절도에 맞음을 '화'라 한다.〔發而皆中節之謂和〕"라는 글을 가지고서도 알 수 있습니다. 중인은 비록 한 때의 정(情)이 절도에 맞기도 하지만, 어찌 성인(聖人)처럼 희·로·애·락 네 가지가 다 절도에 맞을 수 있겠습니까. 이미 다 절도에 맞는 '화'가 없다면 '미발의 중'이 없음이 분명합니다. 중·화를 다만 동(動)과 정(靜)으로 나누면 실로 경(輕)과 중(重)의 구분이 없으니, 만약 "중인은 '미발의 중(中)'이 있고 '이발(已發)의 화(和)'가 없다."고 말할 경우 이것은 중인은 능히 계구(戒懼)할 수는 있으나 신독(愼獨)할 수 없다는 뜻이 됩니다. 그리하여 '중'이 도리어 경(輕)이 되고 '화'가 도리어 중(重)이 되니, 이것이 어찌 자사(子思)가 중(中)과 화(和)를 서두에서 나란히 말씀한 뜻이겠습니까.

윤여오에게 답함

答尹汝五

문 〈사하(肆夏)〉의 뜻은 운운.

답 〈사하〉를 이미 〈시매(時邁)〉의 시로 볼 수 없다면 〈사하〉는 "중국에 펴다.〔布陳于中國〕"[133]라는 뜻이 아니니, 마땅히 별도로 그 뜻이 있을 것인데, 자세히 알 수가 없습니다. 그러나 왕소우(王昭禹)[134]의 설로 미루어보면 "천천히 걸어가면 곧바로 이루고자 하므로 〈사하〉를 연주한다.〔行欲直遂 故奏肆夏〕"라는 것은 '사(肆)'를 '수(遂)'의 뜻으로 여긴 듯하니, '사(肆)'는 과연 '수(遂)'의 뜻이고, '하(夏)'는 '크다.〔大〕'는 말입니다. '하(夏)' 자는 "곧바로 이루다.〔直遂〕"라는 뜻과 관련이 없을 듯한데, 혹시 겸하여 말한 것입니까? 이러한 등속은 굳이 억지로 해석할 필요가 없습니다.

문 '미발(未發)의 중(中)'을 천명(天命)상에까지 미루어 말했습니다. 운운.

답 보내온 편지에 저의 말 가운데 "추급(推及)" 두 글자를 병통이라

133 중국에 펴다 : 이 내용은 《시경》 〈주송 청묘지십〉의 〈시매〉 장의 "내가 아름다운 덕을 구하여 이 중하(中夏)에 편다.〔我求懿德, 肆于時夏.〕"라는 구절에 대해 주자가 "아름다운 덕을 더 구해서 중국에 편다.〔益求懿美之德, 以布陳于中國.〕"라고 주한 데에 보인다.

134 왕소우(王昭禹) : 저본에는 '왕복우(王服禹)'로 되어있으나, 《사고전서》의 〈주례집설제요(周禮集說提要)〉에 의거하여 '服'을 '昭'로 바로잡아 번역하였다.

하셨으니, 이것은 저의 말이 뜻을 제대로 전달하지 못한 부분입니다. 그러나 저의 말에 이미 "천명(天命)상에까지 미루어 말했으므로 성인과 범인이 똑같이 미발이 있다."라고 하였으니, "천명(天命)의 성(性)"이 미발이 됨을 여기에서 알 수 있습니다. 주자가 말씀하신바 "원초(原初)의 미발은 성인과 범인이 똑같다."라는 것과 서로 무슨 어긋남이 있겠습니까. 저의 생각에는 '미발의 중(中)'은 바로 군자의 공부함을 가리켜 말한 것이고, 사람마다 이와 같다고 말한 것이 아닌데, 논자(論者)가 이 '수도(修道)' 이후의 일을 가지고서 원초(原初)에 부여한 성(性)으로 삼아 말하여 "중인(衆人)도 다 미발의 상태가 있다."라고 인식한 것은 추급(推及)하여 말한 것인 듯합니다. 그러므로 이와 같이 말한 것인데, '추급'이라는 말에 혹 미발을 두 개의 층(層)으로 만든 혐의가 없지 않아 고명(高明)으로 하여금 의심하게 한 것입니다. 그러나 '추급' 두 글자는 마땅히 융통성있게 보아야 할 듯한데, 어떨지 모르겠습니다. 만약 끝내 온당치 못하다고 여기신다면, 이것을 고쳐서 "논하는 자가 매번 곧바로 천명의 본초(本初)로 삼아 말한다. 그러므로 운운"이라고 하면 다소 온당한 것 같습니까? 자세히 가르쳐 주시기를 바랍니다.

"마음속에 기질의 탁한 것과 악(惡)한 것이 그대로 남아 있다. 운운"이라고 말한 것은 "사물과 접하지 않았을 때에 말할 만한 악이 있다."라고 말한 것이 아닙니다. 율곡이 이미 "악은 탁한 기가 발한 것이다."[135] 라고 말씀하셨습니다. 그렇다면 중인의 마음은 종일토록 어지러운 나

135 악은……것이다 : 이 내용은 《율곡전서》 권14 〈인심도심도설(人心道心圖說)〉에 보인다.

머지, 일의 응함이 이미 끝났더라도 마음속에 탁한 기운이 그대로 남아 있습니다. 이는 악의 뿌리가 되기 때문에 여기에 '악' 자를 넣은 것입니다. 그러나 보내주신 편지를 통하여 이것이 과연 말의 병폐임을 깨달았으니, '탁한 것과 악한 것'의 '악' 자를 '박(駁)' 자로 고치는 것이 어떻겠습니까?

문 기질 속에 청명(晴明)과 탁박(濁駁) 두 기(氣)가 있습니다. 운운.

답 성인(聖人)의 기질은 지극히 깨끗하고 지극히 순수한데, 중인(衆人)의 기질은 탁하고 잡박(雜駁)하여 깨끗한 것이 많고 탁한 것이 적은 자도 있고 탁한 것이 많고 깨끗한 것이 적은 자도 있으니, 청(淸)과 탁(濁)이 서로 뒤섞인 것입니다. 찌꺼기는 응당 청명(淸明)한 것의 아래에 있는 것인데, 경(敬)을 유지하지 못하면 마음이 어두워지고 분산하여 깨끗한 기운이 도리어 아래에 있고 탁한 기운이 도리어 위에 있게 됩니다. 만일 경을 유지하여 마음을 바르게 할 수 있으면 깨끗한 기운이 위에 있고 탁한 기운이 아래에 있게 됩니다. 마음이 깨끗한 기운을 타고 발하면 천리(天理)를 순히 따라 선(善)한 마음이 되고, 탁한 기운을 타고 발하면 인욕(人慾)을 따라 악이 됩니다. 이것을 토대로 말하면 청(淸)과 탁(濁) 두 기운이 상호 간에 진퇴(進退)와 승강(昇降)이 있어서 마음을 잡아 지키느냐 놓아버리느냐에 따라 똑같지 않습니다. 그래서 깨끗한 기가 발할 때도 있고 혼탁한 기가 발할 때도 있는 것이니, 동시에 나란히 발하여 선과 악으로 나누어지는 것은 아닙니다.

윤여오에게 답함
答尹汝五

문 서자(庶子)의 상에, 미처 부제(祔祭)를 행하지 못했습니다. 운운.

답 "종자(宗子)가 부모의 상중에 기년복과 대공복의 부제(祔祭)를 행한다."라는 것은 신재(愼齋 김집) 선생의 의논입니다. 서자의 상에 미처 부제를 행하지 못하고서 그 아버지가 별세하면, 아버지의 손자 가운데 승중(承重)하는 자가 비록 중한 상중에 있더라도 어찌 미처 신주(神主)를 고쳐 쓰지 못했다 하여 서숙(庶叔)의 부제를 행하지 않을 수 있겠습니까. 만약 "그 할아버지가 마땅히 부제를 주관해야 하는데 할아버지가 별세해서 감히 대행(代行)하지 못한다."라고 한다면, 이는 옳지 않습니다. 아버지가 살아계시고 어머니가 돌아가셨을 적에 미처 부제를 행하지 못하고서 아버지가 별세하면 어머니 상의 부제를 아버지 상의 졸곡 이후에 뒤미처 행하니, 어찌 미처 신주를 고치지 못했다 하여 부제를 행하지 않겠습니까. 이것을 가지고 논하면 맹씨(孟氏) 집안에서 대처하는 것은 이미 당초에 잘못되었습니다. 그러나 3년 이후에는 뒤미처 부제하는 도(道)가 없으니, 오직 "때가 지나면 제사하지 않는다.〔過時不祭〕"[136]라는 의리를 사용하여 제사를 지내지 않아야 할 뿐입니다.

문 순(舜)임금의 두 비〔二妃〕[137] 운운.

136 때가……않는다 : 이 내용은 《예기》 〈증자문(曾子問)〉에 보인다.

답 순임금의 두 비는 진실로 한 양(陽)과 두 음(陰)의 이치에서 나왔다고 할 수 있으나, 순임금 이전에 제곡(帝嚳)의 네 비[138]는 바로 "한 양에 네 음"인 것입니다. 대저 양은 높고 음은 낮아서 높은 것은 하나이고 낮은 것은 많습니다. 잉첩(媵妾)으로 데리고 오는 조카딸과 여동생의 규정이 《시경》의 국풍(國風)에 여러 번 보이니, 옛날 제후가 한 번에 아홉 여자를 데려왔기 때문입니다.[139] "한 양에 두 음"의 이치는 진실로 만세(萬世)에 바꿀 수 없는 것인데, 예(禮)에는 연혁(沿革)과 가감(加減)이 있기 때문에 제곡(帝嚳)의 네 비와 우순(虞舜)의 두 비

137 순(舜)임금의 두 비 : '두 비〔二妃〕'는 요(堯)임금의 두 딸로서 순임금의 비가 된 아황(娥皇)과 여영(女英)으로, 《서경》 〈요전(堯典)〉에 "두 딸을 규수의 물굽이로 내려보내어 우씨의 아내가 되게 하셨다.〔釐降二女于嬀汭, 嬪于虞.〕"라고 보인다.

138 제곡(帝嚳)의 네 비 : 제곡은 중국 상고시대 황제(黃帝) 헌원씨(軒轅氏)의 증손인 제곡 고신씨(高辛氏)로, '네 비'는 원비(元妃)인 유태씨(有邰氏)의 딸 강원(姜嫄), 차비(次妃)인 유융씨(有娀氏)의 딸 간적(簡狄), 그 다음 비인 진풍씨(陳豐氏)의 딸 경도(慶都), 그 다음 비인 추자씨(娵訾氏)의 딸 상의(常儀)이다. 《史記正義》

139 잉첩(媵妾)으로……때문입니다 : 국풍(國風)에 보이는 잉첩에 대한 내용은 《시경》 〈소남(召南) 작소(鵲巢)〉의 "새아씨가 시집옴에 백량(百兩)으로 이루도다〔之子于歸, 百兩成之.〕", 〈패풍(邶風) 천수(泉水)〉의 "예쁜 저 여러 희(姬)들과 애오라지 상의하노라〔孌彼諸姬, 聊與之謀.〕" 등을 가리킨다. 그리고 '제후가 한 번에 아홉 여자를 데리고 온 것'은, 〈대아(大雅) 한혁(韓奕)〉에 "여러 여동생이 따라서 시집오니 얌전하고 구름처럼 많도다.〔諸娣從之, 祁祁如雲.〕"라고 하였는데, 주자의 《집전(集傳)》에 "'제제(諸娣)'는 제후가 한 번 장가들면 아홉 여자를 데려오는데〔一娶九女〕 두 나라가 잉첩을 보내오니, 모두 여동생과 조카딸이 있다."라고 보인다.
'국풍'은 《시경》의 문체의 하나로, 당시 각국(各國)의 민요 따위를 모은 것인바, 〈주남(周南)〉·〈소남〉과 십삼열국풍(十三列國風)을 합하여 모두 15개 국풍으로 되어있는데, 정(正)·변(變)으로 구분하여 〈주남〉·〈소남〉을 '정풍(正風)', 〈패풍〉 이하 빈풍(豳風)까지 13개국의 국풍을 '변풍(變風)'이라고 한다.

에는 '원비(元妃)'와 '차비(次妃)'라는 이름은 있고 적처(嫡妻)와 첩(妾)의 구분이 없으며, 주(周)나라의 한 황후(皇后)와 세 부인(夫人)은 적처와 첩의 구분이 있고 '원비'와 '차비'라는 이름이 없으니,[140] 이것이 바로 똑같지 않은 것입니다. 이미 단지 '한 황후'라고 했으면 위에서 임금의 체(體)를 함께 한 것은 한 사람일 뿐입니다. 그렇다면 상고(上古)에 네 비와 두 비의 예(禮)는 주(周)나라 때 이르러 이미 변한 것입니다. 잉첩의 규정은 진실로 어느 때에 폐지됐는지는 자세히 알 수 없으나, 한(漢)나라 성제(成帝) 때 조황후(趙皇后)가 그 아우 합덕(合德)과 함께 입궁(入宮)을 하였으니,[141] 그렇다면 잉첩의 규정이 한나라 때까지도 여전히 남아 있었음을 알 수 있습니다.

자매가 한 사람의 처(妻)가 된 것은 단지 요(堯)임금의 두 딸이 그러했을 뿐만 아니라 구양수(歐陽脩)도 그 전처(前妻)와 후처(後妻)가 모두 설규(薛奎)의 딸이었습니다.[142] 그렇다면 이 풍속이 송(宋)나라 때

140 주(周)나라의……없으니 : 《예기》 〈단궁 하(檀弓下)〉에 "천자는 후를 두며, 부인을 두며, 세부를 두며, 빈을 두며, 처를 두며, 첩을 둔다.〔天子有后, 有夫人, 有世婦, 有嬪, 有妻, 有妾.〕"라고 하였는데, 진호(陳澔)의 《예기집설(禮記集說)》에 "부인이 3명이고 빈이 9명이고 세부가 27명이고 어처(御妻 모시는 처)가 81명이니, 황후 이하의 수가 모두 3배씩 늘어난다. 첩의 숫자는 알려진 것이 없다."라고 보인다.

141 한(漢)나라……하였으니 : 한나라 성제(成帝)는 성양후(成陽侯) 조림(趙臨)의 딸 조비연(趙飛燕)에게 반해서 그 아우 합덕(合德)까지 불러들여 첩여(婕妤)로 삼았다가, 뒤에 허후(許后)를 폐하고 후(后)로 삼았는바, 이것을 가리킨다. 《漢書 卷97 外戚傳下》

142 구양수(歐陽脩)도……딸이었습니다 : 《사문유취(事文類聚)》에 구양수(1007~1072)가 처음에 설규(薛奎, 967~1034)의 장녀(長女)에게 장가를 들었다가 뒤에 처의 동생에게 재취(再娶)하였다고 한 것을 가리켜 말한 것이다. 그런데 구양수가

까지도 그대로 있었으나, 다만 자매를 재차(再次) 연이어 부인으로 맞이한 것이 자매를 동시에 함께 부인으로 맞이한 것과 다를 뿐입니다. 중국의 혼인에서는 이성(異姓)의 사촌 남매끼리도 부부가 될 수 있었으니, 주자도 일찍이 이것을 행하셨는데,[143] 우리나라의 풍속은 그렇지 않았습니다. 이는 참으로 "시대마다 예가 각각 다르고 나라마다 풍속이 각각 다르다."라는 것이니, 어찌 깊이 의심할 필요가 있겠습니까.

문 두 명의 공명의(公明儀) 운운.

답 '두 명의 공명의'는 비록 율곡(栗谷)의 말씀이 있으나,[144] 분명히

지은 설규의 묘지(墓誌)에는 "딸 다섯을 두었는데, 맏이는 장기(張奇)에게 출가하고, 다음은 교이종(喬易從)에게 출가하여 일찍 죽고, 다음은 왕공신(王拱辰)에게 출가하여 일찍 죽고, 다음은 구양수에게 출가하고, 다음은 또 왕씨(王氏 왕공신(王拱辰))에게 출가하였다."라고 하였는바, 이 글에 근거하면 《사문유취》의 기록은 왕공신의 일을 구양수의 일로 착각하여 잘못 기록한 것임을 알 수 있다. 《古今事文類聚 卷13 婚姻》 《文忠公集 卷26 資政殿學士尙書戶部侍郎簡肅薛公墓誌銘》

143 이성(異姓)의……행하셨는데 : 주자가 손녀 가운데 하나를 사위 황간(黃榦)의 아들인 황로(黃輅)에게 시집보낸 것을 두고 한 말이다. 주자의 손녀는 주씨이고 외손자는 황씨이기 때문에 이성(異姓)의 사촌 남매가 부부가 된 것이다. 《勉齋集 卷36 朝奉大夫文華閣待制贈寶謨閣直學士通議大夫諡文朱先生行狀》

144 두……있으나 : 공명의(公明儀)는 《맹자》 〈등문공 상(滕文公上)〉 1장, 〈등문공 하(滕文公下)〉 3장과 9장, 〈이루 하(離婁下)〉 24장에 걸쳐 총 네 번 보이는데, 율곡이 "공명의는 옛날 어진 사람으로, 맹자와 동시대 사람이 아니다. 〈이루 하〉 24장에 이른바 '공명의가 말하였다. 「마땅히 죄가 없을 것 같다.」〔公明儀曰: 宜若無罪.〕'라는 것은 역시 옛날 공명의의 말을 맹자가 인용한 것으로 보인다. 그렇지 않다면 공명의는 두 사람이 있었는데 한 사람은 맹자와 동시대 사람이었을 것이다."라고 한 것을 가리킨다. 《栗谷全書 卷32 語錄下 牛溪集》

알 수가 없습니다. "좌구명(左丘明)이 두 사람이었다."[145]라는 것과 "맹헌자(孟獻子)가 두 사람이 있다."[146]라는 것을 모두 자세히 알 수 없는 것과 같습니다. 그러나 공명의의 경우 주자(朱子)가 《맹자》에서 처음 보이는 곳에서는 "노(魯)나라 대부이다."라고 하셨는데, 그 뒤 재차 보이는 곳에서는 다시 해석하지 않으셨으니,[147] 공명의가 한 사람이라는 것을 알 수 있습니다.

문 오릉 중자(於陵仲子) 자신이 빈축(嚬蹙)했습니다. 운운.

답 "'기(己)' 자는 중자(仲子)의 이름이다."라고 한 것에 대하여 우옹

145 좌구명(左丘明)이……사람이었다 : 대표적인 예로, 송나라 때 문인인 정초(鄭樵, 1104~1164)가 여러 증거를 들어 《춘추좌씨전》을 지은 좌씨(左氏)는 《논어》에 보이는 좌구명(左丘明)과 동일 인물이 아니라 전국 시대(戰國時代)의 인물일 것이라고 하였는데, 조선의 계곡(谿谷) 장유(張維)는 "좌씨의 글을 살펴보면 전국 시대의 문체와 완전히 다르기 때문에 춘추 시대보다 후대의 인물이 결코 아니다."라고 하였다. 《稗編 卷13 春秋三 左氏非丘明辯》《谿谷漫筆 卷1 左丘明與左傳》

146 맹헌자(孟獻子)가……있다 : 대표적인 예로, 맹헌자는 《춘추좌씨전》에 공자(孔子)보다 앞 시대의 인물인 춘추 시대 노(魯)나라의 대부로 나오는데, 《대학장구대전(大學章句大全)》 소주의 옥계 노씨(玉溪盧氏 노효손(盧孝孫))가 "헌자가 일찍이 자사를 사사하여 능히 의와 이의 구분을 알았다.〔獻子嘗師子思, 能知義、利之分.〕"라고 한 설에 의하면 《대학》 전(傳) 10장에 보이는 맹헌자는 춘추 시대 노나라의 맹헌자와 다른 인물이다. 그런데 조선의 사계 김장생은 "맹헌자와 자사는 시대가 멀리 떨어져 있으므로 옥계 노씨의 설은 의심스럽다."라고 하였다. 《沙溪全書 卷11 經書辨疑 大學》

147 주자(朱子)가……않으셨으니 : 공명의가 《맹자》에서 총 4번 나오는데, 제일 처음 나오는 〈등문공 상〉 1장에서만 주자가 "공명은 성이고, 의는 이름이니, 노나라의 어진 사람이다.〔公明, 姓, 儀, 名, 魯賢人也.〕"라고 주를 하고, 이후의 장에 나오는 공명의에 대해서는 다른 주를 하지 않은 것을 두고 한 말이다.

(尤翁 송시열)은 이 해석을 "신기(新奇)하다."라고 하셨는데, 질문한 자의 말이 과연 무엇을 근거하였는지 알 수 없습니다.[148] 이러한 부분은 대의(大義)와는 상관이 없으니, 우선 '자기(自己)'의 '기(己)' 자로 본들 무슨 해될 것이 있겠습니까.

문 백이(伯夷)가 말고삐를 붙잡고 간(諫)했을 적에 무왕(武王)이 마땅히 어떤 말씀을 했을 것입니다. 운운.

답 "백이가 말고삐를 붙잡고 간했다."라는 《사기》 〈백이열전(伯夷列傳)〉의 내용을 진실로 믿을 수 없습니다. 다만 그 일을 가지고 논하건대 무왕이 그의 물음에 대답한 말이 한마디도 없었던 것[149]은 각각 경도(經道)와 권도(權道)를 행하여[150] 피차간에 서로 해될 것이 없었

148 기(己)자는……없습니다 : 《맹자》 〈등문공 하(滕文公下)〉 제10장에 "중자(仲子)는 제(齊)나라의 세가(世家)이다. 그의 형 대(戴)가 합(蓋) 땅에서 받는 녹(祿)이 만종(萬鍾)이었는데, 형의 녹을 의롭지 못한 녹이라 하여 먹지 않으며, 형의 집을 의롭지 못한 집이라 하여 살지 않고, 형을 피하고 어머니를 떠나 오릉(於陵)에서 살았다. 어느 날 집에 돌아왔을 적에 그의 형에게 산 거위를 선물한 자가 있자, 그는 이마를 찌푸리며 말하기를〔己頻顣曰〕 '시끄럽게 꽥꽥거리는 것을 어디에 쓰겠는가.' 하였다." 라고 한 것에 대해 주자는 "'기'는 중자 자신이다.〔己, 仲子也.〕"라고 주하였는데, 어떤 사람이 '기' 자를 중자의 이름이라고 해석한 것에 대해 송시열이 "매우 새롭다.〔甚新〕"라고 평한 것을 두고 한 말이다. 《宋子大全 卷129 答三錫》

149 무왕(武王)이……것 : 주(周)나라 무왕이 은(殷)나라 주왕(紂王)을 정벌하려 하자, 백이·숙제 형제가 말고삐를 잡고 간하기를 "아버지가 죽어 장례도 치르지 못했는데 전쟁을 벌이는 것을 효라 할 수 있습니까? 신하로서 임금을 시해하는 것이 인이 될 수 있습니까?〔父死不葬, 爰及干戈, 可謂孝乎? 以臣弑君, 可謂仁乎?〕"라고 하였는데, 《사기》 〈백이열전〉에는 이에 대한 무왕의 답변이 없기 때문에 이렇게 말한 것이다.

150 각각……행하여 : 제후국의 군주인 주나라 무왕이 천자국인 은나라를 정벌할 때

기 때문이고, 말씀하기 어려워서 그랬던 것은 아닙니다. 이는 맹진(孟津)에서 군사들에게 맹세한 것[151]과는 다르니, 굳이 천명(天命)과 인심(人心)으로 나누어 해석할 것이 있겠습니까.

문 초목(草木)이 도생(倒生)합니다. 운운.

답 "초목이 도생하는 것이 무슨 이치인가?"라는 설은 일찍이 지난번 서로 대면했을 적에 간략히 제기하여 말씀드렸는데, 제 말을 이해하지 못하신 듯합니다. 땅은 무겁고 탁한 물건인데, 금수(禽獸)는 여전히 지상(地上)을 다니기 때문에 횡(橫)으로 사는 것이고, 초목은 반드시 땅에 뿌리를 붙이기 때문에 도생하는 것입니다. 이는 무겁고 탁한 지기(地氣)에서 받은 것에 깊고 얕음의 차이가 있기 때문이니, 이 밖에 어찌 별반 다른 설명이 있겠습니까. 금수는 편벽된 기운 가운데에서도 청(淸)과 탁(濁)의 구별이 있으니, 오직 하늘을 날거나 땅을 뛰어다니는 차이가 있을 뿐만이 아닙니다. 날짐승은 아비는 아나 할아비는 알지 못하고 짐승은 어미는 아나 아비는 알지 못하니, 이것이 바로 세세히 구분되는 지점입니다. 솔개가 하늘 높이 날고 매가 가을 하늘을

백이가 신하〔무왕〕로서 천자인 주왕을 정벌하는 것은 마땅한 도리가 아니라고 간한 것은 경도(經道)이고, 무왕이 천자인 주를 정벌하여 백성들을 폭정에서 구하는 것은 권도(權道)이기 때문에 이렇게 말한 것이다. 《孟子 梁惠王下》

151 맹진(孟津)에서……것 : 은나라의 마지막 임금인 주(紂)가 무도(無道)하여 천명(天命)과 인심이 이미 떠났는데, 주나라 무왕이 주왕을 치려고 맹진에서 황하를 건넌 뒤에 자기를 따르는 제후와 군사들에게 "옛사람의 말에 '우리를 어루만져 주면 임금이지만, 우리를 학대하면 원수이다.'라고 했다. 독부(獨夫) 수(受)는 너무도 포악한 짓만 일삼고 있으니, 그대들 대대로의 원수이다."라고 훈계한 것을 가리킨다. '수(受)'는 주(紂)의 이름이다. 《書經 周書 泰誓下》

가로지르는 것은 또 새 중에서 깨끗한 기운을 많이 받은 것이니, 보내주신 편지에서 말씀한 것이 맞습니다.

윤여오에게 답함

答尹汝五

'삼황(三皇)'은 천(天)·지(地)·인(人) 삼재(三才)를 말씀한 것이니,[152] 이는 이미 하늘이 만든 군주 중에 천하에서 왕 노릇 한 자를 가지고 말한 것입니다. 그렇다면 "목덕으로 왕이 되었다.〔以木德王〕"의 '왕(王)' 자는 '왕(旺)' 자의 오자(誤字)가 아닙니다. "목덕으로 왕이 되었다."라는 것은 후대의 창업한 군주가 오행(五行)을 본받아 덕(德)에 짝하고 시운(時運)에 순응하는 뜻과 같습니다. 목덕은 봄이어서 아래의 '섭제(攝提)'와 서로 응하니, '섭제'는 인(寅)입니다. 천황(天皇)의 때는 바로 자회(子會)인데 기필코 인(寅)을 말한 것은 어째서입니까?[153] 천황을 만물 중에 맨 처음으로 나오는 군주[154]로 삼았기 때문

152 삼황(三皇)은……것이니 : 삼황에 대해서는 여러 설이 있는데, 그 중에 천(天)·지(地)·인(人) 삼재(三才)에 맞추어 천황·지황·인황이라는 설이 있는바, 《십구사략(十九史略)》 권1 〈태고(太古)〉 첫머리에 이 삼황에 대한 설명이 다음과 같이 실려 있다. "천황씨는 목덕으로 왕노릇하여 인월(寅月)로 정월을 삼아 다스림을 베풀지 않고도 저절로 교화되었으니, 형제 12인이 각각 1만 8천 년 동안 다스렸다. 지황씨는 화덕(火德)으로 왕노릇하여 형제 11인이 각각 1만 8천 년 동안 다스렸다. 인황씨는 형제 9인이 9주(州)를 나누어 다스렸는데, 150대(代) 동안 도합 4만 5,600년을 다스렸다.〔天皇氏, 以木德王, 歲起攝提, 無爲而化, 兄弟十二人, 各一萬八千歲. 地皇氏, 以火德王, 兄弟十一人, 亦各一萬八千歲. 人皇氏, 兄弟九人分長九州, 凡一百五十世, 合四萬五千六百年.〕"

153 천황(天皇)의……어째서입니까 : '회(會)'는 시간의 단위로, 1만 800년을 1회라고 하는데, 강절(康節) 소옹(邵雍)의 《황극경세서(皇極經世書)》에 "하늘〔天〕은 자회(子會)에서 열렸고, 땅〔地〕은 축회(丑會)에서 개벽하였고, 사람〔人〕은 인회(寅會)에

에 기필코 사시(四時)의 첫 번째인 봄〔春〕과 인통(人統)의 인(寅)을 취하여 말한 것입니다. "형제 12인(人)"은 1년 열두 달을 말한 것이 아니고, 실제로 1원(元) 12회(會)를 가리킨 것입니다. "1만 8천(一萬八千)"의 '천(千)' 자는 '백(百)' 자의 오자(誤字)인데, 1회(會)가 1만 800년이 된다면 '각(各)' 자 또한 '합(合)' 자로 보아서는 안 됩니다. '합(合)' 자를 가지고 말할 경우, 이는 하늘〔天〕에 있어서 자(子) 1회(會)가 1만 800임을 말하고, 땅〔地〕에 있어서 축(丑) 1회가 1만 800임을 말하고, 사람〔人〕에 있어서 인(寅) 1회가 1만 800임을 말한 것입니다. 이것이 다만 천·지·인이 개벽된 때와 살아간 연수(年數)를 계산한 것이고, 천·지·인의 시작과 끝 전체의 수는 계산하지 않은 것이라면 어찌 옳겠습니까. 천황씨(天皇氏)는 자회(子會)로부터 해회(亥會)에 이르기까지를 모두 통합하였기 때문에 형제가 12명이 되고, 지황씨(地皇氏)는 자회 하나를 뺐기 때문에 형제가 11명이 됩니다. 인황씨(人皇氏)의 경우 자(子)와 축(丑) 두 회를 빼면 형제가 마땅히 10명이 되어야 하는데, 9명이라고 말한 것은 어째서입니까? 인류의 삶이 술회(戌會)에서 끝나니,[155] 해회(亥會) 하나를 빼고서 말한 것입니다.

서 생겨났다."고 하였기 때문에 이렇게 말한 것이다.

154 만물……군주 : 이 내용은 《주역》 〈건괘(乾卦) 단(彖)〉에서 성덕(聖德)을 갖춘 제왕(帝王)의 도인 '건도(乾道)'를 논하며 "만물 중에 으뜸으로 나와 만국이 모두 편안하게 되었도다.〔首出庶物, 萬國咸寧.〕"라고 한 데에서 온 말이다.

155 인류의……끝나니 : 《황국경세서》에 따르면 천지가 한번 개벽하여 종말이 오기까지는 12만 9천 6백 년인데 이를 '일원(一元)'이라 한다. 일원은 다시 지지(地支)에 의해 1만 800년씩 12회(會)로 나누어지는데, 자회(子會)·축회(丑會)에 천지가 열리고 인회(寅會)에 사람이 지구상에 생겨나 문명사회를 이루었다가 술회(戌會)가 되면

그러므로 9명을 칭하여 9주(州)를 나누어 다스린 숫자에 해당시킨 것입니다. 지황씨의 형제의 연수는 실로 천황씨 형제의 연수와 별도로 있는 것이 아니고, 인황씨 형제의 연수도 지황씨 형제의 연수와 별도로 있는 것이 아닙니다. 이것은 다만 연속하여 말한 것이고, 총괄하여 계산하면 원수(原數)는 일원(一元)의 연수인 12만 9천 6백 년이 됨에 불과하니, 어찌 《황극경세서(皇極經世書)》와 서로 모순된 적이 있겠습니까. 보내주신 편지에서 말씀한 것은, 아마도 이것을 살펴보지 못하셨기 때문에 마침내 "총계(總計)하면 억만(億萬)이 된다."라고 말씀한 것인 듯합니다. 다시 자세히 살펴보시기 바랍니다.

증선지(曾先之)는 바로 명(明)나라 유자(儒者)인데,[156] 그의 행적에 대해서는 고찰할 수 있는 것이 없습니다.

태양과 달이 없어져 하늘이 캄캄해지며 종말이 된다고 하는바, 이를 두고 한 말이다.

156 증선지(曾先之)는……유자(儒者)인데 : 증선지는 송말 원초 때의 학자로, 자가 종야(從野)이고 여릉(廬陵) 사람이며, 《십팔사략(十八史略)》을 편찬했다는 것 외에는 행적이 자세하지 않다. 《십팔사략》은 《사기》·《한서》로부터 《신오대사(新五代史)》에 이르기까지 16종의 정사(正史)와 2종의 송대(宋代) 사료(史料)를 취사선택해서, 태고로부터 송말(宋末)까지의 사실(史實)을 편년체로 간략하게 기록한 책이다. 원(元)나라의 역사를 보충한 《십구사략(十九史略)》이 명나라 때 나왔는데, 조선에서는 이것을 더 많이 읽었기 때문에 박윤원이 증선지를 명나라 유자라고 한 것으로 보인다.

근재집

제7권

書서

임치공 정주[1] 에게 줌

與任穉共 靖周

지난번 편지에서 말씀하신 것에서 자신을 겸양하고 남을 인정해주신 성대한 뜻을 볼 수 있었으니, 흠탄해 마지않습니다. 저처럼 어리석고 비루한 자가 어찌 마음에 보존한 바가 있겠습니까. 노형(老兄)의 박학(博學)과 밝은 식견에 비견하면 십가(十駕)[2]로 미칠 수 없을 뿐만이 아닙니다. 오직 그 뒤를 좇아서 선도(善導)해주시는 도움을 받고자 하니, 부디 버리지 마시고 아름다운 가르침을 주시기 바랍니다.

'여보적자(如保赤子)'[3]의 뜻에 대해서는 저의 천박한 설명이 무슨 볼 만한 것이 있겠습니까. 저의 생각으로는 《대학(大學)》에서 〈강고(康誥)〉를 인용한 것은 단지 '어린아이를 사랑함〔慈幼〕'의 뜻을 취했을 뿐이고, '백성을 자식처럼 사랑한다.〔愛民如子〕'의 뜻을 취한 것이 아니니, 이것은 경(經)을 융통성 있게 인용하는 방법입니다. 그러므로 '여

1 임치공(任穉恭) 정주(靖周) : 치공은 임정주(1727~1796)의 자로, 호는 운호(雲湖)이고, 본관은 풍천(豐川)이다. 녹문(鹿門) 임성주(任聖周, 1711~1788)의 아우이다.

2 십가(十駕) : 보통사람이 재주가 뛰어난 사람보다 10배 노력하는 것을 뜻하는바, 《순자(荀子)》 〈수신(修身)〉에 "천리마(千里馬)가 하루에 천 리를 달리는데, 노둔한 말도 열흘을 달리면 거기에 미칠 수 있다.〔夫驥一日而千里, 駑馬十駕, 則亦及之矣.〕"라고 한 데서 온 말이다.

3 여보적자(如保赤子) : 《대학장구》 전(傳) 9장에 "〈강고(康誥)〉에 '적자를 보호하듯이 한다.〔如保赤子〕'라고 하였으니, 마음에 진실로 구하면 비록 정확히 맞지는 않으나 멀지 않을 것이다. 자식 기르기를 배운 뒤에 시집가는 사람은 없었다."라고 보인다. 〈강고〉는 《서경(書經)》 〈주서(周書)〉의 편명이다.

(如)' 자를 가볍게 보고자 하였는데, 계장(溪丈)[4]이 마침내 이 '여(如)' 자를 '효도와 공경을 어린아이를 사랑하듯이 한다.〔孝弟如慈〕'의 '여(如)' 자라고 하셨습니다. 일찍이 계장과 편지로 견해를 주고받은 것이 이것이었는데, 제대로 합의를 보지 못하였습니다. 근래에 다시 생각해 보건대 '여(如)' 자를 가볍게 보는 것도 끝내 평이하고 실질적이지 못하고, 이것을 '효제여자(孝弟如慈)'의 '여(如)' 자라고 하는 것도 온당하지 않은 듯합니다. 지금 또 다만 《서경(書經)》의 본래 뜻[5]에 따라 《혹문(或問)》의 설[6]에 합하는 것이 무방하니, 〈치국(治國)〉 장(章)에서는

4 계장(溪丈) : 공주(公州) 계실곡(溪室谷)에 주로 거주하여 '계실(溪室)'로도 불렸던 김지행(金砥行, 1716~1774)을 가리킨다. 김지행은 자는 유도(幼道), 호는 밀암(密菴), 본관은 안동(安東)으로, 문충공(文忠公) 김상용(金尙容)의 5대손이며, 병계(屛溪) 윤봉구(尹鳳九)의 문인이다. 일찍부터 과거에 대한 뜻을 버리고 공주 계실곡에 은거하여 학문을 하며 안빈낙도하여, 공자(孔子) 문하의 안회(顔回)에 버금가는 인물로 칭송되었다. 저술로 《밀암집》이 전한다. 그의 묘갈명을 박윤원이 지었다.

5 서경(書經)의 본래 뜻 : 《서경》에는 '약보적자(若保赤子)'로 되어있는데, 채침(蔡沈)의 주에 "적자를 보호하듯이 한다는 것은 자식을 보호하는 마음으로 선한 사람을 보호하는 것이다. 그러므로 백성들이 편안히 다스려지는 것이다.〔若保赤子者, 以保子之心, 保善也, 故民其安治.〕"라고 한 것을 가리킨다.

6 혹문(或問)의 설 : 《대학혹문》에 "혹자가 '「적자를 보호하듯이 한다.〔如保赤子〕」 한 것은 어째서입니까?'라고 묻자, 주자(朱子)가 대답하였다. '정자(程子)가 「적자는 자기의 뜻을 스스로 말하지 못하지만, 그 어미가 자애(慈愛)하는 마음이 지성(至誠)에서 나오면 그 뜻을 찾은 것이 딱 들어맞지는 않더라도 크게 먼 데까지는 이르지 않을 것이니, 어찌 자식 기르는 것을 배우기를 기다린 뒤에 할 수 있는 것이겠는가.」 하였다. 백성으로 말하면, 스스로 자기의 뜻을 말하지 못하는 적자와 같지 않은데도 백성을 부리는 자가 도리어 백성의 마음을 잃음이 없지 못하는 것은, 본디 자애하는 실제가 없어서 이에 대해 살피지 못하기 때문이다. 전(傳)에서 이것을 말한 것은 백성을 부리는 방도는 어린아이를 사랑하는 것으로부터 미루어 나감에 지나지 않으며, 어린아이를

비록 '동화(動化)'를 말하기만 하고 '추(推)'를 말하지 않았으나[7] '추(推)'의 뜻이 또한 절연(截然)히 그 사이에 넣을 수 없는 것이 아닙니다. 모르겠습니다. 노형의 거룩한 견해는 어떻습니까?

하문하신 '물격(物格)'의 뜻에 대해 저의 생각은 본래 말씀해주신 뜻과 같으나 일찍이 이에 대해 의심한 것이 있었습니다. '물격(物格)'은 이미 물(物)이 그 극(極)에 이른 것인데, '격물(格物)'을 내가 물(物)에 이른 뜻으로 삼는다면 두 개의 '격(格)' 자에 차이가 있습니다. 아래위의 '격(格)' 자는 마땅히 똑같지 않을 이치가 없어야 합니다. 그러므로 삼가 감히 "'격물(格物)'은 물(物)로 하여금 격(格 사물의 이치가 자신 앞에 나타남)하게 한 것이고, '물격(物格)'은 물(物)이 격(格)한 것이니, 두 개의 '격(格)' 자는 혹은 '물(物)' 자의 앞에 있고 혹은 '물(物)' 자의 뒤에 있으므로 나에게 있는 것과 물에 있는 것의 구분이 있으나, 실제로는 두 개의 '격(格)' 자가 똑같지 않음이 없습니다."라고 하였습니다. 또 '격물(格物)'을 '사(使 하여금)' 자의 뜻으로 보면 더욱더 분명할 듯합니다. 《대학혹문》에서는 '격물'을 해석하기를 "사람이 알지 못함이 없으나 혹은 정(精)·추(粗)와 은(隱 숨음)·현(顯 드러남)을 남김없이

사랑하는 마음은 또 밖에서 녹아 들어와 억지로 하는 것이 아님을 밝힌 것이다. 임금을 섬기는 효(孝)와 어른을 섬기는 제(弟 공경)도 어찌 이것과 다르겠는가. 이미 작은 것을 거론하였고 보면 큰 것을 알 수 있다.'"라고 보인다.

7 치국(治國)……않았으나 : 《대학장구》 전(傳) 9장 '여보적자(如保赤子)'의 소주(小註)에 "여기서는 우선 동화가 공(功)이 되는 것만을 말하였고, 미루어 나감에 대해서는 아직 말하지 않았다. 뒤에 전(傳) 10장에 가서야 완전히 미루어 나가는 것을 말하였다.〔此且只說動化爲功, 未說到推上. 後方全是說推.〕"라는 주자(朱子)의 말을 가리키는데, 이 내용은 《주자어류》 권16 〈대학(大學) 전9장(傳九章)〉에 보인다.

궁구하게 하지 못한다.〔人莫不知 而或不能使其精麤隱顯究極無餘〕"라고 하였으니, 주자(朱子)가 여기에서 이미 '사(使)' 자를 사용하셨습니다. 어떻습니까, 어떻습니까? 계장(溪丈)의 "마음이 이르고, 물(物)이 이른다.〔心到物到〕"라는 설은 저도 일찍이 들었습니다만 확신할 수가 없습니다. 이것은 정우복(鄭愚伏)의 "손님을 청한다.〔請客〕", "손님이 온다.〔客來〕"라는 설[8]과 서로 비슷한데, 우복(愚伏)의 설은 이미 사옹(沙翁 김장생(金長生))에게 비판을 받았으니, 갑자기 따를 수 없을 듯합니다.

8 정우복(鄭愚伏)의……설 : '우복'은 정경세(鄭經世, 1563~1633)의 호로, 인용한 내용은 사계(沙溪) 김장생(金長生)의 《사계전서》 권45 〈어록(語錄)〉에 "정경임(鄭景任)이 '격물은 손님을 초청하는 것과 같고, 물격은 손님이 오는 것과 같다.〔格物如請客, 物格猶客來.〕'라고 하였는데, 그의 말대로라면 물(物)의 이치가 본디 저편에 있어서 사람이 이른 다음에야 내 마음에 오게 된다는 것이니, 어찌 잘못된 것이 아니겠는가."라고 보인다. '경임(景任)'은 정경세의 자이다.

임치공에게 줌
與任穉共

지난번에 "아버지와 할아버지의 상(喪)이 함께 있는 경우 '장례와 제사의 선후〔葬祭先後〕' 한 조목은 지손(支孫)이 적손(嫡孫)과 똑같지 않은 듯하다. 운운"이라고 하문하셨는데, 돌아와서 선현(先賢)의 여러 설을 상고하였으나 이 부분에 대해 논한 것을 보지 못했으니, 참으로 억측하여 결단하기 어렵습니다. 그러나 서로 반복하여 논할 만한 것이 있었으니, 다만 이렇게 우러러 질정합니다. 장례는 가벼운 상을 먼저 하고 무거운 상을 뒤에 함은 본래 아버지와 어머니의 상이 함께 있을 경우의 예(禮)인데, 미루어 '아버지와 할아버지의 상이 함께 있을 경우'의 예에 쓰는 것은 바로 한강(寒岡 정구(鄭逑))의 설입니다. 그런데 신재(愼齋 김집(金集)) 선생이 춘옹(春翁 송준길(宋浚吉))의 물음에 답하시기를 "조모(祖母)의 상과 아버지의 상은 '아버지와 어머니의 상이 함께 있는 경우'와 다르니, 어떨지 모르겠다."라고 하셨으니,-자세한 내용은 《속문해(續問解)》[9]에 실려있습니다.- 이는 한강의 설을 따르기를 기필하고자 하지 않으신 것입니다. 만약 신재의 뜻과 같이 하여 미루어 쓰고자 하지 않는다면 애당초 이러한 의심을 할 것이 없습니다. 그렇지 않고 한강의 설을 따라 미루어 쓰고자 한다면 미루어 감이 너무 지나칠

9 속문해(續問解) : 사계 김장생이 예에 관해 문답 형식으로 지은 《의례문해(疑禮問解)》의 빠진 내용을 그의 아들 신독재(愼獨齋) 김집(金集)이 보완하여 편찬한 《의례문해속편(疑禮問解續編)》이다.

뿐만 아니라 곳곳에 구애되고 막히는 곳이 있습니다.

《예기(禮記)》〈상복소기(喪服小記)〉에 "아버지와 어머니의 상을 함께 당하였으면 먼저 어머니를 장례 치르고 어머니의 우제(虞祭)와 부제(祔祭)를 지내지 않고 뒷일〔아버지의 장례와 우제〕을 기다려서 지낸다."라고 하였는데, 이것은 합장(合葬)하여 날이 가깝기 때문입니다. 그러나 아버지와 할아버지의 상의 경우 다른 곳에 장례 지내고, 서로 간의 시일 차이가 또 많이 나는데, 우제(虞祭)를 반드시 뒷일을 기다린다면 장차 이번 달에 장례를 지내고 다음 달에 비로소 우제를 지내게 될 것입니다. 우제는 신(神)을 편안히 하기 위해 지내는 제사이니 마땅히 급히 행해야 하는데, 만약 이처럼 지체하여 모신다면 효자(孝子)의 마음에 매우 서운할 것입니다. 그리고 우제를 먼저 지내고자 한다면 "장례와 제사의 선후〔葬祭先後〕"라는 글을 하나는 따르고 하나는 따르지 않는 것이니, 이 또한 매우 혼란스럽습니다.

또 고례(古禮)에 "사(士)는 한 달을 넘겨 장례를 치르고, 대부는 3개월을 넘겨 장례를 치른다."[10]라고 하였습니다. 만약 아버지와 할아버지의 상이 함께 있을 경우 할아버지는 사(士)이고 아버지는 대부(大夫)인데 아버지를 먼저 장례 지내고 할아버지를 뒤에 장례 지낸다면, 또 고례(古禮)의 대부와 사(士)의 장례 기간의 개월 수와 어긋나게 되니,-지금의 예(禮)에는 비록 대부와 사(士)를 분별하지 않았으나 고례는 이와 같습니다.- 이 또한 매우 난처(難處)한 일입니다. 그렇다면 아버지와 할아버지의 상이 함께 있는 것은 굳이 아버지와 어머니의 상을 함께 당한 경우의 예를 원용할 필요는 없을 듯하니, 어떻습니까, 어떻습니까?

10 사(士)는……치른다 : 이 내용은 《예기》〈왕제(王制)〉에 보인다.

임치공에게 줌

與任穉共

《예기》〈증자문(曾子問)〉의 "상이 함께 있다.〔竝有喪〕"의 주(註)에 "부모의 상이 함께 있거나 조부모의 상이 함께 있다.〔竝有父母喪 祖父母喪〕"[11]라고 하였으니, 승중(承重)의 손자의 입장에서 조부모의 상이 함께 있는 것도 부모의 상이 함께 있는 것과 같은데 장례는 가벼운 상을 먼저 하고 무거운 상을 뒤에 함은, 아버지와 조부의 상이 동시에 아울러 있음을 말한 것이 아닙니다. 소(疏)의 내용 중에 "친(親)이 똑같다.〔親同〕"라고 한 것도 조부모가 똑같고 세숙(世叔)[12]이 똑같고 형제가 똑같은 것이니, 아버지와 조부는 "친(親)이 똑같다."라고 할 수 없습니다. 아버지와 조부의 상이 함께 있는 것 또한 가벼운 상을 먼저 하고 무거운 상을 뒤에 한다는 글을 씀은 끝내 후현(後賢)이 잘못 미루어 인용하는 것이고 경례(經禮)[13]의 본의(本意)가 아닌 듯합니다. 만약 경례(經禮)의 본래 뜻이 과연 이와 같다면 어찌 신재(愼齋 김집) 선생께서 알지 못하고 한강(寒岡 정구)의 설을 논란하였겠습니까. 대(代)의 측면에서는 할아버지가 무겁고, 은혜의 측면에서는 아버지가

11 부모의……있다 : 이 내용은 《예기집설(禮記集說)》의 진호(陳澔)의 주(註)에 보인다.

12 세숙(世叔) : 세부모(世父母)와 숙부모(叔父母)의 병칭이다. 세부모는 백부모(伯父母)를 달리 이르는 말로, '세(世)'는 대를 잇는다는 뜻이다.

13 경례(經禮) : 《예기》〈예기(禮器)〉에 "경례가 300가지이고 곡례가 3000가지이다.〔經禮三百, 曲禮三千.〕"라는 데서 온 말로, 강령(綱領)이 되는 예를 말한다.

무거우니, 아버지와 어머니의 상의 경중을 구분하는 것과 같은 것이 아닙니다. 장례에서 가벼운 상을 먼저 하는 것은 곧 높은 분에게 눌려서 슬픈 감정을 빼앗기므로 선현(先賢)이 "할아버지는 손자를 누르지 않는다.〔祖不壓孫〕"라고 하였으니, 이 예 또한 '할아버지가 손자를 누르지 않는다.'라는 글을 써서 아버지를 먼저 장례 지내지 않는 것이 옳을 듯합니까?

사계(沙溪 김장생) 선생이 일찍이 아버지와 조부의 상이 함께 있을 경우 습(襲)과 염(斂)의 선후에 대해 논하시기를 "마땅히 할아버지를 먼저 하고 아버지를 뒤에 해야 한다."라고 하셨으니, 습(襲)은 본디 의복일 뿐입니다. 염(斂)할 때의 효(絞 삼베로 시신을 묶음)도 감정을 빼앗는 일일 듯한데, 어찌하여 할아버지를 먼저 하고 아버지를 뒤에 하는 것입니까? 아니면 염(斂)은 장례와 차이가 있는 것입니까?

임치공에게 줌

與任穉共

'보지 않고 듣지 않음〔不睹不聞〕'과 '아직 발하지 않음〔未發〕'[14]은 과연 천(淺)·심(深)과 선(先)·후(後)의 구분이 없습니까? '보지 않고 듣지 않음'은 눈과 귀를 가지고 말한 것이고, '미발(未發)'은 마음을 가지고 말한 것이니, 천(淺)·심(深)의 구분이 있는 듯합니다. 그리고 이미 "보지 않고 듣지 않았다.〔不睹不聞〕"라고 말하고 또 "희로애락이 아직 발하지 않았다.〔喜怒哀樂未發〕"라고 말하였으니, 선·후의 구분이 있는 듯합니다. 그렇다면 보지 않고 듣지 않음을 곧바로 "미발(未發)"이라고 할 수 없습니다. 그러나 주부자(朱夫子)께서 "보지 않고 듣지 않을 때는 곧 희로애락이 아직 발하지 않은 곳이다."[15]라고 하여,

14 보지……않음 : 이 두 가지 내용은 《중용장구(中庸章句)》 제1장에 "'도'라는 것은 잠시도 떠날 수 없는 것이니, 떠날 수 있으면 도가 아니다. 그러므로 군자는 보지 않는 바에도 경계하고 삼가며, 듣지 않는 바에도 공구(恐懼)하는 것이다. 숨겨진 곳보다 더 드러남이 없으며, 작은 일보다 더 나타남이 없으므로 군자는 홀로를 삼가는 것이다. 기뻐하고 노하고 슬퍼하고 즐거워하는 정이 발하지 않은 것을 '중'이라 이르고, 발하여 모두 절도에 맞는 것을 '화'라 이르니, '중'이라는 것은 천하의 큰 근본이고, '화'라는 것은 천하의 공통된 도이다. '중'과 '화'를 지극히 하면 천지가 제자리를 편안히 하고, 만물이 잘 생육된다.〔道也者, 不可須臾離也, 可離, 非道也. 是故君子戒愼乎其所不睹, 恐懼乎其所不聞. 莫見乎隱, 莫顯乎微, 故君子愼其獨也. 喜怒哀樂之未發, 謂之中; 發而皆中節, 謂之和. 中也者, 天下之大本也; 和也者, 天下之達道也. 致中和, 天地位焉, 萬物育焉.〕"라고 보인다.

15 보지……곳이다 : 이 내용은 《중용장구》 제1장의 "'도(道)'라는 것은 잠시도 떠날 수 없는 것이니, 떠날 수 있으면 도가 아니다. 그러므로 군자는 보지 않는 바에도 경계하

'보지 않고 듣지 않음'과 '미발'에 분별한 바가 없는 것은 어째서입니까? 아니면 '변시(便是)' 두 글자는 '보지 않고 듣지 않음'을 가지고 곧바로 '미발'이라고 한 것이 아닙니다. 이는 "'보지 않고 듣지 않음'은 바로 사물이 아직 접하지 않았을 때이니, 곧 미발의 경계(境界)이다." 라고 말한 것입니까? 대저 눈과 귀는 비록 보는 것과 듣는 것이 없더라도 마음속에는 혹 동(動)함이 있으니, '미발'은 진실로 '보지 않고 듣지 않는 때'이지만 '보지 않고 듣지 않음'은 반드시 '미발'일 필요는 없습니다. 지금 만약 '보지 않고 듣지 않음'을 가지고 곧바로 '미발'이라고 한다면 장차 "보지 않고 듣지 않음을 '중'이라 한다.〔不睹不聞之謂中〕" 라고 하겠습니까? 이미 "보지 않고 듣지 않음을 '중'이라 한다."라는 말이 성립되지 않으면, '보지 않고 듣지 않음'과 '미발'은 마땅히 천(淺)·심(深)과 선(先)·후(後)의 구분이 있어야 합니다. 보지 않고 듣지 않는 가운데에는 본래 정(精)·추(粗)의 구분이 있으니, 눈과 귀가 비록 봄과 들음이 없더라도 마음속에는 동(動)함이 있는 것은 추(粗)한 '보지 않음과 듣지 않음'이고, 눈과 귀가 이미 보고 들음이 없고 마음 또한 적연(寂然)한 것은 정(精)한 '보지 않음과 듣지 않음'입니다. 소주(小註)의 쌍봉요씨(雙峰饒氏)의 설[16]이 이와 같은 점이 있으

고 삼가며, 듣지 않는 바에도 두려워하는 것이다. 숨겨진 곳보다 더 드러남이 없으며, 작은 일보다 더 나타남이 없으므로 군자는 홀로를 삼가는 것이다."라는 구절에 대한 소주(小註)에 보인다. 《中庸章句大全》

16 소주(小註)의……설 : 《중용장구》 제1장의 소주에 있는 쌍봉요씨(雙峰饒氏)의 설을 가리킨다. 쌍봉은 남송(南宋)의 학자인 요로(饒魯, 1193~1264)의 호로, 자는 백여(伯輿) 또는 중원(仲元), 사시(私諡)는 문원(文元)이다. 어려서부터 면재(勉齋) 황간(黃榦, 1152~1221)을 따라 배웠는데 학술이 정명(精明)하였다.

니, 그가 "윗글의 '도(道)는 떨어질 수 없다.'라는 말을 보면 여기의 '보지 않음과 듣지 않음'은 사물이 지나간 뒤에 있고, 아랫글의 '희로애락이 아직 발하지 않았다.'라는 말을 보면 여기의 '보지 않음과 듣지 않음'은 또 사려가 아직 싹트기 전에 있다.〔看上文道不可離 則此不睹聞 在事物既往之後 看下文喜怒哀樂未發 則此不睹聞 又在思慮未萌之前〕"라고 한 것이, 제가 '보지 않음과 듣지 않음'을 가지고 두 개의 층으로 나눈 것과 같습니다. 어떨지 모르겠습니다.

임치공에게 줌

與任穉共

‘아직 발하지 않음〔未發〕’의 뜻에 대해서는, 저의 설 가운데 “‘미발’은 진실로 ‘보지 않고 듣지 않음〔不睹不聞〕’이다. ‘보지 않고 듣지 않음’은 굳이 모두 ‘미발’일 필요는 없다.” 등의 말을 다행히 인가(印可)해주셨는데, 유독 “봄이 없고 들음이 없는 때에 마음속에 동(動)함이 있다.”라고 한 것을 “불가(不可)하다.”라고 하시니, 이것에 대해 서로 의견이 합하면 거의 완전해질 것입니다. 제가 이른바 “봄이 없고 들음이 없는 때에 마음속에 동(動)함이 있다.”라는 것은 과연 농옹(農翁 김창협(金昌協))이 이른바 “사려가 분란함은 보지 않고 듣지 않음이 됨에 무방하다.〔思慮紛亂 不害爲不睹聞〕”[17]라는 것과 같은데, 노형(老兄)의 거룩한 설은 주자(朱子)의 “마음에 생각이 있고 눈에 봄이 있고 귀에 들음이 있음은 똑같은 때이다.〔心有思目有視耳有聽 爲一等時節〕”[18]라는 말씀을 인용하여 그것의 옳지 않음을 밝히셨습니다. 그러나 주자의 이 말씀은 마음으로 생각함〔心思〕과 눈으로 봄〔目視〕과 귀로 들음〔耳聽〕을 가지고 마음으로 앎〔心知〕과 눈으로 봄〔目見〕과 귀로 들음〔耳聞〕에 상대하여 동(動)・정(靜)을 나누어 말하였기 때문에 이와 같은 것이니, 이는 대강(大綱)의 설일 뿐입니다. 중인(衆人)도 진실로 눈으로

17 사려가……무방하다 : 이 내용은 출처가 자세하지 않다.

18 마음에……때이다 : 이 내용은 《주자대전(朱子大全)》 권48 〈여자약에게 답함〔答呂子約〕〉에 보인다.

봄이 없고 귀로 들음이 없더라도 마음에 유독 생각하는 때가 있으니, 마음에 생각이 있기 때문에 '미발(未發)'이라고 할 수 없고, 물건을 접하지 않았기 때문에 "보지 않고 듣지 않음〔不睹不聞〕"이라고 할 수 있는 것입니다. 농옹의 설은 이 때문에 하신 말씀입니다.

눈과 귀에 보고 듣는 바가 없는데 마음에 사려(思慮)가 있는 것은 비록 지극히 정(靜)한 것은 아니나 사물을 접하지 않았을 때에는 끝내 정(靜)한 경계(境界)에 속하니, 이때의 계신공구(戒愼恐懼)[19]가 어찌 일찍이 자사(子思)께서 비록 정(靜)하더라도 또한 공경하고 두려워하셨던 뜻이 아니겠습니까. 제가 이른바 "정(靜)"은 아직 사물을 접하지 않은 것을 또한 정(靜)으로 여긴 것이고, 고명(高明)께서 이른바 "정(靜)"은 단지 미발(未發)만을 정(靜)으로 여긴 것이니, 말의 의미 범주에 넓고 좁은 차이가 있어서 마침내 합하지 못하였을 뿐입니다. 봄이 없고 들음이 없는 때에 마땅히 사려가 있어서는 안 되는데 혹 있음을 면치 못합니다. 그러므로 계신공구를 하는 것은 바로 더욱 엄하고 더욱 공경히 하고자 하는 것이니, 이 수렴(收斂)하는 것으로부터 희로애락이 아직 발하지 않아서 지극히 정(靜)한 가운데에 이르더라도 또한 반드시 계신공구를 하면, 이것이 함양(涵養)하는 공부[20]를 십분(十分)

19 계신공구(戒愼恐懼) : 《중용장구》 제1장에 "군자는 보지 않을 때에도 경계하고 삼가며, 듣지 않을 때에도 두려워한다.〔君子戒愼乎其所不睹, 恐懼乎其所不聞.〕"라고 한 데서 온 말이다. '계신공구'는 동(動)과 정(靜)을 포함하는 개념이지만 이발(已發) 때의 공부인 신독(愼獨)과 상대하는 개념으로 사용할 때에는 축약하여 '계구(戒懼)'라고 하며, 이때의 '계구'는 미발(未發) 때의 공부이다.

20 함양(涵養)하는 공부 : 몸을 닦고 덕성을 기르기 위해 정적(靜的)인 상태에서 마음의 본체를 함양하는 공부로, '존덕성(尊德性)'에 해당한다. 이천(伊川) 정이(程頤)는

다하는 것입니다. 이 단계에서 이 두 개의 의사(意思)를 아울러 얻어야 경계(境界)가 넓고 커지며 정(精)과 추(粗)가 모두 갖추어집니다. 이는 학자(學者)에게 공력(功力)을 쓰는 방법을 보여줌이 얕은 곳을 말미암아 깊은 곳으로 들어간 것이니, 어찌 뼈대와 근력이 전혀 없다고 이르겠습니까. 저는 막 보지 않고 듣지 않는 때에도 오히려 사려가 있는 것을 가지고 중인(衆人)의 보지 않고 듣지 않는 것으로 삼았으므로 미발과 비교하면 천(淺)·심(深)과 선(先)·후(後)의 차이가 있습니다. 그런데 고명께서는 사려가 싹트지 않았지만 혼매(昏昧)하고 분란한 것을 가지고 중인(衆人)의 보지 않고 듣지 않은 것으로 삼았으므로 미발과 비교하면 천·심과 선·후의 차이가 있는 것입니다. 이것이 다른 점입니다. 그렇다면 '보지 않고 듣지 않음'에도 세 가지 층이 있어서, 사려가 있을 때의 보지 않고 듣지 않음이 있고, 사려가 싹트지 않으나 혼매하고 분란할 때의 보지 않고 듣지 않음이 있고, 희로애락이 아직 발하지 않았을 때의 보지 않고 듣지 않음이 있는 것입니까? 세 층으로 분배(分排)한 것 또한 지리(支離)한 듯합니다.

또 노형(老兄)의 이른바 "사려가 싹트지 않았다 하여 '미발'이 될 수 없다."라는 것은 글 뜻이 순하지 못한 듯합니다. 주자(朱子)가 일찍이 사려가 싹트지 않은 것을 가지고 희로애락이 아직 발하지 않은 때로 삼으셨으니, -〈호남의 여러 공에게 보낸 편지〔與湖南諸公書〕〉[21]에 보입니다.- 싹트

"함양은 모름지기 경을 써야 하고, 진학은 치지에 달려 있다.〔涵養須用敬, 進學則在致知.〕"라고 하였으며, 주자는 손경보(孫敬甫)에게 답한 편지에서 "정부자께서 '함양은 모름지기 경을 써야 하고 진학은 치지에 달려 있다.'라고 하신 이 두 말씀은 수레의 두 바퀴와 같고 새의 두 날개와 같아서, 그 하나를 버리고서 갈 수 있고 날 수 있는 것은 있지 않다."라고 하였다. 《二程遺書 卷18》《朱子大全 卷63 答孫敬甫》

지 않음은 곧 미발입니다. 지금 이미 "사려가 싹트지 않았다.〔思慮未萌〕"라고 하고, 또 "아직 발하지 않은 것이 아니다.〔非未發〕"라고 하였고 보면, 그 곡절이 비록 '혼매함이 뒤흔든다.〔昏昧撓攘〕' 네 글자에 있더라도 다만 '미맹〔未萌〕' 자를 살펴보면 '아직 발하지 않음〔未發〕'과 분별하기 어렵습니다. 사려가 싹트지 않으면 희로애락이 없으니, 희로애락이 없는데도 오히려 '미발'이 되지 못하는 것은 과연 자사(子思)의 언외(言外)의 뜻입니까?-정자(程子)께서 "조금이라도 생각하면 곧 '이발(已發)'이 된다."라고 하셨는데, 고명께서는 '사려가 싹트지 않은 것'을 '미발(未發)'이 아니라고 하셨습니다.-

저는 "사려가 겨우 그쳤으나 혼탁(混濁)한 나머지를 능히 깨끗하게 다스릴 수 없는 것은 끝내 외물의 유혹이 마음을 얽어매기 때문이니, 이미 외물의 유혹이 마음을 얽어맸다면 비록 이것을 '사려가 그대로 남아 있다.'라고 하더라도 괜찮다. 그 미세하게 뒤흔드는 것이 마치 양자강(揚子江)의 숙랑(宿浪)[22]과 같아 끝내 이발(已發)의 경계(境界)

21 호남의……편지 : 《주자대전》 권64에 실린 〈호남의 여러 공에게 보내어 중화를 논한 첫 번째 편지〔與湖南諸公論中和第一書〕〉를 가리킨다

22 양자강(揚子江)의 숙랑(宿浪) : 양자강의 오래된 물결이라는 뜻으로, 여기서는 마음이 고요해졌더라도 여전히 동요하는 여파가 남아 있는 마음을 비유한 말이다. 소계명(蘇季明)이 "낮에 하고 싶지 않던 일이 밤이 되면 꿈속에 나타나는 일이 많은데, 이는 어째서입니까?"라고 묻자, 이천 정이가 "이는 마음이 안정되지 못해서이네. 지금 사람이 꿈에 나타나는 일이 어찌 하루 사이에 있는 일만이겠는가. 수십 년 전의 일도 있네. 꿈에 나타나는 것은 단지 마음속에 오래전부터 이러한 일이 있었기 때문인데, 평소 갑자기 일이 생기면 이 일과 서로 감응하거나 기(氣)가 서로 감응한 뒤에 꿈으로 나타나네. 그러므로 비록 낮에 미워하던 것이라 하더라도 때때로 꿈에 나타나게 되는 것이네. 예컨대 물이 바람에 부딪쳐서 물결이 생기는데, 바람이 그친 뒤에도 물결은

에 속하게 되니, 이것을 가지고 사려가 싹트지 않았다고 하여 미발과 뒤섞어서는 안 될 듯하다."라고 생각하는데, 어떨지 모르겠습니다.

이로 인하여 더욱 의심스러운 것이 있으니, 이에 대해 다 말해보겠습니다. 일찍이 듣건대 연옹(淵翁 김창흡(金昌翕))이 '미발'에 대해 논하시기를 "'중(中)'에는 '지(至 지극함)'와 '불지(不至 지극하지 못함)'가 있다." 라고 하셨는데, 근래에 계장(溪丈)[23]을 뵈니 "'미발(未發)'에 '중(中)'과 '불중(不中)'이 있다."라고 하셨고, 지금 또 노형을 뵈니 "보지 않고 듣지 않을〔不睹不聞〕 때에도 '발(發)'과 '미발(未發)'이 있다."라고 하셨습니다. 대저 한 단락의 경(經)의 뜻이 허다하게 많은 가닥을 만들어내어 의논(議論)이 이와 같이 분분하니, 참으로 절충하기가 어렵습니다. 삼가 일찍이 참고해보니, 연옹의 의논은 주자의 '홍심점상(紅心貼上)'의 비유[24]를 근거로 삼은 것이고, 계장(溪丈)의 설은 주자의 '완석불개(頑

세차게 일어나 그치지 않는 것과 같다네."라고 하였는데, 유안절(劉安節)이 이에 대해 "이를테면 양자강의 숙랑과 같은 것이다.〔如楊子江宿浪.〕"라고 한 것에 보인다. 《二程遺書 卷18》

23 계장(溪丈) : 공주(公州) 계실곡(溪室谷)에 주로 거주하여 '계실(溪室)'로도 불렸던 김지행(金砥行)을 가리키는바, 자세한 내용은 308쪽 주4 참조.

24 홍심점상(紅心貼上)의 비유 : 《주자어류》 권62 〈중용(中庸)〉에 "문울(文蔚)이 '이천(伊川)이 「희로애락이 발하기 전에 함양(涵養)하면 발하는 것이 저절로 절도(節度)에 맞다.」라고 하셨는데, 지금 학자들은 능히 보지 않고 듣지 않는 가운데에서 계신공구하고 은미한 때에 신독(愼獨)을 하면 중(中)을 얻을 수 있다고 합니다.'라고 하자, 주자가 대답하였다. '진실로 이와 같으니, 이 또한 알아야 한다. 우선 예컨대 지금 여기에 앉아 있는데 우뚝이 단정(端正)하여 동쪽으로 기울지 않고 서쪽으로도 기울지 않으면 이는 곧 중(中)의 기상(氣象)이다. 그러나 사람들이 중(中)을 말한 것 또한 다만 대체로 이와 같이 말하였을 뿐이니, 대단히 중(中)하지 않은 자에 견주면 이 또한 중(中)이라고 할 수 있으나 능히 그 중(中)을 지극히 한 것은 아니다. 예컨대 사람이

石不開)'의 비유[25]를 근거로 삼은 것이고, 노형의 설은 또 율곡(栗谷 이이)과 우암(尤菴 송시열) 두 선생의 '풍탕(風盪)'의 비유[26]를 근거로 삼은 것입니다. 진실로 모두 각각 근거한 것이 있습니다. 다만 이 세 가지 설에 호환(互換)할 수 있는 점이 있으니, 아마도 이 또한 굳게 정해져 변동할 수 없는 것이 아닐 듯합니다. 그러니 노형이 이른바 "보지 않고 듣지 않을 때에도 미발이 되지 않는다.〔不睹聞不成未發〕"라는 것은 "미발일 때에도 중이 되지 않는다.〔未發而不中〕"라는 말로 바꿀 수 있을 듯합니다.-사려가 싹트지 않았으면 '미발(未發)'이라고 할 수 있으나, 능히 고요한 물처럼 맑게 안정되지 못하면 '중(中)'이라고 할 수 없습니다.- 그리고

화살을 쏠 때 과녁판 정중앙의 붉은 곳에 적중시키기를 기약하는데, 쏜 것이 과녁판 위에 있는 것 또한 중(中)이라고 할 수 있으나, 끝내는 쏜 화살이 과녁판 정중앙의 붉은 곳에 적중한 것과는 같지 못하다.'〔如人射箭, 期於中紅心, 射在貼上亦可謂中, 終不若他射中紅心者.〕"라고 한 것을 이른다.

25 완석불개(頑石不開)의 비유 : 《주자어류》 권62 〈중용〉에 제자가 희로애락의 감정이 아직 발하기 전에 중도에 맞지 않은 이유가 무엇이냐고 묻자, 주자가 "이는 기질이 혼탁하여 사욕이 기승해서 객〔사욕〕이 와서 주인이 되었기 때문이다. 그래서 미발일 때에는 단지 덩그러니 지각없는 돌덩이 같아 깨뜨릴 수 없다가, 발하면 곧 어그러져 버린다.〔其未發時, 只是塊然如頑石相似, 劈斫不開, 發來, 便只是那乖底.〕"라고 한 것을 이른다.

26 율곡(栗谷)과……비유 : 이이가 말한 비유는 자세하지 않고, 송시열의 비유는 《송자대전(宋子大全)》 권113 〈박경초에게 답함〔答朴景初〕〉에 "나는 일반 사람은 일찍이 정(靜)할 때가 있지 않다고 생각합니다. 정할 때가 없기 때문에 일찍이 미발일 때가 없는 것입니다. 이것을 물에 비유하면 물이 바람에 흔들리어 진흙과 섞여 흐려지면 비록 바람이 없을 때라도 그 흐린 것이 여전하니, 이는 바로 바람이 뒤흔든 뒤이기 때문입니다.〔比之於水, 水被風盪, 泥土混而成濁, 則雖其無風之時, 其濁自如也, 是乃風盪之餘也.〕"라고 한 것을 이른다.

계장(溪丈)의 이른바 "미발이어도 중이 되지 않는다.〔未發而不中〕"라는 것은 "지극하지 않은 중〔未至之中〕"으로 바꾸어 말할 수 있습니다. -계장은 영식(靈識)이 잡란하거나 어두운 것이 지각 없는 돌덩이와 같은 것을 '불중(不中)'으로 삼았고, 연옹(淵翁)은 이사부(李師傅)에게 보낸 편지에서 지각없는 돌덩이를 깨트릴 수 없는 것을 '지극하지 않은 중〔未至之中〕'으로 삼았습니다.[27]- 그런데 저는 참으로 어떻게 처리해야 할지 모르겠으니, 원컨대 노형께서 다시 분석하여 가르쳐주셔서 회통(會通)하여 결정할 방도를 보여주십시오.

말씀하신바 "동(動)·정(靜)의 본(本)·말(末)은 마음의 체(體)가 확립되는 것을 우선으로 삼는다."라는 것에서 평소 공력을 깊이 쓰신 것을 볼 수 있고, 그 나머지를 미루어 남에게 베푸는 뜻은 우러러 공경하여 마지않으며, 이로 인하여 저를 경계하여 깨우친 것이 많습니다. 미발(未發) 이전에 체인(體認)함은 바로 구산(龜山) 문하에서 서로 전한 지결(旨訣)이니, 연평(延平)이 매양 배우는 자들로 하여금 그 기상을 살펴보게 한 것입니다.[28] 주자(朱子)가 이른바 "살펴보지 않는

27 연옹(淵翁)은……삼았습니다 : 이사부(李師傅)는 왕자사부(王子師傅)를 지낸 이현익(李顯益, 1678~1717)으로, 이 내용은 《삼연집(三淵集)》 권21 〈이현익에게 답함〔答李顯益〕〉에 보인다. 이현익은 자가 중겸(仲謙), 호가 정암(正菴), 본관이 전주(全州)이다. 《杞園集 卷26 鎭安縣監李公行狀》

28 미발(未發)……것입니다 : 이 내용은 《심경(心經)》 권1 〈천명지위성장(天命之謂性章)〉에 보인다. 구산(龜山)은 북송(北宋)의 학자 양시(楊時, 1053~1135)의 호이고, 연평(延平)은 이통(李侗, 1093~1163)의 호이다. 양시는 이정(二程, 명도 정호와 이천 정이)을 사사(師事)하였으며 그의 학문은 나종언(羅從彦)과 이통 등을 거쳐 주자(朱子)에게 전수되어 이학(理學)의 형성과 발전에 중요한 영향을 끼쳤다. 이통은 양시, 나종언과 함께 '검남 삼선생(劍南三先生)'으로 불렸다. 《宋史 卷428 道學列傳 李侗, 楊時》《閩中理學淵源考 卷5》

것으로써 살펴보는 것이다.〔以不觀觀〕"[29]라는 것이 매우 정심(精深)하고 미묘(微妙)하니, 마음을 다스리는 우리 유자(儒者)가 마땅히 우선으로 삼아야 하는 것입니다. 그러나 중인(衆人)이 미발(未發)의 때가 매우 적은 것은 어째서입니까? 그 마음이 기질을 끼고서 물욕(物慾)을 따라 분산(分散)된 지가 이미 오래되었기 때문에 보지 않고 듣지 않는 때에도 오히려 사려(思慮)가 있게 되고, 오히려 깨끗하게 안정되지 못하여 지난번에 말씀하신바와 같은 것입니다. 그렇다면 동(動)할 때에 더 노력하는 것은 더욱 치밀히 하지 않을 수 없으니, "함양(涵養) 공부가 더욱 익숙해지면 성찰(省察) 공부가 더욱 정밀해진다."라고 할 뿐만 아니라, 또한 "성찰 공부가 더욱 정밀해지면 함양 공부가 더욱 익숙해진다."라고 하는 것입니다. 이것은 바로 동(動 성찰)·정(靜 함양)이 서로 바탕이 되어 혹시라도 한쪽으로 치우치는 경우가 있어서는 안 되는 것입니다.

주자(周子)가 〈태극도설(太極圖說)〉에서 '주정(主靜)'을 말씀하고 《통서(通書)》에서는 "욕심이 없기 때문에 고요하다.〔無欲故靜〕"라고 하셨습니다.[30] 여기에서 '무욕(無欲)' 두 글자는 화두(話頭)가 매우 고

29 살펴보지……것이다 : 《주자어류》 권103 〈나씨문인(羅氏門人)〉에 "제자가 '연평(延平)이 미발(未發) 이전의 기상을 살펴보려 한 것과 양씨(楊氏)가 미발 이전을 체험하려고 한 것의 차이가 무엇입니까?'라고 묻자, 주자가 '이 또한 작은 병통이 있다. 여기에서 「체험(體驗)」이라는 글자는 생각하여 헤아린다는 뜻이 있으니, 이는 곧 이미 발한 것이다. 만약 살펴볼 때 생각을 해서 보면 이 또한 곧 이미 발한 것이다.' 하셨다. 또 '이 체험은 생각을 해서 보는 것입니까? 단지 평상시처럼 무심히 보는 것입니까?'라고 묻자, 대답하기를 '이 또한 살펴보지 않는 것으로써 살펴보는 것이다.〔此亦是以不觀觀之.〕' 하셨다."라고 보인다.

30 주자(周子)가……하셨습니다 : 주자는 염계(濂溪) 주돈이(周敦頤)로, '주정(主

상하기 때문에 정자(程子)가 매번 '주경(主敬)'[31]을 가지고 말씀하셨습니다. 여기에서 '경(敬)'은 동(動)·정(靜)을 관통하니, 이것이 아니면 함양(涵養)을 할 수 없고, 이것이 아니면 성찰(省察)을 할 수 없습니다. 저 같은 자는 어리석고 나약하며 재주가 없고 성질이 게으르니, 일찍이 하루도 여기에 힘을 쓴 적이 없습니다. 그러나 노형의 경우는 총명한 자질을 갖춘 데다 공부까지 독실하게 하여 궁격(窮格)과 존성(存省)[32]이 이미 정밀하고 익숙해졌으니, 도(道)를 완성하는 경지에 거의 가깝게 되었습니다. 원컨대 더욱더 독실히 하고 게을리하지 않아서 백척간두(百尺竿頭)에서 진일보(進一步)하는[33] 공부를 하십시오. 그리하면 제가 비록 불민(不敏)하나 또한 마땅히 노둔함을 채찍질하여 노형의 뒤를 따를 것이니, 부디 끝까지 선(善)으로 인도해주시기를

靜)'은 그의 〈태극도설(太極圖說)〉에 "성인은 중정인의(中正仁義)로써 표준을 정(定)하되 정을 위주로 하여 인극을 세운다.〔主靜立人極〕"라고 보이고, '정(靜)'자 밑에 "욕심이 없으므로 정하다.〔無欲故靜〕"라는 자주(自註)가 실려있다. 《통서(通書)》에는 이 말이 없고, "욕심이 없으면 정허하고 동직하다.〔無欲則靜虛動直〕"라는 말이 보인다.

31 주경(主敬) : '경(敬)을 주장한다.' 또는 '경을 견지한다.'는 말로, 《이정유서(二程遺書)》, 《이정수언(二程粹言)》 등에서 볼 수 있다. 이천 정이는 주경 공부를 학문의 요체로 삼아 '경(敬)'을 크게 '마음을 전일하게 하여 다른 곳으로 옮겨가지 않음〔主一無適〕'과 '몸가짐을 단정하고 엄숙하게 함〔整齊嚴肅〕' 두 가지로 설명하였는데, '주일무적(主一無適)'은 내면을 수양하는 경(敬)이라면 '정제엄숙'은 외면을 수양하는 경이다.

32 궁격(窮格)과 존성(存省) : '궁격'은 궁리(窮理)·격물(格物)의 줄임말로, 사물의 이치를 철저히 연구하여 물리(物理)의 극치에 도달하는 일이다. '존성'은 존양(存養)·성찰(省察)의 줄임말로, 정(靜)할 때에 본성을 함양하고 동(動)할 때에 마음에서 일어나는 선악(善惡)의 기미를 살핀다는 뜻이다.

33 백척간두(百尺竿頭)에서 진일보(進一步)하는 : 현재 단계에 안주하지 않고 더 높은 경지에 이를 수 있도록 계속 노력하는 것을 말한다. 《傳燈錄》

바랍니다.

말씀하신바 "지각(知覺)은 곤(坤)에 속하는가 복(復)에 속하는가."라는 의리는 주자(朱子)가 초년에 말씀하신 것과 만년에 말씀하신 것이 과연 똑같지 않은데, 어리석은 저의 생각으로는 〈여자약에게 준 편지〔與呂子約書〕〉 및 《중용혹문(中庸或問)》이 마땅히 정론(定論)이 되어야 하고, 〈기논성답고후(記論性答藁後)〉에서 '무간용식(無間容息)'을 두 설에 합하여 하나로 만든 것은 추론한 것인 듯합니다.[34]

34 지각(知覺)은……듯합니다. : '기논성답고후(記論性答藁後)'의 '답(答)'이 저본에는 '잡(雜)'으로 되어있으나, 《주자대전》에 의거하여 바로잡아 번역하였다.
'미발'을 〈복괘(復卦)〉에 해당시켜 논한 것은 《주자대전》 권32 〈장경부에게 답함〔答張敬夫〕〉과 권74 〈기논성답고후(記論性答藁後)〉이고, 〈곤괘〉에 해당시켜 논한 것은 《중용혹문(中庸或問)》의 '중화(中和)' 장의 주와 《주자대전》 권48 〈여자약에게 답함〔答呂子約〕〉이다. 요약하면, 전자는 '사려가 싹트지 않은 관점에서 보면 〈곤괘〉가 맞지만 미발 시에도 지각이 어둡지 않기 때문에 〈복괘〉가 된다.'라는 것이고, 후자는 '〈곤괘〉는 순음(純陰)의 괘이지만 양(陽)이 없다고도 할 수 없다. 〈복괘〉를 미발에 해당시켜서는 안 된다.'라는 것인데, 〈기논성답고후〉와 〈여자약에게 답함〉의 내용을 예로 들면 다음과 같다.
〈기논성답고후〉는 '주자(朱子) 자신이 성(性)에 대해서 답한 원고 뒤에 기록한 글'이라는 뜻으로, 이 글에서 "경부(敬夫 장식(張栻))에게 답한 글에서 내가 이른바 '복(復)과 간(艮)의 두 괘(卦)' 또한 정자(程子 정이(程頤))의 뜻에 근본한 것이다. 그런데 택지(擇之 임용중(林用中))가 '사려가 아직 싹트지 않은 것은 곤괘(坤卦)의 일이니, 복괘에 해당시키면 안 된다.'라고 의심하였는데, 이에 대해 나는 다음과 같이 말하고자 한다. 이것은 바로 《역전(易傳)》에서 '그 사이에 멈출 수가 없다.〔無間容息〕'라고 말한 것이다. 대저 사려가 아직 싹트지 않은 것이 참으로 곤(坤)이지만, 지각이 어둡지 않은 것으로 말하면 그것은 복(復)인 것이다. 따라서 위에서 내가 이렇게 말한 것이 잘못은 아니나 사의(詞意)에 미비한 점이 있다고 할 수 있으니, 택지가 의심한 것이 비록 지나치더라도 그가 살핀 것 또한 치밀하다고 하겠다."라고 하였다.
〈여자약에게 답함〉에서는 "지극히 고요한 때에 다만 지각할 수 있는 것은 있으나 지각하

'지각(知覺)'에는 '능(能)'과 '소(所)'의 구별이 있는데,[35] 주자가 이른바 "지금 일찍이 사물에 붙은 적이 없고 다만 지각이 있을 뿐이니, 어찌 정(靜)이 됨에 방해되겠는가."[36]라는 것이 가장 분명하니, 이것을 알면 '미발(未發)'을 말할 수 있습니다.

우옹(尤翁 송시열)이 이른바 "두 가지의 미발(未發)"이라는 것은 과연 온당하지 않은 듯합니다. 이른바 '지각(知覺)'이라는 것이 이미 '소지각

는 바의 일은 없으니, 이것은 《주역》의 괘에서 순음(純陰)인 〈곤괘〉로 양(陽)이 없는 상(象)이 되지는 않습니다. 만약 〈복괘〉를 논한다면 모름지기 지각하는 바가 있는 것으로 해당시켜야 합하여 하나의 설로 만들 수 없습니다. 그러므로 소강절(邵康節) 역시 '하나의 양이 처음 움직이는 곳이며, 만물이 아직 생겨나지 않은 때이다.〔一陽初動處, 萬物未生時.〕'라고 하였습니다. 이곳은 지극히 은미하고 지극히 오묘한 곳이니, 모름지기 마음을 비우고 생각을 고요히 해야만 비로소 볼 수 있습니다."라고 하였다.

35 지각(知覺)에는……있는데 : 《주자대전》 권48 〈여자약에게 답함〔答呂子約〕〉의 "지극히 고요한 때에 다만 지각할 수 있는 능력은 있으나 지각하는 바의 일은 없다.〔至靜之時, 但有能知能覺者, 而無所知所覺之事.〕"라는 곳의 '능(能)' 자와 '소(所)' 자를 가리킨다. 이에 따라 '능지각(能知覺)', '소지각(所知覺)'이라는 말이 파생되었는데, '능지각'은 마음이 지각할 수 있는 능력을 이르고 '소지각'은 지각할 대상을 이른다.

36 지금……방해되겠는가 : 이 내용은 《이정유서》 권18 〈이천선생어(伊川先生語)〉에 "혹자가 '선생은 희로애락이 발하기 이전에 「동(動)」자를 놓습니까? 「정(靜)」자를 놓습니까?'라고 묻자, 선생이 다음과 같이 말씀하였다. '「정(靜)」이라고 이르는 것이 옳으나 정(靜)한 가운데에 모름지기 사물이 있어야 되니, 이곳이 곧 어려운 부분이다. 배우는 자는 우선 먼저 「경(敬)」을 이해하는 것만 못하니, 경(敬)하면 이것을 알 수 있을 것이다.'"라고 한 것에 대한 주자(朱子)의 주에 보인다. 《近思錄 卷4 論存養》 '정(靜)한 가운데에 모름지기 사물이 있어야 된다.'라는 것은 미발(未發) 때에 마음이 사려가 없어 고요하지만 이 가운데 주재(主宰)가 있어 마음이 흐리멍덩하지 않고 조리가 있다가 사물이 오면 즉시 대응할 수 있음을 이른다. 빈 거울이나 빈 저울이 평소에 아무런 작용이 없어 보이지만 사물을 비추는 거울의 밝음과 무게를 재는 저울의 기능은 계속 유지되는 것과 같은 것이다.

(所知覺)'이라면 비록 희로애락에 간섭하지 않았더라도 이것은 바로 이른바 "생각하기만 하면 곧 이발(已發)이다."라는 것인데, 어찌 미발이 될 수 있겠습니까. 저도 이에 대해 확신할 수 없으니, 어떨지 모르겠습니다.

임치공에게 답함

答任穉共

문 어떤 사람 중에 오대조(五代祖)를 조천(祧遷)[37]하게 되었는데, 종증조(從曾祖)를 봉사(奉祀)하는 자가 있습니다. 지금 그 종증조가 죽어서 장차 부제(祔祭)를 행하려고 합니다. 알지 못하겠습니다. 종증조의 상인(喪人)이 마땅히 상주(喪主)가 되어야 합니까? 아니면 비록 이미 조천했더라도 5대 손이 오히려 그것을 주관해야 합니까?

답 상인(喪人)이 종증조를 아버지의 조묘(祖廟)에 부(祔)함이 아버지의 상을 받드는 3년의 기간을 넘지 않으면 아마도 스스로 부사(祔祀)를 주관할 수 없을 듯합니다. 이미 5대의 친(親)이 다한 뒤라 하더라도 종손(宗孫)이 마땅히 주관해야 할 듯하니, 이것은 종통(宗統)을 중하게 여기는 의리입니다.

추신 뒤에 다시 다른 사람과 서로 의논해보니, "이미 훼손된 종(宗)은 주관할 수 있는 의리가 없으니, 장방(長房)이 주관해야 할 듯하다."라고 하였습니다. 이 설이 옳을 듯합니다.

37 조천(祧遷) : 사당에 모신 신주는 세대가 다하면 사당 밖으로 옮겨서 모시는 것을 이르는바, '조(祧)'는 원조(遠祖)의 신주를 합사(合祀)하는 사당이다.

임치공에게 답함

答任穉共

‘착(着)’ 자의 중(重)함을 피하고자 하여 곧 “미발(未發) 때의 공부가 없다.”라고 말하면, 이른바 “지킨다.〔守之〕”라는 것은 공부가 없이 어떻게 지킬 수 있습니까? 주자(朱子)가 일찍이 ‘미발 때의 함양(涵養)’을 논하시기를 “다만 하나의 주재(主宰)가 엄숙(嚴肅)함이 곧 함양 공부이다.”[38]라고 하셨으니, 함양 공부가 미발 때의 공부가 아니고 무엇입니까? ‘정(靜)할 때 보존하다.〔靜存〕’의 ‘존(存)’ 또한 공부이니, 어떻게 “‘미발 때의 공부’라고 해서는 안 된다.”라고 말할 수 있겠습니까. 만약 “미발의 공부는 곧 미발의 경지에 이르게 하는 공부인데, 미발일 때 공부가 전혀 없다.”라고 한다면 어찌 옳겠습니까? 중(中)은 곧 ‘순수(純粹)하고 지극히 선(善)함’을 이름한 것이니, 진실로 더럽고 잡스러움이 없으나, 만약 중(中)일 때에 공부가 없다면 장차 이 중(中)을 잃게 될 것입니다. 저는 이 때문에 미발일 때 공부가 없다는 것을 옳지 않게 여기니, 어떨지 모르겠습니다. 이 한 조목은 저의 견해와 같지 않으니, 이후에 응당 충분히 의논해야 할 것입니다. 그러나 이 이하는 모두 맞는 듯합니다.

38 다만……공부이다 : 이 내용은 《주자어류》 권62 〈중용(中庸)〉에 보인다.

임치공에게 답함
答任穉共

사우(師友)의 상(喪)에 입는 복(服)은 고례(古禮)에 의거하면 질(絰)과 대(帶)가 모두 있는데, 요질(腰絰)을 쓰지 않고 다만 저포대(苧布帶 모시로 만든 띠)를 쓰는 것은 황면재(黃勉齋 황간(黃榦))로부터 시작된 듯합니다. 그러나 정신이 혼란하여 자세히 기억하지는 못합니다. 지난해에 미호(渼湖 김원행(金元行)) 문하를 보니, 혹 질(絰)과 대(帶)를 갖춘 자가 있기도 하였는데 그 수가 적었습니다. 이미 성복(成服)에 참여하지 않았으면 가마(加麻) 또한 오복(五服)의 준례에 의거하여 추후(追後)에 성복하는 것이 옳겠습니까?

임치공이 《주자어류》의 《논어》에 대해 물은 조목에 대해 답함

答任穉共語類論語問目

문 《주자어류》 〈논어(論語) 옹야(雍也)〉의 '제(齊)나라가 한 번 변하면 노(魯)나라에 이른다.'라는 장(章)[39]입니다. ○'구갑용전부(丘甲用田賦)'[40]에 대해 〈고이(考異)〉에서 '구(丘)'를 '병(兵)'이라고 하였는데,[41] '전부(田賦)에 따라 병갑(兵甲)을 내는 것'을 이릅니까? 4읍(邑)

39 주자어류……장(章) : 《논어》 〈옹야(雍也)〉의 "공자가 말씀하였다. '제나라가 한 번 완전히 변하면 노나라에 이르고, 노나라가 한번 완전히 변하면 선왕의 도에 이를 것이다.'〔子曰: 齊一變, 至於魯; 魯一變, 至於道.〕"라는 장에 대한 《주자어류》의 내용을 가리킨다.

40 구갑용전부(丘甲用田賦) : 《주자어류》 권33 〈논어15(論語十五) 옹야편4(雍也篇四)〉에 "혹자가 물었다. '이천(伊川)이 「제(齊)나라는 환공(桓公)이 패자가 되고부터 태공(太公)의 유법(遺法)이 모두 바뀌었는데, 노(魯)나라에는 여전히 주공(周公)의 법제가 보존되고 있다.」 하였습니다. 살펴보건대 노나라는 환공 이후로 규문(閨門)에 법도가 없고, 세 군주가 시해되었으며, 삼가(三家)가 공실(公室)을 분열시켜 소공(昭公)이 객사하는 지경에 이르렀습니다. 그리하여 시삭(視朔)을 하지 않고 조회나 빙문을 하지 않으며, 전무(田畝)에서 정세(征稅)하고 구갑법(丘甲法)을 만들고 전부(田賦)를 시행하기까지 하였습니다.〔以至不視朔, 不朝聘, 與夫稅畝丘甲用田賦.〕 변란(變亂)이 이와 같았는데, 어찌 주공의 법제가 여전히 보존될 수 있습니까?'"라고 보인다.

41 고이(考異)에서……하였는데 : 〈고이〉는 이의철(李宜哲, 1703~1778)이 지은 《주자어류고문해의(朱子語類考文解義)》의 〈고이〉를 가리키는바, 여기에 "'구(丘)'는 '병(兵)' 자인 듯하다.○살펴보건대 구갑(丘甲)은 본래 《춘추》의 경문이니, 성공(成公) 원년에 보이는데, 지금 '병' 자로 바꾸고자 한다. '세무(稅畝)' 및 '용전부(用田賦)'가 모두 《춘추》의 글이라는 것이 놀랍다.〔丘, 恐兵.○按丘甲本春秋經文, 見成元年, 今欲

이 구(丘)이면,[42] 구(丘)에 따라 갑(甲 군대)을 내는 것을 이르니, '용전부(用田賦)'와 각기 다른 항목의 일이 됩니까?

답 '4읍(邑)이 구(丘)이다.'[43]라는 것은 의거할 수 있는 글이 있을 뿐만 아니라 아래에 '애공(哀公)이 전부(田賦)를 썼다.'[44]라는 것을 가

作兵. 可駭其稅畝及用田賦皆春秋文.]"라고 보인다.
《춘추》 경문에 보이는 '세무(稅畝)', '구갑(丘甲)', '용전부(用田賦)'는 선공(宣公) 15년의 "비로소 전무(田畝)를 실측(實測)해서 정세(征稅)하였다.〔初稅畝〕", 성공(成公) 원년(元年)의 "3월에 구갑법(丘甲法)을 만들었다.〔三月, 作丘甲.〕", 애공(哀公) 12년의 "12년 봄에 전무(田畝)에 따라 부세(賦稅)하는 제도를 시행하였다.〔十有二年春, 用田賦.〕"를 가리킨다.

42 4읍(邑)이 구(丘)이면 : 원문에는 '사정위구(四井爲丘)'로 되어있는데, 《주례(周禮)》 〈지관(地官) 소사도(小司徒)〉에 "9부(夫)가 정(井)이고, 4정이 읍이고 4읍이 구이고 4구가 전이다.〔九夫爲井, 四井爲邑, 四邑爲丘, 四丘爲甸.〕"라고 한 것과 《한서(漢書)》 권23 〈형법지(刑法志)〉에 주나라가 천하를 평정하고 정전제(井田制)와 군부(軍賦)를 제정하였던 내용이 실려 있는데 "전세(田稅)와 병부(兵賦)를 제정하여 전세로는 먹을 것을 충족시키고 병부로는 군대의 비용을 충족시켰다. 그러므로 4개의 정(井)은 1개의 읍을 형성하고 4개의 읍은 1개의 구(丘)를 형성한다. 구는 곧 16개의 정으로 구성되었으니, 군마(軍馬) 1필, 소 3두(頭)가 배당된다.〔故四井爲邑, 四邑爲丘, 丘十六井也, 有戎馬一匹, 牛三頭.〕"라고 한 것에 의거하여 '사정(四井)'의 '정(井)'을 '읍(邑)'으로 바로잡아 번역하였다.

43 4읍(邑)이 구(丘)이다 : 저본에는 "사정위구(四井爲丘)"로 되어있는데, 《주례》 〈지관 소사도〉의 원문과 《한서》 권23 〈형법지〉의 원문에 의거하여 '사정(四井)'의 '정(井)'을 '읍(邑)'으로 바로잡아 번역하였다.

44 애공(哀公)이……썼다 : 333쪽 주40에 인용된 혹자의 물음에 대한 주자의 답변에 보이는데, 내용은 다음과 같다. "대답하였다. '제나라와 노나라는 애초의 기상(氣象)이 이미 똑같지 않으니, 태공을 살펴보면 본래 주공과 구별이 되고, 환공과 관중(管仲)에 이르러서는 또 제나라의 처음 정사를 준수하지 못하여 완전히 변화하여 한결같이 공명(功名)과 이욕(利慾)을 찾았다. 그런데 노나라는 단지 여기에 마음을 두지 않았으니,

지고 살펴보면 '구갑(丘甲)'과 '전부(田賦)'는 본래 두 항목의 일입니다. '구갑(丘甲)'은 곧 '구(丘)에 따라 갑(甲)을 내는 것'을 이르니, 〈고이〉의 설은 따를 수 없을 듯합니다.

문 《주자어류》〈논어 자한(子罕)〉의 '인자불우(仁者不憂)' 장[45]에 대한 것입니다. ○여기에서 혹자가 말하기를 "사람이 근심하거나 의혹하거나 두려워하는 것은 다만 이치를 궁구함이 지극하지 못하기 때문입니다. 만약 천하의 이치를 지극히 궁구한다면 근심할 일이나 두려워할 일이 무엇이 있겠습니까. 근심하는 것이 없음을 인하였기 때문에 '인(仁)'이라 명명하였고, 의혹하는 것이 없음을 인하였기 때문에 '지(智)'라고 명명하였고, 두려워하는 것이 없음을 인하였기 때문에 '용(勇)'이라 명명하였습니다. 알지 못하겠습니다. 두 가지 설 중에 무엇이 옳습니까?"라고 하였습니다. 한 가지 뜻인데 '두 가지 설'이라고 한 것은 어째서입니까?

답 '두 가지 설'이라고 한 것은, "근심할 일이나 두려워할 일이 무엇이 있겠는가."라고 한 것을 한 가지 설로 삼고, 세 가지의 '명명한 것'을

필경 선대(先代)가 남긴 뜻을 여전히 보존하고 있었을 것이다. 예컨대 애공(哀公)이 전무(田畝)의 부세 제도를 쓰면서도 사람을 보내어 공자(孔子)께 묻게 하였으니,〔如哀公用田賦, 猶使人來問孔子.〕 그가 만약 전무의 부세 제도를 옳게 여겼다면 다시 어찌 물을 겨를이 있었겠는가. 오직 전대(前代)의 사람이 옳다는 것을 알았기 때문에 와서 물은 것이다. 그러나 환공과 관중의 경우에는 이러한 생각이 없어서 스스로 자신이 옳다고 말하며 한결같이 다른 것을 돌아보지 않았다.'"

45 주자어류……장 : 《논어》〈자한(子罕)〉의 "지혜로운 자는 의혹하지 않고, 인한 자는 근심하지 않고, 용맹한 자는 두려워하지 않는다.〔知者不惑, 仁者不憂, 勇者不懼.〕"라고 한 장에 대한 《주자어류》의 내용을 가리킨다.

한 가지 설로 삼은 것입니다. 이른바 "천하의 이치를 지극히 궁구한다면 근심할 일이나 두려워할 일이 무엇이 있겠는가."라는 것은, 바로 인(仁), 지(智), 용(勇)이 있은 이후에 근심하지 않고 두려워하지 않는 것이니, '공효(功效)'라는 말과 같습니다. 세 번 '인기(因其)'라고 한 것은 바로 이와 같기 때문에 이렇게 명명한 것이니, '체단(體段 본체(本體))'이라는 말과 같습니다. 그러므로 두 가지 설이 똑같지 않은데, 혹자가 무엇이 옳은지 물은 것입니다.

선생의 답에서는 두 가지 설의 옳고 그름을 논하지 않으시고, 다만 '그 세 가지는 자연스럽게 이와 같은 것이다.'라고 대답하셨을 뿐입니다.[46] '자시(自是)'라는 글자는 공효를 말한 것도 아니고 체단(體段)을 말한 것도 아니니, 다만 인(仁)과 지(智)와 용(勇)이 이와 같음을 말씀한 것일 뿐입니다.

문 반시거(潘時擧)의 기록에 "만약 터럭만큼의 차이가 있으면 곧 사람을 죽이는 데에 이르고, 이것이 아니면 극(劇)하게 된다.〔若有毫釐之差 便至於殺人 不是則劇〕"라고 하였는데,[47] 여기의 '극(劇)'은 '위극(危

46 선생의……뿐입니다 : 선생은 주자(朱子)를 가리키는바, 주자가 혹자의 물음에 "인(仁)한 자는 처하는 곳에 따라 편안하니 자연스럽게 걱정하지 않고, 지혜로운 자는 보는 것이 밝으니 자연스럽게 의혹하지 않고, 용감한 자는 지키는 것이 안정되니 자연스럽게 두려워하지 않는다. 무릇 걱정하지 않고 의혹하지 않고 두려워하지 않음에는 절로 차례가 있다.〔仁者隨所寓而安, 自是不憂; 知者所見明, 自是不惑; 勇者所守定, 自是不懼. 夫不憂、不惑、不懼, 自有次第.〕"라고 답한 것을 두고 한 말이다.

47 반시거(潘時擧)의……하였는데 : 반시거는 주자의 제자로, 자는 자선(子善)이다. 1222년 상사생(上舍生)으로 과거에 합격하여 무위군교수(無爲軍敎授) · 국자정록(國子正錄) 등을 역임하였다. 육경(六經)의 의의(疑義)와 학문의 대단(大端)을 잘 변석

劇 위급(危急))'이라는 뜻입니까?

답 이미 "사람을 죽이는 데에 이른다."라고 하고서 또 "위극(危劇)"이라고 한다면 도리어 상태가 회복(恢復)된 것과 같고, 또 '만약 살인을 하게 된다.〔若有至殺人〕'라는 말과 뜻이 겹치게 됩니다. 또 '즉극(則劇)'은 아래 〈선진(先進)〉-위치는 제5판(板)입니다.-의 "강절(康節)은 모두 희극(戲劇)으로 간주하였다.〔康節都做則劇〕"[48]의 '즉극(則劇 희극(戲

(辨析)하였다. 인용한 내용은 《주자어류》 〈논어 자한〉의 '가여공학(可與共學)' 장에 "아부(亞夫)가 묻기를 '함께 설 수는 있어도 함께 권도(權道)를 행할 수는 없습니다.'라고 하자, 이에 대답하였다. '한(漢)나라 유자(儒者)들은 경도(經道)를 뒤집어 도에 합치시키는 것을 「권도」라고 하였고, 이천(伊川)은 권도는 경도가 미칠 수 없는 것이라고 하였으니, 권도와 경도는 본디 두 가지의 뜻이다. 그러나 권도를 논하면서 경도에서 완전히 이탈하면 옳지 않다. 권도는 항상 쓰이지 않는 사물이니, 사람의 병을 예로 들면 열병을 앓는 자는 마땅히 서늘한 기운의 약을 복용해야 하고 냉병을 앓는 자는 마땅히 뜨거운 기운의 약을 복용해야 하는 것이 떳떳한 이치이다. 그러나 때로는 열병을 앓더라도 도리어 뜨거운 기운의 약을 써서 그 병을 낫게 하기도 하고, 또한 냉병을 앓더라도 도리어 차가운 기운의 약을 써서 그 병을 낫게 하기도 하니, 이것은 모두 떳떳한 이치로 논할 수 없는 것이다. 그러나 모름지기 옳은 처방을 얻어야 되니, 만약 털끝만큼의 차이가 있게 되면 곧 사람을 죽이게 되고, 그렇지 않으면 위태로워진다.〔若有毫釐之差, 便至於殺人, 不是則劇〕 그러나 만약 옳게 사용한다면 곧 이것을 하찮게 여길 수 없으며, 곧 이 약물을 합당하게 쓸 수 있다. 이미 합당하게 썼다면 이 권도는 경도가 되는 것이다."라고 보인다.

48 강절(康節)은……간주하였다 : 《주자어류》 권40 〈선진편 하(先進篇下)〉의 '자로증석염유공서화시좌(子路曾晳冉有公西華侍坐)' 장에 "명도(明道) 또한 장자(莊子)에 대해 '큰 뜻이 있었다.'라고 하셨고, 또 '장자가 도체(道體)를 형용한 것이 참으로 좋다.' 하셨다. 소강절(邵康節)이 만년의 뜻이 바로 이와 같아 조물주가 물건을 만든 것과 세상일을 모두 희극(戲劇)으로 간주하였다.〔邵康節晩年意思正如此, 把造物世事都做則劇看.〕 증점(曾點)은 대의(大意)를 보았으나 내면 공부는 도리어 소략하였다. 명도도 '장자는 예가 없고 근본이 없다.' 하셨다."라고 보인다.

劇))'과 같으니, "잘못 사용하면 곧 사람을 죽이는 데에 이르고, 그렇지 않아 경솔하게 사용하면 마치 희극과 같을 것이다.〔誤用 便至殺人 不是輕率用之 如戲劇〕"라고 한 것이 아니겠습니까마는 제대로 알지 못하겠습니다.

문 '당체지화(唐棣之華)' 장에 "《이아(爾雅)》에 '「체(棣)」는 산앵두나무〔移〕이다. 백양(白楊)과 같은데, 강동(江東)에서는 「부체(夫移)」라고 부른다. 「상체(常棣)」의 「체(棣)」는 열매가 앵도(櫻桃)와 같으니, 먹을 수 있다.'라고 하였으니, 이것은 본래 두 가지 물건이다.〔爾雅 棣 移 似白楊 江東呼夫移 常棣棣 子如櫻桃 可食 自是兩般物〕"라고 하였는데,[49] 《이아》의 설이 혹 두 가지의 물건을 가리키는 것입니까?

답 《이아》를 고찰해 보건대 '체체(棣移)'로부터 '앵도가식(櫻桃可食)'까지가 모두 《이아》의 본문과 주(註)이고, '양반물(兩般物)'은 주자께서 결단한 말씀입니다. '강동호부체(江東呼夫移)'라고 한 것은 "'당체(唐棣)'를 '부체(夫移)'라고 부른다."라는 말입니다.

문 《주자어류》의 〈향당(鄉黨)〉 제12절 '군주를 섬기는 예〔事君之禮〕'에서 "'군주가 고수레하시면 먼저 밥을 잡수셨다.〔君祭 先飯〕'라고 하였는데, 평소에는 주인이 손님을 맞이할 때의 고수레이니, 예컨대 세

49 당체지화(唐棣之華)……하였는데 : '당체지화장'은 《논어》 〈자한〉의 마지막 장으로 "'당체의 꽃이여, 바람에 펄럭인다. 어찌 너를 생각하지 않겠냐마는 집이 멀기 때문이다.〔唐棣之華, 偏其反而. 豈不爾思? 室是遠而.〕'라고 하자, 공자께서 말씀하였다. '생각하지 않을지언정 어찌 멂이 있겠는가.'"라고 한 것이고, 인용한 내용은 《주자어류》 권37 〈자한〉 '당체지화장'에 보인다.

속(世俗)의 '출생(出生)'과 같은 따위이다."라고 하셨는데, '출생'은 무슨 뜻입니까?

답 '출생'은 방언(方言)이니, 그 뜻은 자세하지 않습니다. 아니면 음식을 진설할 때 먼저 생물(生物)을 꺼내 놓고서 처음 음식을 만든 사람에게 제사를 지내기 때문에 '출생'이라고 말한 것입니까?

문 '계로문귀신(季路問鬼神)' 장[50]에 "일찍이 동시에 평원으로 달려가는 자를 가지고〔曾以一時趨平原者〕"[51]라고 하였는데, '평원으로 달려가는 것〔趨平原〕'은 무슨 뜻입니까?

답 '평원'은 한탁주(韓侂胄)[52]를 봉(封)한 곳의 지명인데, 당시 사람들

50 계로문귀신(季路問鬼神) 장 : 《논어》〈선진(先進)〉의 "계로(季路)가 귀신을 섬기는 것에 대해 묻자, 공자가 '사람을 잘 섬기지 못한다면 어떻게 귀신을 섬기겠는가.' 하였다. '감히 죽음에 대해 묻겠습니다.' 하자, 공자가 '삶을 모른다면 어떻게 죽음을 알겠는가.' 하셨다."라는 장을 가리킨다.

51 일찍이……가지고 : 《주자어류》 권39 〈선진〉에 "선생〔주자(朱子)〕께서 '사람을 섬길 수 없으면 어찌 귀신을 섬길 수 있겠는가.' 하셨는데, 일찍이 동시에 평원으로 달려가는 자들을 가지고 다음과 같이 말씀하셨다.〔曾以一時趨平原者言之〕 '내가 사람들이 마땅히 하지 않아야 할 것에 대해 함부로 하지 않았으니, 귀신에 대해서도 그러하였다. 이 때문에 정자(程子)께서 『사람을 섬기는 도를 다할 수 있다면 귀신을 섬기는 도를 다할 수 있으니, 한 가지이면서 두 가지이고 두 가지이면서 한 가지이다.』라고 하셨다.'"라고 보인다.

52 한탁주(韓侂胄) : ?~1207. 자는 절부(節夫)로, 평원군왕(平原郡王)에 봉해졌기 때문에 사람들이 '한평원'이라고 칭하였다. 남송 영종(寧宗) 경원(慶元) 연간에 외척인 한탁주가 득세하여 우승상 조여우(趙如愚)와 대립하다가 조여우를 중상모략하여 지방으로 유배 보내고, 조여우가 추천한 주자와 그 학파 등 59인을 위학(僞學)으로 몰아 추방함으로써 '경원의 당금(黨禁)'을 일으켰다. 《宋史 卷474 韓侂胄列傳》

이 한탁주의 권세를 두려워하여 그에게 달려가 붙었기 때문에 이렇게 말한 것입니다.

문 '계씨부어주공(季氏富於周公)' 장[53]에 "또 한 종류의 사람이 그 심성이 스스로 이와 같지 않아서 이러한 일을 보면 스스로 등한시한다.〔又有一等人心性自不如此 見此事自匹似閒〕"[54]라고 하였는데, 이것은 "벼슬에 나아가는 일을 보면 스스로 일을 등한시하여 벼슬에 나아가기를 구하는 뜻이 없다."라는 말입니까?
답 '필사(匹似)'는 '등(等)'의 뜻이니, 논하신 바가 뜻이 통할 수 있을 듯합니다.

문 제1판(板)에 "'극기복례가 인(仁)을 하는 것이다.'와 '더불어 인을 할 수 있다.'의 '위(爲)' 자가 서로 비슷한데, '효제(孝弟)는 인을 하는 근본이다.'와 '인을 함은 자기를 말미암는다.'의 '위' 자와는 서로 다르

53 계씨부어주공(季氏富於周公) 장 : 《논어》 〈선진〉 제16장의 "계씨가 주공보다 부유하였는데도〔季氏富於周公〕 염구(冉求)가 그를 위해 세금을 많이 걷어 재산을 더 늘려주었다. 이에 공자가 말씀하셨다. '염구는 우리 무리가 아니니, 소자들아! 북을 울려 죄를 성토함이 옳다.'"라고 한 것을 가리킨다.

54 또……등한시한다 : 이 내용은 《주자어류》 권39 〈선진〉에 "섭하손(葉賀孫)에게 전문(全文)을 다 읽게 하고서 말씀하시기를 '염구가 문로(門路)에서 잘못된 곳은 다만 벼슬하는 것을 급하게 여긴 데에 있을 뿐이다. 사람들 또한 여러 종류가 있으니, 한 종류의 사람은 애당초 단지 벼슬에 나아가기를 요구할 뿐이고, 또 한 종류의 사람은 심성이 저절로 이와 같은 것을 원하지 않아 이러한 일을 보면 스스로 등한시한다.〔又有一等人心性自不要如此, 見此事自匹似閑.〕 또 한 종류의 사람은 비록 벼슬에 나아가기를 요구하더라도 불가한 줄을 알면 또한 물러날 뜻을 가진다."라고 보인다.

다.〔克己復禮爲仁與可與爲仁之爲 相似 與孝弟爲仁之本爲仁由己之爲 不同〕"[55]라고 하였는데, 윗부분의 두 '위(爲)' 자는 '성(成 이루다)'의 뜻이고, 아랫부분의 두 '위(爲)' 자는 '주(做 하다)'의 뜻입니다. 다만 한 절의 안에서 '극기복례위인(克己復禮爲仁)'의 '위(爲)'를 '성(成)'의 뜻에 소속시키고, '위인유기(爲仁由己)'의 '위(爲)'를 '주(做)'의 뜻에 소속시켰으니, 어떨지 모르겠습니다.[56]

답 만일 그 뜻이 정밀하다면 비록 한 절의 안에서 글자의 뜻이 똑같지 않더라도 어찌 얽매일 필요가 있겠습니까. 다만 윗부분의 '위인(爲仁)'은 바로 "극기복례가 인(仁)을 하는 방법이다.〔克復所以做仁〕"라는 말입니다. 집주(集註)의 뜻이 이와 같이 분명하니, 《주자어류》의 이 말씀은 아직 정(定)하지 못했을 때 하신 말씀인 듯합니다.

문 제19판의 '비범(非泛)'은 곧 '비리(非理)가 범람(泛濫)하다.'라는 뜻입니까? '배계(倍契)'는 자세하지 않으니,[57] 또 경총(經總)[58]의 밖에

55 극기복례가……다르다 : 이 내용은 《주자어류》 권41 〈안연(顔淵)〉의 '안연문인장(顔淵問仁章)'의 처음에 보인다.

56 한 절의……모르겠습니다 : 《논어》 〈안연〉에 "안연이 인(仁)을 묻자, 공자께서 말씀하셨다. '자기의 사욕을 이겨 예(禮)에 돌아감이 인(仁)을 하는 것이니, 하루라도 사욕을 이겨 예(禮)에 돌아가면 천하가 인(仁)을 허여한다. 인(仁)을 하는 것은 자신에게 달려 있으니, 남에게 달려 있겠는가.'〔顔淵問仁, 子曰: 克己復禮, 爲仁, 一日克己復禮, 天下歸仁焉, 爲仁由己, 而由人乎哉?〕"라는 절(節) 안의 '위(爲)' 자를 주자의 《집주》에서는 모두 '주(做)'의 뜻으로 보았는데, 《주자어류》에서는 '극기복례위인(克己復禮爲仁)'의 '위(爲)'와 '위인유기(爲仁由己)'의 '위(爲)'를 다른 의미로 보았기 때문에 어떨지 모르겠다고 물은 것이다.

57 비범(非泛)은……않으니 : 《주자어류》 〈안연〉의 "혹자가 '유약이 애공에게 대답

있는 것입니까?

답 '비범'의 뜻은 논하신 것이 옳을 듯합니다. '배계'는 이식(利息)을 배로 늘려 계권(契券)을 만들어 돈을 꾸어주는 것을 이르는 듯하니, 경총의 밖에 있는 듯합니다.

문 제13판의 "정자독실지사운운(程子篤實之事云云)"[59]은 바로 '부끄러

하기를 「어찌하여 철법(徹法)을 쓰지 않습니까?」라고 한 말'에 대해 묻고서 운운하자, 주자가 말씀하였다. '지금의 주군(州郡)에서 쓰는 것은 모두 정법(正法)에서 벗어난 것이니, 비리(非理)가 넘쳐나서 가렴주구(苛斂誅求)를 한다. 또 주군의 배계(倍契) 한 항목의 돈과 같은 것은 무슨 명색(名色)이란 말인가.'〔今之州郡, 盡是於正法之外, 非泛誅取. 且如州郡倍契一項錢, 此是何名色?〕"라고 한 데에 보이는 '비범(非泛)'과 '배계(倍契)'를 두고 한 말이다.

58 경총(經總) : 경제전(經濟錢)과 총제전(總制錢)의 병칭으로, 송(宋) 나라 때 부가(附加)하던 잡세(雜稅)이다. 경제전은 북송(北宋) 선화(宣和, 1119~1125) 연간에 시작되었는데, 진구(陳遘)가 발운사(發運使) 겸 경제사(經制使)로서 동남쪽 지역의 세금을 감독하여 다스려 술을 파는 것과 전택(田宅)을 전매(典賣)하는 것에 부가하는 아세전(牙稅錢), 그리고 고정적인 세금 외에 별도로 부가하는 두자전(頭子錢)에다 기타 항목의 세금까지 징수하였는데, 이것을 '경제전'이라 칭하였다. 그 뒤에 남송(南宋) 소흥(紹興) 5년(1135)에 참지정사(參知政事) 맹유(孟庾)가 재용(財用)을 총괄하였을 적에 관직 이름을 '총제사(總制司)'라고 명명해줄 것을 청하였고, 경제전의 세법을 이어받고서 좀 더 세분해서 세금을 징수하였는데, 이것을 총제전이라 칭하였다. 《宋史 卷179 食貨下一 會計》

59 정자독실지사운운(程子篤實之事云云) : 이 내용은 《논어》 〈자로(子路)〉의 "자공이 '어찌해야 선비라고 이를 수 있습니까?〔子貢問曰: 何如, 斯可謂之士矣?〕'라고 묻자 공자가 이르시기를 '처신하는 데에 부끄러움이 있으며, 사방에 사신으로 가서는 군주의 명을 욕되게 하지 않으면 선비라 이를 수 있다.〔行己有恥, 使於四方, 不辱君命, 可謂士矣.〕'라고 하였다. 자공이 또 그다음의 선비에 대해서 묻자, 공자가 이르시기를 '종족들에게 효성스럽다는 칭찬을 받고, 향당에서 공손하다는 칭찬을 받는 사람이다.〔宗族稱

움이 있음〔有恥〕'과 '욕되게 하지 않음〔不辱〕'과 '효성스러움과 공손함〔孝悌〕'과 '말은 미덥게 하고 행실은 과단성 있게 함〔言信行果〕'을 가리켜 말한 것인데, 주자께서 물을 때마다 반드시 등급을 낮춘 것을 가지고 독실한 뜻으로 삼아서, 공자의 세 번 답하신 것이 점점 아래로 내려간 것을 칭찬하고 인정하신 듯한 점이 있으셨으니, 참으로 알 수 없습니다. 비록 이와 같더라도 '훌륭한 사자로다〔使乎〕'의 뜻도 이해할 수 없으니, 무엇 때문인지 알지 못하겠습니다.

답 주자께서 자공이 물을 때마다 반드시 등급을 낮춘 것을 가지고 독실하다고 여기신 것은 이 단락뿐만이 아닙니다. 윗절의 반시거(潘時

孝焉, 鄕黨稱弟焉.〕'라고 하였다. 또 그다음의 선비에 대해서 묻자, 이르시기를 '말은 반드시 미덥게 하고, 행실은 반드시 과단성 있게 하는 것이 국량이 좁은 소인이기는 하나, 그래도 그다음이 될 만하다.〔言必信, 行必果, 硜硜然小人哉! 抑可以爲次矣.〕'라고 하였다."라는 '자공문사(子貢問士)' 장에 대해 《주자어류》에 "혹자가 어떤 사람이 사신의 임무를 받들 수 있는가를 물으니, 주자가 말씀하였다. '자공이 선비에 대해 묻자 공자가 「운운」이라고 고해주셨는데, 이천이 이에 대해 「공자가 말씀하신 것은 독실하여 스스로 만족해하는 일이다.」 하셨다. 예컨대 부끄러움이 있고 욕되게 하지 않는 것이 첫 번째이고, 그 다음은 떳떳한 행실이었고, 또 그 다음은 비록 소인이라도 또한 괜찮으나 단지 퇴보하는 의사가 있다. 예컨대 「훌륭하 사자로다, 훌륭한 사자로다!」라는 뜻은 심후(深厚)하여 훌륭한 일을 할 수 있는 자라는 것이다.'〔云: 子貢問士, 孔子告之云云, 伊川云: 篤實自得之事. 謂如有恥不辱, 其次常行, 又其次雖小人亦可, 只是退步意思. 如使乎使乎意, 則是深厚足有爲者.〕"라고 한 것을 가리킨다.

'시호시호(使乎使乎)'는 《논어》 〈헌문(憲問)〉에 거백옥(蘧伯玉)이 공자에게 사자(使者)를 보내어 안후를 묻자, 공자가 "선생께서는 무엇을 하시는가?"라고 물으시니, 그 사자가 "부자(夫子 거백옥)께서는 허물을 적게 하려고 하시나 아직 능하지 못하십니다.〔欲寡其過, 而未能也.〕"라고 답하였다. 공자가 사자의 말이 스스로 겸손하지만 자기 주인의 훌륭함을 더욱 드러낸 점을 들어 "훌륭한 사자로다, 훌륭한 사자로다.〔使乎, 使乎!〕"라고 칭찬한 것을 말한다.

擧)의 기록[60]이 이미 그러하였습니다. 이것은 정자(程子)의 설과 똑같지 않으니, 자연스럽게 별도의 일설(一說)이 되어야 합니다. 만약 이것을 인하여 "세 번 답한 것에 부자께서 칭찬하고 인정하신 듯한 일이 있다."라고 한다면 또한 주자께서 반드시 이러한 뜻이 있으셨는지를 알 수 없으니, 이는 고명의 부연한 말이 지나친 부분인 듯합니다.

'시호(使乎)'의 뜻을 가지고 칭찬하고 인정한 것으로 보신 것입니까? '시호(使乎)'의 뜻은 겸양한 뜻을 차용(借用)하고자 한 것에 불과하니, 겸손하게 말하여 허물을 적게 하고자 하나 능하지 못하신다고 하였기 때문입니다.

문 '상간오백(賞諫烏栢)'[61]은 무슨 일입니까?

60 반시거(潘時擧)의 기록 : 주자의 제자 반시거의 기록으로 표기되어있는 절(節)로, 《주자어류》의 '자공문사(子貢問士)' 장에 "문진(文振 정남승(鄭南升))이 정자(程子)가 '자공이 사(士)에 대해 물은 뜻은 남들이 알아주는 깨끗한 행동을 하여 남에게 알려지려 하는 것이었고, 부자께서 말씀하신 것은 모두 독실하여 스스로 만족해 하는 일이었다.'라고 한 말을 가지고 '자공이 질문을 한 절차가 바로 이와 같습니다.'라고 하자, 주자가 말씀하였다. '자공이 평소에 비록 이처럼 남에게 알려지려는 뜻이 있었으나 이 한 장에서 그는 도리어 대단히 평이하고 진실하다. 그가 처신하는 데에 부끄러움이 있으며, 사방에 사신으로 가는 것이 사소한 일이 아님을 보았기 때문에 또 그다음을 물은 것이다. 「종족들에게 효성스럽다는 칭찬을 받고, 향당에서 공손하다는 칭찬을 받는 사람이다.」라는 경지를 자공도 감히 자신하지 못하였기 때문에 또 그다음을 물은 것이다. 이러한 절차는 모두 그가 평이하고 진실하게 공부하고자 한 것이므로 물을 때마다 모두 그 단계가 내려간 것이다. 하면에서 「지금 정치에 종사하는 자는 어떻습니까?」라고 물은 것에 이르러 도리어 물음이 잘못되었으니, 이 때문에 성인이 곧 「어찌 따질 것이 있겠는가.」라고 하신 것이다. 이것은 바로 그를 위해 절연히 끊으신 것이니, 이러한 곳을 마땅히 다시 자세히 살펴보아야 한다.-시거(時擧)-"라고 한 절을 가리킨다.

답 '백(栢)'은 '환(桓)'의 오자(誤字)이니, '상간오환(賞諫烏桓)'은 바로 '오환(烏桓)을 공격하는 것을 중지하라고 간언(諫言)한 자에게 상을 내린 것'을 말합니다. 조조(曹操)가 장차 오환을 공격하려 할 적에 여러 장수가 중지할 것을 간하여도 듣지 않았습니다. 당시에 날씨가 춥고 가물어 2백 리를 가는 동안 물이 없었고 군사들도 먹을 것이 부족하였습니다. 이윽고 조조는 돌아가서 이전에 간한 자들에게 후한 상을 내렸으니, 이는 위험을 무릅쓴 것을 뉘우친 것입니다. 이 일은 《자치통감강목(資治通鑑綱目)》의 '한 헌제(漢獻帝) 12년' 조에 보입니다.

문 '서희(徐禧)'는 어느 시대의 장수이며, '좌영우불(左縈右拂)'은 어떻게 싸우는 것입니까?[62]

61 상간오백(賞諫烏栢) : 이 내용도 《주자어류》 〈자로(子路)〉의 '자공문사(子貢問士)' 장에 "또 만약 삼군(三軍)을 거느릴 경우 '일에 임하여 두려워하며 도모하기를 좋아하여 공을 이룬다.〔臨事而懼, 好謀而成.〕'라는 여덟 글자에 매우 큰 의미가 있다. 그러나 말의 겸손한 기상은 바로 군대를 출동할 때 걱정이 매우 심한 것과 같으니, 만약 여러 병사의 위에서 우뚝이 자신을 드러낸다면 어찌 장수가 될 수 있겠는가. 제갈공명(諸葛孔明)이 용병을 이와 같이 하였으나 일찍이 '정(精)하다.'고 이르지 않았다. 또 조공(曹公 조조(曹操))이 오환(烏桓)을 치는 것을 중지하라고 간한 신하에게 상을 내린 것과 같은 경우이다.〔又如曹公賞諫烏桓者〕"라고 보이는데, 현재 전하는 판본에는 '백(栢)' 자가 '환(桓)' 자로 되어있다.

62 서희(徐禧)는……것입니까 : 이 내용도 《주자어류》 〈자로(子路)〉의 '자공문사(子貢問士)' 장에 "서희의 경우에 대해 말씀하셨다. '적들이 왼쪽에서 빙 둘러싸고 오른쪽에서 분발하여 공격하므로 곧바로 전진하여 적을 찔러도 한 걸음마다 세 사람이 있었으니, 그가 죽을 것임을 알 수 있다.'〔至如徐禧云: 左縈右拂, 直前刺之, 一步三人, 則其死可見矣.〕"라고 보인다.

답 서희는 북송(北宋) 신종(神宗) 때의 사람입니다. 영락(永樂) 때에 새로운 성(城)을 축조할 것을 건의하였는데, 서하(西夏) 사람이 성을 공격하여 함락하였을 때 서희가 죽었습니다.

'좌영우불(左縈右拂)'은 왼쪽에서 빙 둘러싸고 오른쪽에서 발분하여 공격하는 것인 듯하니, 용감히 싸우는 것을 형용한 것입니다.

문 〈자로(子路)〉 제17판의 '군자태이불교(君子泰而不驕)' 장에 '곧 사사로운 뜻이 있다〔便有私意〕'에서부터 '이 작은 것〔這些子〕'까지[63]는 글 뜻이 끝내 분명하지 못한 듯합니다.

답 이곳의 글 뜻은 과연 이해하기 어렵습니다. '기부타무(欺負他無)'는 "그 사람에게 재능이 없어서 그를 능멸하고 저버린다.〔他人無才能而欺負之〕"라는 말이고, '기부타이회불득(欺負他理會不得)'은 "그 사람이 사리를 알지 못하여 능멸하고 저버린다."라는 말이니, 이것은 자신이 가지고 있는 사사로운 것에 의지한 것입니다.

문 〈태백(泰伯)〉 제26판의 '문증자홍의처(問曾子弘毅處)'로부터 '여

63 곧……까지 : 이 내용은 《논어》 〈자로(子路)〉에, 공자가 "군자는 태연하되 교만하지 않고, 소인은 교만하되 태연하지 못하다.〔君子泰而不驕, 小人驕而不泰.〕"라고 한 것에 대해 《주자어류》 〈자로〉의 '자공문사(子貢問士)' 장에 주자가 "'태(泰)'는 조용하여 심신이 자유롭고 편안하다는 의미이고, '교(驕)'는 곧 사사로운 뜻이 있는 것이다. 그 사람에게 재능이 없어서 능멸하여 저버리고, 그 사람이 사리를 알지 못함을 능멸하여 저버리는 것은 자신의 작은 사사로움을 따른 것이니, 모두 교만함을 이른다.〔泰是從容自在底意思, 驕便有私意. 欺負他無, 欺負他理會不得, 是靠我這些子, 皆驕之謂也.〕"라고 한 데에 보인다.

하토도리교타막임지(如何討道理教他莫恁地)'까지[64]는 무슨 뜻입니까?

답 '기지불홍불의변홍의(旣知不弘不毅便弘毅)'는 "이와 같이 하는 것이 병통임을 안다면 곧 이와 같이 하지 않음이 약이다.〔知得如此是病便不如此是藥〕"라는 말과 같습니다. '여하토도리(如何討道理)'는 "어떻게 따로 도리를 찾아 넓지 않고 굳세지 않게 되지 말도록 할 수 있는가.〔何可別求道理 教令勿爲不弘不毅也〕"라는 말과 같습니다.

찌 하나를 끼워놓은 곳은 누구의 설인지 알지 못하겠습니다만, 그 찌에 "'여하(如何)'에서부터 '임지(恁地)'까지는 '어찌 도리가 있어 그로 하여금 크지 않고 굳세지 않게 할 수 있겠는가. 운운'이다."라고 한 것은, 저의 생각에는 옳지 않은 듯합니다. '막임지(莫恁地)'라고 한 말의 '임지(恁地)'는 위의 '불홍불의(不弘不毅)'를 가리키니, '막(莫)'은 '크지 않고 굳세지 않게 하지 말라〔勿爲不弘不毅〕'라는 것입니다.

64 문증자홍의처(問曾子弘毅處)로부터……까지 : 《논어》〈태백(泰伯)〉의 "선비는 도량이 크고 의지가 굳세지 않을 수 없으니, 책임이 중하고 갈길이 멀기 때문이다.〔士不可以不弘毅, 任重而道遠.〕"라는 데 대해 《주자어류》〈태백〉의 '증자왈사불가이불홍의(曾子曰士不可以不弘毅)' 장에 "묻기를 '증자의 크고 굳센 곳은, 알지 못하겠습니다만 학문 공부가 오래되어야 이와 같을 수 있는 것입니까? 혹 마땅히 공부를 하면 곧 이와 같게 하여야 하는 것입니까?' 하니, 주자가 말씀하기를 '곧 이와 같고자 해야 하니, 만약 도량이 크지 않고 의지가 굳세지 않으면 두 다리를 굳게 세우기 어렵다.' 하였다. 묻기를 '사람의 자품이 편벽되고 잡될 경우 어찌 곧 이와 같기를 바랄 수 있습니까?' 하니, 주자가 말씀하기를 '이미 도량이 크지 않고 의지가 굳세지 않은 줄 알면 곧 경계하고 깨우쳐서 크고 굳세게 하여야 하니, 어찌 따로 도리를 찾아 그로 하여금 이와 같지 않게 할 수 있겠는가.' 하였다.〔問: 曾子弘毅處, 不知爲學工夫久, 方會恁地, 或合下工夫便着恁地? 曰: 便要恁地. 若不弘不毅, 難爲立脚. 問: 人之資稟偏駁, 如何便要得恁地? 曰: 旣知不弘不毅, 便警醒令弘毅, 如何討道理教他莫恁地?〕"라고 한 부분을 가리킨다.

그런데 지금 '임지(恁地)'를 '홍의(弘毅)'라고 하고 '막(莫)'을 '불사(不似)'라고 하니, 이것은 글의 본지(本旨)가 아닙니다. '임지(恁地)'를 '홍의(弘毅)'로 보는 것은 위의 '변요득임지(便要得恁地)'의 준례로 본 듯한데, 두 '임지(恁地)'를 각각의 뜻으로 보는 것이 어찌 나쁠 것이 있겠습니까. '여하토도리(如何討道理)'는, 순(淳)의 기록에 '갱나리별심토방법거의치타(更那裏別尋討方法去醫治他)'라고 한 것[65]을 가지고 살펴보건대, 이것은 기록은 다르지만 뜻은 같습니다. '의(醫)'는 '막(莫)'의 뜻이고 '타(他)'는 '임지(恁地)'여서 바로 '불홍불의(不弘不毅)'이니, 이렇게 보는 것이 어떨지 모르겠습니다.

문 〈자한(子罕)〉 제30판의 '자공왈유미옥(子貢曰有美玉)' 장[66]

65 순(淳)의……것 : 앞에서 말한 것은 '우(宇)'라는 사람의 기록인데, 그 기록이 끝난 부분에 바로 이어 있는 "순(淳)의 기록에 다음과 같이 말하였다. '서(徐)가 묻기를 「크고 굳셈은 학문을 하는 공부가 오래되어야 이와 같을 수 있습니까? 아니면 마땅히 공부를 하면 곧 마땅히 이와 같이 해야 하는 것입니까?」라고 하니, 주자가 말씀하기를 「곧 크고 굳세고자 해야 하니, 이 두 가지는 모두 하루라도 없어서는 안 된다.」라고 하였다. 말하기를 「사람의 자품이 편벽됨이 있으면 어떻게 곧 이와 같을 수 있습니까?」라고 하니, 주자가 말씀하기를 「단지 이와 같은 줄을 알면 곧 경계하고 깨우쳐야 하니, 어떻게 이와 같지 않을 수 있겠는가. 다시 어찌 따로 방법을 구하여 이와 같게 하지 않을 수 있겠는가.」라고 하였다.'〔曰: 只知得如此, 便警覺, 那不如此? 更那裏別尋討方法去醫治他?〕"라고 한 것을 가리킨다. 같은 문답 내용을 두 사람이 각각 다른 글자로 표현한 것이다.

66 자공왈유미옥(子貢曰有美玉) 장 : 《논어》 〈자한(子罕)〉에 "자공(子貢)이 말하기를 '아름다운 옥이 여기에 있으니, 이것을 궤 속에 넣어 감추어 두시겠습니까? 좋은 값을 구하여 파시겠습니까?'라고 하자, 공자가 대답하시기를 '팔아야지, 팔아야지. 그러나 나는 좋은 값을 기다리는 자이다.' 하셨다."라고 한 내용에 대해 《주자어류》 〈자

답 제가 생각하건대 '약왈(若曰)'에서부터 '용지이(用之耳)'까지가 모두 자공의 물음이 되니, "만약 자공이 묻기를 '단지 감추어 둘뿐입니까? 장차 사용하시겠습니까?'라고 하였다면 애초에 옳고 그름을 의논할 만한 것이 없다."라고 말한 것입니다. '장출용지(將出用之)'라고 한 말에는 '기다리다〔待〕'라는 뜻은 있고 '구하다〔求〕'라는 뜻은 없으니, 그 말에 병통이 없습니다. 다만 '이(耳)' 자는 아마도 '야(耶)' 자를 잘못 기록한 것인 듯한데, 어떻습니까?

문 〈향당(鄕黨)〉 제4절[67]의 '서 계실 때에는[68] 문 가운데에 서지 않으시고, 다니실 때에는 문지방을 밟지 않으셨다.〔立不中門 行不履閾〕'입니다. ○옛날에 왼쪽 문을 닫아 두었습니다. 지금 여기에서 '우변(右邊)'은 오른쪽 문을 가리키는 듯하니, 이 또한 안쪽에서 말한 것이라면[69] '문변(門邊)'의 '문(門)'을 〈고이(考異)〉에서 '좌(左)'라고 하였으

한〉의 '자공왈유미옥' 장에 "자공이 다만 이와 같이 물었을 뿐이지만, 만약 '단지 감추어 둘뿐입니까? 장차 사용하시겠습니까?'라고 하였다면 애초에 그 말의 옳고 그름을 의논할 만한 것이 없다.〔子貢只是如此設問, 若曰: 此物色是只藏之, 惟復將出用之耳, 亦未可議其言之是非也.〕"라고 하였는바, 이것을 물은 것이다.

67 향당(鄕黨) 제4절 : 《주자어류》 권38 〈향당(鄕黨)〉의 '제4절(第四節)'을 가리킨다.

68 서 계실 때에는 : 저본에는 '입(入)'으로 되어있는데, 《논어》에 의거하여 '입(立)'으로 바로잡아 번역하였다.

69 우변(右邊)은……것이라면 : 《주자어류》 〈향당〉의 '제4절'에 "서 있을 때에는 문 가운데에 서지 않으시고, 다니실 때에는 문지방을 밟지 않으셨다. 이에 대한 주에 '문설주와 闑의 사이를 다닐 때에는 闑의 오른쪽을 경유하고 문지방을 밟지 않는다.' 하였는데, 이것은 단지 밖에서 들어올 경우입니다. 우변 문의 가운데는 바로 임금이 출입하는 곳입니다. 闑은 나무 하나로 문을 지탱하는 것과 같은데, 지금 사람들이 대부분 두

나 이 또한 통하지 않습니다. 또 '얼(闑)[70]의 오른쪽〔闑右〕'이 자세하지 않으니, 어쩌면 얼(闑)의 우변(右邊)이면서 얼(闑)에 가까운 곳을 가리킨 것이 아닙니까? 아니면 문설주〔棖〕가 얼(闑)의 오른쪽에 있기 때문에 '얼(闑)의 오른쪽'이라고 하였으나, 실제로는 오른쪽 문설주의 옆쪽을 가리킨 것입니까? 그러나 이미 '얼(闑)의 오른쪽'이라 하고 '문설주의 왼쪽〔棖左〕'이라 하지 않았으니, '얼의 옆쪽〔闑之旁邊〕'이라고 하는 것이 낫겠습니까? 만약 '오른쪽 문설주의 옆〔右棖之旁〕'이라고 한다면 '문변(門邊)'의 '문(門)'을 왼쪽 문으로 보아도 무방하겠습니까? 만약 '얼의 옆을 경유한다.〔由闑旁〕'라고 한다면 '문(門)' 자는 '좌(左)'가 되는 것이 옳을 듯합니다. 그러나 만약 '문설주의 옆을 경유한다.〔由棖旁〕'라고 한다면 '좌(左)' 자가 될 수 없을 듯하니, 밖에서 들어오는 입장에서 말하였기 때문입니다. 그러나 끝내 자세하지 않으니, 바라건대 예서(禮書)의 본래 주소(註疏)를 고찰하여 보여주십시오. 만약 오른쪽을 경유함〔由右〕이 문설주 쪽〔棖邊〕이 되는지 얼 쪽〔闑邊〕이 되는지를 안다면 확정할 수 있을 것입니다.

답 왼쪽 문이 이미 닫혔다면, 〈고이〉에서 '문변(門邊)'을 '좌변(左邊)'이라고 한 것은 왼쪽 문을 이르는 것이 아닐 듯합니다. 이는 곧 밖에서 들어오는 자의 좌변의 오른쪽 문설주에서 가까운 곳을 가리킨 것인데,

문의 가운데에 돌로 만든 돈대를 사용하는 것과 같습니다. 신하는 옆 闑의 우변으로 출입합니다.〔立不中門, 行不履閾. 注云: 棖闑之間, 由闑右, 不踐閾, 只是自外入. 右邊門中, 乃君出入之所. 闑, 如一木拄門, 如今人多用石墩當兩門中. 臣傍闑右邊出入.〕"라고 하였는데, 이 내용 끝에 "여기의 '우(右)' 자는 안쪽에서 나오는 입장에서 말한 것이다.〔此右字, 自內出而言.〕"라는 주가 달려있다.

70 얼(闑) : 문지방의 가운데 지점에 세워놓은 말뚝이다.

집사(執事)의 의견은 좌변을 왼쪽 문〔左門〕으로 삼고, 또 얼(闑)의 오른쪽이 혹 문설주의 옆〔棖旁〕이 될 것이라고 의심하신 듯합니다. 그러므로 이렇게 많은 말씀을 하신 것 같습니다. 얼(闑)의 오른쪽은 마땅히 얼의 옆〔闑旁〕이고 문설주의 옆〔棖旁〕이 아닙니다.

옛날 문호(門戶)의 제도는 지금 자세히 고찰하기 어려우니, 비록 억견(臆見)이 있더라도 문사(文辭)로 형용하기가 어렵습니다. 다만 《의례(儀禮)》의 〈궁묘문(宮廟門)〉의 그림[71]에 의거하건대, 그림에는 하나의 문지방이 가운데에 위치하고 두 개의 문설주가 오른쪽과 왼쪽에 위치한 것으로 되어있습니다. 각주(脚註)를 아래와 같이 간략하게 달았는데, 옳은지는 알지 못하겠습니다.

문설주〔棖〕

얼(闑)과 문지방〔閾〕

-'신하는 옆 얼(闑)의 우변으로 출입함〔臣傍闑右邊出入〕'은 곧 안쪽에서 말한 것입니다. ○'밖에서 들어갈 때 우변〔從外入右邊〕'은 곧 문을 들어가는 자의 오른손 쪽이니, 옆 얼(闑)의 우변은 밖에서 들어갈 때의 우변과 같지 않습니다. 그러므로 《주자어류》의 주에서 "여기서 '우(右)' 자는 안에서 나가는 것을 가지고 말한 것이다."라고 한 것입니다. ○'문(門)' 자를 '좌(左)' 자로 고친다면 '좌변(左邊)'은 곧 문을 들어가는 자의 왼손 쪽입니다. ○여기에서 '좌변'은 바로 임금이 출입하는 곳이니, 바로 이른바 "문설주와

71 의례(儀禮)의……그림 : 송나라 양복(楊復)의 《의례도(儀禮圖)》 〈의례방통도(儀禮旁通圖) 궁묘문(宮廟門) 침묘변명도(寢廟辨名圖)〉를 가리키는데, 본 그림에 의거하여 그린 그림을 보이면 다음과 같다.

얼의 사이〔棖闑之間〕"가 임금이 자리하는 곳이 됩니다.-

문설주〔棖〕

《예기》의 〈곡례(曲禮)〉와 〈옥조(玉藻)〉 등의 편을 상고해보면 의심스러운 것이 많습니다. 이로써 우러러 여쭈니, 지도하여 가르쳐주시기

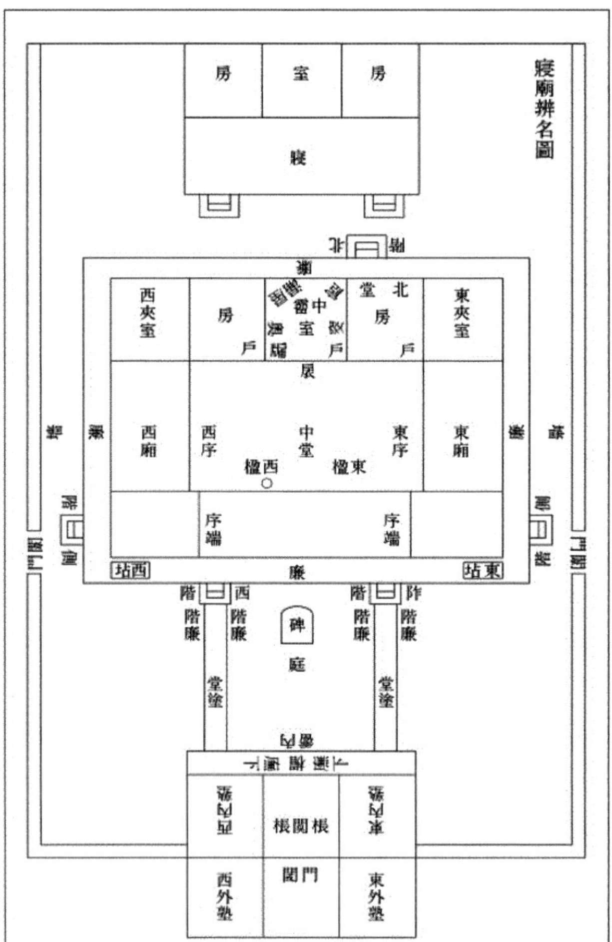

를 바랍니다.-이하 두 조목은 치공(穉共)에게 되물은 것이다.-[72]

《예기》〈곡례〉에 "대부와 사(士)가 군주의 문을 출입할 때에는 얼(闑)의 오른쪽을 통해 들어가고 문지방을 밟지 않는다.〔大夫士出入君門 由闑右 不踐閾〕"라고 하였는데, 주(註)에 "얼의 동쪽이 오른쪽이 된다.〔闑東爲右〕"라고 하였습니다.[73] 얼의 동쪽〔闑東〕은 안쪽에서 말하면 마땅히 왼쪽이 되는데, '오른쪽이 된다.〔爲右〕'라고 한 것은 어째서입니까? 만약 여기의 '우(右)' 자를 문을 들어가는 자의 오른손 쪽으로 본다면 또한 '얼의 오른쪽〔闑右〕'이라고 해서는 안 되니, 이것이 매우 이해하기 어렵습니다.-얼(闑)의 동쪽을 왼쪽 문변(門邊)으로 간주하여 왼쪽과 오른쪽의 문짝이 모두 열린 것을 가지고 논하였습니다.-

〈옥조(玉藻)〉에 "군주가 대문에 들어오시거든 상개(上介)는 얼(闑)을 스친다.〔君入門 介拂闑〕"라고 하였는데, 그 주에 "주군(主君 주인 나라의 군주)은 얼(闑)의 동쪽에 있고 외국에서 온 빈(賓)은 얼의 서쪽에 있으니, 주군의 상빈(上擯)은 주군의 뒤에 있어서 약간 서쪽에 가까워 얼을 스치고, 빈(賓)의 상개(上介)는 빈(賓)의 뒤에 있어서 약간 동쪽에 가깝다.〔主君在闑東 賓在闑西 上擯在君後 稍近西而拂闑 賓之上介在賓後 稍近東〕"[74]라고 하였습니다. 얼(闑)의 동쪽과 얼의 서쪽을 가지고

72 이하……것이다 : 이 조목을 포함하여 아래 한 조목까지를 가리킨다.

73 주(註)에……하였습니다 : 이 내용은 진호의 《예기집설(禮記集說)》의 주에 보인다.

74 주군(主君)은……가깝다 : 이 내용은 진호의 《예기집설》의 주에 보인다. '개(价)'는 외국에서 군주나 경대부를 따라와 의식을 행할 때 돕는 자로 상·중·하 세 등급이 있으며, '빈(擯)'은 주인 나라에서 외국의 빈(賓)을 맞이하여 의식을 돕는 자로 역시

살펴보면 이것은 두 군주가 서로 만나볼 때에 왼쪽과 오른쪽의 문이 모두 열려있어서 그러한 것 같습니까? 만약 오른쪽 문짝을 가지고 말한다면 어떻게 얼의 동쪽과 서쪽을 나눌 수 있겠습니까. 얼의 동쪽은 왼쪽 문에 속하니, 막 문을 닫게 되면 어떻게 그곳을 경유하여 출입할 수 있겠습니까.

〈옥조〉에 "빈은 들어올 적에 문 한가운데를 지나지 않으며 문지방을 밟지 않는다.〔賓入 不中門 不履閾〕"라고 하였는데, 주에-빈(賓)은 곧 이웃나라의 경대부(卿大夫)로서 와서 빙문(聘問)한 자입니다.- "'들어올 적에 문 한가운데를 지나지 않는다.〔入不中門〕'라는 것은 '문에 들어올 때 약간 동쪽으로 하여 얼에 가깝다.〔入門稍東而近闑〕'라고 말한 것이다."라고 하였습니다. 만약 이때를 왼쪽과 오른쪽 문짝이 모두 열려있는 때라고 한다면 왼쪽은 마땅히 동쪽이 되어야 하고, '문에 들어올 때 약간 동쪽으로 한다.〔入門稍東〕'라는 것은 장차 왼쪽 문설주에 가깝게 될 것이니, 어떻게 얼에 가까울 수 있겠습니까. 얼(闑)은 단지 하나의 얼〔一闑〕이고, 두 개의 얼이 없기 때문입니다. 그렇다면 이것은 다만 오른쪽 하나의 문짝을 열었을 때인데 왼쪽 문짝이 이미 닫혔다면, 단지 오른쪽 문짝에서 얼(闑)의 동(東)·서(西)를 나누어 얼의 오른쪽이면서 얼의 옆과 가까운 곳을 동쪽으로 삼고 문설주 옆과 가까운 곳을 서쪽으로 삼은 것입니까? 그 형세가 가리키는 것에 따라 또한 이와 같을 듯한데, 다만 안에서 말하여 얼(闑)의 동쪽을 오른쪽으로 삼는다면 괜찮지만, 얼의 서쪽을 왼쪽으로 삼는다면 끝내 옳지 않을 듯합니다.

만약 '얼의 서쪽이 왼쪽이 된다.〔闑西爲左〕'의 '좌(左)'를 밖에서 들

상·중·하 세 등급이 있다.

어가는 자의 왼손 쪽으로 삼는다면 '얼의 오른쪽〔闑右〕'의 '우(右)'는 실제로 '밖에서 들어가는 자의 오른손 쪽'을 이르는 것이 아니라 바로 안에서 나가는 자의 오른쪽을 말한 것이니, 그렇다면 얼의 왼쪽〔左〕과 오른쪽〔右〕을 일컬은 것은 아마도 서로 모순이 될 듯합니다. 이 또한 처리하기 어려우니, 어떨지 모르겠습니다.

치공(穉共)의 답 〈곡례(曲禮)〉의 '얼의 오른쪽을 경유하다.〔由闑右〕'의 정현(鄭玄)의 주(註)에 "신하는 군주에게 통솔된다.〔臣統於君〕"라고 하였고, 공영달(孔穎達)의 소(疏)에 "문은 당(堂)을 향한 곳을 바른 것으로 삼으니, 오른쪽은 동쪽에 있다.〔門以向堂爲正 右在東〕"라고 하였고, 또 "주인의 자리는 문의 동쪽에 있고 빈의 자리는 문의 서쪽에 있다. 그런데 지금 신하가 군주에게 통솔되니, 감히 스스로 빈의 자리를 경유하지 못하기 때문에 출입할 때 얼의 동쪽을 따른다.〔主人位在門東 客位在門西 今臣統於君 不敢自由賓位 故出入從闑東〕"라고 하였습니다.

치공의 답 〈옥조(玉藻)〉의 '빈은 공적인 일로 왔을 때에는 얼의 서쪽을 통해 들어가고, 사사로운 일로 왔을 때에는 얼의 동쪽을 통해 들어간다.〔賓公事自闑西 私事自闑東〕'에 대한 공영달의 소에 "빈은 빙문 온 빈을 이른다.〔賓 謂聘賓〕"라고 하고, "'공적인 일로 왔을 때에는 얼의 서쪽을 통한다.'라는 것은 '빙문 와서 연향(宴享)함은 군주의 명을 받들어 행하는 것이기 때문에 빈례(賓禮)를 쓴다.'라는 말이고, '사사로운 일로 왔을 때는 얼의 동쪽을 통해 들어간다.'는 것은 '사사로이 만나보는 것은 군주의 명을 행하는 것이 아니기 때문에 신하의 예를 따른 것이니, 장차 주군의 신하가 됨을 보인 것이다.'라는 말이다."라고 하였습니다.

치공의 답 두 조목의 주(註)와 소(疏)를 살펴보면 얼의 오른쪽〔闑右〕이 얼의 동쪽〔闑東〕이 되는 것이 분명하니, 오른쪽은 밖에서 말한 것이고 동쪽은 안에서 말한 것입니다. 옛날에 군주의 자리는 얼의 동쪽에 있고 빈(賓)의 자리는 얼의 서쪽에 있었으므로 연향(宴享)이 있으면 주인은 동쪽 문을 경유하고 빈(賓)은 서쪽 문을 경유하는데, 사사로이 만나볼 적에는 빈(賓)이 감히 빈(賓)의 예를 감당하지 못하기 때문에 비록 서쪽 문을 열어놓았더라도 얼의 동쪽을 경유합니다. 얼의 동쪽은 바로 동쪽 문이고 주군이 출입하는 문입니다. 평소에는 서쪽 문이 항상 닫혀 있고-빈(賓)이 있으면 열고 일이 없으면 닫는 듯합니다.- 신하는 군주에게 통솔되니, 출입 또한 동쪽 문을 경유합니다.-'얼의 오른쪽〔闑右〕'이라는 것은 신하가 출입할 때 얼의 동쪽을 경유하는 것이 분명하니, 한 개의 문을 가지고 왼쪽에 가깝거나 오른쪽에 가까운 것을 논한 것이 아닙니다.- 그렇다면 《주자어류》에 이른바 "왼쪽 문짝이 닫혔다.〔左扉掩〕"는 것 또한 당(堂)을 향한 것으로 말하여 마치 '얼의 오른쪽〔闑右〕'이라고 한 소(疏)와 같아서 단지 얼 동쪽의 문을 가리켰을 뿐입니까? 아마도 옛날에는 동쪽과 서쪽을 말하면 안을 따르고 방위를 따라 말하며, 왼쪽과 오른쪽을 말하면 밖을 따르고 사람을 따라 말한 것으로 생각되는데, 이 또한 알 수 없습니다. 다만 《주자어류》의 '방얼우(旁闑右)' 아래에 두 줄로 나누어 단 주(註)에 "이 '우(右)' 자는 안을 따라 말하였다. 운운"이라고 한 것과 모순이 되니, 어찌하여 소가(疏家)[75]의 설과 《주자어류》에서 가리켜 말한 것이 각각 하나의 뜻으로 합치될 수 없는 것입니까?

치공의 답 보내신 편지에서 "만약 밖에서 들어오는 자의 오른쪽을 따라 말한다면 '얼의 오른쪽〔闑右〕'이라고 해서는 안 된다. 운운"이라고 하셨습니다. ○ 밖을 따라서 이미 '사람의 오른쪽〔人右〕'이라고 할 수 있다면 밖을 따라서 '얼의 오른쪽〔闑右〕'이라고 하는 것 또한 불가할 것이 없을 듯합니다.

치공의 답 보내신 편지에 "《예기》〈옥조〉의 '군주가 문을 들어간다.〔君入門〕'에 대한 주에 '빈(擯)은 주군(主君)의 뒤에 있어서 서쪽에 가까워 얼을 스치고 개(介)는 빈의 뒤에 있어서 동쪽에 가까워 얼을 스친다. 운운〔擯在君後 近西拂闑 介在賓後 近東拂闑云云〕'이라고 하였는데, 이것은 두 군주가 서로 만나볼 때 왼쪽과 오른쪽 문이 모두 열려 있어서 그러한 것인 듯합니다. 운운"이라고 하셨습니다. ○ 주군은 얼의 동쪽을 경유하기 때문에 빈(擯)은 군주를 따라 동쪽 문으로 들어가나 감히 가운데를 차지할 수 없어서 약간 서쪽으로 가서 얼의 옆에 있으니, 동쪽 문을 따라 말하였으므로 얼이 서쪽에 있는 것입니다. 빈은 얼의 서쪽을 경유하기 때문에 개(介)는 빈(賓)을 따라 서쪽 문으로 들어가나 또한 감이 문의 한가운데를 차지할 수 없어서 약간 동쪽으로 가서 얼의 옆에 있으니, 서쪽 문을 따라 말하였으므로 얼이 동쪽에 있는 것일 뿐입니다.

치공의 답 보내신 편지에 "〈옥조〉의 '들어올 적에 문 한 가운데를

75 소가(疏家) : 주소(註疏)를 낸 사람이라는 뜻인데, 여기서는 《예기》에 소(疏)를 단 공영달(孔穎達) 등을 가리킨다.

지나지 않는다.〔入不中門〕'에 대해 진호의 주에 '「문에 들어올 때 약간 동쪽으로 하여 얼에 가깝다.〔入門 稍東近闑〕」라고 말한 것이다.' 하였습니다. 운운"이라고 하셨습니다. ○ '빈(賓)은 들어올 적에 문 한 가운데를 지나지 않는다.〔賓入不中門〕'에 대해 정현의 주에 "존자(尊者)가 따르는 바를 피한 것이다."라고 하였습니다. 두 군주가 서로 만나볼 때에는 빈(賓)은 서쪽 문의 가운데를 경유하는데, 지금 빙문(聘問) 온 빈(賓)에게 연향을 베풀 때에는 비록 서쪽 문을 경유해야 하나 서로 조회할 때 따라다니는 것을 피하기 때문에 약간 동쪽으로 가서 얼에 가까운 것입니다. 이 또한 서쪽 문을 따라 말하였기 때문에 얼이 동쪽에 있는 것입니다.

치공의 답 보내신 편지에 "왼쪽 문짝이 이미 닫혔으면 다만 오른쪽 문짝에 나아가 얼(闑)의 동쪽과 서쪽을 나눈다. 운운"이라고 하셨습니다. ○'얼의 동쪽과 서쪽〔闑東西〕'은 매양 두 문짝을 통틀어 말한 것이니, 한 개의 문이라면 아마도 '얼동서(闑東西)' 세 글자를 함께 쓸 수 없을 듯합니다. 군주의 자리가 동쪽에 있으니, 평소 출입할 때에는 또한 마땅히 동쪽 문을 경유해야 하는데, 만약 '왼쪽 문짝이 닫혔다.〔左扉之掩〕'를 '동쪽 문을 닫았다.〔閉東門〕'라고 한다면 단지 예(禮)에 합치하지 않을 뿐만 아니라 또한 통할 수 없는 부분이 많습니다. 이것은 예컨대 '얼의 오른쪽〔闑右〕'에 대한 소(疏)에 이른바 "당(堂)을 향한 것을 바름으로 삼는다."라는 것과 같아서 왼쪽 문짝은 다만 서쪽 문이 될 뿐입니다. 이는 아마도 《주자어류》의 '옆쪽 얼의 오른쪽〔旁闑右〕'인 듯하며, 또한 〈옥조〉의 주에 '서쪽에서 가까워 얼을 스침〔近西拂闑〕'이라고 한 것인 듯합니다. 그러니 〈옥조〉의 주에 '군주는 얼의 동쪽에 있고 빈(擯)은 군주의 뒤에 있어서 서쪽에서 가까워 얼을 스친다. 운운"의 뜻은, 밖을 따라 오른쪽〔右〕을 말한 것입니다. 《주자어류》의 두 줄로 된 주(註)에 이른바 "'우(右)' 자는 안을 따라 말한 것이다."라는 것은 아마도 오기(誤記)인 듯한데, 어떨지 모르겠습니다.

치공의 답 신하가 이미 군주에게 통솔되어 얼(闑)의 동쪽 문을 경유하였다면 《주자어류》에 이른바 "밖에서 들어왔을 때 우변〔自外入右邊〕"이라는 것은 바로 동쪽 문을 가리킨 것입니다. '동쪽 문을 경유하여 약간 서쪽으로 가서 얼에 가까운 것'은 바로 이른바 "옆쪽 얼의 오른쪽〔旁闑右〕"이니, 군주의 자리는 바로 밖에서 들어가는 자의 오른손 쪽에 있습니다. 그런데 '문변(門邊)'의 '문(門)' 자는 과연 무엇을 이르는 것입니까? 만약 〈고이(考異)〉에 의거하여 '좌(左)' 자로 고친다면 더욱더 뜻을 이루지 못하므로 《주자어류》와 소(疏)의 설에서 왼쪽과 오른쪽이 가리키는 것이 똑같지 않은 듯합니다. 다만 평상시에 서쪽 문을 닫아 두는 것과 출입할 때 동쪽 문을 경유하는 것은 의심할 것이 없을 듯하나, 얼의 오른쪽〔闑右〕이 문지방의 동쪽인 것과 왼쪽 문짝이 서쪽 문인 것 또한 이와 같을 듯합니다. 그렇다면 '우변(右邊)'과 '문변(門邊)'의 글에 대해 "여기서 오른쪽은 안을 따라 말한 것이다.〔此右 從內言〕"라는 설은 끝내 통할 수 없으니, 한 번 다시 헤아려서 가르쳐주시기를 바랍니다.

치공의 답 〈향당(鄕黨)〉의 제4절에 "밖에서 들어갈 때 우변〔自外入右邊〕"이라고 한 것은 이미 문을 들어간 자의 오른손 쪽이고, '얼의 오른쪽〔闑右〕'은 또 얼의 옆이니, 비록 따라 말한 것에 '밖으로부터'와 '안으로부터'의 차이가 있습니다. 그러나 얼의 오른쪽 옆이 되는 것은 같으니,-이것은 안을 따라 말한 것입니다.- 군주가 출입하는 곳은 다만 오른쪽 문설주의 옆입니까?-이 또한 안을 따라 말한 것입니다.○이상은 치공(穉共)의 답이다.-

문 〈위령공(衛靈公)〉 제4판에 "'인(仁)이 이 가운데에 있을 것이다.' 하였으니, 이것이 곧 학문이다.〔仁在其中 卽此是學〕"라고 하였는데,[76] 《논맹정의(論孟精義)》를 상고해 보니 바로 명도(明道 정호(程顥))의 말씀이고, 또 "원래 일찍이 밖에 있지 않았다.〔元不曾在外〕"라는 한 구절이 없으니, 의심할 만합니다.

답 혹은 이천(伊川 정이(程頤))의 말씀으로 되어있고 혹은 명도의 말씀으로 되어있으니, 참으로 의심스럽습니다. 그러나 명도가 말씀한 것인데, 이천이 기록한 것이 아니겠습니까? '원불증재외(元不曾在外)' 한

76 위령공(衛靈公)……하였는데 : 《논어》 〈위령공〉의 "자장(子張)이 뜻을 펼칠 방도를 묻자, 공자가 '말이 충신(忠信)하고 행실이 돈독하고 공경스러우면 야만적인 오랑캐 지역이라 하더라도 뜻을 펼칠 수 있을 것이고, 말이 충신하지 못하고 행실이 돈독하고 공경스럽지 못하면 자기가 사는 고장이라도 뜻을 펼칠 수 없을 것이다. 서 있을 때에는 이것〔말이 충신하고 행실이 돈독하고 공경스러움〕이 앞에 참여해 있는 것을 보고 수레를 타고 있을 때에는 이것이 가로대에 기대어 있는 것을 보아야 하니, 그런 뒤에야 뜻을 펼칠 수 있다.' 하였다."라는 데 대해 《주자어류》 권45 〈논어 위령공편〉의 '자장문행(子張問行)' 장에 "이천이 말씀하시기를 '「〈배우기를 널리 하고 뜻을 독실히 하며, 절실하게 묻고 가까이 생각하면〉 인(仁)이 이 가운데에 있을 것이다」 하였으니, 이것이 곧 학문이다.'라고 하였는데, 원래 일찍이 밖에 있지 않았으니, 이것이 곧 '내면으로 자신에게 가까이 붙은 것'이다.〔伊川言: 仁在其中, 卽此是學. 元不曾在外, 這箇便是近裏着己.〕"라고 한 것을 가리킨다.

구절이 《논맹정의》에 들어가지 않았는데, 인용할 때 본디 자구(字句)를 빼버리는 경우가 있으니, 어찌 굳이 의심할 필요가 있겠습니까. 그러나 이 한 구절은 주자의 말씀으로 보는 것이 어떻겠습니까?

문 〈헌문(憲問)〉 제1판의 '제가(諸家)는 아래의 한 부분만을 해석하였다.〔諸家只解下一脚〕'[77]

답 이른바 "제가의 해석〔諸家解〕"은 자세하지 않으니, 아마도 "나라에 도가 있을 때에는 진실로 마땅히 봉록을 먹어야 하나 나라에 도가 없을 때에도 봉록을 먹으면 부끄러울 만하다. 그러므로 애초에 위 구절을 말하지 않고 다만 아래 구절을 말하였을 뿐이다."라고 생각한 것이 아니겠습니까? 《논어》의 소주(小註)에 "혹 '부자(夫子)의 뜻은 나라에 도(道)가 없는데 봉록을 얻는 것이 부끄러울 만한 데에서 그친다.' 라고 한 것이다. 운운" 하였으니, 한 부류의 사람이 이처럼 해석하는

77 헌문(憲問)……해석하였다 : 《논어》 〈헌문〉의 "원헌(原憲)이 부끄러움〔恥〕에 대해 묻자, 공자가 말씀하셨다. '나라에 도(道)가 있을 때 녹(祿)만 먹고 나라에 도가 없을 때 녹만 먹는 것이 부끄러운 일이다.'〔憲問恥. 子曰: 邦有道穀, 邦無道穀, 恥也.〕"라는 것에 대해 《주자어류》 권44 〈논어 헌문〉의 '헌문치장(憲問恥章)'에 "묻기를 '「나라에 도가 있을 때에 녹만 먹고 나라에 도가 없을 때에 녹만 먹는 것이 부끄러운 일이다.」 하였는데, 제가(諸家)는 아래의 한 부분만을 해석하고 위 한 구절은 일찍이 해설하지 않았으니, 이것은 「나라에 도가 있을 때에도 녹만 먹고 나라에 도가 없을 때에도 녹만 먹는다.」라고 말하고 이어서 「부끄럽다.」라고 한 것이니, 어쩌면 세상의 나아갈 줄만 알고 물러날 줄을 모르는 자를 위하여 하신 말씀이 아니겠습니까?'라고 하니, 주자가 말씀하였다. '사람들에게 「곡(穀)」자를 완미하게 해야 한다. 곡(穀)에는 「녹을 먹는다.〔食祿〕」의 뜻이 있으니, 「나라에 도가 있을 때나 도가 없을 때나 다만 녹을 먹을 줄만 알고 국사(國事)를 위해 건의하는 말이 전혀 없다면 어찌 크게 부끄럽지 않겠는가.」라는 말이다.'"라고 보인다.

경우가 있었던 것입니다. 제가(諸家)는 대체로 모두 아래의 한 부분만을 해석하였는데, 물은 자의 뜻은 "이미 도가 있을 때에 봉록만을 얻는 것과 도가 없을 때에 봉록만을 얻는 것을 아울러 말씀하고서 총괄하여 '치(恥)' 자로 끝맺은 것은, 모두 나아갈 줄만 알고 물러날 줄을 모르는 자를 위하여 똑같이 부끄러운 데로 귀결시킨 것이다."라고 생각한 것입니다. 그렇다면 이는 제가의 뜻과 다릅니다.

문 제2판에 '저개(這箇)'는 '극벌원욕(克伐怨欲)'을 가리킵니까? '위난(爲難)'을 가리킵니까?[78]
답 '저개'는 '극벌원욕'을 가리키니, 이와 같이 보면 아래의 '주공부(做功夫)'라는 글자가 비로소 붙을 곳이 있게 됩니다.

문 제3판의 '견득(見得)'에서부터 '삼마(甚麼)'까지[79]가 뜻이 통창하지

78 저개(這箇)는……가리킵니까 : 《논어》 〈헌문〉의 "원헌(原憲)이 '이기기를 좋아하고 자신을 자랑하며 원망하고 탐욕을 부리는 일을 하지 않는다면 「인(仁)」이라고 말할 수 있습니까?〔克伐怨欲不行焉, 可以爲仁矣?〕'라고 묻자, 공자가 '어렵다고 할 수는 있으나 인(仁)인지는 나는 알지 못하겠다.〔可以爲難矣, 仁則吾不知也.〕'라고 대답하셨다."라는 것에 대해 《주자어류》 권44 〈논어 헌문〉의 '극벌원욕불행장(克伐怨欲不行章)'에 "'어렵다고 할 수 있다.'에 대해 묻자, 주자가 말씀하였다. '이것은 그가 공부를 한 것인데, 단지 공력을 쓴 것이 얕을 뿐이다.'〔問可以爲難矣, 曰: 這箇也是他去做功夫, 只是用功淺在.〕"라고 보인다.

79 견득(見得)에서부터 삼마(甚麽)까지 : 《주자어류》 권44 〈논어 헌문〉의 '극벌원욕불행장'에 "묻기를 '여기에서 천지(天地)가 똑같이 함께 하는 공공(公共)의 도리를 볼 수 있지 않습니까?' 하니, 주자가 말씀하였다. '이것 또한 이와 같은데, 이 또한 제이착(第二着)이니, 만약 본래의 도리를 볼 수 있다면 또한 남에게 공공인가 공공이 아닌가를 말해줄 필요가 없다. 본래의 도리를 안다면 다만 「자기 몸에서 이기기를 좋아하는 것이

않으니, 해석하여 가르쳐주십시오.

답 '본래도리(本來道理)'는 "'극벌원욕(克伐怨欲)'이 마땅히 있어서는 안 되니, 혹 한 번이라도 있게 되면 딱 잘라 끊어버려서 없게 하지 않을 수 없다."라는 뜻인 듯합니다. 앞에서 이른바 "제이착(第二着)"에 비견하면 이것이 가장 긴요하니, 이 도리를 보면 단지 자신의 몸에 돌이켜 스스로 살펴서 '극벌원욕'의 사사로움을 금하여 제재할 뿐입니다.

세 개의 '삼마(甚麽)'는 "'이기기를 구한다.〔求勝〕'라는 것은 무슨 일이며 '긍벌〔矜伐〕'은 무슨 일이며, '원욕(怨欲)'은 무슨 일인가?"라는 말과 같으니, 성찰할 때에 이와 같이 함을 말한 것입니다.

문 제15판의 '양웅(揚雄)의 말'은 《법언(法言)》에 있는 듯하니, '여기지(如其智)'의 '여(如)'는 '여기인(如其仁)'의 '여(如)'와 같은 듯한데 '불허(不許)' 자를 가지고 살펴보면 '어찌 지혜〔智〕가 될 수 있겠는가.'라는 뜻이 아니겠습니까?[80]

무엇이며, 자신을 자랑하는 것이 무엇이며, 원망하고 탐욕을 부리는 것이 무엇이겠는가.」라고 자문할 뿐이다.〔曰: 這亦是如此, 亦是第二着. 若見得本來道理, 亦不待說與人公共、不公共. 見得本來道理, 只自家身己上, 是勝箇甚麽, 是伐箇甚麽, 是怨欲箇甚麽?〕 이 때문에 부자께서 안자(顏子)에게 고하신 것은 단지 그로 하여금 극기복례(克己復禮)를 하게 한 것이니, 능히 이와 같을 수 있으면 수많은 병통이 일제히 물러가서 순종한다. 「문을 나가서는 큰 손님을 뵙듯이 하고, 백성을 부릴 때에는 큰 제사를 모시는 것처럼 하라.」는 것은 적을 막는 공부이고, 「극기복례」는 적을 죽이는 공부이다."라고 보인다.

80 양웅(揚雄)의……아니겠습니까 : 이 내용은 《주자어류》 권44 〈논어 헌문〉의 '자로왈환공살공자규장(子路曰桓公殺公子糾章)'에 "강형(江兄)이 또 묻기를 '안조(顏漕)

답 《법언》에 "혹자가 묻기를 '굴원(屈原)은 지혜롭습니까?' 하자, 말하기를 '옥(玉)과 같고 옥돌〔瑩〕과 같은데 이에 단청(丹靑)으로 변하였다.' 하였다. 운운"[81]이라고 하였는데, 옥과 옥돌이 변하여 단청이

의 생각은 소홀(召忽)의 죽음을 인(仁)으로 여기고 관중(管仲)도 그와 같다고 여긴 것입니까?' 하자, 주자가 말씀하였다. '성인께서 위에서 이미 직접 「스스로 도랑 가에서 목매달아 죽는다.〔自經於溝瀆〕」라는 한 항목을 말씀하여 이미 매듭지었으니, 어찌 다시 이와 같을 수 있겠는가.' 선생이 이로 인하여 말씀하였다. '양웅(揚雄)이 「이에 단청을 하여 바꾸었으니, 어찌 지혜로울 수 있겠는가.〔爰變丹靑, 如其智?〕」라고 하였는데, 이 구절은 곧 그를 허여하지 않는 말이다. 또 예컨대 《주역》의 내용 중에 이른바 「또 누구를 허물하겠는가?〔又誰咎也〕」라는 것은 본래 세 곳이 있는데, 그 뜻은 두 가지가 있다. 예컨대 〈비괘(比卦)의〉 「군대를 절제(節制)하지 못한 한탄〔不節之嗟〕」과 〈수괘(需卦)의〉 「나로부터 구난(寇難)을 불렀다.〔自我致寇〕」에서 「우수구야〔又誰咎也〕」의 의미를 말한다면, 「허물은 모두 자기 자신을 말미암으니, 남을 허물할 수 없다.〔咎皆由己, 不可咎諸人.〕」라는 말이다. 그리고 예컨대 〈동인괘(同人卦)의〉 「문을 나가서 남과 함께 한다.〔出門同人〕」에서 「우수구야(又誰咎也)」의 의미를 말한다면 「어느 누가 허물함이 있겠는가.〔人誰有咎之〕」라는 말이다. 이것을 가지고 옛사람이 한 말을 살펴보면 사용한 글자는 비록 같으나 그 뜻은 똑같지 않음이 있다.'"라는 문답의 내용에 대해 물은 것이다.

《논어》〈헌문〉의 원문은 "자로가 '환공이 공자 규를 죽이자, 소홀은 죽고 관중은 죽지 않았으니 어질지 않은 듯합니다.'라고 하자, 공자가 '환공이 제후를 규합할 적에 무력을 쓰지 않은 것은 관중의 힘이다. 그러니 누가 그의 인(仁)만 하겠는가. 누가 그의 인만 하겠는가.' 하였다〔子路曰: 桓公殺公子糾, 召忽死之, 管仲不死, 曰未仁乎. 子曰: 桓公九合諸侯, 不以兵車, 管仲之力也, 如其仁? 如其仁?〕"라는 구절이다.

81 옥(玉)과……운운 : 이 내용은 《법언(法言)》〈오자(吾子)〉에 "어떤 사람이 '굴원은 지혜로웠습니까?'라고 묻자, 대답하기를 '옥과 같고 옥돌과 같으나 이에 단청을 변화하였으니, 어찌 지혜롭다 하겠는가. 어찌 지혜롭다 하겠는가.' 하였다.〔或問: 屈原智乎? 曰: 如玉如瑩, 爰變丹靑. 如其智? 如其智?〕"라고 보이는데, 이에 대한 이궤(李軌)의 주에 "지혜로운 자는 천명(天命)을 통달하여 도가 행해지고 폐해지는지를 잘 살펴서 옥과 같고 옥돌과 같아 갈아도 얇아지지 않는다. 그런데 지금 굴원은 추방당하고서

되었으니, '그 광채(光彩)를 드러내었다.'라는 말인 듯합니다. '어찌 지혜로울 수 있겠는가.〔如其智〕'의 '여(如)'는 '그 인(仁)과 같겠는가.〔如其仁〕'의 '여(如)'와 똑같지 않습니다.[82]

문 제18판의 온공(溫公 사마광(司馬光))의 설(說)은 혹 '불시(不是)'까지입니까?[83]

격발하여 변했으니, 비록 문채(文彩)가 있으나 단청의 부류일 뿐이다."라고 하였다.

82 어찌……않습니다 : 문장의 구조는 '여기지(如其智)'와 '여기인(如其仁)'이 똑같으나 '여기지'의 '여' 자에는 칭찬의 의미가 있고 '여기인'의 '여' 자에는 폄하의 의미가 있기 때문에 이렇게 말한 것이다.

83 온공(溫公)의……까지입니까 : 저본에는 '지(止)' 자가 소자(小字) 쌍행(雙行)의 주석으로 처리되어있는데, 문맥을 따져 본문으로 처리하였다.
이 내용은 《주자어류》 권44 〈논어 헌문〉의 '자공왈관중비인장(子貢曰管仲非仁章)'에 "관중은 공자 규(糾)를 위해 죽지 않았는데 이에 대해 성인께서 아무 말씀을 하지 않으셨으니, 마땅히 죽지 않아야 함을 알 수 있다. 관중은 뒤에 또 일컬을 만한 공적이 있었으나 뒷날의 공적으로 전날 죽지 않았던 죄를 갚을 수 있는 것은 아니다. 이천(伊川)이 이러한 뜻이 있었으니, 또한 일찍히 자세히 알지 못했음을 알았던 것 같다. 위정공(魏鄭公 당나라의 위징(魏徵))은 예전에 당 고조(唐高祖)의 태자였던 이건성(李建成)의 동궁(東宮)에서 벼슬하였으니, 다시 태종(太宗)의 조정에서 벼슬해서는 안 되는데, 태종에게 벼슬하여 훗날에 도리어 많은 공적이 있었다. 사마온공(司馬溫公)이 혜소(嵇紹)와 왕부(王裒)에 대해 논하기를 '혜소는 뒤에 절개를 지켜 죽은 공이 있다.'라고 하였으니, 모름지기 예전은 옳지 않은 것이 된다. 뒤에 이미 간책에 이름을 올리고 임금에게 예물을 바쳐 신하가 되어서 다만 제대로 죽는 죽음을 얻었을 뿐이니, 뒷날의 공적을 가지고 예전의 과오를 덮어 가릴 수 없다. 왕부와 위정 두 분에 대해서는 '공적이 과오를 보완할 수 있다.'라고 하더라도 괜찮지만 관중은 예전에 과오가 없고 뒤에 공적이 있었다.〔溫公論嵇紹、王裒, 謂紹後有死節之功, 須還前不是. 後旣策名委質, 只得死也, 不可以後功掩前過. 王、魏二公, 謂功可以補過, 猶可, 管仲則前無過而後有功也.〕"라고 한 것을 가지고 물은 것이다.

답 사마온공(司馬溫公 사마광)이 "혜소(嵇紹)가 만약 탕음(蕩陰)의 충성이 없었다면 아마 군자의 비판을 면치 못했을 것이다.〔嵇紹 苟無蕩陰之忠 殆不免於君子之譏乎〕"[84]라고 하였으니, 이것을 보면 '수환(須還)' 이하는 바로 주자의 말씀입니다.

문 제25판의 '장소(章疏)'[85]는 '소장(疏章)'을 이르는 것이 아닌 듯합니

84 혜소(嵇紹)가……것이다 : 이 내용은 사마광(司馬光)의 《자치통감(資治通鑑)》 권80 〈진기 2(晉紀二)〉 '무제(武帝) 태시(泰始) 10년' 조에 보인다. '탕음(蕩陰)의 충성'은 탕음의 전투에서 목숨을 바쳐 임금을 엄호한 것을 두고 한 말이다. 진(晉)나라 혜제(惠帝)가 성도왕(成都王) 사마영(司馬穎)과 싸우다가 탕음에서 패했을 때, 혜소가 시중(侍中)의 신분으로 쏟아지는 화살 속에서 엄호하다가 황제 옆에서 쓰러져 죽으면서 그 피가 어의(御衣)를 적셨는데, 사태가 안정된 뒤 좌우의 측근이 그 옷을 세탁하려고 하자, 혜제가 그것은 혜 시중의 피니 없애지 말라고 하며 그 충성심을 잊지 않는 뜻을 보였다. 《晉書 卷89 嵇紹傳》

85 장소(章疏) : 이 내용은 《주자어류》 권44 〈논어 헌문〉의 '이덕보원장(以德報怨章)'에 "아무개가 묻기를 '소장(蘇章)이 밤에 친구와 술을 마셨는데 다음날 그 친구의 죄를 따져 다스렸으니, 이것은 크게 옳지 않은 것이 아닙니까?' 하자, 주자가 말씀하였다. '무슨 이런 사람이 있단 말인가? 단지 친구를 재화(財貨)로 삼았을 뿐이다. 예컨대 지난날 진회(秦檜)가 국정(國政)을 담당하였을 때 하루는 호명중(胡明仲 호인(胡寅))을 불러 술을 마시며 매우 즐거워하였고, 집으로 돌아갈 때에는 장하(章廈)의 소장(疏章)이 내려왔는데 또 교통비를 매우 많이 보내주고 정이 듬뿍 담긴 편지를 보내주었다.〔某問: 蘇章夜與故人飮, 明日按之, 此莫太不是? 曰: 此是甚人? 只是以故人爲貨! 如往時秦檜當國, 一日招胡明仲飮極歡, 歸則章疏下, 又送路費甚厚, 殷勤手簡.〕"라고 보인다.
《논어》 〈헌문〉의 해당 원문은 "어떤 사람이 말하였다. '덕으로 원망을 갚는 것이 어떻습니까?' 공자가 말씀하였다. '그렇다면 무엇으로 덕을 갚겠는가? 정직함으로 원망을 갚고 덕으로 덕을 갚아야 한다.'〔或曰: 以德報怨, 何如? 子曰: 何以報德? 以直報怨, 以德報德.〕"라는 구절이다.

다. 아니면 그 당시에 성(姓)이 장씨(章氏)인 사람의 소장(疏章)이 있어서 유배를 보낸 것입니까?

답 '장하(章廈)'라는 자가 거짓으로 치당(致堂 호인(胡寅))이 불효(不孝)하고 불충(不忠)하다고 아뢰어서 치당이 마침내 신주(新州)로 안치(安置)되었으니, 장하의 소장(疏章)은 아마도 진회(秦檜)가 사주한 것인 듯합니다.[86]

86 장하(章廈)라는……듯합니다 : '장하'에 대해서는 정보가 자세하지 않은데, 《송사(宋史)》에는 '장하(章廈)'의 '하(廈)' 자가 '복(復)'의 간체자인 '복(夏)'으로 되어있으나, 《송사전문(宋史全文)》이나 《송명신언행록(宋名臣言行錄)》 등 다른 책에는 '장하(章廈)'로 되어있어서 교감하지 않고 그대로 두었다. '치당(致堂)'은 송나라 건녕(建寧) 숭안(崇安) 때의 문인인 호인(胡寅, 1098~1156)의 호로, 호안국(胡安國)의 조카이자 호안국의 양자이다. 당시 대표적인 주전파(主戰派)로, 주화파(主和派)로서 정국을 장악한 진회(秦檜)의 미움을 사서 이러한 일을 당하였는바, 이와 관련된 기록은 《송사》 권435 〈호안국열전(胡安國列傳)〉에 보인다.

임치공에게 답함

答任穉共

문 조부의 상에 장례에 임하여 아버지가 돌아가셨으면 승중(承重)의 성복(成服) 운운

답 일찍이 《후재집(厚齋集)》을 보니, "우암(尤菴) 선생이 부친의 상에 성복한 뒤에 승중의 복을 받는 것을 마땅하다고 하셨다."라고 하였습니다.[87] 이미 노선생(老先生)의 정론(定論)이 있으니, 어찌 우리가 처음 말한 것이라고 말할 수 있겠습니까.

문 '아버지가 뒤에 별세하였고 손자가 조부를 승중하다〔父後死而孫承祖重〕' 조(條)를 가형(家兄)에게 물었습니다. 운운.

답 녹문(鹿門 임성주(任聖周)) 어른이 논하신바 "'승중(承重)을 부친의 상을 대신하는 자로 삼는다.'라는 것은 비록 세속의 말인 듯하나 실제로는 예(禮)의 뜻에 맞다."라는 것은 복(服)이 끝나는 달수의 의리로 살펴보면 참으로 마땅할 듯합니다. 그러나 일찍이 수옹(遂翁)이 병계(屛溪 윤봉구(尹鳳九))에게 답한 편지를 보니, 아버지를 대신하여 상복

87 후재집(厚齋集)을……하였습니다 : 《후재집》은 송시열의 제자인 김간(金榦, 1646~1732)의 문집인데, 인용한 내용은 현재 전하는 《후재집》에는 보이지 않고 윤봉구(尹鳳九, 1683~1767)의 《병계집(屛溪集)》 권20 〈이정륜에게 답함〔答李正倫〕〉에 윤봉구가 "우암(尤菴)과 한수재(寒水齋 권상하) 두 선생께서 '본상(本喪)이 비록 중(重)하나, 승중(承重) 또한 중하니, 마땅히 아버지 상에 성복하는 날에 바로 승중하는 복을 받아야 할 것이다.' 하였습니다."라고 한 말이 보인다.

을 입는 것을 세속의 말이라 하여 다만 조부의 뒤〔승중〕가 되는 것으로 말씀하셨습니다.[88] 어떨지 모르겠습니다.

문 '자최 3년(齊衰三年)' 조에 '아버지가 졸하면 어머니를 위해 운운〔父卒則爲母云云〕'이라 하였는데, 여기에서 '졸(卒)' 자의 장단(長短).
답 일찍이 듣건대 천옹(泉翁)이 이에 의거하여 "아버지가 돌아가신 뒤에 어머니가 돌아가시면 비록 하루 이내라도 어머니를 위해 삼년복을 입을 수 있다."라고 하셨습니다.[89] 제가 비록 본설(本說)을 보지 못했으나 아마도 이 '졸(卒)' 자를 이미 절명(絶命)한 것으로 삼은 듯합니다.

문 추후(追後)에 후계자〔양자(養子)〕가 두 번째 기일에 궤연(几筵)을 철거한다. 운운.
답 제가 일찍이 이것을 가지고 미옹(渼翁 김원행)께 여쭈었는데, 답하시기를 "제사와 상복은 똑같지 않은 듯하다."라고 하셨습니다. 그러나 '여묘(廬墓)' 한 절차에 대해서는 미처 여쭈지 못했습니다.

88 수옹(遂翁)이……말씀하셨습니다 : 수옹은 수암(遂菴) 권상하(權尙夏)로, 윤봉구에게 보낸 답장의 내용은 《한수재집(寒水齋集)》 권12 〈윤서응에게 답함〔答尹瑞膺〕〉에 보인다. '한수재'는 권상하의 다른 호이고, '서응(瑞膺)'은 윤봉구의 자이다.

89 천옹(泉翁)이……하셨습니다 : '천옹'은 이재(李縡, 1680~1746)로 호가 한천(寒泉)이기 때문에 이렇게 높인 것인데, 인용한 내용이 그의 문집인 《도암집(陶菴集)》에는 보이지 않는다. 이재는 자가 희경(熙卿), 또 다른 호는 도암(陶菴), 본관은 우봉(牛峰), 시호는 문정(文正)이며 김창협(金昌協)의 문인이다.

문 조모(祖母)의 상중(喪中)에 아버지의 상을 만나면 보통 어떤 복을 입습니까?

답 한수재(寒水齋 권상하) 선생의 문집에 "옛날에 어떤 사람이 이것을 화양(華陽)께 여쭈자, 화양이 대답하시기를 '예(禮)에는 분명한 글이 없다. 우리 집안에서는 이와 같은 일이 있어서 일찍이 조모의 복을 입었는데, 과연 어떨지 모르겠다.' 하셨습니다. 운운"[90]이라고 하였습니다. 우옹(尤翁 송시열)의 집안에서 이미 이러한 일이 있어서 이와 같이 행하셨으니, 근거로 삼을 수 있겠습니까? 그러나 우제(虞祭)와 연제(練祭)을 지냈느냐 아직 우제와 연제를 지내지 않았느냐를 가지고 경(輕)·중(重)을 나누어 처리한다면 또한 맞을 듯합니다.

문 아버지가 서자부(庶子婦)의 상을 주관하는 것.

답 우옹(尤翁)이 일찍이 《예기》 〈분상(奔喪)〉의 '모든 상에 아버지가 주인이 된다.〔凡喪父爲主〕'라는 글을 따라 "서자부의 상에는 같은 집에 사느냐 다른 집에 사느냐를 막론하고 아버지가 모두 주관한다."라고 하셨는데, 이것이 과연 정론(定論)이 될지 모르겠습니다.

문 효대(絞帶)는 포(布 삼베)를 쓰는 것입니까?

답 "효대를 포를 쓰면 가장자리를 비록 깁지 않았더라도 실제로는 '참최(斬衰)에 승(繩 청올치)으로 요대〔腰〕를 하고 승(繩)으로 갓끈〔纓〕을 한다.'라는 글에 위배된다. 이 또한 반(半)만 참최여서 완전한

90 옛날에……운운 : '화양(華陽)'은 송시열이 머물던 곳으로, 곧 송시열을 이르는바, 인용한 내용은 《한수재집》 권13 〈최성중에게 답함〔答崔成仲〕〉에 보인다.

참최를 이루지 못하니, 참최복의 가장자리를 깁는 것과 비교했을 때 오십보(五十步)와 백보(百步)가 똑같이 달아남이 되는 것과 같다.[91] 운운"이라고 하였는데, 아마도 이 말은 옳지 않은 듯합니다. 상복의 가장자리를 이미 꿰매지 않았다면 참최가 실로 그대로이니, 어찌 효대를 마(麻 삼)를 사용하느냐 포(布 삼베)를 사용하느냐의 구분에 관련이 있겠습니까.

"상을 단축한다.〔短喪〕 운운"은 외암(巍巖)의 '기참(期斬)'의 설[92]에 근거를 둔 것인데 또 한층 더 격해졌으니, 이 또한 잘못입니다. 전체가 3년이면, 비록 연제(練祭)를 지내고 최복(衰服)을 깁더라도 어찌 상을 단축하는 것이 되는 데 이르겠습니까.

91 효대를……같다 : '오십보백보(五十步百步)'의 고사를 비유로 들어 효대를 포(布)를 쓰는 것과 참최복의 가장자리를 깁는 것이 똑같은 것은 아니지만 모두 완전한 참최복이 될 수 없는 점은 똑같다고 말한 것이다.

92 외암(巍巖)의 기참(期斬)의 설 : 외암은 이간(李柬, 1677~1727)의 호로, '기참(期斬)의 설'은 이간이 "연복(練服)의 가장자리를 꿰맨다면 3년 동안 참최복을 입는 것이 아니라 기년(期年)만 참최복을 입는 것과 같다."라고 비판했던 것으로, 이에 대한 논의는 《외암유고》 권5 〈수암선생께 올림〔上遂菴先生〕〉 기해년〔1719 숙종45〕 편지의 별지(別紙)에 자세하다.

임치공에게 답함

答任穉共

진명중(陳明仲)에게 답한 편지의 '백숙(伯叔)'[93]의 '백(伯)'은 성인(成人)으로서 후사(後嗣)가 없는 자와 상(殤)을 아울러 가리킨 듯합니다. 상(殤)이 후사가 없음은 진실로 말할 필요가 없으나 또한 이와 같이 연관시켜 말한 예(例)가 있습니다. 이천(伊川)이 태중(太中)[94]의 제사

93 진명중(陳明仲)에게……백숙(伯叔) : '명중'은 진단(陳旦)의 자로, 인용한 내용은 《주자대전》 권43 〈진명중에게 답함〔答陳明仲〕〉에 "근래에 제례(祭禮)에 대한 어떤 책을 얻었는데, 또한 이 몇 조목을 언급하였고, 각각 이미 일에 따라 정리되어 있었습니다. 예컨대 배제(配祭)에는 다만 원비(元妃)를 쓸 뿐이고, 계실(繼室)은 별도의 사당을 만들고, 혹 서모(庶母)가 있을 경우 또 별도의 사당을 만들고, 혹 처가 먼저 죽었을 경우 또 별도의 사당을 만들고, 아우가 먼저 죽어 후사가 없을 경우에 또 별도의 사당을 만들고, 백숙조부형(伯叔祖父兄) 중에 후사가 없는 경우도 별도의 사당을 만듭니다. 〔與伯叔祖父兄之無后者〕 무릇 이 다섯 종류는 각각 하나의 묘실(廟室)을 가지고 사당을 만들어야 하니, 뒤섞어서는 안 됩니다."라고 보인다.
진단은 복건성 건양(建陽) 사람인데, 주자가 편지에서 '노형(老兄)', '존형(尊兄)', '장자(長者)'라고 칭한 것으로 보아 아마도 주자의 제자가 아니라 강론했던 친구였던 것으로 보인다.(陳榮捷, 《朱子門人》(臺北: 學生書局, 民國71), 210쪽.)

94 태중(太中) : 정호(程顥)와 정이(程頤)의 부친인 정향(程珦)을 가리키는바, 정향이 태중대부(太中大夫)를 지냈으므로 붙여진 이름이다. 정호가 정향보다 먼저 죽자 정향의 초상을 정이가 주관하고 종통을 계승하였는데 이는 송나라 법제(法制)인 차장자(次長子) 계승법에 따른 것이었다. 이뿐 아니라 정이 사후에 종통이 적손(適孫)인 정앙(程昻)에게 간 것이 아니라 정이의 중자(衆子)인 정단언(程端彦)에게 돌아갔는데, 이는 정이의 유명(遺命)에 따른 것이었다. 물론 사당을 건립한 사람은 조천(祧遷)하지 않는다는 당시의 법제에 의한 것이라고는 하지만, 정이가 정호의 종통을 빼앗았다는

를 받든 것이 다만 시왕(時王)의 예제(禮制)를 따른 것이니, 평소《주자가례(朱子家禮)》에 '부재모상 자최삼년(父在母喪齊衰三年)'을 실은 뜻과 똑같은 예로 보았습니다. 지금 하문하신 것을 받았는데, 어찌 다른 뜻이 있겠습니까? 대현(大賢)이 행하신 일을 비록 감히 가벼이 의논할 수는 없으나, 고명(高明)의 의심은 참으로 헤아려 잘 생각해볼 만합니다.

후씨(侯氏)의 설[95]은 참으로 의심할 만한 것이 보내주신 편지의 말씀과 같으니, 이 또한 벽을 사이에 두고 들은 것입니까?[96]

의혹이 없을 수 없었다. 이에 대하여 철저한 종법제를 주장한 주자(朱子)를 비롯하여 많은 사람들이 정이의 유명에 의혹을 가졌는데, 심지어 이 기록에 착오가 있거나 혹은 날조된 것이 아닐까 하는 의심을 낳기까지 하였다.

95 후씨(侯氏)의 설 : 후씨는 후중량(侯仲良)으로, 《주자어류》에 "어떤 이가 물었다. '이천(伊川)이 적통(嫡統)을 빼앗았다는 이야기가 있는데 예경(禮經)에 맞지 않습니다. 당시에 이천의 유명(遺命)이 있었습니까? 아니면 후세 사람들이 지어낸 것입니까?' 하니, 선생이 '어찌 된 것인지 모르겠다. 다만 후사성(侯師聖)이 이렇게 말했다.'라고 답하였다. 또 묻기를 '그렇다면 후사성의 말이 맞는 말입니까?' 하니, '어찌 된 것인지 모르겠다.' 하였다."라고 보인다. 《朱子語類 卷97 程子之書3》 '사성(師聖)'은 후중량의 자이고, 호는 형문(荊門)으로, 정이(程頤)의 외숙인 화음(華陰) 후무가(侯無可)의 손자로서 정이와 주돈이(周敦頤)에게 수학하였다. 《伊洛淵源錄》

96 벽을……것입니까 : 이 내용은 후중량의 의논이 크기만 하고 정밀하지 못한 것에 대해 정이(程頤)가 "단지 벽을 사이에 두고 듣는 것이 좋다.〔只好隔壁聽〕"라고 한 말을 원용한 것이다. 《二程外書 卷11》

임치공에게 답함
答任穉共

말씀하신 뜻은 저 또한 평소에 의심하던 것이니, 바로 한 번 질정할 만합니다. 옛날에 스승에게는 복(服)을 세우지 않았는데〔師不立服〕[97] 후세에 마침내 가마(加麻)[98]를 가리켜 '사우(師友)의 복(服)'이라고 하였습니다. 생각하건대 아마도 공자(孔子)의 문하에서 스승의 상을 치르기 이전에는 가마(加麻)까지 아울러 없앴는데, 두서너 제자가 거처할 적에는 수질(首絰)을 하고 외출할 적에는 그렇게 하지 않은[99] 뒤에 비로소 가마가 있어서 가마가 곧 사복(師服)을 이루었기 때문에 사우복(師友服)이라고 한 것입니까? 그러나 이미 가마(加麻)를 복(服)이라 하였는데, "만약 스승의 상에 아버지의 상을 당한 것처럼 하되 복이 없다.〔若喪父而無服〕"라고 하니, 이것은 가마를 복으로 삼지 않은 것인 듯합니다. 그렇다면 가마는 진실로 '복(服)'이라고 할 수 없는데 아직도 '복'이라고 칭하는 것은 이미 마질(麻絰)을 입어서 형편상 이렇게 하지 않을 수 없기 때문이고, "복이 없다.〔無服〕"라고 말한 것은 오복(五服)

97 스승에게는……않았는데 : 이 내용은《이정유서(二程遺書)》권2상(上)에 보인다.

98 가마(加麻) : 겉옷에 삼베 조각을 붙이는 것을 이른다. 스승의 상에는 원래 복이 없기 때문에 3월, 혹은 3년을 가마하여 애도의 뜻을 표하였다.

99 두서너……않은 : 이 내용은《예기》〈단궁 상(檀弓上)〉에 "공자의 상에 제자들이 모두 수질(首絰)을 하고 나오니, 붕우들이 함께 거처할 적에는 시마복의 질대(絰帶)를 하고 외출할 적에는 그렇게 하지 않았다.〔孔子之喪, 二三子皆絰而出. 群居則絰, 出則否.〕"라고 보인다.

에 들어가지 않기 때문입니다. 가마복(加麻服)은 《의례경전통해속(儀禮經傳通解續)》 '보복(補服)' 조[100]에 실려 있습니다. 또 《통전(通典)》 초주(譙周)[101]의 설에 "비록 상복을 벗었더라도 심상은 3년을 치른다.〔雖服除, 心喪三年.〕"[102]라고 하였는데, '복제(服除)'의 '복(服)'은 바로 '가마(加麻)'를 가리키니, 이것은 가마(加麻)를 복(服)으로 삼음을 밝힌 것입니다. 이것이 '사우복(師友服)'의 '복(服)' 자가 인하여 정설(定說)이 된 까닭입니다. "스승을 위해 3년의 복을 입고 기년의 복을 입는다.〔服師三年期年〕"라고 한 것의 경우 심상은 본래 복이 아니니, 어찌 복이라고 이를 수 있겠습니까. 저는 일찍이 "여기의 '복(服)' 자는 바로 '행한다.〔行之〕'의 뜻이니, 본래의 '복(服)' 자와는 똑같지 않다."라고 생각하였습니다. 혹자의 설에 "'3년과 기년〔三年期年〕'이라고 한 것은 단지 가마(加麻)하는 예제인데, 그대로 3년과 기년에 이른 것이다."라고 하였는데, 저는 그것이 옳다는 것을 아직 발견하지 못하였고, 또한 선배의 일에서 근거로 삼을 만한 것을 보지 못하였습니다.

100 의례경전통해속(儀禮經傳通解續) 보복(補服) 조 : 《의례경전통해속》 권8 〈보복8(補服八) 상례6(喪禮六)〉을 가리킨다.

101 초주(譙周) : 201~270. 촉한(蜀漢) 때 사람으로, 자는 윤남(允南)이다. 학문에 독실하고 천문(天文)에 밝았다. 제갈량(諸葛亮)의 권학(勸學)으로 학문에 종사하게 되었고, 후주(後主)가 태자를 세울 때 태자의 가령(家令)이 되었으며, 광록대부(光祿大夫)를 지냈다. 저서에 《오경연부론(五經然否論)》, 《고사고(古史考)》 등이 있다. 《三國志 卷42 蜀書 譙周傳》

102 비록……치른다 : 이 내용은 《통전(通典)》 권101 〈흉례(凶禮) 사제자상위복의(師弟子相爲服議)〉의 "위나라 왕숙이 '예에 스승과 제자는 복이 없으니, 조복에 삼을 더하여 상에 임하고 정침(正寢)에서 곡한다.' 하였다.〔魏王肅曰: 禮, 師弟子無服, 以弔服加麻臨之, 哭之於寢.〕"라는 내용에 대한 주에 보인다.

임치공에게 줌
與任穉共

상중(喪中)에 상례(喪禮)와 제례(祭禮) 두 예서(禮書)를 읽는 것 외에 다른 경서(經書) 또한 읽는 것을 허락하였으니, 이는 슬픔 때문에 학문을 폐하고자 하지 않은 것입니다. 그러나 이른바 “독서(讀書)”라는 것은 스스로 읽는 것일 뿐이니, 남과 더불어 강론(講論)해서는 안 될 것입니다. 강론을 하면 언어(言語)와 서독(書牘)이 장황해지기가 쉬우므로 비록 경(經)의 뜻을 질정하고 논란하는 것이라도 예를 묻는 것과는 다르니, 아마도 저절로 평소처럼 한다는 혐의를 받을 수 있지 않겠습니까. 《예기》에 “자기 일은 말하되 남을 위해 논설하지 않고 대답은 하되 묻지는 않는다.”[103]라고 하였습니다. 고례(古禮)에 거상(居喪)을 이와 같이 엄하게 하였으니, 상중에 붕우와 강론을 주고받는 것은 이 가르침에 위배될 듯한데, 어떨지 모르겠습니다.

일찍이 듣건대 주자(朱子)께서 아드님을 보내어 여동래(呂東萊)의 여막(廬幕)에서 수학(受學)하게 하시니, 육상산(陸象山)이 온당치 못하다고 여겼는데,[104] 어찌 예가 아닌 것을 주자께서 행하셨겠습니까.

103 자기……않는다 : 이 내용은 《예기》 〈잡기 하(雜記下)〉에 “부모의 삼년상에는, 자기 일은 말하되 남을 위해 논설하지 않고 대답은 하되 묻지는 않으며,〔言而不語, 對而不問〕 의려(倚廬)와 악실(堊室) 안에서는 남과 함께 앉지 않고, 악실의 안에 있을 적에는 때로 일이 있어 예를 행할 적에 어머니를 뵙는 경우가 아니면 중문(中門)에 들어가지 않는다.”라고 보인다.

104 주자(朱子)께서……여겼는데 : 이 내용은 서건학(徐乾學, 1631～1694)의 《독례

상중에 있으면서 제자를 가르치는 것이 이미 예에 해로울 것이 없다면 남과 강학(講學)하는 것은 마땅히 불가(不可)할 것이 없을 것이니, 부디 헤아려서 가르침을 주시기 바랍니다.

통고(讀禮通考)》 권81 〈상의절(喪儀節) 통론(通論)〉의 주에 "여동래(呂東萊)가 거상 중에 휘장을 내리고 독서를 하였는데, 주자(朱子) 또한 아들을 보내어 그를 스승 삼아 학문을 하게 하니, 육상산(陸象山)이 의연(毅然)히 잘못된 것으로 여겨서 동래에게 편지를 보내어 말하기를 '엄연히 삼년상 중인데 문밖에 이르는 발길이 항상 가득합니다.' 하고, 또 말하기를 '문정(文正)이 비록 근세의 대유이지만 거상 중에 제자를 가르친 사실은 천하의 사리(事理)상 참으로 우부우부(愚夫愚婦)도 함께 알 수 있는 것이니, 대현군자(大賢君子)도 은폐함이 없을 수 없습니다.' 하였다. 삼가 살펴보건대 옛사람이 거상 중에 업(業)을 폐하였는데, 업(業)은 악기(樂器)를 매다는 틀의 판자이고 폐업(廢業)은 악(樂)을 연주하지 않음을 이를 뿐이다. 옛사람이 예악(禮樂)을 잠시도 몸에서 멀어지게 한 적이 없으나 오직 거상 중에는 악(樂)을 몸에서 멀어지게 하였다."라고 보인다.

그리고 《주자어류》 권87 〈예4(禮四) 소대례(小戴禮) 총론(總論) 곡례(曲禮)〉에 "거상 중에는 애당초 독서하면 안 된다는 글이 없다. '옛사람은 거상 중에 수업하지 않았다.〔古人居喪不受業〕' 하였는데, '업(業)'은 악기(樂器)를 매다는 틀 위의 판자를 이르고, '수업 받지 않음'은 감히 악을 연주하지 않음을 이를 뿐이다. 옛사람이 예악(禮樂)을 몸에서 멀어지게 하지 않았으나, 오직 거상 중인 연후에 악을 폐하였다. 그러므로 '상을 치르고서 평상시로 돌아가면 악장(樂章)을 읽는다.' 하였다. 《주례(周禮)》에 '사업(司業)'이라는 것이 있는데, '악을 맡음〔司樂〕'을 이른다."라는 말이 보인다.

임치공에게 답함

答任穉共

"사복(師服) 운운"이라고 하신 것에 대해 말씀드리겠습니다. 당초 공문(孔門) 이전에는 가마(加麻)한 사람이 없었으니, '스승은 심상(心喪)이어서 굳이 가마할 필요가 없고, 붕우는 심상이 없으므로 가마하는 것'이라고 생각했습니다. 다시 생각해보니 붕우는 스승을 아울러 가리키는 것인데 스승은 붕우 중에 높은 분이니, '스승과 붕우를 통틀어 가마한다.'라고 말씀하신 것이 옳습니다.

'복을 입고 행한다.〔服行〕'의 '복(服)'은 과연 뜻이 깊은 듯하니, 비록 심상(心喪)이라도 그 복색(服色)이 평상시와 다를 것입니다. 이 심상의 복색을 착용하는 것을 '복(服)'이라 말한 것이고 마질(麻絰)의 복(服)은 아니니, 어떻습니까, 어떻습니까?

임치공에게 줌

與任穉共

상중에 선조의 기제(忌祭)를 지낼 경우 축문(祝文)이 없으면 출주(出主 사당에서 신주를 모시어 냄)를 할 때에도 고하는 말이 없습니까? 고하지 않고 출주를 하는 것은 매우 무심한 것인 듯합니다. 고하는 말은 축문과 다르니, 고하는 것이 마땅하겠습니까? 아니면 '상중에 예를 갖추지 않는다.〔喪中不備禮〕'라는 뜻을 가지고 고하는 말을 함께 빼버려도 무심하다는 혐의에 굳이 구속될 것이 없겠습니까? 만약 출주할 때의 고하는 말을 쓸 경우 아직 방제(旁題)[105]하기 전이면 상인(喪人)의 속칭(屬稱)[106]을 써서 부제(祔祭)하는 축문처럼 볼 수 있게 하는 것도 무방할 듯한데, 어떨지 모르겠습니다.

상중에 선조의 제사를 복(服)이 가벼운 자로 하여금 대신 행하게 하는 것은 횡거(橫渠 장재(張載))의 설이 있으나, 만약 복이 가벼운 자가 없으면 마땅히 《의례문해(疑禮問解)》에 따라 속제(俗制)의 상복(喪服)을 입고 제사를 행해야 합니다. 그러나 복이 가벼운 자가 있으면 그로 하여금 작헌(酌獻)을 대신하게 하고, 상인(喪人)은 단지 참배(參拜)

105 방제(旁題) : 신주 옆에 신주를 받들어 제사하는 자인 봉사손(奉祀孫)의 이름을 쓰는 것이다.

106 속칭(屬稱) : 친속(親屬) 관계의 호칭으로, 속(屬)은 고조(高祖), 증조(曾祖), 조(祖), 고(考) 등을 이르고, 칭(稱)은 관직이나 호(號) 등을 이른다.

만 하는 것이 마땅합니다. 다만 비록 복(服)이 가벼운 자가 있더라도 한 사람뿐이라면 그로 하여금 작헌하게 하지만 강신(降神) 등의 절차에 좌우의 집사(執事)가 갖추어지지 않아 상인(喪人 상주)이 형편상 부득이 복이 가벼운 자의 곁에서 도와 받들어야 합니다. 이와 같이 한다면 상주가 직접 작헌하는 것보다 더 나을 것입니다. 저의 생각에는 복이 가벼운 자의 유무(有無)와 다과(多寡)를 막론하고 이미 옛날처럼 3년 동안 제사를 폐한 예(禮)처럼 할 수 없다면 선조를 제사 지내는 모든 절차를 상주가 몸소 받들더라도 무방할 듯합니다. 다만 제사 음식을 줄이고 일헌(一獻)만 하여 변례(變禮)와 상례(常禮)의 뜻을 조금 보존할 뿐이니, 어떻습니까, 어떻습니까?

임치공에게 답함
答任穉共

〈상곡군군전(上谷郡君傳)〉[107] 중에 "숯을 짊어지고 숯을 노끈으로 묶은 자 운운〔負炭而繫者云云〕"이라고 한 것은 글이 매우 간소(簡素)하고 고아(古雅)하여 뜻을 이해하기가 자못 어렵습니다. 일찍이 예전에 보았을 때에는 다만 저의 생각으로 해석하기를 이와 같이 하였으므로 편지 끝에 기록하였습니다. 알지 못하겠습니다. 고견은 어떻게 생각하시는지요?

> 크게 추울 때 숯을 짊어지고 숯을 노끈으로 묶은 자가 문앞을 지나갔다. 집안 사람이 그를 부르려고 하였는데, 부인이 만류하기를 "삼가 이러한 짓을 하지 말아라. 우리가 이기면 가난한 사람이 곤궁하다."라고 하였다.〔大寒 有負炭而繫者 過門 家人欲呼之 夫人勸止曰 愼勿爲此 勝則貧者困矣〕[108]

저의 해석은 다음과 같습니다. '계(繫)'는 숯을 노끈으로 묶는 것입니

107 상곡군군전(上谷郡君傳) : 이 작품은 북송(北宋)의 학자인 정이(程頤)가 어머니 후씨(侯氏) 부인을 위해 지은 〈상곡군군 가전(上谷郡君家傳)〉을 가리킨다. 후씨 부인은 부덕(婦德)이 출중하여 집안을 일으키고 아들을 대학자로 훈육하였는데, 처음에 수안현군(壽安縣君)에 봉해졌다가 뒤에 상곡군군으로 추봉(追封)되었다.

108 크게……하였다 : 이 글은 박윤원이 이 편지에 실어놓은 〈상곡군군전〉의 원문이다.

다. '욕호지(欲呼之)'는 먼저 그 값을 부르고자 함을 이릅니다. '신물위차(愼勿爲此)'는 물건의 값을 억지로 정하는 것을 미워한 것입니다. '승(勝)'은 저 사람은 비싸게 팔고자 하고 우리는 싸게 사고자 하니, 우리가 이기면 저 사람이 곤궁하다는 말입니다. '빈자(貧者)'는 숯을 짊어진 사람을 가리킵니다.

문 '선천(先天)'과 '후천(後天)'의 뜻

답 "선천과 후천이 이름이 세워진 것은 '하늘보다 먼저 하여도 하늘이 어기지 않으며 하늘보다 뒤에 하여 천시를 받든다.'[109]에 근본하는데 그 뜻이 또 똑같지 않다. 운운"이라고 하였는데, 이것은 어쩌면 《주역》 〈문언(文言)〉에 이른바 '선천후천(先天後天)'은 바로 '하늘보다 먼저이고 하늘보다 뒤이다.〔先於天 後於天〕'라는 말과 같고, 소자(邵子 소옹(邵雍))의 이른바 '선천후천'은 '먼저의 하늘과 뒤의 하늘〔先之天後之天〕'이라는 말과 같아서 '그 뜻이 똑같지 않다.'고 말한 것일 것입니다. 그러나 저는 "소자(邵子)의 '선천후천'은 비록 〈문언〉의 '선천후천'과 똑같지 않은 듯하나, 그 실제는 애초에 다르지 않다."라고 생각합니다.

선천역(先天易)[110]은 괘(卦)의 획(畫)이 아직 있지 않았을 때부터

109 하늘보다……받든다 : 이 내용은 《주역》 〈건괘(乾卦) 문언(文言)〉에 "대인(大人)은 천지(天地)와 함께 그 덕(德)이 합하며 일월(日月)과 함께 그 밝음이 합하며 사시(四時)와 함께 그 순서가 합하며 귀신과 함께 그 길흉이 합하여, 하늘보다 먼저 하여도 하늘이 어기지 않으며 하늘보다 뒤에 하여 천시를 받드니,〔先天而天弗違, 後天而奉天時〕 하늘도 어기지 못하는데 하물며 사람에 있어서이겠으며 하물며 귀신에 있어서이겠는가."라고 보인다.

110 선천역(先天易) : 소옹은 《주역》에 정통하여 복희씨(伏羲氏)의 《주역》을 '선천

여섯 획이 가득한 때까지를 말하였으니, 복희씨(伏羲氏)가 천리(天理)에 묵묵히 계합함은 본래 '하늘이 어기지 않는〔天不違〕' 뜻이 있습니다. 후천역(後天易)은 괘(卦)가 이미 생성된 뒤에 각각 하나의 뜻를 따라 미루어 말하였으니, 문왕(文王)이 천도(天道)를 공경히 따름은 실로 '천시를 받드는〔奉天時〕' 뜻이 있습니다. 그렇다면 소자(邵子)가 이른바 '선천후천'이 어찌 일찍이 〈문언〉의 '하늘보다 먼저 하고 하늘보다 뒤에 한다.'는 뜻이 아니겠습니까. 오직 두 개의 그림〔복희의 선천도와 문왕의 후천도〕을 칭할 때에 마치 곧바로 말한 듯한 점이 있으므로 사람들이 대부분 '먼저 하다〔先之〕'와 '뒤에 하다〔後之〕'라는 뜻으로 봅니다. 비록 '하늘보다 먼저〔先於〕'와 '하늘보다 뒤〔後於〕'의 뜻으로 보더라도 결코 그림의 이름을 이루지 못할 이치가 없는데, 더구나 '하늘이 어기지 못한다.〔天不違〕'와 '천시를 받든다.〔奉天時〕'가 본래 복희와 문왕의 사업인 경우에 있어서이겠습니까. 대저 선유(先儒)의 설이 일찍이 〈문언〉과 '소자(邵子)의 역(易)' 두 곳의 선후천(先後天)의 차이를 언급한 적이 없으니, 그 뜻이 당초에 똑같지 않음이 없어서인 듯합니다. 어떻습니까, 어떻습니까?

'원도방위(圓圖方位)의 역(易)'은 말하기가 어렵습니다. 그러나 만일 '괘(卦)의 획(畫)'과 '괘의 기(氣)' 두 가지를 가지고 찾아보면 방도(方圖)와 원도(圓圖)[111]의 구분을 말할 수 있습니다.

역(先天易)'이라 하고, 문왕(文王)의 《주역》을 '후천역(後天易)'이라 하였는데, 특히 선천역을 기초로 〈선천괘위도(先天卦位圖)〉를 만들었다.

111 방도(方圖)와 원도(圓圖) : 〈복희육십사괘방위지도(伏羲六十四卦方位之圖)〉

'방도(方圖)'는 진(震)으로부터 건(乾)에 이르고 손(巽)으로부터 곤(坤)에 이르는데 하나는 순(順)이고 하나는 역(逆)이니, 이로써 괘의 획이 세워지게 된 것입니다. '원도(圓圖)'는 좌방(左方)은 진(震)으로부터 건(乾)에 이르고 우방(右方)은 손(巽)으로부터 곤(坤)에 이르므로 모두 역(逆)의 수이니, 이로써 괘의 기(氣)가 행해지게 된 것입니다. 다만 방도(方圖)만 있고 원도(圓圖)를 만들지 않으면 음양(陰陽)이 운행하는 순서를 볼 수 없고, 단지 원도만 의거하고 방도(方圖)를 고찰하지 않으면 음양이 본래 생겨난 체(體)를 볼 수 없으니, 이것이 방도와 원도 두 그림이 없을 수 없는 것입니다. 그러나 이른바 '원도'는

를 그림으로 보이면 아래와 같다. 안쪽이 방도이고 바깥쪽이 원도이다.(그림 출처: http://ally-theanlyn.blogspot.com/2012/11/blog-post_7.html)

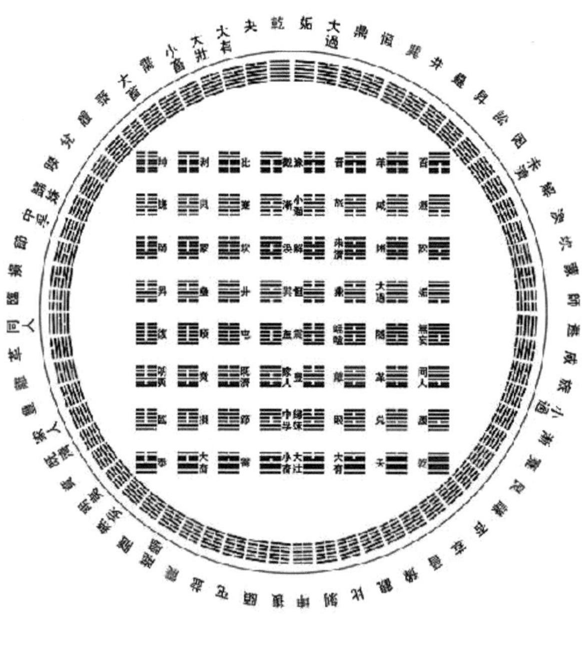

방도를 가지고 원을 그려 둥글게 한 것에 불과합니다. 중간의 수를 따라가다가 진(震)에서 다시 뒤로 가기 때문에 방도의 위차(位次)와 똑같지 않으나, 그 우방(右方)은 손(巽)에서 곤(坤)까지의 절반은 그대로 원래 생겨난 차서(次序)이니, 이것은 자연스러운 형세이고 일부러 안배하여 늘어놓은 것이 아닙니다. 아무 괘(卦)가 아무 방소에 있는 것을 비록 분명하게 말할 수 없으나 선유(先儒)가 절후(節候)를 괘(卦)에 배합시킨 설[112]을 가지고 미루어보면 또한 대략 알 수 있습니다.

112 선유(先儒)가……설 : '선유'는 누구인지 자세하지 않고, '절후(節候)를 괘(卦)에 배합시킨 것'은 64괘 모두를 24절기에 배합시킨 것을 말한다. 24절기(節氣)에서 춘분, 추분, 동지, 하지와 입춘, 입하, 입추, 입동을 8절(節)이라고 하고, 나머지 소한부터 대설까지를 16기(氣)라고 한다. 그런데 8절에는 각 절마다 2개의 괘가 배당되어 총 16개의 괘가 배당되고, 16기에는 각 기마다 3개의 괘가 배당되어 총 48개의 괘가 배당되므로 64괘가 모두 24절기에 배당된다. 예를 들어 동지에는 곤괘(坤卦)와 복괘(復卦), 소한에는 이괘(頤卦)와 준괘(屯卦)와 익괘(益卦), 대한에는 진괘(震卦)와 서합괘(噬嗑卦)와 수괘(隨卦), 입춘에는 무망괘(无妄卦)와 명이괘(明夷卦)가 배합되는 것과 같다.

임치공에게 답함
答任穉共

혹자가 "방촌(方寸 심(心))의 안에는 기질을 붙일 수 없다. 운운〔方寸之內着不得氣質云云〕"이라고 한 것은 실로 심(心)·기(氣)의 구별에 대한 식견이 있는 듯한데 그 뜻은 아마도 심(心)과 기질이 서로 간섭하지 않음을 말한 것이 아닌 듯합니다. 본체(本體)의 허령(虛靈)한 곳에 한 가지 물건도 용납하지 않는 때를 가지고 말하였기 때문에 "붙일 수 없다.〔着不得〕"라고 한 것이니, 아마도 병통이 되지 않을 듯합니다. 고명(高明)은 심(心)과 기가 서로 떨어질까 염려하여 물〔水〕과 찌꺼기〔泥滓〕의 비유를 드셨으나 말의 뜻이 딱 부합하지 않는 듯합니다. "'심(心)'은 비유하자면 물이고, 그 '기질'은 찌꺼기이다."라고 하였는데, '그 기질〔其氣質〕'의 '기(其)' 자는 '심(心)'을 가리켜 말하였다면 아마도 '심(心)의 기질'이라고 한 것 같으니, '심의 기질'은 물에 찌꺼기가 있는 것과 같습니다. 찌꺼기는 참으로 물 밑의 물건이지만 기질은 과연 심(心) 안의 물건입니까? 만약 기질을 '심(心) 안의 물건'이라고 한다면 이는 심(心)은 본래 기질에 뒤섞여 있어서 심에 선(善)·악(惡)이 있는 것이니, 어찌 옳겠습니까. 기질이 일신(一身)의 안에 있는 것은 애당초 촌심(寸心)의 안에 있는 것이 아닙니다. 만약 이 심(心)이 이미 동(動)하여 기를 탄 이후를 가지고 말한다면 진실로 "기질은 방촌의 일에 간섭하지 않는다."라고 말할 수 없으나 본초(本初)를 소급하면 심 안에 어찌 일찍이 기질이 있었겠습니까. 그러므로 《대학장구》에서 '심(心)의 허령(虛靈)'을 가지고 '기품(氣稟)'에 상대하여 말했으니,[113] 여기에서 심(心)과 기의 구별을 볼 수 있습니다.

삼가 자세히 살펴보건대 고견 또한 심과 기를 뒤섞어서 본 것이 아닙니다. 예컨대 이른바 "물과 진흙은 두 가지이다.〔水與泥二也〕"라는 것은 진실로 심과 기를 나누고자 한 것이나 도리어 동(動)·정(靜)을 구분하지 않아 기질을 '심 안의 물건'이라고 하였으니, 이것은 분석이 미진한 듯합니다. 사람들이 혹 잘못 보기라도 하면 어찌 심에 선(善)과 악(惡)이 있다는 논리로 떨어지지 않겠습니까. 정자(程子)의 설에 성(性)을 물에 비유하였으니, 이는 '물은 본래 맑으나 흐르면서 점점 탁해진다.'라는 말씀이지 고명의 말씀처럼 '맑은 물 밑에 탁한 찌꺼기가 깔려있다.'라는 말이 아닙니다. 어떨지 모르겠습니다.

113 대학장구(大學章句)에서……말했으니 : 《대학장구》 경1장 '재명명덕(在明明德)' 조의 주(註)에 "명덕은 사람이 하늘에서 얻은 것으로, 허령하고 어둡지 않아서 중리(衆理)를 갖추고 만사에 응하는 것이다. 다만 기품에 구애된 바와 인욕에 가리운 바가 되면 때로 어두울 때가 있으나 그 본체의 밝음은 일찍이 쉬지 않는다.〔明德者, 人之所得乎天而虛靈不昧, 以具衆理而應萬事者也. 但爲氣稟所拘, 人欲所蔽, 則有時而昏, 然其本體之明, 則有未嘗息者.〕 그러므로 배우는 자가 마땅히 그 발하는 바를 인하여 마침내 밝혀서 그 처음을 회복하여야 한다."라고 한 것을 가리킨다.

임치공에게 줌

與任穉共

예(禮)에 "대부는 월반전(月半奠)이 있다."라고 하였는데,[114] 여기에서의 대부는 망인(亡人)을 가리킵니까? 효자(孝子 상주(喪主))를 가리킵니까? 만약 《중용(中庸)》의 "제사는 대부의 예(禮)로써 한다."[115]라는 뜻으로 논한다면 이것은 아마도 효자를 가리키는 것 같습니다. 다만 우제(虞祭) 이전에는 전(奠)만 올리고 제사를 지내지 않으니, 삭망전(朔望奠)[116]은 제사가 아닙니다. 그렇다면 또한 '제사는 살아있는 자를 따른다.'라는 의리로 볼 수 없을 듯한데, 마침내 "대부는 망인을 가리켜 말한 것이 아니다."라고 하였으니, 어떨지 모르겠습니다.

114 예(禮)에……하였는데 : 월반전(月半奠)은 보름에 올리는 은전(殷奠 성대하게 올리는 전)을 말하는데, 인용한 내용은 《의례(儀禮)》 〈사상례(士喪禮)〉에 "삭월에는 전(奠)을 올린다. 특돈(特豚 돼지 한 마리)과 물고기와 말린 토끼고기를 쓰는데, 세 개의 정(鼎)에 나누어서 진설하기를 처음과 같이 한다.〔朔月, 奠, 用特豚、魚、腊, 陳三鼎如初.〕"라고 한 것에 대한 정현(鄭玄)의 주에 "대부 이상은 월반에 또 전을 올린다.〔自大夫以上, 月半又奠.〕"라고 보인다. 《儀禮注疏》

115 제사는……한다 : 《중용장구(中庸章句)》 제18장에서 삼년상에 대하여 언급한 것을 이르는데, 곧 "아버지가 대부가 되고 아들이 사(士)가 되었으면 장례는 대부의 예로써 하고 제사는 사(士)의 예로써 하며, 아버지가 사(士)가 되고 아들이 대부가 되었으면 장례는 사(士)의 예로써 하고 제사는 대부의 예로써 한다.〔子爲大夫, 葬以士, 祭以大夫.〕 기년상(期年喪)은 대부까지만 행하고 제후나 천자(天子)는 행하지 않으며, 삼년상은 천자까지 모두 공통으로 행하니, 부모의 상은 귀천에 관계 없이 똑같다."라고 한 것이다.

116 삭망전(朔望奠) : 매일 올리는 조석전(朝夕奠)과는 달리 매달 초하루와 보름에 성대하게 올리는 전(奠)이다.

임치공에게 답함

答任穉共

보내주신 편지에서 제가 《주역》의 원도(圓圖)를 설명하면서 운행의 순서를 볼 수 있다고 한 것을 그르다고 하셨습니다. 그러나 이 견해는 감히 대번에 따를 수가 없습니다. 선천(先天)·후천(後天)을 가지고 참고해보면 선천은 대대(對待)[117]이고 후천은 운행(運行)인데, 방도(方圖)와 원도 두 그림을 가지고 참고해보면 방도는 대대(對待)이고 원도는 운행이니, 일률적으로 논할 수 있는 것이 아닙니다. 선유(先儒)가 원도를 논할 적에 이미 "괘기(卦氣)의 운행을 볼 수 있다."라고 하였으니,[118] 괘기(卦氣)의 운행은 음양(陰陽)이 운행하는 순서가 아닙니까? 주자(朱子)가 원도의 좌방(左方)과 우방(右方)에서도 재차

117 대대(對待) : 이것과 저것은 상대적인 관계에 있다는 말이다.

118 선유(先儒)가……하였으니 : 선유는 주자를 가리키고, 인용한 내용은 송말원초(宋末元初)의 호방평(胡方平)이 지은 《역학계몽통석(易學啓蒙通釋)》에 주석으로 실려 있다. 주자의 이 말은 《주역》〈설괘전(說卦傳)〉의 "하늘과 땅이 자리를 정하고 산과 못이 기를 통하며, 우뢰와 바람이 서로 부딪히고, 물과 불이 서로 해치지 않아 팔괘가 교착(交錯)한다.〔天地定位, 山澤通氣, 雷風相薄, 水火不相射, 八卦相錯.〕"라는 설에 대해 소옹(邵雍)이 "이는 복희 팔괘의 방위이니, '건(乾)'은 남쪽에 있고 '곤(坤)'은 북쪽에 있으며, '이(離)'는 동쪽에 있고 '감(坎)'은 서쪽에 있으며, '태(兌)'는 동남쪽에 있고 '진(震)'은 동북쪽에 있으며, '손(巽)'은 서남쪽에 있고 '간(艮)'은 서북쪽에 있다. 이에 팔괘가 서로 사귀어 육십사괘(六十四卦)를 이루었으니, 이른바 '선천(先天)의 학(學)'이라는 것이다."라고 한 것에 대한 해설이다. '괘기(卦氣)'는 《주역》의 괘를 사시(四時), 월령(月令), 기후(氣候) 등에 배치한 것을 말하며, 서한(西漢)의 맹희(孟喜)가 처음 창안하고 경방(京房)이 발전시킨 이론이다.

운행의 순서를 말씀하였으니, 어리석은 제가 원도를 운행의 순서로 삼은 것이 과연 잘못된 것입니까? '방(方)'은 정(靜)하므로 안정된 자리이고 '원(圓)'은 동(動)하므로 유행(流行)하는데, 주자가 "원도가 유행하는 가운데 대대(對待)가 있다."[119]라고 하셨으니, 저 또한 원도에 대대가 없다고 한 것이 아닙니다. 만약 고명의 말씀과 같이 다만 '후천(後天)'을 가지고 운행이라고 한다면 문왕(文王)이 아직 후천의 《역(易)》을 짓기 전에 복희(伏羲)의 《역》에는 운행이 전혀 없는 것입니까?

'원일(圓一)'이라는 설은 아마도 깊이 의심할 만한 것이 없을 듯합니다. 12는 '삼(三)'과 '사(四)'를 합산하여 만든 것인데 "삼(三)·사(四)"의 '사(四)'는 굳이 넷씩 설(揲)하여 떼어낸 본래 수[120]에 소속시켜 볼 필요가 없으니, 이른바 "삼(三)·사(四)"의 '사(四)' 또한 다만 기(奇 홀수)일 뿐입니다.-'사(四)'는 우수(耦數 짝수)인데 어찌하여 '기(奇)'라고 하겠습니까? 《역학계몽(易學啓蒙)》에 "노양(老陽)의 수는 12인데 사(四)로 묶어 삼분(三分)

119 원도가……있다 : 이 내용은 《주역전의대전(周易傳義大全)》의 〈복희육십사괘방위지도(伏羲六十四卦方位之圖)〉에 대한 설명 가운데 주자의 "원도는 하늘을 형상하여 한 번 순(順)하고 한 번 역(逆)하여 유행하는 가운데에 대대(對待)가 있으니, 예컨대 진(震)의 여덟 괘(卦)가 손(巽)의 여덟 괘(卦)와 상대가 되는 따위이다. 방도는 땅을 형상하여 역(逆)만 있고 순(順)은 없어서 정해진 자리 가운데에 대대가 있어 사각(四角)이 상대가 되니, 예컨대 건(乾)의 여덟 괘(卦)가 곤(坤)의 여덟 괘(卦)와 상대가 되는 따위이다. 이것이 방도와 원도의 구분이다."라는 설명에 보인다.

120 넷씩……수 : 《주역》 점을 칠 적에 시초(蓍草) 50개에서 하나를 제쳐놓고 나머지 49개를 좌우로 나눈 다음, 오른쪽에서 시초 하나를 새끼손가락에 걸고 넷씩 세었을 때 남는 수를 가리킨다.

했을 때 일(一)이 되는 것이 셋이다."[121]라고 하였으니, '일이 된다.〔爲一〕'의 일(一)은 바로 사(四)를 가리킵니다. 한 개의 사책(四策)이 일(一)이 되니, 한 개의 사책이 일이 되면 하나의 사(四)가 기(奇)가 됩니다.- 세 개의 기(奇)는 원(圓)을 형상하므로 12로 원(圓) 하나를 삼은 것입니다. '양팔(兩八)'은 사(四)와 사(四)로 만든 것인데, 이른바 '사와 사〔四四〕'는 각각 양사(兩四)를 나누어 팔(八)을 만든 것입니다. '팔(八)'은 우(耦)이니, '양우(兩耦)'는 방(方)을 형상하므로 '방이 두 개이다.〔方二〕'라고 한 것입니다. 주자의 뜻은 아마도 이것을 가리켜 말씀한 듯하니, 어찌 '의례(義例 의리를 밝힌 사례(事例))가 부합하지 않는다.'고 말하겠습니까. 또 어찌 '뜻이 견강부회(牽强附會)하다.'고 말하겠습니까. 이것은 다만 '하늘에서 3을 취하고 땅에서 2를 취한다.〔參天兩地〕'[122]의 뜻일 뿐입니다.

121 노양(老陽)의……셋이다 : 이 내용은《역학계몽》〈명시책(明蓍策)〉에 보인다.

122 하늘에서……취한다 :《주역》〈설괘전(說卦傳)〉에 "하늘에서 3을 취하고 땅에서 2를 취하여 수를 세웠다.〔參天兩地而倚數〕"라고 보인다.

임치공에게 답함

答任穉共

지난번에 '신주(神主)의 제도'에 대해 하문해주셨는데, 고례(古禮)는 자세하게 상고할 수가 없습니다. 생각하건대 옛날에는 신주를 만들 적에 반드시 두 쪽을 서로 합했던 것은 아닌데 규(竅 구멍)가 있고 부(趺 받침)가 있게 되어서야 지금의 신주 방식과 같게 되었을 것입니다. 지금의 신주 방식은 정자(程子)로부터 시작되었고,[123] 사마공(司

123 지금의……시작되었고 : 박윤원 당대에 사용하는 신주(神主) 방식이 정자(程子)가 만든 방식에서 유래한 것이라는 말이다. 《이정전서(二程全書)》 권64 〈작주식(作主式)〉에 "신주를 만드는 데에는 밤나무를 쓰는데, 사시(四時)와 달수와 하루의 날짜와 신(辰 12시)에서 법을 취하였다. 받침〔趺〕은 사방 4치인데 한 해의 사계절을 본떴고, 높이는 1자 2치인데 12월을 본떴고, 몸체의 너비는 30푼인데 달의 날수를 본떴고, 두께는 12푼인데 하루의 12시를 본떴다.【몸체와 받침대는 모두 두께가 1치 2푼이다.】 위로 5푼을 깎아내어 윗부분을 둥글게 하고, 1치 내려와 앞면을 깎아 내어 턱을 만들어 나누었다. 하나는 앞에 있고 둘은 뒤에 있게 한다. 【앞은 4푼이고 뒤는 8푼이다.】 가운데에 홈을 파서 망자의 벼슬과 성명과 항렬을 쓰는데,【 '고 모관 모공, 휘 모, 자 모, 제 몇째 신주〔故某官、某公、諱某、字某、第幾神主〕'라고 한다. 가운데 홈은 길이가 6치이고 너비가 1치이다. 일본(一本)에는 '길이가 1자이다.'라고 하였다.】 이것을 합쳐서 받침대에 세워【몸체가 받침대 위로 나온 것이 1자 8푼이니, 받침대와 합쳐서 높이 1자 2치이다.】 그 곁에 구멍을 뚫어 가운데로 통하게 하되 몸체의 두께의 3분의 1과 같게 하고,【'원(圓)의 지름이 4푼이다.'는 말이다.】 2푼의 위에 있게 하며【'7치 2푼의 위에 있다.'는 말이다.】 그 앞쪽에 분(粉)을 발라 속칭(屬稱)을 쓰고,【'속(屬)'은 '고(高)'·'증(曾)'·'조(祖)'·'고(考)'를 말하고, '칭(稱)'은 '관직 혹은 호(號)나 항렬'을 말하니, '처사(處士)', '수재(秀才)', '몇째 낭(郎)', '몇째 옹(翁)'과 같은 것이다.】 곁에 제사를 주관하는 사람의 이름을 쓴다.【'효자 모 봉사(奉祀)'라고 한다.】 관직이 추가되거나

馬公 사마광(司馬光))은 패자(牌子)[124]를 사용하였으니, '패자'는 《통전(通典)》에 보입니다.

옛날에 경대부(卿大夫) 이하는 돌〔石〕을 가지고 신주를 만들거나-종석(宗祏)[125]의 '석(祏)' 자가 있습니다.- 폐백(幣帛 비단)을 묶어 신(神)을 의지하게 하였습니다.-《의례(儀禮)》〈사우례(士虞禮)〉의 소(疏)에 "사(士)는 나무 신주〔木主〕가 없어서 폐백을 그 신주로 삼고, 천자(天子)와 제후는 나무 신주가 있다."[126]라고 하였습니다.- 이것을 가지고 살펴보건대 지금의 사대부들이

세대가 바뀌었으면 붓으로 분을 발라 옛것을 씻어 고치고,【사당 벽에 물을 뿌려 깨끗이 한다.】 밖〔전면〕은 고치지만 안〔후면〕은 고치지 않는다."라고 한 것을 가리키는데, 이 내용은《주자가례》〈작주(作主)〉에 인용되어있다. 참고로 이 내용으로 만든 신주 그림을 아래에 보인다.

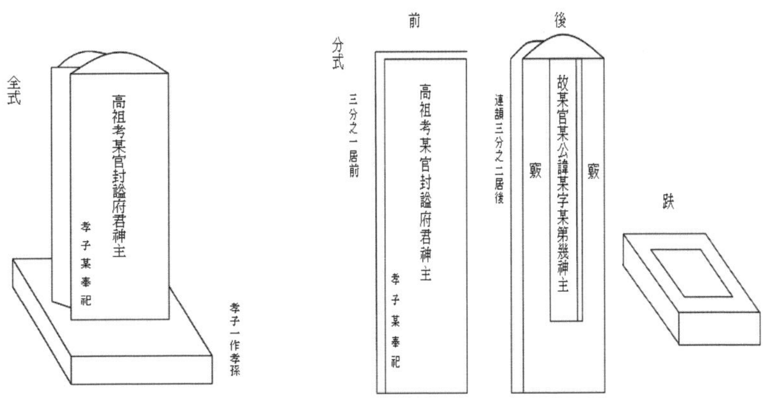

124 패자(牌子) : 신주(神主) 대신 쓰는 나무판인데, 신주와 비슷하게 만들되 앞과 뒤를 구분하지 않고, 넣는 독(櫝)도 만들지 않는다.

125 종석(宗祏) : 종묘 안의 신주를 안치하는 석실(石室)을 가리킨다.

126 사(士)는……있다 : 이 내용은 "졸곡(卒哭) 다음 날에 반차(班次)에 따라 부제(祔祭)한다.〔明日以其班祔〕"는 경문(經文)에 대한 가공언(賈公彦)의 소에 보인다.

나무 신주를 사용하는 것은 실로 제후의 예제(禮制)를 줄여서 쓴 것입니다.-정자(程子)가 일찍이 이렇게 말씀하였습니다.[127]- 이상은 《의례문해(疑禮問解)》에 자세히 보입니다.

시동(尸童)이 있을 때 신주가 함께 있는지의 여부에 대해서는 《예기》 〈교특생(郊特牲)〉을 살펴보니, "시동을 당(堂)에 앉히며 희생을 뜰에서 잡으며 희생의 머리를 묘실(廟室)에 올려서 정제(正祭)를 지낼 적에 축관(祝官)이 신주에 고유(告由)한다.〔坐尸於堂 用牲於庭 升首於室 直祭祝于主〕"라고 하였습니다.-직제(直祭)는 정제(正祭)이니, 축관이 축사(祝辭)를 가지고 신주에 고유하는 것입니다.- 이 글에 의거하면 시동을 세우고 또 신주를 세우는 것이 분명함을 알 수 있습니다.

"두 신주를 분리해서는 안 된다. 운운"이라고 하셨는데, 이는 주자의 말씀이니, 본래의 일은 유평보(劉平甫)의 집에서 애초부터 영정(影幀)과 신주를 받들었던 것 때문에 말씀한 것입니다.[128] 그러나 의리(義

《儀禮注疏》

127 정자(程子)가……말씀하였습니다 : 이 글과 딱 맞는 글은 보이지 않고, 《이정유서(二程遺書)》 〈이천선생어(伊川先生語)〉에 "장례를 치르고 나면 나무 신주를 설치한다.〔既葬, 則設木主.〕"라는 말이 보이고, 혹자가 신주 사용을 어떻게 해야 하는지 묻자, 정자가 "평민의 집에서는 나무 신주를 사용할 수 없으니, 다만 패자를 쓰면 된다. 우리 집의 주식(主式)은 제후의 예제를 강쇄한 것이다.〔白屋之家不可用, 只用牌子可矣. 如某家主式, 是殺諸侯之制也.〕"라고 한 말이 보인다.

128 주자의……것입니다 : 주자가 문인인 유평보(劉平甫)에게 답한 편지에 "고례(古禮)에는 종묘에 두 개의 신주가 없었다. 일찍이 그 의미를 궁구해보건대 조상의 영혼이 흩어져서 이 신주에 조상의 정신을 모으고자 하기 때문에 두 개의 신주를 두어서는

理)에 입각하여 범연히 말한다면 본래 함께 받든 것과 각각 받든 것을 두 가지로 나누어서는 안 될 듯하니, 고견이 원활(圓滑)한 견해일 듯 합니다.

안 되는 것이다. 지금은 사판(祠版)이 있는데 또 영정(影幀)까지 있으니, 이것은 두 개의 신주를 둔 것이다.…편지에서 말한 것처럼 집에는 영정을 모셔 두고 사판을 받들고 길을 떠나는 것은 조상의 정신이 흩어져서 귀신이 편안히 여기는 바가 아닐 듯하다."라는 내용을 두고 한 말이다.《朱子大全 卷40 答劉平甫》

임치공에게 답함

答任穉共

'편(偏)' 자와 '의(倚)' 자[129]에서 한 글자는 정(情)에 소속시키고 한 글자는 물(物)에 소속시켜 분배(分排)한 것은 새롭고 공교한 듯한데, 여기에는 합당한 뜻이 없습니다. 근래에 외암(巍巖)의 설을 살펴보건대 다만 '편의하는 것이 없는 것〔無所偏倚〕'으로 해당시켜[130] 결단코 한 가지 뜻으로 삼았으니, 과연 어떨지 모르겠습니다. 두 개의 '불(不)' 자[131]는 끝내 의심스럽습니다.

129 편(偏)자와 의(倚)자 : 주자가 《중용장구》에서 《중용》의 제목을 해설하며 "'중'은 편벽되지 않고 치우치지 않으며, 지나침과 모자람이 없음을 이름한 것이고, '용'은 평상이다.〔中者, 不偏不倚無過不及之名, 庸, 平常也.〕"라고 한 '편(偏)' 자와 '의(倚)' 자를 가리킨다.

130 외암(巍巖)의……해당시켜 : 외암은 이간(李柬)의 호로, 관련 내용은 《외암유고》 권4 〈수암선생께 올림〔上遂菴先生〕〉에 보인다. 이간은 자가 공거(公擧), 본관은 예안(禮安)이다. 수암 권상하에게 수학하여 명망이 높았으며, '사람과 물건의 본성이 같다〔人物性同〕'는 설을 주장하여 낙론(洛論)의 원조가 되었다.

131 두 개의 불(不)자 : "중은 편벽되지 않고 치우치지 않는다.〔中者, 不偏不倚.〕"라고 할 때의 두 '불(不)' 자를 가리킨다.

임치공에게 답함

答任穉共

문 4세(世)의 종자(宗子)가 아내는 있고 후사(後嗣)는 없이 죽으면 부득이하게 신주에 '현벽(顯辟 죽은 남편)'이라고 써야 합니다. 그런데 지금 그 아내가 또 죽었는데 가까운 친족 중에서 입후(立後)할 곳이 없고 오직 종제(從弟) 한 사람이 있을 뿐입니다. 그래서 《상례비요(喪禮備要)》에 의거하여 '현종수(顯從嫂)'라고 신주를 쓰고자 하는데 어떻습니까? 설령 재종(再從)이나 삼종(三從)이 없으면 '족수(族嫂)'라고 신주를 씁니까?

답 '현수(顯嫂)'라고 신주를 쓰는 것은 예(禮)에 이미 분명한 글이 있으니, 마땅히 종수(從嫂)에게도 미루어 써야 할 듯합니다. 만약 '수숙(嫂叔) 간은 멀리해야 한다.'라는 뜻으로 말한다면 비록 친형제의 형수와 제수에게는 옛날에 복(服)이 없었으나 지금은 이미 그렇지 않습니다. 그렇다면 형제의 아내와 종형제의 아내가 그 간격이 어찌 멀게 되겠습니까. 그러나 재종수(再從嫂) 이하는 과연 매우 소원하니, 종수(從嫂)는 나라의 예제에 복(服)이 있기 때문입니다.

임치공에게 줌
與任穉共

'칡[청올치]으로 만든 요대(腰帶)는 세 겹이다.[葛帶三重]'라고 한 것은《예기》〈간전(間傳)〉의 주(註)와 소(疏)에 '요질(腰絰)'이라고 분명하게 지칭하였습니다.[132] 그런데 계장(溪丈)[133]이 기필코 효대(絞帶)라고 하는 것은 어째서입니까? 포효(布絞)를 의심하여 그렇게 말했을 것입니다. 그러나 칡으로 만든 요대는 끝내 효대가 아닐 듯하니, 고명

132 칡으로……지칭하였습니다 : 이 내용은《예기》〈간전(間傳)〉에 "참최복(斬衰服)의 〈거칠고 성긴〉 3승(升)의 포(布)로 우제(虞祭)와 졸곡제(卒哭祭)를 마쳤으면 〈가늘고 정밀한〉 성포(成布) 6승으로 바꿔 입고 7승의 관을 쓰며, 어머니를 위하여는 소최(疏衰)의 4승 포를 〈우제와 졸곡제를 마친 뒤에는〉 성포 7승으로 바꿔 입고 8승의 관을 쓰며, 〈졸곡제를 마친 뒤에는〉 마질(麻絰)을 제거하고 갈질(葛絰)을 착용하되 칡으로 만든 요대를 세 겹으로 한다. 그리고 기년이 되어 소상제(小祥祭)를 지내면 연관(練冠)을 쓰고 옅은 붉은 색으로 가선을 두른 상복을 입고 요질을 벗지 않는다."라고 한 것에 대해, 진호(陳澔)의 주에 "'갈대삼중(葛帶三重)'은 남자를 이르니, 장례 지낸 뒤에 갈질(葛絰)로 허리의 마질을 바꾸되 전보다 약간 적게 하여 네 가닥으로 꼬아서 쌓아 서로 겹치면 세 겹이 된다. 한 가닥을 꼰 것을 '일중(一重)'이라 하고, 두 가닥을 합쳐서 한 끈을 만든 것이 '이중(二重)'이요, 두 끈을 또 모아서 한 끈으로 만든 것이 바로 '삼중(三重)'이다.[單糾爲一重, 兩股合爲一繩, 是二重, 二繩又合爲一繩, 是三重也.]"라고 하고, 공영달(孔穎達)의 소(疏)에 "소상(小祥)에 이르면 또다시 졸곡 후에 쓰는 관을 가지고 그 최복(衰服)을 바꿔 입되 마전한 삼베[練]를 사용하여 관을 바꾸며, 또다시 마전한 삼베로 중의(中衣)를 만들고 붉은색으로 옷깃의 선을 두른다. 요질(要絰)은 갈질(葛絰)이다."라고 한 것을 두고 한 말이다.《禮記集說大全》《禮記正義》

133 계장(溪丈) : 공주 계실곡(溪室谷)에 주로 거주하여 '계실(溪室)'로도 불렸던 김지행(金砥行)을 가리키는바, 자세한 내용은 308쪽 주4 참조.

의 말씀에 이른바 "효(絞)를 세 겹으로 하는 것은 삼〔麻〕에서 그렇게 한 것이니, 어찌 굳이 다시 칡에서 말할 필요가 있겠는가."라고 하신 것이 아마도 맞을 듯합니다. '칡으로 만든 대가 초상(初喪) 때의 요질(腰絰)보다 조금 작다.'라는 글이 〈간전〉의 주에 보이고, 《의례문해(疑禮問解)》에 이것을 인용하였는데, 집사(執事)께서 "조금 작은 것은 참으로 옛 제도가 아니다."라고 하신 것은 어째서입니까? 이미 '상(喪)이 가벼운 쪽으로 향한다.〔向輕〕'라는 뜻으로 칡을 가지고 삼〔麻〕을 대신하였으면 그 제도가 또한 마땅히 조금 작아야 하고, 조금 작은 것 또한 분수(分數)가 있어서 마땅히 5분의 1을 제거해야 할 듯하니, 어떻습니까, 어떻습니까?

갈대(葛帶)의 삼중(三重)과 사고(四股)는 각각 두 본(本)을 보존하여 요질의 제도를 따르면, 두 본(本)의 아래에 마땅히 드리워서 꼬는 것이 있어야 합니까? 드리우는 것은 '신(紳)'이니 신(紳)이 없는 대대(大帶)가 없고, 만약 드리우는 것을 사용한다면 그 길이가 세 자〔尺〕이니, 마땅히 초상 때의 요질(腰絰)을 따라야 합니까? 또한 '약간 작게 한다.〔差小〕'라는 글을 따라서 약간 짧게 하여야 합니까? 혹자는 "드리움을 사용하지 않는다."라고 말하니, 이는 매우 의심할 만합니다. 공쇠(功衰)의 예(例)를 가지고 말하면 대공(大功)의 질(絰)은 흩어서 드리우는 것이 있으니, 비록 초상과 달리 흩어서 드리우지 않더라도 또한 어찌 당초에 즉시 꼬아 드리우는 것이 없었겠습니까.

'가선을 꿰매다.〔緝邊〕'라는 한 절은 여러 의논이 모두 '예가 의심스러울 경우에는 후한 것을 따른다.〔禮疑從厚〕'라는 네 글자를 가지고 주장하여 비로소 꿰매지 않는 것으로 결정하였습니다. 그러나 갈대(葛帶)의 제도는 이미 한결같이 《예기》 〈간전(間傳)〉의 주(註)를 따라서 '꼬아 드리움'을 말하지 않았으니, 이에 따라 그만두고자 하는 것입니다.

임치공에게 줌

與任穉共

일찍이 선배의 문집을 살펴보니, "소상(小祥) 날에 와서 조문하는 자가 있으면 조문을 받는다."라는 글이 있었습니다. 이는 옛사람의 '기일(忌日)에 조문을 받는다.'라는 예를 사용한 것인데, 여기에는 옛날과 지금의 마땅함에 차이가 있을 듯하니, 이 또한 행하기 어려울 것 같습니다. 어떨지 모르겠습니다.

임치공에게 답함

答任穉共

소상(小祥) 날 조문을 받는 것은 진실로 그리 행하기 어려울 것이 없습니다. 그러나 반곡(反哭)을 하면서 조문을 받는 것을 지금 사람들이 모두 행하는데, 기일(忌日)에 조문을 받는 것은 폐한 지가 이미 오래되었습니다. 소상은 비록 기일과 다르나 주인과 손님이 모두 이 뜻을 안 뒤에야 행할 수 있으니, 그렇지 않으면 곤란합니다. 제사를 막 마치고서 제사에 참여한 여러 손님과 서로 마주하여 곡하는 것이 어찌 불가할 것이 있겠습니까.

임치공에게 답함
答任穉共

남의 양자(養子) 된 자가 외친(外親 외가의 친족)에 대하여 한 등급을 강복(降服)하면 또한 '외친에 두 계통이 있다.'라는 혐의를 피할 수 있으니, 어찌 완전히 복이 없어야 할 필요가 있겠습니까. 사람이 외친으로 출계(出繼)한 자에 대해서도 마땅히 강복(降服)을 하여야 하니,-가령 외숙이 출계하면 소공복(小功服)을 강등하여 시마복(緦麻服)으로 삼고, 외종형제가 출계하면 시마복을 강등하여 복(服)을 입지 않습니다.- 자기가 출계한 것과 외친이 출계한 것은 '두 계통이 없음'이 똑같습니다. '외친이 나가고 들어옴에 강복함이 없다.'라는 글은 본래 출가한 딸이 외친을 위하여 강복하는 것과 장부(丈夫)가 외친으로서 출가한 자를 위하여 강복하는 것을 가리켜 말해서-예컨대 외손녀와 생질녀가 외조부모와 외숙과 이모를 강등하지 않고, 장부(丈夫)가 종모(從母 이모)와 이종의 자매로서 출가한 자를 위하여 강복하지 않습니다.- '외친으로서 남에게 시집간 사람은 강복하지 않는다.'라는 글과 똑같은 의리이니, 외친으로 출계한 자를 가리켜 말한 것이 아닙니다. 《의례문해(疑禮問解)》에 '출계한 자가 외친의 복을 입는 것'을 논하면서 '쫓겨난 어머니〔出母〕'라는 조항에, 정현(鄭玄)이 '외친(外親)이라도 두 계통이 없다.'라고 설명한 글[134]을 인용한

134 쫓겨난……글 : '쫓겨난 어머니'라는 조항은 《예기》 〈복문(服問)〉의 "전(傳)에 말하였다. '어머니가 쫓겨났으면 계모(繼母)의 친족을 위하여 복(服)을 입고, 자기 어머니가 죽으면 죽은 어머니의 친족을 위하여 복을 입으니, 자기 어머니의 당(黨)을

것은, 곧바로 이것을 준례(準例)로 삼기 위한 것이 아니고 참작하여 절충하고자 한 것일 뿐입니다. 출계한 자는 쫓겨난 어머니의 자식과 차이가 있을 듯합니다. 쫓겨난 어머니는 아버지가 내쫓은 것이니, 친족과 관계가 끊어져 방친(傍親)에게 미치는 도가 없으므로 그 당(黨 외가)에 대하여 복이 없는 것입니다.-《의례》〈상복(喪服)〉의 소(疏)에 "'친족을 끊으면 베풂이 없다.〔絶族 無施〕'라는 것은 '베풂은 방친(傍親)에게까지 미친다.〔施旁及〕'라는 뜻이다." 하였습니다.- 그러나 본생모(本生母)는 자기가 강복한 것이니, 비록 양자(養子) 간 자를 소중히 여겨 강복하더라도 친족을 끊은 것이 아니어서 방친에게 미치는 도가 있습니다. 그러므로 그 당(黨)을 위하여 강복하는 것이니, 쫓겨난 어머니의 당과 본생모의 당에 '외친은 두 계통이 없다.'라는 의리가 있음은 똑같으나 혹 복(服)이 없기도 하고 혹 강복하기도 하는 것은 이 때문일 듯합니다.

시아버지가 출계한 자부(子婦)에 대하여 소공복을 입지 않고 대공복을 입는 것은, 옛날 며느리는 본생 시아버지를 위하여 대공복을 입었기 때문입니다. 그러므로 시아버지 또한 그녀를 위하여 대공복을 입는 것이니, 이것은 '보복(報服)'[135]입니다. 그리고 아버지가 출계한 자식에 대하여 기년복을 입는 것 또한 '보복'이니, 이른바 '보(報)'라는 것은 바로 서로 기년복을 입어주는 종자(從子 조카)의 예(例)를 따르는 뜻입니다. 백숙부모가 자기 형제의 아들과 서로 기년복을 입어주는 것은

위하여 복을 입었으면 계모의 당을 위해서는 복을 입지 않는다.'"라는 것을 가리키고, 정현(鄭玄)이 한 말은 이 글에 대해 정현이 "비록 외친이나 또한 두 계통이 없다.〔雖外親, 亦無二統.〕"라고 주한 것을 가리킨다.《禮記正義》

135 보복(報服) : 자기를 위하여 참최・자최・기년・대공・소공복을 입는 비속(卑屬)이 죽으면 존속(尊屬) 역시 같은 복(服)으로 보답함을 이른다.

실로 보복에서 나왔으니, 보복은 종자(從子)의 예를 따르는 것과 두 가지 뜻이 있는 것이 아닙니다.-《의례》〈상복(喪服)〉의 '형제의 아들〔昆弟之子〕'에 대하여 전(傳)에 "어찌하여 기년복을 입는가? 보복이다.〔何以期也 報也〕"라고 하였습니다.-

임치공에게 답함

答任穉共

상중(喪中)에 악장(樂章)과 《시경(詩經)》을 읽지 않으면 다른 책 가운데 《시경》을 인용한 부분도 마땅히 읽지 말아야 합니까? 아니면 목소리를 낮추어 입으로 읽되 소리 내어 읊조리지 않으면 또한 되는 것입니까? 다만 눈으로 보고 마음으로 생각하기만 하면 무방한 것입니까?-예컨대 《중용》과 《대학》 가운데에 《시경》을 인용한 것이 많습니다.-

임치공에게 답함
答任穉共

'편벽되지 않음〔不偏〕'과 '치우치지 않음〔不倚〕'[136]이 두 가지 뜻이 되는가 한 가지 뜻이 되는가는 예전에 이미 강론하여 질정하였으나 또 논할 만한 것이 있습니다. '편의하는 것이 없는 것〔無所偏倚〕'의 '편의(偏倚)'는 병통으로 보아서는 안 될 듯하니, 여기의 '편의(偏倚)' 자는 '편벽(偏僻)'의 '편(偏)'과는 똑같지 않아서 다만 한쪽을 주장함을 말한 것입니다. 희로애락(喜怒哀樂)이 미발(未發)일 때에는 희로애락의 한쪽에 치우치지 않으므로 "편의(偏倚)한 바가 없다."라고 말하였고, 이미 발하게 되어서는 혹 기쁨에 치우치기도 하고 혹 노여움에 치우치기도 하고 혹 슬픔에 치우치기도 하고 혹 즐거움에 치우치기도 하면, 이는 한쪽을 주장하는 것입니다. 이에 비록 그 정(情)의 바름을 얻었으나, 또한 이것을 '편의(偏倚)'라고 말할 수 있습니다. 그러므로 "'편의'는 병이 아니다."라고 말하였는데, 만약 병으로 본다면 미발일 때 애당초 어찌 말할 만한 병통이 있겠습니까. 예컨대 《중용혹문(中庸或問)》에 '과(過)'와 '불급(不及)'을 논하면서 "한 가지 일 가운데에 또한 일찍이 편의(偏倚)한 바가 있지 않았다."라고 말하였으니, 여기의 '편의(偏倚)' 자는 병통으로 말한 것입니다. 두 '편의'가 글은 같으나 뜻이 다르니, 각각 그 지두(地頭)에 나아가 이와 같이 다르게 보는 것이

136 편벽되지……않음 : 《중용장구》에서 《중용》의 제목을 해설한 데에 보이는 말로, 자세한 내용은 396쪽 주129 참조.

한쪽에 집착하지 않음이 될 듯합니다.-하나의 '편의(偏倚)'는 '한쪽을 주장함'을 이르고, 하나의 '편의'는 '과(過)와 불급(不及)'을 이릅니다.-

우연히 《주자대전》의 〈육자정에게 답한 편지〔答陸子靜書〕〉를 보니, 주자(周子)의 《통서(通書)》에 "중이라는 것은 화이다.〔中也者 和也〕"라고 한 것을 논하여 "여기에서의 '중(中)' 자는 기품(氣稟)이 발용(發用)하는 데에 나아가 과(過)와 불급(不及)이 없는 곳을 말한 것이다."라고 하였으니, 이는 의심할 만합니다. '기품'에는 청탁(淸濁)과 수박(粹駁)이 있고 '발용'에는 선(善)과 악(惡)이 있으니, 어떻게 모두 '과'와 '불급'이 없겠습니까. 아니면 이것은 좋은 기(氣)가 유행하는 것을 가리켜 말한 것입니까? 그렇다면 '품(稟)' 자는 쓸데없는 글자인 듯합니다. 《대학장구》에 '기품에 구애된다.〔氣禀所拘〕'의 '기품'을 가지고 보면 기품은 좋은 것이 아닌데, 여기에서 말한 기품은 본연(本然)의 순일(純一)한 기(氣)를 가리킨 것입니까?

《중용혹문》에 '미발(未發)의 중(中)'을 논하면서 "정자(程子)의 이른바 '중에 있다는 뜻이다.〔在中之義〕'라는 것이다."라고 하였으니, 이는 '중에 있다.〔在中〕'의 '중(中)' 자를 가지고 이 '중(中)' 자를 해석한 것입니다.[137] 그리고 장남헌(張南軒)에게 준 편지에는 "'중에 있다.〔在

137 중용혹문에……것입니다 : 《중용혹문》에 "'편벽되지 않고 치우치지 않은 것이다.'라고 한 것은 정자가 말씀한 '중에 있다는 뜻이다.'라는 것이니, 발하기 전에 편벽되지도 않고 치우치지도 않은 것의 이름이다. 그리고 '과나 불급이 없다.'라는 것은 정자가 말씀한 '중의 도이다.'라는 것이니, 일을 행하는 데 나타나서 각각 그 중을 얻은 것의 이름이다.〔不偏不倚云者, 程子所謂在中之義, 未發之前無所偏倚之名也; 無過不及者,

中〕'는 것을 가지고 '중(中)' 자를 해석한 것이 아니다."라고 하였습니다.[138] 두 곳에서 말씀한 것이 똑같지 않음은 어째서입니까? "'중에 있다.〔在中〕'라는 것을 가지고 '중(中)' 자를 해석한 것이 아니다."라고 말씀한 것은 아마도 '중에 있다.〔在中〕'의 '중(中)'은 다만 심중(心中)에 있는 것을 말한 것이니, '이면(裏面)'의 '이(裏)' 자이기 때문에 "바로 '중(中)' 자를 해석한 것이 아니다."라고 하신 것입니까? 정자(程子)의 본의(本意)는 '중에 있다.〔在中〕'의 '중(中)'을 가지고 '편의가 없는 중〔無偏倚之中〕'을 해석한 듯한데, 어떨지 모르겠습니다.

程子所謂中之道也, 見諸行事, 各得其中之名也.〕"라고 한 것을 두고 한 말인데, 정자의 말은 《이정유서》 〈이천선생어(伊川先生語)〉에 "'희로애락이 아직 발하지 않은 것〔喜怒哀樂未發〕'은 중(中)에 있다는 뜻을 말한 것이니, 단지 하나의 '중' 자이지만 그 쓰임은 똑같지 않다."라고 보인다.

138 장남헌(張南軒)에게……하였습니다 : '남헌'은 장식(張栻, 1133~1180)의 호이고, 자는 경부(敬夫)로, 인용한 내용은 《주자대전》 권31 〈장경부에게 답함〔答張敬夫〕〉에 "이른바 '중에 있다는 뜻이다.〔在中之義〕'라는 것은 '이면에 있는 도리이다.〔在裏面底道理〕'라는 말과 같으니, '중에 있다.'의 '중' 자를 가지고 미발의 중〔未發之中〕을 해석한 것이 아니다."라고 보인다.

근재집

제8권

書서

임치공에게 답함
答任穉共

‘중(中)’ 자 아래에 ‘기품(氣稟)의 발용(發用)’을 가지고 운운하셨습니다. 기품이 발할 적에는 진실로 선(善)이 있고 불선(不善)이 있으나, ‘선(善)’ 한쪽을 도려내어 말하였으니, ‘무과불급(無過不及)’의 아래에 있는 ‘처(處)’ 자[1]를 마땅히 눈여겨보아야 합니다. 지난번에는 이것을 세밀히 보지 못하고 의문을 가졌었는데, 보내주신 편지에서 말씀한 것이 참으로 옳습니다.

이른바 “기품(氣稟)”이라는 것은 “혹은 다르기도 하다.〔或異〕”라고 하고 “똑같지 않다.〔不齊〕”라고 하여 미(美 선(善))와 악(惡)을 겸하여 말한 것이고, “구애된 것이다.〔所拘〕”라는 것은 오로지 ‘악(惡)’ 한쪽을 말한 것이니, 이는 일률적으로 논할 수가 없습니다. 주자(朱子)가 여기에 반드시 ‘기품’을 말씀한 것은, “이(理)는 기(氣)가 아니면 발(發)할 수 없다.”라고 여기셨으므로 발하는 연유를 말씀한 것입니다. 그렇다면 《중용장구(中庸章句)》에 ‘기(氣)’ 자가 한 곳도 보이지 않음은 어째서입니까? 발하는 곳은 진실로 ‘기(氣)’를 가지고 말할 수 있으나 미발

1 무과불급(無過不及)의……처(處)자 : 《주자대전(朱子大全)》의 〈육자정에게 답한 편지〔答陸子靜書〕〉에서, 염계(濂溪) 주돈이(周敦頤)의 《통서(通書)》에 “중이라는 것은 화이다.〔中也者, 和也.〕”라고 한 것을 논하여 “여기에서의 ‘중(中)’ 자는 기품(氣稟)이 발용(發用)하는 데에서 과(過)와 불급(不及)이 없는 곳을 말한 것이다.〔此中字, 蓋就氣稟發用, 而言其無過不及處耳.〕”라고 한 데에 보이는 ‘처(處)’ 자를 두고 한 말이다.

(未發)한 곳에서는 기를 말할 수 없을 듯한데, 외암(巍巖 이간(李柬))은 '미발'을 논하면서 "기가 순수하여 이(理) 또한 순수하다."라고 하였으니, 이 말씀이 과연 어떻습니까?

삽(翣)을 광(壙 구덩이 속)에 넣는 것은, 《예기(禮記)》〈상대기(喪大記)〉의 주(註)를 상고할 만하니,[2] 《개원례(開元禮)》[3]를 만들 적에 처

2 삽(翣)을……만하니 : '삽'은 관(棺)을 장식하는 제구(諸具) 중의 하나로, 모양이 부채와 같다 하여 '삽선(翣扇)'이라고도 한다. 《예기》〈상대기(喪大記)〉에 널의 꾸밈을 말하는 곳에 "도끼 모양의 보(黼)를 그린 삽(翣)이 둘이고, '아(亞)' 모양의 불(黻)을 그린 삽이 둘이고, 구름을 그린 삽이 둘이니, 모두 규옥(圭玉)을 단다.〔黼翣二, 黻翣二, 畫翣二, 皆戴圭.〕"라고 하였는데, 정현(鄭玄)의 주(注)에 "삽은 나무를 가지고 광주리 모양으로 너비 3자, 높이 2자 4치의 틀을 짠다. … 상여가 가는 도중에는 사람이 이를 들고서 상여를 따르고, 입관(入棺)한 뒤에는 광중에 세운다.〔翣, 以木爲筐廣三尺高二尺四寸…車行, 使人持之而從, 旣窆樹於壙中.〕"라고 한 것을 두고 한 말이다. 《禮記正義 喪大記》 아래 그림은 송나라 섭숭의(聶崇義)의 《삼례도집주(三禮圖集注)》에 보이는 천자(天子)의 유거(柳車 상여)인데, 유거 주위로 따라가는 8명의 사람이 들고 있는 것이 삽(翣)이다. 널을 상여에 실은 뒤 널 주위에 설치한 꼭대기가 뾰족한 천막 모양의 나무틀을 '유(柳)'라고 하는데, 유(柳)를 실은 수레를 '유거(柳車)'라고 한다.

음 만든 것이 아닙니다. 광(壙)을 흙으로 덮으면 죽은 시신을 보는 것을 싫어하는 뜻이 없는데, 반드시 삽(翣)을 광(壙)에 넣는 것은 의물(儀物)을 구비한 것 같으니, 제거할 수 없을 듯합니다.

《예기》〈상대기〉의 주에 이르기를 "삽(翣)은 길에 있으면 상여를 가리고 곽(槨)에 넣으면 널을 가린다.〔翣 在塗則障車 入槨則障柩〕"[4]라고 하였으니, 이것을 만든 본의(本意)는 널을 가리는 것에 비중이 높습니다. 그래서 상여를 가리는 용도로만 사용하고 광중에 넣지 않아서는 안 되니, 어떻습니까, 어떻습니까?

어떤 사람이 아버지가 죽었는데 장형(長兄)이 또 죽었을 경우, 조모(祖母)의 상에 마땅히 차손(次孫)이 승중(承重)하는 예를 따라야 합니다. 그런데 후일에 형수가 양자를 세우기를 기다려 형의 아들에게 종통(宗統)을 돌려줘야 합니까? 아니면 이미 종통을 옮겼으면 굳이 종통을 돌려줄 필요가 없습니까? 이는 후일에 논쟁의 단서가 되기 쉬울 듯하므로 대처하기가 매우 어렵습니다. 《의례문해(疑禮問解)》[5]에서

3 개원례(開元禮) : 당나라 현종(玄宗) 개원(開元) 연간에 칙명에 의해 서견(徐堅, 660~729), 소숭(蕭崇, ?~749) 등이 150권으로 편찬한 《대당개원례(大唐開元禮)》를 말한다. 길례(吉禮), 빈례(賓禮), 가례(嘉禮), 군례(軍禮), 흉례(凶禮)의 다섯 가지로 분류되었다. 두우(杜佑)의 《통전(通典)》에 일부 편입되었고, 《신당서(新唐書)》〈예문지(藝文志)〉와 《구당서(舊唐書)》〈예문지〉의 바탕이 되었다. 개원 20년(732)에 반사(頒賜)되었다.

4 삽(翣)은……가린다 : 이 내용은 공영달(孔穎達)의 소(疏)에 보인다. 《禮記正義 喪大記》

본래 이미 이것을 논하였으나 분명한 결단이 없습니다. 알지 못하겠습니다. 어떻게 하는 것이 옳겠습니까?

후일에 종통을 돌려주느냐의 여부(與否)는 우선 천천히 의논하더라도 지금 당장 전중(傳重 차손(次孫))이 상복을 입는 것은 의심할 것이 없으니, 제주(題主)에 '효손(孝孫)'이라고 쓰지 않고 다만 '손(孫)'이라고 쓰는 것이 마땅하겠습니까? 아니면 이미 승중(承重)을 하였으면 비록 차손이더라도 마땅히 '효손'이라고 써야 합니까?

차손(次孫)이 조모(祖母)의 상에 복상(服喪)하면서 제사를 주관하면 장형(長兄)의 아내는 삼년복을 입기를 승중한 자의 아내와 같이 해서는 안 될 듯한데, 어떨지 모르겠습니다. 남편이 일찍이 승중을 하지 않고 죽었으나 만일 아들이 있어서 그 아들이 증조모(曾祖母)의 승중이 되었을 경우, 세대(世代)의 차례를 잇기 위해서 남편의 조모 상에 마땅히 "따르는 자가 죽었더라도 그대로 복을 입는다."[6]라는 글을 따라

5 의례문해(疑禮問解) : 사계(沙溪) 김장생(金長生)이 평소 문인(門人)들의 물음에 답했던 의례(疑禮)를 정리한 책이다. 아들 김집(金集)이 《의례문해》에서 다루지 못한 주제를 보완하여 《의례문해속(疑禮問解續)》을 편찬하였다.

6 따르는……입는다 : 《예기》 〈상복소기(喪服小記)〉에 "혈연으로 따라서 복을 입는 자는 따르는 자가 죽었더라도 그대로 복을 입는다.〔屬從者, 所從雖沒也服.〕"라고 보인다. '속(屬)'은 골육으로 연결된 친척인데, '속종(屬從)'에는 세 가지가 있다. 하나는 자식이 어머니를 따라서 어머니의 친속을 위하여 복을 입는 경우이고, 두 번째는 아내가 남편을 따라 남편의 친속을 위하여 복을 입는 경우이고, 세 번째는 남편이 아내를 따라 아내의 친속을 위하여 복을 입는 경우이다. 이 세 가지는 따라 입는 사람이 죽었더라도 그 친속의 복을 그대로 따라 입는다.

삼년복을 입어야 할 듯하나, 이는 옳지 않습니다. 남편이 자식이 없어서 남편의 아우가 이미 차손으로서 승중을 하였으면 종통이 옮겨간 것입니다. 이 사람이 비록 장손(長孫)의 처라 하더라도 조모의 상에 삼년복을 입을 의리가 없을 듯하니, 어떻습니까, 어떻습니까? 의리상 마땅히 이와 같이 해야 할 듯하나 다만 근거로 삼을 만한 선배의 말씀이 없으니, 상고하여 보여주시기를 바랍니다.

또 차손이 이미 방제(傍題)에 '효(孝)' 자를 썼고 또 장형(長兄)의 아내로 하여금 상복을 입지 않게 하였더라도 후일에 종통을 돌려줄 의리가 있습니까? 본래의 장적(長嫡)을 중하게 여겨서 추후(追後)에 입후(立後)하고 종사(宗祀)를 다시 돌려주는 것이 과연 고례(古禮)와 국전(國典)에 부합합니까?

임치공에게 답함

答任穉共

예(禮)의 의심스러운 것에 대해 말씀해주신 것은《의례문해》의 내용과 똑같지 않으니, 아마도 상고하지 못하여 그러신 것이 아닙니까? 사옹(沙翁 김장생(金長生))이 조죽음(趙竹陰)[7]의 물음에 답할 적에 차손(次孫)이 승중하는 것을 그르다 하지 않고, 다만 훗날에 종통을 돌려주는 것이 마땅한가 마땅하지 않은가를 논하였으니, 이것이《의례문해》 제1권 '종법(宗法)' 조(條)에 있습니다. 또 황종해(黃宗海)[8]의 물음에 답하기를 "장자(長子)가 자식 없이 죽으면 차자(次子)의 아들이 제사를 받드는 것이 옳다."[9]라고 하였으니, 이것을 가지고 보면 차손이 승중하는 것이 합당할 듯합니다. 고례(古禮)에 "아우에게 미친다."라는 글이 있고[10] "차적장자(次適長子)"[11]라는 글이 있으니, 차손이 승중

7 조죽음(趙竹陰) : '죽음'은 조희일(趙希逸, 1575~1638)의 호로, 자는 이숙(怡叔), 본관은 임천(林川)이다. 예조 참판, 경상도 관찰사 등을 지냈다.

8 황종해(黃宗海) : 1579~1642. 자는 대진(大進)이며, 호는 후천(朽淺), 본관은 회덕(懷德)이다. 정구(鄭逑)의 문인인데, 광해군 때 유생들과 함께 정인홍(鄭仁弘)을 배척하는 상소를 올렸고 폐모론(廢母論)이 일어나자 과거를 단념하고 김장생에게 나아가 예학(禮學)을 배웠다.

9 장자(長子)가……옳다 : 이 내용도《의례문해》 제1권 '종법(宗法)' 조(條)에 보인다.

10 고례(古禮)에……있고 : 형이 죽으면 아우가 형을 대신해서 종통(宗統)을 잇는 '형망제급(兄亡弟及)'의 예(禮)를 두고 한 말인데, 주로 은(殷)나라 왕실에서 이 예를 따랐기 때문에 고례라고 한 것이다.《書經集傳 金縢》

11 차적장자(次適長子) : 이 내용은 출전이 자세하지 않다.

함은 이른바 "전중(傳重)함이 정체(正體)가 아니다."[12]라는 것입니다. 근거할 만한 분명한 글이 하나가 아닌데, 어찌 옳지 않다고 말씀합니까? 이천(伊川)의 일과 같은 경우에는 이것과 달라서 이미 장손(長孫)이 있는데도 차자(次子)를 세웠으니,[13] 이것은 고례(古禮)가 아니고 이천 당시의 제도입니다. 지금 이미 장손이 없고 장손에게도 후사(後嗣)가 없어서 또한 우선 입후(立後)할 만한 자가 없다면, 조모의 상을 어찌 상주(喪主)가 없는 상으로 만들 수 있겠습니까. 비록 대신 제사하더라도 삼년을 복상하지 않으면 이것은 바로 상주가 없는 것입니다. 그러므로 마땅히 《의례문해》의 뜻을 따라 차손이 복상을 하고 제사를 주관해야 할 듯한데, 그래도 본래의 장적(長嫡)을 소중히 여겨 후일

12 전중(傳重)함이……아니다 : 종묘의 주인 지위를 계승했더라도 삼년복을 입어줄 수 없는 경우를 이른다. 《예기》〈상복소기(喪服小記)〉 공영달(孔穎達)의 소(疏)에 "예(禮)에 따르면 후사가 된 자를 위하여 다음 네 가지 경우에는 참최복을 입어주지 못한다. 어떤 경우인가? 체이불정(體而不正), 정이불체(正而不體), 전중이비정체(傳重而非正體), 정체이불전중(正體而不傳重)이 이런 경우이다. '체이불정'은 서자가 후사가 된 경우이고, '정이불체'는 적손이 후사가 된 경우이다. '전중이비정체'는 서손이 후사가 된 경우이고, '정체이불전중'은 적자에게 폐질이 있어 후사로 세우지 못한 경우이다. 이 네 가지 경우에는 모두 기년복을 입어주며 모두 참최복을 입어줄 수 없다. 오직 정체(正體)이고 전중(傳重)을 했을 경우에만 가장 무거운 상복〔3년복〕을 입어준다."라고 보인다.

13 이천(伊川)의……세웠으니 : '이천'은 북송의 정이(程頤)의 호로, 부친 정향(程珦)이 80세의 나이로 죽었을 때에, 이미 5년 전에 55세의 나이로 죽은 맏아들 정호(程顥)에게 장손(長孫)인 정앙(程昻)이 있었으나, 정호 생전에 정향이 미리 전중(傳重)을 하지 않은 관계로, 적손인 정앙 대신에 차자(次子)인 정이가 상제(喪祭)를 주관하였고, 정이가 죽을 때에도 정이의 유명(遺命)에 따라 자기의 맏아들인 정단언(程端彦)으로 하여금 종묘를 주관하게 함으로써 '적통(嫡統)을 빼앗았다.〔奪嫡〕'라는 혐의가 있게 한 고사를 말한다. 《二程外書 卷7 胡氏本拾遺》《星湖全集 卷43 伊川奪嫡辨》

그 형의 후손을 입후(立後)하기를 기다려 형에게 종통을 돌려주는 것이 마땅할 듯합니다. 그러므로 전에 삼가 물었던 것은 이것 때문입니다. 그런데 보내주신 편지에 종통을 빼앗는 것을 혐의하셨으니, 매우 황공합니다.

차손이 승중함은 끝내 불가합니까? 현석(玄石 박세채(朴世采)) 또한 《의례문해》의 설을 따르고자 하였으나, 다만 "여러 아들은 삼년복을 입어야 할 자이므로 아버지를 위하여 형을 대신해서 제사하나, 여러 손자는 기년복을 입어야 할 자이므로 할아버지를 위하여 중(重)한 복을 입어 백부(伯父)를 대신하여 제사하니, 이것이 조금 다른 듯하다."[14] 라고 하였습니다. 이 뜻을 가지고 미루어보면 차자로서 대신하여 제사하는 자는 방제(旁題)와 축문(祝文)에 마땅히 '효(孝)' 자를 칭하지 않아야 하지만 차손으로서 승중하는 자는 기년복을 삼년복으로 하였으면 사체(事體)가 비교적 중대하여 실로 종통을 옮기는 의리가 있으니, 방제와 축문에 곧바로 '효' 자를 쓰는 것이 마땅할 듯합니다. 그리고 이미 종통을 옮겼다면 장손의 아내가 삼년복을 입지 않는 것 또한 마땅할 듯합니다. 비록 이와 같이 행하더라도 후일 장손의 아내가 입후하면 종사(宗祀)를 돌려주는 것이 사옹(沙翁)의 말씀에 부합할 듯한데, 어떠합니까, 어떠합니까?

14 여러 아들은……듯하다 : 이 내용은 《남계속집(南溪續集)》 권13 〈유도경의 물음에 답함〔答柳道卿問〕〉에 보인다.

임치공에게 답함

答任穉共

‘차적장자(次適長子)’의 예(禮)에 ‘형이 죽으면 아우에게 미치는 것〔兄亡弟及〕’은 끝내 신중히 해야 하는데, 형을 대신하여 주관하는 것이 부인이 제사를 받드는 것보다 나을 듯합니다. 주원양(周元陽)의 《제록(祭錄)》[15]을 비록 사옹(沙翁)이 취하였으나 끝내 바른 예가 아닙니다. 차자가 대신 주관할 때에는 방제를 하지 않고 집안의 모든 일을 장부(長婦)가 주장하게 하는 것이 마음을 씀이 원만하니, 이것을 행하면 병폐가 없을 듯합니다. ‘개자(介子) 아무개’에 대한 글이 이미 경(經)에 보입니다.[16] 그렇다면 근거한 바가 전혀 없는 것이 아니니, 어찌 행할 수 없겠습니까. 다만 이 예는 당대의 임금이 정한 제도와 선현(先賢)의 정론(定論)이 있은 뒤에야 믿고 따를 수 있습니다. 그렇지 않으면 형편상 반드시 차질을 빚게 됩니다. 형이 죽으면 아우에게 미치는 것이 예이고, 개자(介子)가 대신하는 것 또한 예인데, 오직 그

15 주원양(周元陽)의 제록(祭錄) : 주원양의 인물 정보는 자세하지 않은데, 《제록(祭錄)》 1권을 저술했다는 기록이 있다. 《新唐書 卷58 志 藝文二》

16 개자(介子)……보입니다 : ‘개자’는 장자(長子)를 제외한 나머지 아들들을 말하는 바, 《예기》 〈증자문(曾子問)〉에 “만약 종자(宗子)가 죄가 있어서 다른 나라에 있고 서자가 대부가 되었으면 제사 지낼 때에 축문(祝文)에 ‘〈종자인〉 효자 아무개가 〈서자인〉 개자 아무개를 시켜서 상사를 집행하게 한다.〔孝子某, 使介子某執其常事.〕’라고 하니, 섭주(攝主)는 염제(厭祭)를 지내지 않으며, 여수(旅酬)를 하지 않으며, 복을 내리는 말을 하지 않으며, 고수레를 하지 않으며, 배(配)를 하지 않는다.”라고 한 것을 두고 한 말이다.

사람이 헤아려 행함에 달려 있을 뿐이니, 하나로 통일하기 어려울 듯합니다. '섭(攝 대신하다)' 자를 '대(代 대신하다)' 자로 바꾸어 쓰는 것 또한 괜찮습니다만 '섭(攝)'의 뜻이 이미 '좌우에서 돕다.〔夾助〕'라는 뜻과 '대행한다.〔代行〕'라는 뜻과 통용되니, 또한 군이 '개(改 고치다)' 자로 바꿀 필요가 있겠습니까.

임치공에게 줌

與任穉共

선대(先代)의 산소가 비록 8대나 9대의 먼 조상의 산소라 하더라도 그 지역의 수재(守宰 수령(守令))를 또한 마땅히 성주(城主)[17]로 섬겨야 합니까? 여기에는 대수(代數)로 한정(限定)할 수 있을 듯하나, 자손의 입장에서 말하면 대수의 멀고 가까움에 따라 다르게 보아서는 안 되니, 어떻습니까, 어떻습니까?

17 성주(城主) : 조상의 무덤이 있는 고을의 수령을 뜻한다.

임치공에게 줌

與任穉共

〈상복(喪服)〉의 본전(本傳)에 '참최상(斬衰裳)'으로부터 '관구(菅屨)'에 이르기까지[18] 비록 '삼년(三年)'이라는 글자가 없으나 아래 장(章)의 '삼년(三年)'을 위까지 통합하여 보면 우제(虞祭)와 졸곡(卒哭)의 변제(變除)[19]에 "성포를 받는다.〔受成布〕"라는 것만 말하고 "참최를 제거한다.〔去斬〕"라는 말은 하지 않았습니다.-이것이 논쟁을 초래하는 단서입니다.- 그래서 후현(後賢)이 글을 쓸 때에 항상 '참최삼년(斬衰三年)'과 '자최삼년(齊衰三年)'을 상대하여 말씀해서,-《의례경전통해(儀禮經傳通解)》의 도식(圖式)[20]과 《가례(家禮)》가 모두 그러합니다.- 3년을 그대로 참최복을 입는

18 상복(喪服)의……이르기까지 : 《의례(儀禮)》〈상복〉의 전에 "상복으로는 참최상(斬衰裳 솔기를 꿰매지 않은 삼베 상의와 치마)을 입고, 저질(苴絰 저마(苴麻)로 만든 요질)과 저장(苴杖 저마나 대나무로 만든 지팡이)을 쓰고, 효대(絞帶)를 하고 상관(喪冠)을 쓰고 승영(繩纓 삼을 꼬아 만든 관끈)을 늘어뜨리고, 관구(菅屨 왕골로 만든 신)를 신는다."라고 한 것을 가리킨다.

19 변제(變除) : '변복(變服)과 제복(除服)'의 줄임말로 상복을 바꾸어 입거나 벗는 일을 이르는데, 우제(虞祭)·졸곡(卒哭)·연제(練祭 소상제)·상제(祥祭 대상제)를 지낸 뒤 각기 합당한 의복으로 바꾸어 입는 것을 '변복'이라 하고, 상제를 지낸 이후 상복을 벗고 일상의 길복(吉服)을 입는 것을 '제복'이라 한다.

20 의례경전통해(儀禮經傳通解)의 도식(圖式) : 《의례경전통해속(儀禮經傳通解續)》의 〈의례상복도식(儀禮喪服圖式)〉을 가리킨다. 《의례경전통해속》은 주자(朱子)의 《의례경전통해》에서 누락된 상례(喪禮)와 제례(祭禮)를 보충하기 위해 기술한 책이다. 상례 15권은 주자의 유훈(遺訓)을 받은 황간(黃榦)이 송(宋)나라 가정(嘉定) 12년(1219)부터 이듬해 여름 사이에 완성하였고, 〈의례상례도식〉 1권과 제례 13권은

것처럼 말씀한 것은, 사람들이 참최와 자최를 부모상을 위해 정해놓은 분수로 삼는 것을 또한 오로지 '세속의 견해'라고 배척할 수 없기 때문입니다. 집사(執事)의 뜻은 비록 "'참최삼년'이라는 글이 시초(始初)를 이어서 말한 것이다."라고 여기시지만, '자최삼년'이 시초를 이어서 말한 것이 아니면 두 가지의 '삼년'은 의례(義例)가 똑같지 않습니다.-예컨대 '소최삼년(疏衰三年)'이라고 하면 '소최'가 진실로 3년을 마치는 것이 아니나, 이미 '자최삼년'이라고 말했으면 '자최'는 초상의 초기에 상복을 궤맬 때부터 공최(功衰)를 바꾸게 될 때까지도 '자최 운운'이라고 말할 수 있습니다. 그러니 '자최삼년'은 '중반(中半)에 그친다.'라는 혐의가 없으나, '참최삼년'은 '중반에 그친다.'라는 혐의가 있으니, 이것이 매우 의심쩍은 것입니다. 그렇다면 《의례(儀禮)》에서 우제(虞祭)의 변제(變除)에 '참최를 제거함〔去斬〕'을 말하지 않은 것이 참최를 그대로 잇는 뜻이 아니라는 것을 어찌 알겠습니까. 그리고 후현이 항상 '참최삼년'으로 글을 쓴 것도 이것을 본 것이 아니라는 것을 어찌 알겠습니까.-

고명(高明)의 말씀에 "비록 '참최'의 아래에 '저질(苴絰), 관승영(冠繩纓), 관구(菅屨)'를 이미 모두 바꾸어 가벼운 복을 따라 입는다면 어찌 유독 참최에만 바꾸지 않겠는가."라고 하셨는데, 이는 옳지 않을 듯합니다. '최(衰)·상(裳)' 및 '관(冠)·질(絰)'과 '구(屨)·대(帶)'는 비록 똑같이 상복의 물건이라 하더라도 실제로는 '참최'가 그것의 강령(綱領)입니다. '관(冠)'은 머리에 있는 것인데도 먼저 말하지 않고 반드시 먼저 '최(衰)·상(裳)'을 말한 것은 어째서입니까? 옷은 여러 의복의 주체이니, '관(冠)·질(絰)'과 '구(屨)·대(帶)'가 모두 옷에 속하기 때문에 최(衰)가 앞에 있는 것이고, 큰 것을 강령(綱領)으로 삼기 때문

황간의 학문을 계승한 양복(楊復)이 가정 14년 7월에 완성하였다.

에 중한 아버지 상을 특별히 드러내어서 우제와 연제(練祭) 때에도 고치지 않은 것입니다. 그렇다면 '관(冠)·질(絰)'과 '구(屨)·대(帶)'는 모두 바꾸더라도 '참(斬)'이라는 것만은 바꾸지 않는 것에 어찌 의의(意義)가 없겠습니까.

고명의 말씀에 또 "'참최'는 '저질(苴絰)'과 '관구(菅屨)'에 차별을 둔 것이 아니어서 또한 '저질삼년(苴絰三年)'이라 하고 '관구삼년(菅屨三年)'이라고 할 수 있으나 '저질'과 '관구'로 어찌 삼년을 마치는 자가 있겠는가."라고 하셨는데, 이것도 옳지 않을 듯합니다. 이미 '저질삼년', '관구삼년'이라고 말하지 않았고, '참최삼년'이라고 말했으면 그 의의에는 틀림없이 그렇게 된 이유가 있을 것입니다. 《의례》〈상복(喪服)〉의 본전(本傳)에 이르기를 "아버지를 위하는 자가 어찌하여 참최를 하는가? 아버지가 지극히 높기 때문이다."라고 하였고, 또 말하기를 "참최복을 두 번 입지 않는다."라고 하여 항상 다만 '참최'를 가지고 말하였으니, 참최가 어찌 '관질(冠絰)'과 '대구(帶屨)'와 다른 것이 아니겠습니까? 집사 또한 "중(重)한 것을 가지고 말한 것이다."라고 하셨으니, 이른바 '중하다〔重〕'라는 것이 그대로 아버지 상의 3년의 제도로 삼은 것이 아닌 줄을 어찌 알겠습니까.

고명의 말씀에 또 "참최는 본래 마음을 형상한 것이니, 마음이 칼에 베이듯이 아프므로 상복 또한 아랫단을 베어낸 것이다. 그런데 우제에 이르러 효자의 베이는 듯한 아픈 마음이 줄어들지 않을 수 없으니, 마음이 베이는 듯하지 않으면 상복 또한 베어낼 수가 없다."라고 하셨는데, 이 말씀은 옳은 듯합니다. 그러나 '참(斬)'은 진실로 마음이 베이는 듯한 아픔을 말하나 '마음이 베이듯이 아픔'은 아버지 상이 두 가지가 없기 때문이니, 이는 바로 '높은 분이 두 분이 없다.'라는 뜻입니다.

예컨대 '지존(至尊)'이라고 말하는 것에서 '참최복을 두 번 입지 않음'을 볼 수 있습니다. 그렇다면 '지존(至尊)은 두 가지가 없다.'라는 뜻이 과연 기년까지만 적용되겠습니까? 외암(巍巖 이간(李柬))의 말씀 또한 재삼 숙고해 볼 만합니다.

고명의 말씀에 또 "'참(斬)'과 '저(苴)'는 똑같은데 질(絰)의 저(苴)를 이미 바꾸었으면 옷의 베어낸 것을 마땅히 바꾸어야 하니, '참'이 '저'보다 가벼운 것이 아닌데 홀로 줄이지 않을 수 있겠는가."라고 하였으니, 이는 '저장(苴杖)을 그대로 둔다.'라는 것에 모순이 되는 말씀입니다. -계장(溪丈)[21]의 말씀처럼 대나무를 둥글게 하여 하늘을 형상할 필요 없이 바로 이 '저장(苴杖)'의 '저(苴)' 자 하나가 '참(斬)' 자로 바뀌지 않는 준례가 될 수 있습니다.- '저(苴)'를 줄이지 않으면 '참(斬)' 또한 줄이지 않을 것입니다. 거친 상복을 입거나 나쁜 상구(喪具)를 사용하는 상주의 마음이 이미 줄어들었는데 거칠고 나쁜 저장(苴杖)을 그대로 쓴다면 이 상장(喪杖)은 실제보다 지나친 물건이 될 것이니, 어찌 유독 연제 뒤의 참최에 대해서만 실제보다 지나치다고 비난하십니까? 효자(孝子 상주)의 슬픈 마음이 끝이 없어서 대상(大祥)과 담제(禫祭)를 지낸 뒤에도 오히려 '외제(外除)'[22]라고 하니, 기년(期年)에도 여전히 베이는 듯한 마음이 있

21 계장(溪丈) : 공주(公州) 계실곡(溪室谷)에 주로 거주하여 '계실(溪室)'로도 불렸던 김지행(金砥行, 1716~1774)을 가리킨다. 김지행은 자가 유도(幼道), 호가 밀암(密菴), 본관은 안동(安東)으로, 우의정을 지낸 문충공(文忠公) 김상용(金尙容)의 5세손이며, 병계(屛溪) 윤봉구(尹鳳九)의 문인이다. 일찍부터 과거에 대한 뜻을 버리고 공주 계실곡에 은거하여 학문을 하며 안빈낙도하여, 공자(孔子) 문하의 안회(顔回)에 버금가는 인물로 칭송되었다. 저술로 《밀암집》이 전한다. 그의 묘갈명을 박윤원이 지었다.

22 외제(外除) : 부모를 위하여 상복(喪服)을 입고 있는 사람이 상기가 다 되어 상복

다면 연제 뒤에 참최복을 입는 것이 어찌 불가하겠습니까.

제가 삼가 가장 의심하는 것은, 고례(古禮)를 살펴보면 이미 우제(虞祭)와 졸곡에 변제(變除)함이 있는데 우제 뒤에 성포(成布)를 받고 곧바로 참최를 제거한다면 참최가 3개월에 그치게 되는 것입니다. 기년의 참최도 외암(巍巖)이 오히려 옳지 않다고 하셨는데 하물며 3개월의 참최는 더 말할 것이 있겠습니까. 이는 어리석은 제가 크게 의심하여 대번에 의심을 풀지 못하는 것입니다.

고명의 말씀에 "이미 대공(大功) 최(衰)에 성포(成布) 7승(升)으로 만든 상복을 주었다면 유독 깃을 꿰매지 아니하여 지극히 흉한 상복의 제도를 남겨 두는 것은 심히 걸맞지 않은 것이다."라고 하셨습니다. 그러나 성인(聖人)께서 예법을 제작하신 것이 지극히 정밀하니, 대공(大功)으로써 가벼운 복으로 향하는 것과 참최로써 높은 분을 표시하는 것 두 가지 의리가 나란히 행해져 서로 방해될 것이 없다는 뜻이 아닌 줄을 어찌 알겠습니까.〔聖人制作至精 安知非功以向輕斬以表尊兩義幷行而不相害者耶〕 그러나 '어찌 아닌 줄을 알겠는가.〔安知非〕' 세 글자는 아직 결정하지 못한 말이니, 감히 틀림없이 이와 같을 것이라고 보증(保證)하는 것은 아닙니다. 다만 이러한 의심스러운 곡절을 보았기 때문이니, 끝내 밝은 가르침을 받아서 상복의 큰 절목(節目)이 처음부터 끝까지 유감이 없게 되기를 바랍니다.

을 벗었으나 마음속으로는 그대로 슬픔을 간직하고 있는 것을 말한다. 《예기》 〈잡기 하(雜記下)〉에 "어버이 상(喪)은 밖을 제하고, 형제의 상은 안을 제한다.〔親喪, 外除; 兄弟之喪, 內除.〕"라고 하였는데, 정현(鄭玄)은 "외제는 날짜와 달수가 이미 지났으나 슬퍼하는 마음을 잊지 못하는 것이다."라고 주하였다.

임치공에게 답함

答任穉共

우암(尤菴 송시열) 선생을 효묘(孝廟 효종(孝宗))의 묘정(廟庭)에 추배(追配)함[23]은 매우 성대한 예전(禮典)이니, 사문(斯文)의 경사이고 다행한 일입니다. 그리고 이윤(尼尹) 부자(父子)를 추삭(追削)하라는 명령[24]을 내리셨으니, 의리가 밝게 드러나서 해가 중천에 있는 것과 같습니다. 병신년〔1776 영조52〕이 다시 돌아옴에 우리 성상(聖上)께서 숙묘(肅廟 숙종(肅宗))의 처분을 능히 따르시니, 계술(繼述)의 아름

23 우암(尤菴)……추배(追配)함 : '추배'는 처음에는 배향되지 못하였다가 뒤에 추가해서 배향하는 것을 말하는바, 정조 즉위년(1776) 5월에 송시열을 효종(孝宗)의 묘정에 추배한 것을 말한다. 《正祖實錄 卽位年 5月 24日》

24 이윤(尼尹)……명령 : '이윤 부자(父子)'는 윤선거(尹宣擧)와 윤증(尹拯) 부자를 가리키는바, 이들은 충청도의 노성(魯城)에 거주하였는데, 여기에 이구산(尼丘山)이 있어 노성을 '이산(尼山)'이라고도 불렀기 때문에 이렇게 칭한 것이다. '추삭(追削)하는 명령'은 정조가 즉위한 뒤 김약행(金若行)의 상소로 인하여 이들 부자의 일에 대해 논란을 거듭한 끝에 5월 22일에 숙종의 병신년(1716, 숙종42) 처분을 복구하도록 명한 것을 가리킨다. 숙종은 병신년에 송시열과 윤선거, 윤증 부자 사이의 회니시비(懷尼是非)에 대해 윤증이 스승을 배반한 것으로 규정하고 윤선거 문집의 인판(印版)을 부수고, 윤증에 대한 선정(先正) 칭호를 금지하는 등 이른바 '병신처분'을 단행하였다. 그 후 신축년(1721, 경종1)과 임인년(1722) 무렵에 조태구(趙泰耈) 등이 병신 처분이 숙종의 본의가 아니었다는 내용의 계사(啓辭)를 올림에 따라 윤선거 부자의 관작과 시호가 회복되고 문집이 간행되었다가 이때 다시 이러한 명이 있었던 것이다. 《肅宗實錄 42年 1月 25日, 7月 25日・29日, 8月 8日・24日, 12月 29日, 43年 5月 29日》《正祖實錄 卽位年 4月 1日・24日, 5月 22日》

다움[25]에 대하여 더욱더 공경하고 우러름을 금할 수 없습니다.

말씀하신바 "체(體)와 용(用)을 나누어 둘로 삼는다."라는 것은 자세히 살피지 못해서 하신 말씀인 듯합니다. 제가 생각하건대 우리 유가(儒家)의 법문(法門)[26]이 어찌 일찍이 이와 같았겠습니까. 그러나 경전(經傳)상에 본래 체와 용이 구비되어 있으니, 하필 이 책이 있고 난 뒤에야 체와 용이 온전해졌겠습니까. 집사께서 이 책을 표장(表章)하려는 뜻이 커서 말씀을 지나치게 함을 깨닫지 못하신 듯합니다. 그러나 경전을 벗어나서도 좋은 문자를 마땅히 익숙히 연구해서 학술을 넓혀야 합니다. 더구나 반계(磻溪) 유 공(柳公)[27]은 바로 우리 동방의 호걸스러운 선비이니, 이 분의 의논은 응당 때에 맞게 조처하는 정사(政事)에 가장 필요한 것입니다. 삼가 이 책을 한번 보고 싶었으나, 다만 상중(喪中)에 이러한 문자를 보는 것은 '상중에는 예경(禮經)을

25 계술(繼述)의 아름다움 : '계술'은 '계지술사(繼志述事)'의 줄임말로, '계지'는 어버이의 뜻을 잘 계승하는 것을 말하며, '술사'는 어버이의 일을 잘 따라서 하는 것을 말하는 바, 정조가 숙종의 병신처분을 제대로 계승한 것을 이른다. 《中庸章句 第19章》

26 법문(法門) : 원래 불교용어로, 부처의 교법(敎法)을 중생(衆生)을 열반(涅槃)에 들게 하는 문임을 비유하는 말인데, 후세에는 성현(聖賢)의 가르침을 비유하는 말로 사용되기도 하였다.

27 반계(磻溪) 유 공(柳公) : '반계'는 실학(實學)의 비조로 꼽히는 유형원(柳馨遠, 1622~1673)의 호로, 통치 제도에 관한 개혁안을 주된 내용으로 한 《반계수록(磻溪隧錄)》을 저술하였다. 유형원은 자가 덕부(德夫), 본관은 문화(文化)이다. 1654년(효종 5)에 진사시에 합격하였으나 이후 문과에 떨어지자 벼슬의 뜻을 버리고 전라도 부안군(扶安郡) 우반동(愚磻洞)으로 이거하여 평생 학문에 전력하여 거의 20년에 걸쳐 《반계수록》을 완성하여 후대 학자들의 흠모를 받았다.

읽는 것이다.'라는 가르침과 어긋나는 듯하니, 어떨지 모르겠습니다.

보여주신 단편(短篇)의 시(詩)는 밀암(密菴)[28] 어른이 지으신 것입니까? 눈으로 읽으면서 저도 모르게 감격하여 눈물이 흘렀습니다. 오늘날은 국운이 번창하고 태평한 시대이니, 이 노인이 다시 세상에 나오기 어려운 것이 더욱 한스럽습니다.

28 밀암(密菴) : 김지행(金砥行, 1716~1774)의 호로, 자는 유도(幼道)이고, 본관은 안동(安東)이다. 자세한 내용은 427쪽 주21 참조.

임치공에게 줌

與任穉共

8세 이상의 동자(童子) 또한 마땅히 소복(素服)을 입고 삼베 띠를 착용해야 합니까? 장차 관례(冠禮)를 하려다가 국휼(國恤 국상)을 만나면 마땅히 상을 치르는 상태에서 관을 씌워야 합니까? 《예기》〈잡기(雜記)〉에 이르기를 "상중에 관례하는 자는 비록 부모의 삼년상이라도 관례를 할 수 있다."라고 하였으니, 이것을 가지고 보면 국상 중에 관례할 수 없는 의의가 없습니다. 성복(成服)하는 날을 당하여 상복을 입은 상태에서 관을 씌웁니까? 성복하는 날이 지나면 관을 씌워서는 안 되니, 마땅히 졸곡(卒哭)을 기다린 뒤에 차길(借吉)[29]을 하여 행해야 합니까?

29 차길(借吉) : 상주(喪主)가 상중에 부득이하여 임시로 혼례나 관례와 같은 길사(吉事)를 행하는 일을 말한다.

임치공에게 줌

與任穉共

"국상(國喪)을 장례하기 전에 기제(忌祭)를 마땅히 폐해야 한다. 운운" 이라는 말씀은 바로 저의 견해와 부합합니다. 《국조오례의(國朝五禮儀)》에 "대(大)·중(中)·소(小)의 제사를 졸곡(卒哭) 전에 폐지한다."라는 글은 본래 국가의 사전(祀典)[30]을 가리켜 말한 것인데, 《상례비요(喪禮備要)》에 처음으로 "졸곡 후에 대·중·소의 제사를 모두 행하는 것을 허락한다.〔卒哭後 大中小祀 皆許行之〕"라는 글이 있으니, 우옹(尤翁 송시열)은 여기의 '허(許)' 자를 가지고 사대부(士大夫) 집안의 제사로 보았습니다. 그러나 삼가 생각하건대 이는 사계(沙溪 김장생)와 우옹 두 선생이 우연히 밝게 살피지 못하신 부분인 듯합니다. -남계(南溪 박세채(朴世采))가 이것을 논하면서 "마침내 잘못 전해지게 되었다.〔遂成轉誤〕"[31]라는 말씀을 하였습니다.- 그렇다면 우옹 당시에 조정에서 제사를 금하는 명령이 있지 않았음을 알 수 있습니다.

또 우옹이 단헌(單獻)으로 제사를 행하고자 한 주된 뜻은 오로지 신하의 분수와 의리에 감히 예를 구비할 수가 없어서 다만 제수(祭需)를 간략히 진설하여 정(情)을 펴려고 한 것일 뿐이지, 금령(禁令)이

30 국가의 사전(祀典) : 나라에서 지내는 제사의 구분을 정해 놓은 조례(條例)로, 대사(大祀), 중사(中祀), 소사(小祀)로 구분되고 각각의 대상이 정해져 있는데, 대표적인 것이 《육전조례(六典條例)》의 〈예전(禮典) 사전(祀典)〉이다

31 마침내……되었다 : 이 내용은 《남계집(南溪集)》 권41 〈최문숙의 물음에 답함〔答崔文叔問〕〉에 보인다.

있어서 그러한 것은 아닙니다. 그런데 이번에 《상례보편(喪禮補編)》[32]에 기재된 것과 《국조오례의》의 주(註)에 반포(頒布)한 것이 명백할 뿐만이 아니므로 비록 제수를 간략히 진설하여 단헌을 하더라도 또한 마땅히 폐해야 할 상황에 있으니, 혹자의 말은 구차하지 않습니까? 저는 단연코 행할 수 없다고 생각합니다. 인산(因山)[33]의 졸곡 후에 사가(私家)에서 삼가(三加)하는 관례(冠禮)[34]를 행할 수 없는 의의가 없음은 저도 동의하는 바입니다. 수옹(遂翁 권상하(權尙夏))의 말씀에 "관례할 당사자 및 그 부모가 기년복 이상의 상이 없어야 관례를 행할 수 있으니, 하물며 부모의 삼년상이겠는가. 운운"이라고 하였는데, 이는 옳지 않을 듯합니다. 공상(公喪 국상)과 사상(私喪 사가(私家)의 상)이 이미 차이가 있으니, 굳이 이것을 인용하여 단정할 필요가 없을 듯합니다. 사상(私喪)은 자신이 기년복을 입고 있어도 오히려 결혼을 하지 않지만, 국상은 비록 부모의 삼년복을 입고 있더라도 졸곡 후에 혼인을 허락합니다. 그렇다면 어찌 혼례와 관례를 가지고 경중(輕重)을 구분하여 행하기도 하고 행하지 않기도 하겠습니까. 저는 수옹(遂翁)의

32 상례보편(喪禮補編) : 1758년(영조34)에 간행된 《국조상례보편(國朝喪禮補編)》을 가리키는데, 일명 《상례보편》, 또는 《보편(補編)》으로 칭한다.

33 인산(因山) : 조선시대 국장(國葬)을 이르는 말로, 태상왕과 그 비(妃), 왕과 왕비, 왕세자와 그 빈(嬪), 왕세손과 그 빈의 장례를 이른다.

34 삼가(三加)하는 관례(冠禮) : 관례를 행할 적에 처음에는 치포관(緇布冠)을 씌우고, 두 번째에는 가죽으로 만든 피변(皮弁)을 씌우고, 세 번째에는 작변(爵弁)을 씌워서 모두 세 번에 걸쳐 관을 씌우기 때문에 이렇게 말한 것이다. 관을 바꿀 때마다 상급(上級)의 관을 씌우는데, 이 예를 통해 뜻을 더 높게 가지기를 깨우치려는 것이다. 《禮記 郊特生》

말씀을 감히 믿을 수가 없습니다. 국가 예제(國家禮制)의 '계령(戒令)' 조에 말하지 않았으니, 관례는 마땅히 상중에 혼인을 허락하는 내용 가운데에 함께 포함되어야 할 듯한데, 어떻습니까, 어떻습니까?

관례의 시기를 또한 마땅히 귀(貴)·천(賤)을 나누어야 함은 진실로 말씀하신 바와 같습니다. 수옹(遂翁)의 설은 반드시 경대부(卿大夫)를 가리킨 것이라고 볼 수는 없으나 요지는 관례를 혼례보다 중하게 여긴 듯합니다. 국가의 예제(禮制)에 혼인을 허락함은 품계의 높고 낮음을 가지고 차등을 삼은 것인데, 생각하건대 이는 혼인을 당한 자를 가지고 본 것입니다. 《상례보편》의 "혼인을 허락한다.〔許婚〕"라는 글은 주자(朱子)의 "신민들이 혼인하고 장가든다.〔臣民嫁娶〕"라는 설을 따른 듯하니, 주자의 본래 말씀은 "한 달 외에 군사와 백성들을 허락하고 대상(大祥)에 이른 뒤에 중대부(中大夫)에게 허락한다."[35]라는 글입니다. 이는 혼인을 하는 당사자를 가리킨 듯하니, '허(許)' 자는 혼사를 주관하는 자에게 허락함을 말한 것이 아니고, 마땅히 혼인을 하는 자에게 허락한 것입니다. 제 견해가 이와 같은데 혹자는 말하기

35 한 달……허락한다 : 《주자대전》 권69 〈군신복의(君臣服議)〉에 "혼사(婚事)를 가지고 말하면, 1개월 뒤에는 군민(軍民)에게 혼인을 허락하고, 3개월 뒤에는 사리(士吏)에게 혼인을 허락하고, 장례를 치른 뒤에는 선인(選人)에게 혼인을 허락하고, 부묘(祔廟)한 뒤에는 승의랑(承議郎) 이하에게 혼인을 허락하고, 소상(小祥) 뒤에는 조청대부(朝請大夫) 이하에게 혼인을 허락하고, 대상(大祥) 뒤에는 중대부(中大夫) 이하까지 혼인을 허락하여 각기 3일씩 혼례를 치를 기한을 준다.〔以婚姻一事言之, 則宜自一月之外, 許軍民; 三月之外, 許士吏; 復土之後, 許選人; 祔廟之後, 許承議郎以下; 小祥之後, 許朝請大夫以下; 大祥之後, 許中大夫以下, 各借吉三日.〕"라고 보인다.

를 "혼인하는 당사자의 나이가 매우 적으니, 어찌 벼슬이 경대부에 이를 자가 있겠는가?"라고 합니다. 그러나 이는 옳지 않으니, 어찌 '두 번 혼인함〔再娶〕'과 '세 번 혼인함〔三娶〕'이 없겠습니까. 비록 재취(再娶)가 아니더라도 옛날 30세에 아내를 두었고 일찍 현달(顯達)한 자도 마땅히 30세에 대부가 된 자가 있었습니다. 효효재(嘐嘐齋) 김공(金公)[36]은 "옛날에 음직(蔭職)을 받는 자손들은 어린 나이에 벼슬을 받은 자가 있다."라고 하였는데, 이 말씀이 매우 옳습니다.

'포효(布絞)'[37]는 '포조(布條 베로 만든 끈)'로 고치는 것이 과연 온당할 듯합니다.

36 효효재(嘐嘐齋) 김 공(金公) : '효효재'는 김용겸(金用謙, 1702~1789)의 호로, 자는 제대(濟大), 본관은 안동(安東)이다. 포음(圃陰) 김창즙(金昌緝)의 아들이며, 학문이 깊고 행실이 뛰어났다.

37 포효(布絞) : 소렴이나 대렴 때 옷을 다 입힌 뒤 시신을 단단하게 고정하기 위해 묶는 끈으로, 베로 만드는데, 가로는 3폭이고 세로는 1폭이며 그 끝을 갈라서 묶을 수 있게 만든다.

임치공에게 답함
答任穉共

'기묘(忌墓 기제(忌祭)와 묘제(墓祭))' 두 글자는 예령(禮令 고례(古禮)와 금령(今令))에 분명히 기재되어 있으니, 단헌(單獻) 또한 기제와 묘제입니다. 그러므로 감히 행하지 못하지만 속절(俗節)과 삭망(朔望)은 말하지 않았기 때문에 이처럼 의논이 어긋나게 된 것입니다. 궤연(几筵)의 전(奠)에 대해 속절(俗節)에는 비록 "연락(燕樂)하는 때"라고 하였으나, 상생(象生)[38]의 의(義)를 범하지 않으므로 행하는 것이 진실로 당연합니다. 그러나 망자의 생신(生辰)에 올리는 전(奠)의 경우에는 상생(象生)의 뜻이 있어서 이와는 조금 달라 산 사람을 가지고 논한 듯하니, 국상(國喪)의 장례 전에 망자의 생신을 만나면 어떻게 술잔을 베풀 수 있겠습니까. 이는 제가 의심하는 이유입니다.

'허혼(許婚)'의 '허(許)' 자는 실로 혼인하는 당사자와 혼사를 주관하는 자에게 모두 사용할 수 있으나, 다만 '허'와 '혼(婚)'의 사이에 '주(主)' 자가 없으니, 그렇다면 '허' 자는 당사자 자신의 혼인을 허락하는 것이 아니겠습니까. 주자(朱子)는 다만 혼인하는 한 가지 일은 작질(爵秩)에 따라 구분하는 것으로 말씀하였습니다. 이는 바로 남자를 기준으로 말한 것인데, 시집감은 장가드는 것에 속하므로 따로 논하지 않은

38 상생(象生) : 살아 있을 적의 일을 본떠서 한다는 뜻으로, 죽은 자를 아직까지는 살아 있는 것으로 여겨서 모든 의식 절차를 이에 준하여 행하는 것을 말하며, 궤연(几筵)을 가리키기도 한다.

것입니다. 《국조오례의》와 《상례보편》에 비록 '가(嫁)' 자가 있으나 또한 마땅히 이러한 뜻으로 보아야 할 듯하니, 어떨지 모르겠습니다.

임치공에게 답함
答任穉共

황단(皇壇)[39]의 제사를 추후에 행하는 것이 합당한가의 여부는 바로 국가의 예(禮) 중에 중한 것이니, 문견(聞見)이 적은 저로서는 갑자기 입을 놀려 말하기가 어렵습니다. 또 비록 '예문(禮文)'이라 하더라도 이미 조정의 일에 관계된 것이니, 제가 감히 참여하여 논할 수 있는 것이 아닙니다. 그러나 고명(高明)한 집사의 물음이 이미 간곡하시니, 제가 어찌 감히 아는 바를 집사에게 숨기겠습니까. 부디 노형은 묵묵히 이 뜻을 살펴주시기를 바랍니다.

《예기》〈왕제(王制)〉의 "상여(喪輿)에 매어놓은 상여 줄을 넘어가서 제사한다.〔越紼行事〕"[40]에 대하여 소(疏)에는 "감히 낮은 상 때문에 높은 제사를 폐지할 수 없다."라고 하였습니다. 우리 조정의 사전(祀典)이 황단(皇壇)보다 더 높은 것이 없다면 비록 국상(國喪)의 장례 전에 폐하지 않더라도 의심할 것이 없을 듯합니다. 혹자의 "교사(郊

39 황단(皇壇) : 숙종이 임진왜란 때 원군(援軍)을 보내 도와준 명(明)나라 신종(神宗)의 은혜에 보답하기 위해 1704년(숙종30)에 창덕궁 후원 서북쪽에 설치한 제단(祭壇)인 '대보단(大報壇)'을 이른다. 영조 25년(1749)에 명나라 태조(太祖)와 의종(毅宗)을 합사(合祀)하였다. 《肅宗實錄 30年 10月 14日》《英祖實錄 25年 3月 23日》《典律通補 禮典 祭禮》

40 상여(喪輿)에……제사한다 : 상중(喪中)에 있는 몸으로 천지(天地)나 사직(社稷)의 제사에 참여하는 것을 이른다. 장사를 지내기 전에는 항상 상여에 줄을 달아놓아 화재(火災)에 대비했는데, 천지와 사직만은 그 품계가 높기 때문에 국상(國喪) 중이라도 그 줄을 넘어가서 제사 지낼 수 있다는 뜻이다.

社)[41]와 차이가 있다."라는 말은 고집하여 변통하지 못한 말인 듯합니다.

고례(古禮)에 다만 천지(天地)와 사직(社稷)을 말한 것은 천지와 사직 외에는 그와 똑같이 존귀한 것이 없기 때문입니다. 조종(祖宗)이 비록 존귀하나 태묘(太廟)의 제사를 행하지 않습니다. 할아버지와 손자는 은혜를 주장하므로 자손의 초상 때문에 선조의 제사를 폐하는 것은 유명(幽明) 간에 유감이 없기 때문입니다. 그러나 천지와 사직의 경우에는 의(義)를 주장하니, 낮은 분의 상 때문에 높은 분의 제사를 폐하는 것을 감히 할 수가 없어서입니다. 그러므로 평상시와 같이 제사하는 것인데, 이것은 예(禮)의 뜻이 가장 엄격하고 또 정밀한 것입니다. 이제 존귀함이 천지나 사직과 똑같은 분이 있다면 도리어 천지와 사직의 제사를 받드는 예를 따라 상여(喪輿)에 매어놓은 상여 줄을 넘어가서 제사를 행하지 않을 수 있겠습니까. 우리나라에는 교사(郊祀)가 없으나 황단(皇壇)의 제사는 바로 하늘에 지내는 제사이니, 하늘처럼 높인다면 마땅히 하늘에 제사하는 것처럼 제사해야 할 것입니다. 《국조오례의》에 따르면 군주의 상에 빈(殯)을 한 다음 오직 사직에 제사하니, 사직에 이미 제사하였다면 유독 황단에만 제사하지 않을 수 있겠습니까. 비록 교사(郊社)가 아니더라도 높은 분의 제사를 폐하지 않는 뜻은 똑같습니다.

황단을 설치한 것은 바로 성대한 덕을 지니신 우리 숙묘(肅廟 숙종)

41 교사(郊社) : 교(郊)는 교사(郊祀)라고도 하는바 교외에서 천자가 하늘에 제사하는 것이고, 사(社)는 토신(土神)에 지내는 제사이며 후토(后土)는 땅의 신인데, '교사'라고 말하면 천지(天地)에 대한 제사를 아울러 칭하기도 한다.

때에 의기(義起)[42]한 조처이니, 기(杞)나라와 송(宋)나라가 우왕(禹王)과 탕왕(湯王)을 제사한 것과는 똑같지 않습니다.[43] 이는 바로 의리를 주장하여 만든 예제(禮制)이니, 본국(本國)의 국상을 이유로 명(明)나라 황제에게 올리는 생폐(牲幣 희생과 폐백)의 제향(祭享)을 폐할 수 없음이 분명합니다. 황단을 설치한 이후로 황조(皇朝)의 제삿날이 일찍이 대상(大喪 국상)의 장례를 지내기 전과 겹친 적이 없었으니, 옛 준례에는 근거할 만한 것이 없습니다. 바로 마땅히 지금부터 일정(一定)한 제도를 만들어서 국가의 예에 미처 기재하지 못한 것을 보충하여야 하니, 어찌 '교사(郊祀)와 다르다.'라고 하여 여러 제사와 함께 일체 행하지 않을 수 있겠습니까. 더구나 이미 제사하기 전에 먼저 재계를 하고 제사 의식(儀式)을 익혔다면 사체(事體)가 더욱 특별하니, 그대로 제사를 정지하고 폐하는 것은 끝내 온당하지 못할 듯합니다. 교사(郊祀)에 상여에 매어놓은 상여 줄을 넘어간다면 황단에서도 마땅히 상여에 매어놓은 상여 줄을 넘어가야 하니, 주부자(朱夫子)의 이른바 "예에 분명한 글이 없으면 마땅히 비슷한 글을 참조해야 한다.〔禮無明文 當用旁照〕"[44]라는 것은 바로 이런 것들을 말한 것입니다.

42 의기(義起) : 《예기》 〈예운(禮運)〉에 "예(禮)라는 것은 의(義)의 실질이니, 의에 맞추어서 맞으면 예는 비록 선왕(先王) 때에 없는 것일지라도 의로써 새로 만들 수 있다.〔禮也者, 義之實也. 協諸義而協, 則禮雖先王未之有, 可以義起.〕"라고 한 데서 온 말로, 예문(禮文)에 없더라도 이치를 참작하여 새로운 예를 만드는 것을 말한다.

43 기(杞)나라와……않습니다 : 기나라와 송(宋)나라는 주 무왕(周武王)이 하(夏)의 우왕(禹王)과 은(殷)의 탕왕(湯王)을 각각 제사 지내기 위하여 세워준 나라이기 때문에 조선의 '황단'과는 같지 않다고 말한 것이다.

44 예에……한다 : 출전이 자세하지 않다.

거룩하신 뜻에 '상여에 매어놓은 상여 줄을 넘어간다.〔越紼〕'라는 글을 미루어 쓰고자 하심은 저는 참으로 옳고 참으로 옳다고 여깁니다. 그러나 사람의 소견은 똑같지 않고 의리는 무궁하니, 갑론을박(甲論乙駁)이 없음을 어찌 보증할 수 있겠습니까.

이어서 여쭐 것이 있습니다. 《예기》〈증자문(曾子問)〉에 "천자가 붕어(崩御)하여 빈(殯)을 하기 전에는 오사(五祀)[45]의 제사를 행하지 않고 빈(殯)을 하고 나서 제사한다."라고 하였는데, 소(疏)에 "'오사'는 외신(外神)이니, 자기의 사상(私喪) 때문에 그 제사를 오랫동안 폐할 수가 없다. 빈(殯)이 끝나기를 기다려 비로소 제사한다."라고 하였습니다. 이것을 살펴보면 '오사' 또한 장례 전에 행하는 것인데 《예기》〈왕제〉에서 유독 천지와 사직을 말한 것은 어째서입니까? 아마도 오사의 제사를 행하더라도 제사에 시동(尸童)이 들어와 세 번 밥을 먹고 나면 더 권하지 않으며, 술로 입을 헹구고 술을 따라 권하지 않고 그만둘 것입니다.[46] 그렇다면 본래 평상시보다 예를 줄여서 천지와 사직의 제

45 오사(五祀) : 공영달(孔穎達)의 소(疏)에 따르면 봄에는 호(戶), 여름에는 조(竈 부엌), 계하(季夏)에는 중류(中霤), 가을에는 문(門), 겨울에는 행(行 다니는 길)에 각각 지내는 제사이다. 《禮記正義》 '중류'는 실(室)의 서북쪽 모퉁이를 가리킨다.

46 오사의……것입니다 : 이 내용은 《예기》〈증자문(曾子問)〉의 "천자가 승하하여 아직 빈(殯)을 하지 않았으면 오사(五祀)의 제사를 지내지 않는다. 오사는 외신(外神)이므로 자기의 사사로운 상으로써 오랫동안 그 제사를 폐할 수 없으니 빈을 한 뒤에 오사의 제사를 지내되 제사에 시동(尸童)이 들어와 세 번 밥을 먹고서 배부르다고 하면 천자의 시동에게 정해진 15반(飯)을 채우도록 더 권하지 않으며, 술로 입을 헹구고 주인에게 권하는 여러 가지 절차가 없으므로 술을 따라 권하지 않고 그만둔다.〔天子崩, 未殯, 五祀之祭, 不行. 旣殯而祭, 其祭也, 尸入, 三飯不侑, 酳不酢而已矣.〕"라고 한 것을 원용한 것이다.

사에 평상시처럼 예를 구비하는 것과는 똑같이 말할 수가 없습니다. 그러므로 〈왕제〉에서 논하지 않은 것입니까? 오사의 제사도 오히려 완전히 폐하지 않는데 하물며 천조(天朝 명나라)를 높이 보답하는 제사는 더 말할 것이 있겠습니까.

저의 견해를 이와 같이 다 아뢰었는데, 지극히 참람하고 망령됩니다. 부디 이러한 내용을 다른 사람에게 번거롭게 말씀하여 저로 하여금 예(禮)를 아는 사람에게 죄를 얻는 일이 없게 해주십시오.

임치공에게 답함

答任穉共

보내주신 편지에서 책을 펼쳐보지 못하는 것을 한탄하셨는데, 관청의 사무(事務)를 보고 있는 지금이 어떻게 한가로이 거처하던 때와 같겠습니까. 백성을 다스리는 일도 공부(工夫)이니, 어찌 반드시 책을 읽는 것만 공부이겠습니까. 관리의 일은 피곤하기 쉬우나 이러한 상황에서도 게으른 생각을 싹트게 해서는 안 되니, 오직 마땅히 자기의 분수를 다해서 성공이 있기를 기약하는 것이 어떻겠습니까, 어떻겠습니까?

어리석고 고루한 저를 권면해주시니, 아껴 주신 데 대해 매우 감사합니다. 저는 약하고 병들고 용렬하고 졸렬해서 참으로 스스로 힘쓰기 어려우나, '몸을 굽히고 수고로움을 다하여 죽은 뒤에야 그만둔다.'[47]라는 말을 선현(先賢)도 학문할 적에 말씀하셨으니, 돌아보건대 어찌 감히 질병이 있다는 것을 핑계 삼고서 재주가 둔하고 용렬하다고 하여 스스로 포기하겠습니까. 구구한 저의 마음은 오직 다소의 진전이 있기

47 몸을……그만둔다 : 죽을 때까지 몸과 마음을 다 바쳐 나랏일에 이바지한다는 뜻으로, 제갈량(諸葛亮)의 〈후출사표(後出師表)〉에 "모든 일이 이와 같아서 앞으로 어떻게 될지 알기가 어렵습니다. 신은 몸을 굽히고 수고로움을 다하여 죽은 뒤에야 그만둘 것이니 성공과 실패, 이로움과 불리함으로 말하면 신의 지혜로 미리 헤아릴 수 있는 바가 아닙니다.〔凡事如是, 難可逆見. 臣鞠躬盡瘁, 死而後已, 至於成敗利鈍, 非臣之明所能逆覩也.〕"라고 한 데서 온 말인데, 선현 중에는 '몸을 굽히고 수고로움을 다하여 죽은 뒤에야 그만둔다.'라는 말을 학문에도 적용하였으므로 여기에서 말한 것이다.

를 원하니, 부디 자주 훌륭한 가르침을 주셔서 저로 하여금 경계하고 살피게 해주시기를 바랍니다.

"허리를 굽힌다."라는 말은 중부재(中孚齋) 정공(鄭公) 이후로 종사(從仕)하는 자들이 으레 면치 못하였는데, 형편상 진실로 부득이하여 굽히는 것입니다.[48] 그러나 요컨대 마땅히 심중(心中)에 《춘추(春秋)》의 의리[49]를 보존한다면 또한 거의 좋을 터인데, 세상에는 이것을 아는 자가 적어서 보존하지 못하는 것을 편안히 여긴 지가 오래되었습니다. 그런데 지금 "홍을 깬다.〔敗意〕"[50]라는 가르침을 받으니, 저로 하여금

48 허리를……것입니다 : '중부재(中孚齋) 정공(鄭公)'은 정양(鄭瀁, 1600~1668)으로, 자는 안숙(晏叔), 호는 부익자(孚翼子), 본관은 연일(延日)로, 송강(松江) 정철(鄭澈)의 손자이다. 병자호란 때 강화도로 피난했다가 적(賊)을 만나 집안이 망하자 자결하려고 스스로 목을 찔렀고, 그의 처(妻) 이씨(李氏)도 스스로 목을 찔러 자결하였다. 적병들이 마구 활을 쏘아 확인 사살을 했는데도 죽지 않고 다시 소생해서 기어가 중형(仲兄)과 형수의 시신을 찾아 거두어 장사 지내고, 가족을 거느리고 영동(嶺東)의 삼척(三陟)으로 들어가 나물과 열매로 생활하면서 밤낮으로 성리서(性理書)를 읽었다. 갑신년(1644)에 계부인 정홍명(鄭弘溟)이 조정에 들어가 벼슬하게 되니 삼척으로부터 찾아가 문안을 드리자, 정홍명이 머물러 벼슬하기를 바라면서 "대대로 나라의 녹(祿)을 먹은 신하는 나라가 위태롭고 어지럽다고 해서 대번에 녹을 먹는 것을 버리고 떠나가지 않는 법이다."라고 하였다. 정양의 집안은 법도가 매우 엄하여 부형(父兄)의 명이 있으면 감히 조금도 어길 수가 없었다. 그리하여 동몽교관(童蒙教官)이 되었고, 이후로 평생동안 높은 벼슬에 제수되어도 모두 사양하고 낮은 벼슬만 하며 지냈다. 《宋子大全 卷191 進善鄭公墓表》

49 춘추(春秋)의 의리 : 주(周)나라를 존숭하고 오랑캐를 물리쳐야 한다는 '존주양이(尊周攘夷)'를 뜻하는데, 여기서는 주나라의 중화 문명을 계승한 명(明)나라를 멸망시키고 청(淸)나라를 세운 만주족을 물리치려는 의리를 가리킨다.

50 홍을 깬다 : '《춘추》의 의리를 보존하지 못하는 사람이 찾아와 홍을 깬다.'라는 말로 보인다. 삼국시대 때 위(魏)나라의 혜강(嵇康), 완적(阮籍), 산도(山濤), 유령(劉

강개(慷慨)한 마음을 갑절이나 더 격앙되게 합니다.

伶) 등이 죽림(竹林)에서 술을 마시고 있을 적에 왕융(王戎)이 그곳에 뒤늦게 도착하자, 완적이 "속물이 또 와서 남의 흥을 깨뜨린다.〔俗物已復來, 敗人意.〕"라고 한 고사에서 온 말이다. '속물'은 세속을 초탈하지 못한 용렬한 위인을 지칭하는 말인바, 왕융은 상아로 만든 주판을 손에 쥐고 밤낮으로 돈을 계산할 정도로 재물 모으기를 좋아하는 등 세속의 욕심을 초월하지 못했다는 평을 받기도 한 인물이다.《世說新語 排調, 儉嗇》

임치공에게 줌

與任穉共

근일 《반계수록(磻溪隧錄)》을 빌려보았습니다. 유 처사(柳處士)는 바로 경세제민(經世濟民)의 기이한 재주를 가졌고,[51] 이 책에 정치하는 법과 계책이 크게 갖추어져 있는데, 관건은 오직 위정자가 상고하여 행함에 달려 있습니다. 밀로(密老)가 시를 지어 칭찬한 것[52]과 집사가 매번 《반계수록》의 글을 가지고 말씀하신 것이 참으로 저를 속이지 않은 것입니다. 그가 세상에 등용되지 못하여 《반계수록》이 다만 종이 위의 빈말이 된 것이 애석합니다.

51 반계수록(磻溪隧錄)을……가졌고 : '유 처사(柳處士)'는 1654년(효종5)에 진사시에 합격하였으나 이후 문과에 떨어지자 벼슬의 뜻을 버리고 전라도 부안군(扶安郡) 우반동(愚磻洞)으로 이거하여 평생 처사로 지내며 학문에 전력한 유형원(柳馨遠, 1622~1673)을 가리키는바, 《반계수록》은 실학(實學)의 비조로 꼽히는 유형원이 거의 20년에 걸쳐 국가 통치 제도에 관한 개혁안을 정리한 저술이다.

52 밀로(密老)가……것 : '밀로'는 밀암(密菴) 김지행(金砥行을 가리키고, 유형원을 칭찬한 시는 《밀암집》 권1의 〈반계수록을 읽고〔讀隨錄〕〉를 가리킨다.

임치공에게 답함
答任穉共

남쪽을 바라보면 묘연(杳然)하기만 하니, 실로 저의 마음을 괴롭게 합니다. 그래서 때때로 주부자(朱夫子)의 "우선 어선이 가까이 오고 가는 것을 본다.〔且看漁舟近往還〕"[53]라는 시구(詩句)를 외우고 있었습니다. 그런데 문득 지난달 보내주신 수찰(手札)을 받아 빠르게 펼쳐 보고서 세상 밖의 소식을 얻은 듯하였으니, 저의 마음이 얼마나 기쁘고 반가웠는지를 아실 수 있을 것입니다. 더구나 초여름에 도(道)를 닦는 체후(體候)가 만안(萬安)하시고, 책을 보며 농사일을 살펴보는 의취(意趣)가 절로 좋으시니, 더욱이 멀리 떨어져 있는 사람의 회포를 위안함이 평상시보다 배나 됩니다.

저는 신음(呻吟)하며 지내는 것이 봄철과 똑같습니다. 때때로 간혹 예전에 보던 책들을 가져다 연구하기도 하나 끝내 공부를 게을리하니, 멀리 보내는 편지에 적을 만한 것이 없습니다. 우연히 어떤 사람이

53 우선……본다 : 이 시구는 보고 싶은 사람이 멀리 있어서 만나보기 어려우므로 애태우지 않으려고 일부러 시선을 가까운 곳에 둔다는 뜻으로, 《주자대전》 권5 〈임택지(林擇之)의 시 〈만성(漫成)〉에 차운하다〔次韻擇之漫成〕〉에 "지는 해는 맑은 강을 지나고 다시 먼 산에 있는데, 먼 산은 오히려 보일 듯 말 듯하네. 시력을 다해 그리운 마음 아프게 할 필요 없으니, 우선 가까이 오가는 어선을 보노라.〔落日晴江更遠山, 遠山猶在有無間. 不須極目傷懷抱, 且看漁船近往還.〕"라고 보인다. '택지'는 남송(南宋)의 학자 임용중(林用中, ?~?)의 자로, 호는 동병(東屛)이다. 처음에 임광조(林光朝)에게 수학하다가 주자를 사사하였는데, 주자는 그의 독실한 학문 태도와 뛰어난 재질을 칭찬하여 외우(畏友)로 대하였다. 저서에 《초당집(草堂集)》이 있다.

《주역(周易)》의 설을 언급함으로 인해 《역학계몽(易學啓蒙)》[54]을 한 번 살펴보니, 상수(象數)를 연구하고 탐색하는 것이 매우 어렵습니다. 이는 저의 재주가 본래 지둔한 데다 병이 들어 정신을 소모해서이니, 어찌 근심할 만하지 않겠습니까. 사서(四書)도 익숙히 알지 못하니, 진실로 갑자기 단계를 건너뛰어 이 《주역》에 미쳐서는 안 됩니다. 그러나 괘획(卦畫)의 묘함과 상수(象數)의 번다함을 총명(聰明)이 쇠하지 않았을 때 조금 더 이해하지 않을 수가 없습니다. 성인(聖人)이 《주역》에 대하여 비록 말년에 좋아하였다고 말씀하였으나, 틀림없이 불혹(不惑)이 되기 전에 이미 익히셨을 것입니다. 다만 그 책의 가죽끈이 세 번 끊긴 것은 바로 만년 이후의 일일 뿐이니,[55] 어찌 일찍이 젊었을 때에는 읽지 않으시다가 노년에 이르러 처음으로 공력을 쓰셨겠습니까. 우리가 만약 연로한 뒤에 배우려 한다면 세월을 쉽게 보내버릴까 두렵습니다. 알지 못하겠습니다. 지난번 이것을 읽으실 적에 과연 능히 통달하여 깨우치셨습니까?

편지에 《자치통감강목(資治通鑑綱目)》을 공부하고 있다 하셨는데, 이것은 바로 천고(千古)의 뛰어난 안목이 담긴 책이니, 바로 마땅히 나라의 다스려짐과 혼란함의 자취를 통찰해서 그 이유를 연구한다면 또한 실용(實用)에 도움이 될 수 있을 것입니다. 장횡거(張橫渠 장재(張

54 역학계몽(易學啓蒙) : 주자(朱子)가 《주역》에 대하여 설명한 책으로 전체 4권으로 구성되어 있다. 주자는 이 책을 통해 당시 학자들이 상수(象數)와 점서(占筮)를 밝게 알지 못하고 견강부회한 데 대하여 자신의 입장을 제시하였다.

55 성인(聖人)이……뿐이니 : '성인'은 공자(孔子)를 가리키는바, 공자가 만년에 《주역》을 즐겨 읽어 가죽끈이 세 번이나 끊어졌다는 위편삼절(韋編三絶)의 고사를 두고 한 말이다. 《史記 卷47 孔子世家》

載))가 비록 역사책을 보지 않으셨으나 일찍이 손자(孫子)와 오자(吳子)를 좋아했을 때에 또한 이미 보셨을 것입니다.[56]

밀로(密老 김지행(金砥行))에 대한 그리움을 어느 때에 잊을 수 있겠습니까. 타고난 자질과 학문한 공력이 근세에 보기 드물다는 것을 더욱더 깨닫고 있는데, 구천(九泉)에서 다시 살아나오시기가 어려우니, 슬프고 한탄스러운 마음이 어떻겠습니까. 이만 줄입니다.

56 장횡거(張橫渠)가……것입니다 : '손자(孫子)'는 춘추 시대 제(齊)나라의 병법가인 손무(孫武)이고 '오자(吳子)'는 전국 시대 위(衛)나라의 병법가인 오기(吳起)로, 이들이 지은 《손자》와 《오자》는 최고의 병서로 알려졌다. 주자의 〈횡거선생유상찬(橫渠先生遺像贊)〉에 "초년에는 손무와 오기를 좋아하고 만년에는 불교와 노자로 피하였네. 용감하게 강론 자리를 거두니 한번 변화하여 도에 이르렀도다."라고 하였으므로 초년에 손무와 오기를 좋아한 횡거 장재가 이러한 인물들이 등장하는 역사책을 보았을 것이라고 한 것이다. 《朱子全書 卷66》

임치공에 줌
與任穉共

"미발은 성이다.〔未發則性〕"라는 한 구는 《예기》〈악기(樂記)〉의 "사람이 태어나 고요함은 '하늘의 성'이다.〔人生而靜 天之性也〕"라는 말에서 왔는데, "사람이 태어나 고요함은 하늘의 성이다."라는 것 또한 고요한 가운데 천성(天性)의 온전함을 볼 수 있음을 말한 것이고, 고요함을 가지고 성을 형상한 것이 아닙니다. '미발은 성이다.'라는 뜻도 이러한 의사일 것이니, 이는 "미발일 때에는 성의 체단(體段)을 볼 수 있다."라고 말함과 같고, 곧바로 미발을 '성의 이름〔性之名〕'이라고 해석한 것은 아닙니다.

이천(伊川) 선생의 〈호학론(好學論)〉[57]에 이르기를 "희노애락(喜怒哀樂)이 발하지 않았을 때에는 오성이 갖추어져 있다.〔未發也 五性具焉〕"라고 하여 이미 '구(具)' 한 글자가 있으니, 그렇다면 곧 '미발(未發)'을 '성(性)'으로 여기지 않으신 것입니다. 그런데 주자(朱子)의 설은 곧바로 '미발'을 '성'이라고 하여 이천의 뜻과 똑같지 않음은 어째서입니까?

'미발(未發)'은 '성의 이름〔性之名〕'이 아니고 바로 '성의 본체〔性之體〕'

57 호학론(好學論) : 이천(伊川) 정이(程頤)가 18세에 지었다고 하는 〈안자소호하학론(顏子所好何學論)〉을 말한다. 《二程全書 卷62 伊川先生文4》

입니다. 주자(朱子)가 호광중(胡廣仲)에게 답한 편지에 이천 선생의 "그 근본은 참되고 고요하다.〔其本也 眞而靜〕"라는 말씀을 논하여 "'참됨〔眞〕'은 본체(本體)를 가리켜 말한 것이고 '고요함〔靜〕'은 다만 시초에 사물에 자극받지 않은 상태를 말한 것이다."라고 하셨습니다. 이것을 가지고 살펴보면 이른바 '미발'은 경계(境界)를 말한 것일 뿐이니, '성(性)의 본체'로 삼아서는 안 됩니다. 그리고 임택지(林擇之)에게 답한 편지에는 또 "미발은 다만 사려(思慮)가 싹트지 않고 사물이 접하지 않았을 때를 말한 것이니, 여기에서 곧 '성의 체단〔性之體段〕'을 볼 수 있는데, 이것을 '중(中)'이라고 이를 수는 있고 '성(性)'이라고 이를 수는 없다."라고 하였는데, 《중용장구》와 이 편지의 뜻이 똑같지 않음은 어째서입니까?

김후재(金厚齋 김간(金榦))가 말씀하기를 "고요하여 동(動)하지 않는 것은 성(性)이고, 감동하여 마침내 통함은 정(情)이다."라고 하자, 우옹(尤翁 송시열)이 웃으면서,

> "이 말은 옳지 않다. 고요하여 동하지 않는 가운데 만 가지 이치가 구비되어있는데, 이제 '고요하여 동하지 않았을 때에 성의 체단을 볼 수 있다.'라고 말한다면 괜찮으나 만약 단지 고요하여 동하지 않는 것을 성으로 본다면 크게 병통이 있다. 만일 그대의 설과 같으면 이 성은 다시 동하는 시절이 없는 것이다. '성'과 '정'은 명명(命名)한 것은 비록 다르나 그 이치는 똑같으니, 이제 다만 '고요하여 동하지 않는 것이 성이다.'라고 하는 것은 옳지 않다."

라고 하셨습니다.[58] 주자가 《중용장구》에서 "미발은 성이다.〔未發則性也〕"라고 하신 말씀을 가지고 보면 후재가 "고요하여 동하지 않는 것을

성이다."라고 한 것이 불가함을 볼 수 없는데, 우옹이 이와 같이 논박하신 것은 어째서입니까?

58 김후재(金厚齋)가……하셨습니다 : 이 문답은《후재별집(厚齋別集)》권3〈우재선생어록(尤齋先生語錄)〉에 보인다.

임치공에게 답함
答任穉共

편지에서 말씀하신바 "졸(卒)을 기년(期年)으로 삼는다."라는 글은 이와 조금 다른 듯합니다. 아버지가 졸(卒)하여 장례하기 전에 어머니가 돌아가셨는데 아버지의 시신이 아직도 있으면 '차마 아버지를 위해 입은 현재의 상복을 바꿀 수 없다.'라는 뜻을 인용하여 '어머니의 상복을 1년 동안 입는다.'라는 설이 있으나,[59] 근세의 예가(禮家)들은 이를 따르지 않고서 '아버지가 졸하면〔父卒則〕' 세 글자를 가지고 어머니의 상에 3년 동안 복상(服喪)하는 것으로 단정합니다. 그런데 여기에 이르러서는 "아버지가 살아계신 날에 이미 아버지가 자신의 아내 상에 기년복을 입었으니, 그의 아들이 어찌 이것을 바꿀 수 있겠는가."라고 하니, 다만 초상 뒤에 입후(立後)하기 때문에 이런 의심이 있는 것입

59 차마……있으나 : 이 내용은 《상례비요(喪禮備要)》〈성복(成服)〉 '이왈자최삼년(二曰齊衰三年)' 조에 "아버지가 돌아가시고 빈(殯)을 하기 전에 어머니가 돌아가셨으면 차마 아버지를 위해 입은 현재의 상복을 바꿀 수 없다. 그래도 《통전(通典)》에서 이른바 '아버지가 돌아가시고 빈을 하기 전에 할아버지가 돌아가셨으면 할아버지를 위해 기년복을 입는다.'라는 설을 미루어 어머니를 위해 기년복을 입을 수 있다. 그러나 만약 아버지의 상이 다 끝나갈 무렵에 또 어머니의 상을 당했다면, 이때에도 아버지의 상을 당한 지 3년 이내라는 이유로 어머니를 위하여 그대로 기년복을 입는 것은 온당하지 못한 듯하다. 선뜻 가볍게 의론할 수 없으니 우선 여러 설을 남겨둔다.〔父死未殯而母死, 則未忍變在, 猶可以通典所云父未殯服祖周之說推之, 而服母朞也. 若父喪將竟, 而又遭母喪, 則亦以父喪三年內而仍服朞, 似未安. 不敢輕議, 姑存諸說.〕"라는 설을 두고 한 말이다.

니다. 그러나 압존(壓尊)하는 의리로 살펴보면 몇 달 후에 뒤늦게 양자(養子)가 되는 자는 초상 초기에 양자가 되는 것과 차이가 없을 듯한데, 어떨지 모르겠습니다.

임치공에게 줌

與任穉共

서녀(庶女)로서 시집가지 않고 집에 있는 자는 자신의 생모를 위하여 장기(杖期)로 복상(服喪)하니, 초상이 5월에 나서 6월에 부음을 들었기 때문에 '뒤에 상기가 찬 자는 뒤에 상복을 벗는다.'[60]라는 글을 따라서 6월에 최복(衰服)을 벗는 것입니다. 심상(心喪)의 즉길(卽吉)[61] 또한 이로 인하여 부음을 들은 달부터 계산하면 너무 길어질 듯하니, 어떨지 모르겠습니다.

담제(禫祭)의 경우 윤달을 따져 계산한다면 금년 5월에 대상(大祥)인 자는 담제가 6월에 있으니, 집에 있는 딸로서 추후에 부음을 들은 자는 심상 또한 마땅히 7월에 길(吉)을 따라야 합니까? 아니면 부음을 들은 6월부터 계산해서 9월에 길(吉)을 따라야 합니까? 이 두 가지에 대해 어떻게 결단해야 할지를 알지 못하니, 심상과 최마(衰麻)가 차이가 있기 때문입니다.

60 뒤에……벗는다 : 이 내용은 《주자어류》 권89 〈예 6(禮六) 상(喪)〉에 "친상(親喪)에 형제 중에 먼저 상기가 찬 자는 먼저 복을 벗고, 뒤에 상기가 찬 자는 뒤에 벗으니, 외지(外地)에 있어 부음을 듣는 데 선후의 차이가 있기 때문이다.〔親喪, 兄弟先滿者先除服, 後滿者後除, 以在外聞喪有先後者.〕"라고 하였다.

61 즉길(卽吉) : 상복(喪服)을 벗고 길복(吉服)으로 바꾸어 입는 것으로, 대상(大祥) 때에 상복을 모두 벗지만 흰색 옷을 착용하여 슬픈 뜻을 나타내다가 담제(禫祭) 이후에 완전히 길복으로 바꿔 입는다.

임치공에게 답함

答任穉共

'아직 발하지 않음〔未發〕'은 진실로 보지도 않고 듣지도 않는〔不睹聞〕[62] 상태이지만 보지도 않고 듣지도 않는 상태가 반드시 모두 미발인 것은 아닙니다.〔未必皆未發〕 그렇다면 "보지도 않고 듣지도 않는 때가 모두 미발인 것은 아니다.〔不睹聞 皆非未發〕"라고 말한 것이 아니니, '미필(未必)'이라는 글자를 보면 알 수 있습니다. 이미 "'미발'은 진실로 보지도 않고 듣지도 않는 상태이다."라고 하였으니, '보지도 않고 듣지도 않음'은 바로 '미발'인데, 오히려 곧바로 '미발'이라고 하고자 하지 않음은, 다만 일반 사람 중에는 보지도 않고 듣지도 않을 때에 사려(思慮)가 분란(紛亂)한 자가 있기 때문입니다. 그러므로 '보지도 않고 듣지도 않음'을 정(精)한 것과 거친〔粗〕 것으로 나누어 보는 것이니, 희로애락(喜怒哀樂)이 미발일 때의 보지도 않고 듣지도 않음은 바로 정(精)한 것이고, 사려가 혹 동(動)할 때의 보지도 않고 듣지도 않음

62 아직……않는 : 이 내용은 《중용장구(中庸章句)》 제1장에 "'도(道)'라는 것은 잠시도 떠날 수 없는 것이니, 떠날 수 있으면 도가 아니다. 그러므로 군자는 보지 않는 바에도 계신(戒愼)하며, 듣지 않는 바에도 공구(恐懼)하는 것이다. 숨겨진 곳보다 더 드러남이 없으며, 은미한 일보다 더 나타남이 없으므로 군자는 홀로를 삼가는 것이다. 기뻐하고 노하고 슬퍼하고 즐거워하는 정〔喜怒哀樂〕이 발(發)하지 않은 것을 '중(中)'이라 이르고, 발하여 모두 절도에 맞는 것을 '화(和)'라고 이르니, '중'이라는 것은 천하의 큰 근본이고, '화'라는 것은 천하의 공통된 도이다. '중'과 '화'를 지극히 하면 천지가 제자리를 편안히 하고, 만물이 잘 생육된다."라고 보인다.

은 바로 거친 것입니다. 이는 두 가지를 포괄하여 말하고자 한 것입니다. 이제 만약 '정(精)한 것의 불도문(不睹聞)'을 제거하고 '거친〔粗〕 것의 불도문' 일설(一說)만을 사용한다면 비록 "'미발' 한 쪽을 빠트린 것이다."라고 말해도 괜찮은데, 저의 뜻은 본래 이와 같지 않습니다.

제가 보낸 편지에 "'불도문(不睹聞)'을 곧바로 '미발'이라고 말할 수는 없으나, 사물을 접하지 않았을 때에는 곧 '미발의 경계〔未發境界〕'이다."라고 하였으니, 여기에서 '경계'라고 한 것은 '주변〔邊〕'을 말한 것이고, 곧바로 그곳에 해당시킬 수 없는 것입니다. 보고 듣지 않으면 '미발'의 주변에 이르렀더라도 오히려 사려가 있으므로 곧바로 미발인 곳에 해당시킬 수 없는 것입니다. 그런데 지금 받은 훌륭한 가르침을 통해 생각해보건대 보고 듣지 않을 때 사려가 있으면 이미 동한 것이니, '미발'과는 거리가 멀 뿐만이 아닙니다. 어찌 "곧바로 그곳에 해당시킬 수 없을 뿐이다."라고 할 수 있겠습니까. 이미 '미발'이 아니면 "미발의 경계이다."라고 말할 수 없습니다. 예전의 견해가 잘못되었으니, 어찌 감히 고치는 것에 인색하겠습니까. 당초에 저의 말은 "듣고 보지 않는 것을 '중(中)'이라고 할 수 없으면 '불도문(不睹聞)'과 '미발(未發)'은 깊고 얕은 차이가 있을 듯하다."라고 한 것입니다.-저의 생각에는 '미발(未發)'과 '중(中)'을 일찍이 나누어 본 적이 없는 듯합니다.- 그러므로 '불도문(不睹聞)'을 가지고 곧바로 '미발'이라고 하지 않았는데-보고 듣지 않더라도 사려가 있는 것과 사려가 아직 싹트지 않았어도 혼매(昏昧)가 있는 것은 미발이 됨은 똑같습니다.- 이제 고명(高明)의 말씀에 "'미발'과 '중'을 나누어 보되 '미발' 가운데에서 깊고 얕은 것으로 보아서, 보고 듣지 않을 때 사려가 싹트지 않았는데 혼매한 상태를 가지고 '얕은 미발'이라 하고, 사려가 고요하여 십분 맑고 깨끗한 상태를 가지고 '깊은 미발'이라 한다."라고 하셨습니다. 이는 저의 설보다 좋으니, 삼가 마땅히 따르겠습니다.

저는 종전에 "보고 듣지 않을 때에 세 개의 층위가 있으니, '성인(聖人)의 불도문(不睹聞)'은 바로 사려가 없어 깨끗함이 지극한 상태이고, '그 다음의 불도문'은 바로 사려가 아직 싹트지 않았으나 혼매함을 면치 못한 상태이고, 또 '가장 낮은 자의 불도문'은 바로 사물을 아직 접하지 않았으나 사려는 동함이 있는 상태이다."라고 생각했습니다. 그런데 이제 세 개의 층위로 나누어 배열한 것이 너무 번잡하다는 것을 깨달았으니, 다만 두 개의 층위만 남겨두고 가장 낮은 한 개의 층위를 없애고자 합니다. '불도문'을 범연히 논하면 일반 사람의 '불도문'에도 진실로 사려가 있는 경우가 있습니다. 《중용》의 이 절에 "미발인 곳에서 보고 듣지 않는다.〔未發處 不睹聞〕"라고 말했으니, 그렇다면 일반 사람의 사려가 있을 때 보고 듣지 않음에 대해 비록 보고 듣지 않음이 되지 못한다 하더라도 괜찮을 것입니다. 이와 같이 가장 낮은 층위의 것을 버려두면 매우 시원하게 이해되는데, 어떨지 모르겠습니다.

임치공에게 답함

答任穉共

문 《중용》의 〈귀신장(鬼神章)〉[63]에 대하여

답 '귀신(鬼神)'은 형이하(形而下)의 것이니, 귀신과 덕(德)이 두 가지로 구별되는 것이 아니고 '덕' 자가 곧 귀신일 뿐입니다. 이 뜻을 마땅히 '덕이 된다.〔爲德〕'의 '위(爲)' 자에서 보아야 합니다. '귀신의 덕'이라고 말하지 않고 '귀신지위덕(鬼神之爲德)'이라고 말한 것은 '귀신의 귀신됨〔鬼神之爲鬼神〕'이라고 말한 것과 같으니, 쌍봉요씨(雙峯饒氏)가 "이른바 '덕'이라는 것은 귀신을 가리켜 말한 것이다."라고 한 것이 맞습니다.

사달(士達)[64]은 이미 '귀신'을 형이하라고 하였으나 '덕(德)' 자를 중

63 귀신장(鬼神章) : 《중용장구(中庸章句)》 제16장의 "귀신의 덕이 지극하다. 보아도 보이지 않으며 들어도 들리지 않으나, 사물의 본체가 되어 빠뜨릴 수가 없다. 천하의 사람으로 하여금 재계하고 깨끗이 하며 의복을 성대히 입고서 제사를 받들게 하고는 양양하게 그 위에 있는 듯하며 그 좌우에 있는 듯하다. 《시경》에 이르기를 '신이 이르는 것을 예측할 수 없으니, 하물며 신을 싫어할 수 있겠는가.' 하였다. 이는 은미한 것이 드러나는 것이니, 성이 가려질 수 없음이 이와 같도다.〔鬼神之爲德, 其盛矣乎! 視之而弗見, 聽之而弗聞, 體物而不可遺. 使天下之人, 齊明盛服, 以承祭祀, 洋洋乎如在其上, 如在其左右. 詩曰: 神之格思, 不可度思, 矧可射思? 夫微之顯, 誠之不可揜, 如此夫!〕"라고 한 것을 가리킨다.

64 사달(士達) : 김상진(金相進, 1736~1811)의 자로, 호는 탁계(濯溪), 본관은 김해(金海)이다. 미호(渼湖) 김원행(金元行)과 늑천(櫟泉) 송명흠(宋明欽)의 문인이다. 1755년(영조31) 생원시에 합격하였으나, 이후 과거를 단념하고 향리에 은거하면서 평생동안 주자학에 전심(專心)하였다. 저술로 《탁계집》이 있다.

하게 보아서 '덕'을 '이(理)'라고 하고 '성(誠)'이라고 하였습니다. 그러므로 스스로 "주자가 후씨를 배척한 뜻[65]을 간파했다.〔覰得朱子斥侯氏之旨〕"라고 말하였으나, 다시 후씨의 잘못을 답습함을 면치 못하였으니, 치공(穉共)이 힐난하신 것이 옳습니다. 그러나 치공이 '덕' 자를 가볍게 보아서 주자의 《중용장구》의 "형체와 소리가 없다."라는 말을 인용한 곳에 '덕' 자 하나를 제거하여 증명한 것은 진실로 정밀하고 자세하나 '귀신'이라는 글자를 예전처럼 '기(氣)'로 말씀하지 않은 것은 유감스러운 점입니다. 귀신이 비록 '기'로 말한 것이나 '비은(費隱)'[66]을 귀신에게 소속시킴이 어찌 나쁘겠습니까.

이(理)와 기(氣)가 융합하여 간격이 없어서 서로 떨어지지 않으니, 귀신은 바로 기인데 이(理)가 기의 안에 있다면 그 아래에서 이(理)의 비은(費隱)을 가지고 말한 "보아도 보이지 않고 들어도 들리지 않으나 사물의 본체가 되어서 빠트릴 수 없다.〔不見不聞 體物不遺〕"라는 내용과 서로 접속되지 않는 것이 아닙니다. 이 글 끝의 "성을 가릴 수 없다.〔誠之不可揜〕"라는 것은 실리(實理)를 가지고 말했다는 것이 근거가 없지 않으니, 어찌 굳이 귀신을 곧바로 이(理)로 삼은 뒤에야 "보아도

65 주자가……뜻 : 《중용혹문(中庸或問)》 〈귀신장(鬼神章)〉에 다음과 같은 내용이 있다. 후씨(侯氏)가 "귀신은 형이하의 것이니 성이 아니고, 귀신의 덕은 성이다.〔侯氏曰: 鬼神, 形而下者, 非誠也, 鬼神之德, 則誠也.〕"라고 하였는데, 이에 대하여 주자가 "후씨의 글을 읽으면 얼핏 보기에는 좋은 것 같지만, 경문(經文)의 이치를 가지고 자세히 따져보면 실수가 많다. 때문에 정자(程子)께서 이른바 다만 벽을 사이에 두고 들어야 할 듯하다〔只好隔壁聽〕고 말씀한 것은 이런 것을 두고 한 말이다."라고 하였다.

66 비은(費隱) : 광대하고 은미하다는 뜻으로, 《중용장구》 제12장에 "군자의 도는 비하고 은미하다.〔君子之道, 費而隱.〕"라고 보이는데, 그 주에 "'비'는 용의 넓음이고, '은'은 체의 은미함이다.〔費, 用之廣也; 隱, 體之微.〕"라고 하였다.

보이지 않고 들어도 들리지 않으나 사물의 본체가 되어 존재하는 듯해서 성(誠)을 가릴 수 없다."라고 말할 수 있겠습니까.

치공(穉共)이 "'귀신'의 뜻을 범연히 말하면 '기'라고 말하는 것이 괜찮지만 만약 이 장(章)으로 말하면 바로 정자(程子)의 이른바 '묘용(妙用)의 신(神)'[67]이란 것이니, 바로 주자의 이른바 '원(元)으로써 낳고 형(亨)으로 자란다.'의 '신(神)'[68]이다."라고 하였는데, 이는 옳지 않을 듯합니다. '귀신'이라는 이름은 본래 음(陰)·양(陽)의 굽힘〔屈〕과 폄〔伸〕을 따른 것입니다. 그러므로 예로부터 성현(聖賢)들이 귀신을 말할 적에 '기'로써 말하지 않은 적이 없으니, 어찌 유독 이 장에서만 그렇지 않겠습니까.

주자가 《중용장구》에서 "귀는 음의 영이고 신은 양의 영이며 돌아가는 것은 귀이고 이르러 펴지는 것은 신이다.〔鬼者陰之靈 神者陽之靈 反而歸者爲鬼 至而伸者爲神〕"라고 하였으니, 모두 기를 가지고 귀신

67 묘용(妙用)의 신(神) : 《주역》〈건괘〉 괘사(卦辭)의 정전(程傳)에 "대저 천(天)은 전지(專指)하여 말하면 도(道)이니, 하늘도 어기지 못한다는 것이 이것이다. 그러나 나누어 말한다면, 형체를 가지고 말할 때에는 하늘이라 하고, 주재하는 입장에서 말할 때에는 상제(上帝)라 하고, 공용(功用)의 측면에서 말할 때에는 귀신이라 하고, 묘용(妙用)의 측면에서 말할 때에는 신(神)이라 하고, 성정(性情)을 가리켜 말할 때에는 건(乾)이라 한다."라고 보인다.

68 원(元)으로써……신 : 《주자대전》 권67 〈원형이정설(元亨利貞說)〉에 "원(元)·형(亨)·이(利)·정(貞)은 성(性)이고, 생(生)하고 장(長)하고 수(收)하고 장(藏)하는 것은 정(情)이며, 원(元)으로써 낳고 형(亨)으로써 자라고 이(利)로써 거두고 정(貞)으로써 갈무리하는 것은 심(心)이다.…정자(程子)가 '그 체(體)는 「역(易)」이고 이(理)는 「도(道)」이고 용(用)은 「신(神)」이다.'라고 한 것이 이것을 이른다."라고 보인다.

을 해석하였습니다. 또 첫 번째로 정자(程子)의 '천지공용(天地功用)'[69] 이라는 말씀을 기재하였으니, 그렇다면 이 장의 '귀신'은 바로 '공용의 귀신'인 것이 분명합니다. 신(神)만 말하면 '묘용(妙用)'이라고 이르지만 이제 '귀(鬼)' 자를 제거하고 '묘용'이라고 말하는 것이 옳겠습니까? 치공(穉共)의 의견은 귀신을 '이(理)' 자상에 편중하여 말한 탓에 마침내 이처럼 길게 끌어다 인용한 것이 이처럼 마땅함을 지나치게 된 것입니다.

저의 생각으로 보건대 귀신은 다만 본래의 명목(名目)을 따라 형이하(形而下)로 말하였으나, 또 '기(器)도 도(道)이다.'[70]라는 뜻으로 보면 구애될 바가 없을 듯합니다. 사달(士達)의 이른바 "〈귀신〉장은 기(氣)를 가지고 이(理)를 밝힘에 불과하여 솔개와 물고기가 날고 뛰는 것과 같은 것이다."라는 것은 대체로 맞습니다. 그러나 그의 말에 "후씨(侯氏)의 병통은 귀신과 덕을 둘로 나눈 데에 있고, 그 밖에 귀신을 형이하라고 한 것과 '성誠)을 덕이라고 한 것은 애당초 잘못 이해한 것이 아니다."라고 한 것은 소견이 아직도 통투(通透)하지 못한 점이 있습니다. 어째서이겠습니까? 후씨는 귀신을 성이 아니라고 하였는데, 이는 형이하의 안에서 실제 그러한 사물이 있음을 알지 못한 것이

69 천지공용(天地功用) : 《중용장구》 제16장의 "귀신의 덕이 지극하다.〔鬼神之爲德, 其盛矣乎!〕"라는 구절에 대한 주에 "정자(程子)가 말씀하였다. '귀신은 천지의 공용이고, 조화의 자취이다.'〔鬼神, 天地之功用, 而造化之迹也.〕"라고 보인다.

70 기(器)도 도(道)이다 : 《주역》 〈계사전 상(繫辭傳上)〉의 "형이상의 것을 도라고 하고 형이하의 것을 기라고 한다.〔形而上者, 謂之道; 形而下者, 謂之器.〕"라는 말을 명도(明道) 정호(程顥)가 해설하면서 "기도 도이고 도도 기이다.〔器亦道, 道亦器.〕"라고 하였다. 《二程遺書 卷1》

니, 그가 착오를 범하여 주자의 설과 같지 않게 된 이유입니다. 어찌 "잘못 이해한 것이 아니다."라고 말할 수 있겠습니까. 사달(士達)이 주자가 여자약(呂子約 여조검(呂祖儉))에게 준 편지에 "'귀신'은 기가 굽히고 펴고 가고 오는 것이고, 덕은 바로 천명의 실리이니, 이른바 '성'이다.〔鬼神 其氣之屈伸往來 其德 乃天命之實理 所謂誠也〕"라고 한 것을 인용하였으니, 이것이 후씨의 설과 무슨 차이가 있습니까. 다만 후씨는 이것을 나누어 둘로 만들었고, 주자는 합하여 하나로 만든 것이 똑같지 않을 뿐입니다. 사달이 귀신을 '형이하'라고 하고 덕을 '형이상'이라고 하여 후씨의 잘못을 다시 답습한 근본 이유는 참으로 이 책〔《중용혹문》〕을 전적으로 믿은 데에 있습니다. 이 책 가운데 이 구(句)의 말이 비록 《중용장구》의 소주(小註)에 들어가 있으나, 《중용장구》의 본지(本旨)와 똑같지 않고, -《중용장구》에는 다만 성정(性情)과 공효(功效)로 '덕' 자를 해석하였고, 일찍이 '덕'을 '이(理)'라고 하였고 '성(誠)'이라고 하지는 않았습니다.- 또 예전에 후씨의 설을 배척한 것과 똑같지 않으니, 저는 삼가 일찍이 의심하였습니다. 그러다가 겸산(兼山) 유 선생(兪先生)의 〈차의(箚疑)〉[71]에 이것을 '미정의 의논〔未定之論〕'이라고 한 것을 보았습니다. 저는 이것을 따르고자 하는데, 어떨지 모르겠습니다.

사달은 '덕' 자를 너무 중하게 여겨 여기에 구애되었기 때문에 매번 '덕' 자를 형이상(形而上)으로 보니, 어찌 채허재(蔡虛齋)[72]의 설을 취

71 겸산(兼山)……차의(箚疑) : '겸산'은 유숙기(兪肅基, 1696~1752)의 호이고, 〈차의〉는 《겸산집》의 〈중용차의(中庸箚疑)〉를 가리킨다. 유숙기는 자가 자공(子恭), 본관이 기계(杞溪)로, 김창흡(金昌翕)의 문하에서 수학하였다.

72 채허재(蔡虛齋) : '허재'는 명(明)나라의 저명한 학자인 채청(蔡淸, 1453~1508)의 호로, 자는 개부(介夫)이다. 1470년 진사에 합격하여 잠시 관직 생활을 하다가 고향

하여 보지 않았단 말입니까. 그의 설에 "덕이라는 말은 얻음〔得〕이니, 도를 행하여 마음에 얻음이 있음을 덕이라 하는데, 귀신의 덕은 '얻음'의 뜻으로 해석하기가 어렵다. 이른바 '덕'이라는 것은 바로 성정(性情)과 공효(功效)이니, 경전(經傳) 중에서 별도의 한 가지 예로 풀이해야 한다."[73]라고 하였는데, 이 설을 가지고 살펴보면 '덕' 자가 형이상이 아님을 알 수 있으니, 어떻습니까, 어떻습니까?

문 한남당(韓南塘 한원진(韓元震))의 예설(禮說)을 변론한 조목

답 한남당이 인용한 한(漢)나라 광무제(光武帝)의 일은 삼가 적당한 예가 되지 못할 듯합니다. 숙부로서 조카의 뒤를 잇고 할아버지로서 손자의 뒤를 잇고 형제가 서로 뒤를 이은 자는 이미 계승한 군주를 아버지 사당으로 여깁니다. 그래서 계승한 군주 위에 비록 자기에게 아버지 항렬이 되는 자가 사이에 끼어 있더라도 계승한 군주를 1세(世)로 삼아서 감히 선군(先君)을 뛰어넘어 선군의 아버지와 할아버지와 증조(曾祖)에 의해 '자(子 자식)'라고 칭해지지 못하니, 그 의리가 매우 분명합니다. 이 때문에 지난 역사책을 하나하나 소급해 보면 이렇게 행한 경우가 있지 않습니다. 오직 광무제(光武帝)의 아버지인 원제(元帝)가 이와 유사하였으나 또한 중흥(中興)의 군주이기 때문에 이러했던 것이니,[74] 이것을 충분한 근거로 삼을 수가 없습니다. 그러니

으로 돌아와 학문에 전념하였다. 저서로 《역경몽인(易經蒙引)》, 《사서몽인(四書蒙引)》 등이 있다.

73 덕이라는……한다 : 이 내용은 채청의 《사서몽인》 권3에 보인다.

74 광무제(光武帝)의……것이니 : 후한(後漢)의 광무제가 왕망(王莽)의 신(新)나라

"한(漢)나라 국통(國統)이 중간에 끊겼다가 다시 이어졌기 때문에 입승대통(入承大統)[75]을 한 경우와 약간 차이가 있다."라고 한 사달(士達)[76]의 견해가 옳습니다. 그러나 사달은 《춘추(春秋)》의 희공(僖公)과 민공(閔公)의 글[77]을 따라 마침내 "형이 아우를 아버지로 삼을 수 있고 할아버지가 손자를 아버지로 삼을 수 있고 숙부가 조카를 아버지로 삼을 수 있다."라고 말하였는데, 이는 부자(父子)의 의리는 있으나 부자의 명칭은 없다는 것을 살피지 못한 것입니다.

사계(沙溪 김장생(金長生)) 선생이 전례(典禮)를 논한 소(疏)에서 종통(宗統)을 이으면 부자의 의리가 있다는 것을 어찌 힘을 다하여 주장

를 멸망시키고 후한을 세운 뒤 처음에는 건무(建武) 3년(27)에 낙양(洛陽)에 친묘(親廟)를 세우고 자신의 친아버지인 남돈군(南頓君)부터 위로 용릉절후(舂陵節侯)까지 4대를 제사하였다. 그러나 이후에 장순(張純) 등의 건의에 의하여 남돈군을 추숭해 황제로 높이지 않고 자신의 고향인 용릉(舂陵)에 별도로 황고묘(皇考廟)를 세워 다른 사람으로 제사 지내게 하였으며, 자신은 아버지 항렬인 전한의 원제(元帝)의 뒤를 이어 황제가 된 것으로 하여 소제(昭帝)와 원제를 태묘에 모시고 제사하였다. 《後漢書 光武帝紀, 祭祀志》

75 입승대통(入承大統) : 임금에게 아들이 없을 때 가까운 왕족 가운데 한 사람이 후사가 돼 임금의 대를 잇는 것을 말한다.

76 사달(士達) : 김상진(金相進)의 자이다. 자세한 내용은 460쪽 주64 참조..

77 희공(僖公)과……글 : 《춘추좌씨전(春秋左氏傳)》 문공(文公) 2년 기사에, 당시 종백(宗伯)이었던 하보불기(夏父弗忌)가 "내가 보기에 희공의 귀신은 크고 민공(閔公)의 귀신은 작으니, 큰 분을 앞에 모시고 작은 분을 뒤에 모시는 것이 순리(順理)이며 성현(聖賢)을 위로 올리는 것이 명철(明哲)이니, 명철과 순리가 예(禮)이다."라고 말하면서 태묘에서 희공의 신주를 민공의 신주 위로 올리는 일을 주도하였다. 희공은 민공의 서형(庶兄)으로, 민공을 계승하여 왕위에 올랐으므로 원래는 민공 아래에 신주를 두어야 하는데, 이렇게 한 것이다.

하지 않으셨겠습니까. 그러나 조상우(趙相禹)[78]의 설을 듣고서 논박하기를 "높은 항렬의 할아버지와 숙부가 낮은 항렬의 조카와 손자에게 자식으로 칭해진 것이니, 아마 이런 이치가 없을 듯하다."[79]라고 하셨는데, 사달은 홀로 사계의 이 말씀을 보지 못했단 말입니까? 치공(穉共)의 이른바 "희공(僖公)과 민공(閔公)에 대한 설은 대체로 종통을 이은 중대함을 논하여 부자(父子)의 도가 있는 것을 가지고 말했을 뿐이고, '이것으로 인하여 세차(世次)까지 아울러 바꾸었음'을 말한 것이 아닌 듯하다."라는 것이 참으로 맞는 말씀입니다. 그러나 치공도 오히려 남당(南塘)의 '세차를 찾아 아버지로 삼는다.〔尋世次爲父〕'라는 말씀을 지키고자 하시니, 이것은 절반은 맞고 절반은 틀린 것입니다. 남당의 의논은 비록 고위(考位)가 없음을 혐의한 데서 나온 것이나, 제왕(帝王)의 집안은 사서인(士庶人)의 집안과 똑같지 않아서 종통은 잇고 대(代)는 잇지 아니하여 순서대로 계승하지 않는 경우가 많습니다. 그렇다면 중하게 여기는 것은 나라를 전하는 것입니다. 종통을 잇거나 후사(後嗣)가 되면 계승한 분을 똑같이 아버지 사당으로 여기고 본생(本生)을 낮춥니다. 그러므로 사계가 "비록 숙부가 조카의 뒤를 잇고 형이 아우의 뒤를 잇더라도 또한 부자(父子)의 도가 있으니, 어찌 고위(考位)가 빠졌다고 할 수 있겠는가."[80]라고 말씀하셨으니, 이 말씀이

78 조상우(趙相禹) : 1582~1657. 자는 하경(夏卿), 호는 시암(時菴), 본관은 양주(楊州)이다. 사계 김장생의 제자이며 예학에 뛰어났다. 저서로 《시암집》이 있다.

79 할아버지와……듯하다 : 이 내용은 《송자대전(宋子大全)》 권208 〈사계김선생행장(沙溪金先生行狀)〉에 보인다.

80 비록……있겠는가 : 이 내용은 《사계유고(沙溪遺稿)》 권1 〈사묘의 친제 때에 축문의 속호에 대해 논한 소〔論私廟親祭時祝文屬號疏〕〉에 보인다.

참으로 옳습니다. 계승한 분을 아버지 사당으로 여기는 자는 곧바로 '부자(父子)'라는 명칭을 사용할 수 없으나, 이미 계승한 분을 아버지의 사당으로 여겼다면 "아버지 사당으로 여긴다."라고 말하는 것은 고위(考位)에 해당할 수 있습니다.

한(漢)나라 선제(宣帝)는 소제(昭帝)에게 손자뻘이 되는데 사황손(史皇孫)을 '고(考)'라 하지 않았습니다.[81] 그렇다면 '고'를 칭할 자리가 없었으나, 정자(程子)가 오히려 낳아주신 아버지를 높여 '도고(悼考)'라고 한 것을 비판하여 인륜을 어지럽히고 예(禮)를 잃었다고 배척하셨으니,[82] 정자의 뜻은 참으로 '고(考)'를 칭할 자리가 없는 것을 혐의하지 않으신 것입니다. 이 예(禮)를 논하는 자는 정자와 사계를 따르는 것이 옳으니, 어찌 제왕가(帝王家)의 예(禮)가 사서인(士庶

81 한(漢)나라……않았습니다 : 선제(宣帝)는 무제(武帝)의 아들인 여태자(戾太子) 유거(劉據)의 손자이다. 유거가 무고(巫蠱)의 옥사(獄事)로 자결한 뒤 무제의 아들인 소제(昭帝)가 대통을 이었는데, 소제가 후사를 두지 못하여 선제가 지손(支孫)으로 소제에게 입후되어 대통을 이었다. 선제는 처음에 아버지 사황손(史皇孫)을 '도고(悼考)'라고만 칭하고 원(園)을 설치하여 입후하지 않은 채 관(官)에서 제사를 받들게 하였다. 그러나 뒤에 '황(皇)' 자를 더하고 침묘(寢廟)를 세워 소목(昭穆)의 차례를 올리자 논란이 일었다. 《漢書 卷63 武五子傳》

82 정자(程子)가……배척하셨으니 : '정자'는 이천(伊川) 정이(程頤)로, 선제가 여태자(戾太子)의 아들, 곧 자신의 생부인 사황손(史皇孫)을 추존하여 황고(皇考)라 부르고 따로 사당을 지어 제사를 받들게 함으로써 왕통을 어지럽히는 일을 저지르고 말았는데, 이 일에 대하여 정이가 "선제가 본생의 부친을 황고라고 칭한 것은 인륜을 어지럽히고 예법을 잃은 것이 정말 너무도 심하였다.〔宣帝稱其所生爲皇考, 亂倫失禮固已甚矣.〕"라고 비판한 말이 《대사기속편(大事記續編)》 권2 한 효선황제(漢孝宣皇帝) 원강(元康) 원년(元年) '오월에 도고를 추존하여 황고라 하고 여부인을 여후라 하여 침묘를 세움〔夏五月追尊悼考曰皇考戾夫人曰戾后立寢廟〕' 조에 보인다.

人)과 같다 하여 기필코 세차(世次)에 부합하기를 구할 수 있겠습니까. 만약 '고(考)'를 칭할 자리가 없다 하여 아버지가 없다고 의심한다면, 이것은 잘못입니다. 한나라 선제에 대해 한나라의 사관(史官)이 쓰기를 "사황손의 아들로서 소제의 양자로 들어갔다.〔以史皇孫之子入繼昭帝〕"라고 하였습니다. 그렇다면 선제가 아버지 없이 태어난 것이 되지 않으니, 또 어찌 혐의할 것이 있겠습니까. 이제 두 군자가 의논한 것을 가지고 종합하여 살펴보면 사달(士達)은 《춘추》를 위주로 하여 과오를 범한 사람이고, 치공은 남당을 믿어 의견을 고집한 사람이니, 어리석은 저의 생각에는 두 분의 견해가 모두 통투(通透)하지 못한 듯합니다.

또 치공이 말씀한바 "소목(昭穆)을 어지럽힐 수 없다."라는 것은 남당이 말한 "소목에 상대가 된다.〔昭穆相當〕"의 '소목(昭穆)' 자를 인습(因襲)하여 잘못된 것이니, "윤서(倫序)를 어지럽힐 수 없다."라고 말하는 것은 괜찮지만 "소목(昭穆)을 어지럽힐 수 없다."라고 말하는 것은 옳지 않습니다. 왜냐하면 정통(正統)을 계승한 군주가 계승한 분을 아버지 사당으로 삼는 것은 사당에 들어갔을 때 소목에 부자(父子)의 예(禮)를 사용하기 때문입니다. 그러므로 노(魯)나라가 희공(僖公)을 민공(閔公)의 위로 올린 것에 대해 《춘추공양전(春秋公羊傳)》에는 "순서를 거슬러 제사한 것이다.〔逆祀〕"라고 하였고, 《춘추곡량전(春秋穀梁傳)》에는 "거슬러 제사함은 소목이 없는 것이다.〔逆祀 是無昭穆也〕"라고 하였으니, 이제 계승한 분을 아버지 사당으로 삼는 것을 가지고 소목을 어지럽혔다고 말하면 《춘추공양전》과 《춘추곡량전》에서 비판한 것과 상반되지 않겠습니까? 《춘추공양전》과 《춘추곡량전》의 본문에 대한 조감(照勘)을 우연히 잘못하신 듯합니다. 사계(沙溪)가 신상촌(申象村 신흠(申欽))에게 답한 편지에 "형과 아우가 서로 계승하면 형이 마땅히 소(昭)가 되고 아우가 마땅히 목(穆)이 되어야 한다."[83]라고 하였으니, 이 또한 《춘추공양전》과 《춘추곡량전》의 글을 주장한 것입니다. 이것을 가지고 미루어보면 할아버지가 손자의 뒤를 잇고 숙부가 조카의 뒤를 이은 자 또한 마찬가지입니다. 예컨대 진(晉)나라의 간문제(簡文帝)는 애제(哀帝)의 뒤를 이어 종손(從孫)이 소(昭)가 되고 종조(從祖)가 목(穆)이 되었으며,[84] 당(唐)나라 선종(宣宗)은 무종(武宗)의 뒤를 이어서 조카가 소가 되고 숙부가 목이 되었으니,[85] -후세에는 동당이실(同堂異室)[86]의 제도를 만들었는데 우선 고례(古禮)를 근거하여 말한 것입니다.- 이는 소목(昭穆)의 의리는 부자(父子)의 명칭과 똑같지 않을 수 있기 때문입니다. 소목의 제도는 이미 계승한 선군(先君)을 위주로 삼지 않을 수 없다면 선군의 아버지와 할아버지와 증조를 더더욱 자기

83 형과……한다 : 이 내용은 《사계유고(沙溪遺稿)》 권3 〈신경숙에게 답함〔答申敬叔〕〉에 보인다. '경숙(敬叔)'은 신흠(申欽)의 자이다.

84 진(晉)나라의……되었으며 : 애제(哀帝)는 동진(東晉)의 제6대 황제이고, 간문제(簡文帝)는 8대 황제인데, 항렬상으로는 간문제가 애제의 조부인 제2대 황제 명제(明帝)의 이복형제로 조부의 항렬이다. 이들 사후에 간문제의 종손인 애제가 소(昭)가 되고 애제의 종조인 간문제가 목(穆)이 된 것을 두고 한 말인데, 출전은 자세하지 않다.

85 당(唐)나라……되었으니 : 무종(武宗)은 당나라 제15대 황제이고 선종(宣宗)은 제16대 황제인데, 선종은 무종의 숙부이다. 이들 사후에 무종이 소가 되고 숙부인 선종이 목이 된 것을 두고 한 말인데, 출전은 자세하지 않다.

86 동당이실(同堂異室) : 본래 천자의 칠묘(七廟)와 소목은 하나의 사당에 하나의 신위를 모시는 것이었는바, 태조(太祖)의 묘가 하나이고 소목의 묘가 각각 셋이었는데, 한 명제(漢明帝) 무렵부터 하나의 사당 안에 여러 칸을 만들어 신위를 여러 개 모시는 제도로 바뀌었다.

아버지라고 할 수가 없습니다. 가령 한(漢)나라 광무제(光武帝)가 자영(子嬰)에게서 정통을 이어[87] 자영을 아버지 사당으로 여겼다면 자영이 마땅히 소가 되고 광무제가 마땅히 목이 되어야 하는데, 또 광무제가 아버지 항렬의 원제(元帝 자영의 증조 항렬)를 아버지라 하면 광무제가 사당에 들어갔을 적에 마땅히 원제와 더불어 목과 소가 되어서 장차 자영의 위에 있게 되었을 것이니, 선군을 아버지 사당으로 여기는 의리가 어디에 있습니까. 이것이 바로 크게 막히는 부분입니다. 그렇다면 남당의 설은 끝내 행할 수 없는 것입니다. 대저 이 예(禮)의 쟁점은 '선군을 아버지 사당으로 삼는다.〔禰先君〕'의 '예(禰)' 자에 있으니, 치공의 설에 이미 "계승한 분을 아버지 사당으로 삼는다.〔禰所承〕"라고 한 데다 "아버지의 칭호는 마땅히 세차를 위주로 삼아야 한다.〔至於禰號 則當以世次爲主〕"라고 한 것은 논쟁을 초래하기 쉽습니다. '선군을 아버지 사당으로 삼는다.〔禰先君〕'의 '예(禰)' 자를 아버지의 칭호로 삼지 않으면 아버지의 지위〔禰位〕로써 하는 것입니까? 아버지의 사당〔禰廟〕으로써 하는 것입니까? 이미 아버지의 지위로 섬기고 아버지의 사당으로 받들었다면 어찌 '아버지〔禰〕'라고 칭하지 않을 수 있겠습니까. 그렇다면 '예(禰)' 자와 '부(父)' 자는 조금 차이가 있습니다. 예(禰)는 바로 종묘의 정통〔廟統〕을 칭한 것이고 부(父)는 바로 천륜(天倫)

87 광무제(光武帝)가……이어 : '자영(子嬰)'은 유자 영(孺子嬰)으로, 선제(宣帝)의 현손(玄孫)인데, 왕망(王莽)이 평제(平帝)를 시해한 후 두 살 된 영(嬰)을 황제로 세워 '유자(孺子)'라고 칭하고서 섭정하였다. 얼마 후 왕위를 찬탈하여 스스로 황제가 되어 국호를 '신(新)'이라 하였으나 법령이 너무 가혹하여 민심을 잃고 15년 만에 광무제(光武帝)에게 패망하였다. 후한의 광무제는 유자 영의 종조(從祖)로, 조부 항렬이다.《漢書 卷99 王莽傳》

을 칭한 것이니, 종통(宗統)을 이은 자가 세차(世次)가 아니면 '예(禰)'라고는 칭할 수 있으나 '부(父)'라고는 칭할 수 없습니다. 이에 대해 마땅히 세세히 연구해야 하니, 어떨지 모르겠습니다.

문 늑천(櫟泉)[88]이 명덕설(明德說)을 논한 조항

답 '이(理)'는 진실로 형상(形象)이 없는 것이나 또한 "하늘에 드러난 도(道)가 있어서 그 종류가 밝다.〔天有顯道 厥類惟彰〕"[89]라고 하였으니, 그렇다면 이(理)에 대하여 '광명찬란(光明燦爛)'이라고 말하는 것이 어찌 불가하겠습니까. 그러나 이치가 밝게 드러남을 범연히 '광명찬란하다.'라고 말하는 것은 괜찮지만 명덕(明德)을 해석하면서 이(理)의 광명찬란한 것을 가지고 마음의 허령(虛靈)하고 통철(洞徹)함[90]과 합하여 말하는 것은 불가합니다. 명덕은 진실로 심(心)과 성(性)을 합한 것이나, 마땅히 심(心)을 위주해야 하니, 《대학장구》의 '허령불매(虛靈不昧)'[91]와 《대학혹문》의 '허령통철(虛靈洞徹)'은 모두 심(心)

88 늑천(櫟泉) : 송명흠(宋明欽, 1705~1768)의 호로 자는 회가(晦可), 본관은 은진(恩津), 시호는 문원(文元)이며 동춘당(同春堂) 송준길(宋浚吉)의 현손(玄孫)이고 도암(陶菴) 이재(李縡)의 문인이다.

89 하늘에……밝다 : 이 내용은 《서경(書經)》 〈태서 하(泰誓下)〉에 보인다.

90 허령(虛靈)하고 통철(洞徹)함 : 《대학혹문》에 "오직 사람이 태어나서 바르고 통하는 기(氣)를 얻는데 '성(性)'이 가장 귀함이 된다. 그러므로 방촌(方寸 마음)의 사이는 허령(虛靈)하고 통철(洞徹)하여 온갖 이치를 모두 갖추고 있으니, 금수와 다른 까닭이 바로 여기에 있는 것이고, 누구나 요순(堯舜)이 되어 천지의 조화에 참여하여 화육(化育)을 도울 수 있는 까닭 또한 여기에서 벗어나지 않는다. 이것이 이른바 '명덕(明德)'이다."라고 보인다.

91 허령불매(虛靈不昧) : 《대학장구》 경(經) 1장 '재명명덕(在明明德)' 조의 주에 "명

으로 말하였고 성(性)으로 말하지 않았습니다.

'통철' 또한 '어둡지 않다.'라는 뜻이니, '허령불매' 네 글자는 명덕의 뜻을 설명한 것이 이미 충분합니다. 그런데 이제 다시 '광명찬란'의 이(理)를 더한다면 명덕(明德)의 '명(明)' 자에 군더더기 말이 될 듯하니, 알지 못하겠습니다. '광명찬란'이 명덕의 '명' 자에 속합니까? '허령통철'이 명덕의 '명' 자에 속합니까? 이것을 뒤섞어 함께 말해서 주(主)·객(客)의 분별이 없습니다. 더구나 또 '광명찬란(光明燦爛)'이라는 글자는 《주자어류》에서 나왔는데 《주자어류》의 본문도 실제는 또한 심(心)을 가리켜 말한 것이니, 이제 마침내 옮겨서 성(性)을 말함은 온당하지 못한 것이 아니겠습니까. 심은 화(火)에 배합하는데, 본래 광명(光明)한 물건이기 때문에 능히 이(理)를 갖출 수 있는 것입니다. 명덕(明德)의 '명(明)' 자는 오로지 심을 위주로 보아야 할 듯하니, 어떨지 모르겠습니다.

문 '5대손(代孫)의 승중(承重)' 조(條).

답 5대손이 승중(承重)함은 일찍이 수암(遂菴 권상하) 선생의 말씀을 보고 당연하다고 여겼는데, 도암(陶菴 이재(李縡))의 설을 보고서는 의혹이 크게 생겨서 어떤 것을 따라야 할지를 몰라 때때로 생각하고 헤아렸으나 판단하기가 매우 어렵기 때문에 제쳐 놓고서 더 이상 생각하지

덕은 사람이 하늘에서 얻은 것인바, 허령하고 어둡지 않아서〔虛靈不昧〕 중리(衆理)를 갖추어 있고 만사에 응하는 것이다. 다만 기품(氣稟)에 구애된 바와 인욕(人欲)에 가리운 바가 되면 때로 어두울 때가 있으나 그 본체의 밝음은 일찍이 그치지 않는다. 그러므로 배우는 자가 마땅히 그 발(發)하는 바로 인하여 마침내 밝혀서 그 처음을 회복하여야 한다."라고 보인다.

않았습니다. 이제 보내주신 편지의 말씀을 따라 다시 생각해보니, 말씀하신바 "삼년복을 입는 자가 없으면 대상(大祥)과 소상(小祥)에 두 번 제사할 수 없다."라는 한 조항은 실로 이 예(禮)를 논한 중요한 관건이 되니, 이에 수암의 설과 도암의 설 사이에 취사선택할 바를 알았습니다.

5대손은 바로 혈손(血孫)이고 정통(正統)이니, 혈손인 정통이 있는데 상(喪)을 무후(無後)로 삼는 것이 옳겠습니까? 소상과 대상 두 제사가 없으면 중한 상을 이루지 못하니, 높으신 5대조로서 돌아가신 뒤에 중한 상을 이루지 못함이 옳겠습니까? 친(親)은 비록 이미 다하였으나 계통은 정통(正統)이니, 종(宗)은 허물 수 있으나 정통은 끊을 수가 없는데, 5세(世)가 된 후손이라 하여 상복을 입지 않는다면 이는 정통을 끊은 것입니다. 무릇 사람들이 후사(後嗣)가 없을 적에 집안사람의 자식을 데려다가 양자(養子)로 삼음은 바로 성인(聖人)이 끊어진 대를 잇게 하신 도(道)입니다. 정통이 이미 끊어진 자도 오히려 잇게 하였는데, 정통이 끊어지지 않은 자를 어찌 끊을 수 있겠습니까. 현손(玄孫)의 아들이 "나의 대에서 친(親)이 다했다."라고 하여 자기 아버지를 대신하여 상복을 입지 않는다면 이 또한 인륜상 야박하지 않겠습니까. 수옹(遂翁 권상하)이 이것을 보셨기 때문에 "5세손이 승중한다."라는 말씀을 한 것이고, 또 '개장(改葬)' 조(條)에서는 "마땅히 시마복(緦麻服)을 입어야 한다."라고 말씀하셨으니, 참작[斟酌]하고 헤아려서 단정한 뜻이 정녕(丁寧)할 뿐만이 아닙니다. 이 예를 만난 사람이 있으면 다만 이것을 근거로 행하는 것이 마땅합니다.

도암의 설은 참으로 따를 수 없는 점이 있습니다. 그 설에 "최장방(最長房)이 상을 주관해서 3년을 마치더라도 복은 마땅히 본복(本服)을 입을 뿐이니, 설령 다른 장방(長房)이 없고 오직 종자(宗子)가 있으면 또한 마땅히 자최 3개월의 복을 입으며, 3년의 상을 주관하고 나서 받들어 매안(埋安)한다."[92]라고 하였는데, 이것은 자못 의심할 만합니다. 장방과 종자를 막론하고 상복을 입지 않는 것은 똑같으니, 어찌 "삼년상을 마쳤다."라고 할 수 있겠습니까. 삼년상의 상복을 입지 않으면 연제(練祭 소상제)와 상제(祥祭 대상제)가 없으니, 연제와 상제가 없다면 어찌 3년을 마치는 의리가 있겠습니까. 이른바 "삼년상을 마친다."라는 것은 다만 궤연(几筵)을 설치하고 궤전(饋奠)을 행하여 3년을 지냄을 말하는 것이겠습니까? 그렇다면 나아가서는 연제와 상제를 지내어 3년의 제도를 끝마치지 않으며, 물러나서는 기년(期年)에 궤연을 철거하지 않아서 반상낙하(半上落下)하게[93] 될 것이니, 엄정한 수옹(遂翁)의 설을 따르는 것만 못합니다.

사달(士達 김상진(金相進))은 5대를 제사하는 것을 혐의하였으나 이는 옳지 않습니다. 만약 삼년상을 한 뒤에 이것을 이어서 제사하게 되면 진실로 5대를 제사하는 것이 되지만, 이는 다만 3년 동안 복상하는 것일 뿐이고, 상이 끝나면 즉시 신주를 매안합니다. 그러니 3년 이내에 연제(練祭)와 상제(祥祭)와 담제(禫祭)를 어찌 시제(時祭)나 기제(忌祭)와 똑같이 여겨 "5대를 제사한다."라고 말할 수 있겠습니까. 저의 소견은 이와 같은데, 어떨지 모르겠습니다.

92 최장방이……매안한다 : 이 내용은 《도암집(陶菴集)》 권20 〈최숙고의 문목에 답함〔答崔叔固問目〕〉에 보인다.

93 반상락하(半上落下)하게 : 절반쯤 올라가다가 떨어진다는 말로, 처음과 끝이 일치하지 않는다는 뜻이다.

임치공에게 줌
與任穉共

듣자하니 녹문(鹿門 임성주(任聖周)) 어른의 유집(遺集)을 이미 판각(板刻)에 붙였다 하더군요.[94] 귀현(貴縣)의 박봉(薄俸)으로 마침내 능히 이것을 해내셨으니, 독실하고 지극한 성의가 저로 하여금 감탄하게 합니다. 이 일이 만일 이루어지면 어찌 사문(斯文)의 다행이 아니겠습니까.

영자씨(令姊氏)인 윤지당(允摯堂)[95]은 학문이 고명하여 부녀자의 몸으로 탁연(卓然)히 유자(儒者)의 사업(事業)을 하였으니, 기이하고 거룩합니다. 이는 단지 천자(天資)가 순정(純正)해서일 뿐만 아니고, 또한 영원(鴒原)[96] 간에 훈도(薰陶)한 효험이니, 고문(高門)의 훌륭한

94 녹문(鹿門)……하더군요 : 《운호집(雲湖集)》의 내용에 따르면 임정주가 1789년 청산 현감(青山縣監)에 부임한 이후로 집안의 문집들을 간행했는데, 1794년에는 부친의 《노은집(老隱集)》과 형 임경주(任敬周)의 《청천자고(青川子稿)》를, 1795년에는 형 임성주(任聖周)의 《녹문집(鹿門集)》을, 1796년에는 누이의 《윤지당유고(允摯堂遺稿)》를 각각 활자로 인행하였다. 《雲湖集 卷5 先君子老隱集跋, 叔氏青川子稿跋, 姊氏允摯堂稿跋》《鹿門集 鹿門先生文集序》

95 영자씨(令姊氏)인 윤지당(允摯堂) : 윤지당(1721~1793)은 임정주의 누이의 호로, 신광유(申光裕)의 부인이다. 총명하고 부지런해 임성주로부터 《효경(孝經)》, 《열녀전(列女傳)》, 《소학》, 사서(四書) 등을 배웠고, 여러 형제와 함께 경전과 사서(史書) 등을 강론했는데, 식견이 탁월해 사람들을 놀라게 하였다. 죽은 뒤 유고 40여 편이 수습되었는데, 그 대부분이 경전 연구와 성리(性理)에 관한 논설 및 중국 역대 인물들에 대한 논평이다. 유고는 1796년(정조20) 임정주와 시동생 신광우(申光祐)에 의해 《윤지당유고》 1책으로 편집되어 부록과 함께 간행되었다.

시례(詩禮)[97]를 여기에서 볼 수 있습니다. 제가 존형(尊兄)을 종유(從遊)한 지가 수십 년이 되었는데, 그동안 윤지당에 대해 한마디도 언급하시지 않은 것은 어째서입니까? 아마도 규합(閨閤) 가운데의 일이라 하여 함장(含章)[98]의 뜻을 체행(體行)한 것이 아니겠습니까. 이제 득여(得汝)[99]를 통하여 처음으로 이것을 들었는데, 비록 그 분의 글은 보지 못했으나 또한 덕(德)과 학문의 대체(大體)를 알고서 무릎을 치고 흠탄함을 이기지 못하였습니다. 부인(夫人) 중에 문장을 잘한 분으로는 옛날에 조대가(曹大家)[100]가 있었지만, 도학(道學)의 경우 태임(太姙)

96 영원(鴒原) : 할미새인데, 앉아 있을 때나 날 때나 계속 몸을 흔드는 것이 마치 형제간에 급난(急難)을 구원하는 것과 같다고 하여 우애 있는 형제를 뜻하는바, 《시경》〈소아(小雅) 상체(常棣)〉의 "할미새가 언덕에 있으니 형제가 급난을 구하네.〔鶺鴒在原, 兄弟急難.〕"라는 말에서 유래한다.

97 시례(詩禮) : 가정 교육 또는 가학(家學)을 뜻하는바, 공자(孔子)의 아들 이(鯉)가 뜰에서 공자 앞을 종종걸음으로 지나가다가 공자로부터 시(詩)와 예(禮)를 배웠느냐는 질문을 받고, 또 그것을 배워야 하는 이유를 듣고서 물러 나와 시와 예를 배웠던 일에서 유래한 말이다. 《論語 季氏》

98 함장(含章) : 아름다움을 속에 감추고 있는 것을 말하는바, 《주역》〈곤괘(坤卦) 육삼(六三)〉에 "아름다움을 감춤을 정고(貞固)히 할 수 있다.〔含章可貞〕"라고 보인다. 곤괘는 부인의 상(象)인바, 옛날 부인들은 아름다움을 감추어 드러내지 않음을 미덕(美德)으로 여겼으므로 곤괘에서 특별히 말한 것이다.

99 득여(得汝) : 임노(任魯, 1755~1828)의 자로, 호는 영서거사(潁西居士), 본관은 풍천(豐川)이다. 대사간 임종주(任宗周)의 아들이고, 임성주를 스승으로 모셨다.

100 조대가(曹大家) : 후한(後漢) 반고(班固)의 누이동생 반소(班昭)를 말한다. 자는 혜희(惠姬)이며, 다른 이름은 희(姬)이다. '대가(大家)'는 여자의 존칭이다. 《열녀전(列女傳)》에 따르면, 반소는 박학하고 재주가 탁월하였다. 남편 조세숙(曹世叔)이 일찍 죽자 절개를 지켰으며, 반고가 저술한 《한서(漢書)》의 미완성 부분을 이어서 완성하였다.

과 태사(太姒)[101] 이후에 과연 또 누가 있었습니까? 이는 아마도 수천 년 만에 나온 한 분일 것입니다. 이미 보통 사람보다 크게 뛰어난 분이고 서술한 글도 찬란하니, 마땅히 백세(百世)토록 전해져 불후(不朽)하여야 할 것인데, 어찌 건괵(巾幗)[102]의 글이라 하여 엄폐할 수 있겠습니까. 후대의 여사(女士) 중에 반드시 이 분을 본받을 사람이 있을 것입니다.

101 태임(太妊)과 태사(太姒) : 태임은 주(周)나라 문왕(文王)의 어머니이고, 태사는 문왕의 정실(正室)이자 무왕(武王)의 어머니이다. 두 사람은 현숙(賢淑)한 후비(后妃)의 전형으로 꼽힌다. 《列女傳 母儀傳 周室三母》

102 건괵(巾幗) : 부녀자의 두건과 머리 장식인데, 후에는 부녀자를 비유하는 말로 사용되었다. 《晉書 宣帝紀》

임치공에게 답함
答任穉共

편지로 "《녹문집(鹿門集)》의 서문을 지어달라."고 말씀하셨는데, 저는 참으로 그 적임자가 아니니, 어찌하여 이런 말씀을 하십니까? 만일 제가 능히 할 수 있는 일이라면 평소 다져온 친분상 참으로 저의 정성을 바치고 사양하지 않아야 마땅할 것입니다. 또 책의 첫머리에 저의 이름을 의탁하는 것이 어찌 영화가 되지 않겠습니까마는 능히 할 수 없음을 어찌하겠습니까.

또 받들어 아뢸 것이 있는데, 책 머리에 실을 서문이 과연 없어서는 안 되는 것입니까? 세상에 현안(玄晏)[103]이 없으면 그만둘 뿐입니다. 당자(當者)의 저술이 본래 그 빛을 후세에 드리울 수 있다면 어찌 남의 말을 실은 뒤에 중(重)해지겠습니까. 선현(先賢)의 문집에 서문이 없는 것이 많으니, 우암(尤菴)의 문집[104]이 바로 그 중에 하나입니다. 제가 살펴보건대 서문이 없는 것이 서문이 있는 것보다 나으니, 어떻습니까, 어떻습니까?

103 현안(玄晏) : 원래는 진(晉)나라 황보밀(皇甫謐)의 호를 뜻하나, 여기서는 서문을 잘 짓는 사람이라는 뜻이다. 진나라의 좌사(左思)가 10년 동안 구상하여 〈삼도부(三都賦)〉를 지었는데, 황보밀이 서문을 써서 칭찬을 하자 부자와 귀족들이 서로 다투어 베끼는 바람에 낙양의 종잇값이 일시에 폭등했다는 고사가 전한다. 《晉書 卷92 文苑傳 左思》

104 우암(尤菴)의 문집 : 우암 송시열의 《송자대전(宋子大全)》을 가리키는바, 문집에 서문이 없다.

형께서 굳이 서문이 있기를 바라신다면 삼연(三淵)이 《농암집(農巖集)》에 서문을 쓴 것[105]과 같이 직접 지으시면 될 뿐이고, 그렇지 않으면 짓지 않으셔도 괜찮습니다. 보내주신 편지에 "부탁을 사양한다면 낭패를 보게 된다."라고 말씀하였으나, 설령 참으로 낭패를 보게 되더라도 능력이 부족한 저로서는 도와드릴 수가 없습니다. 하물며 실로 낭패가 아닌 경우에는 더 말할 것이 있겠습니까. 한창려(韓昌黎)의 문집이 후세에 전해지는 문제는 이한(李漢)의 서문이 있고 없음에 달려 있지 않습니다.[106] 외람되이 어리석은 견해를 아뢰었으니, 양찰해 주시기를 바랍니다.

105 삼연(三淵)이……것 : '삼연'은 김창흡(金昌翕)의 호이고, 《농암집(農巖集)》은 김창흡의 형인 농암 김창협(金昌協)의 문집인바, 《농암집》의 서문을 김창흡이 지었다.

106 한창려(韓昌黎)의……않습니다 : 대학자(大學者)나 대문호(大文豪)의 글은 서문이 없어도 후세에 길이길이 전해진다는 말이다. '창려'는 사후(死後)에 창려백(昌黎伯)에 봉해진 당(唐)나라의 대문호 한유(韓愈)이고, 이한(李漢)은 한유의 사위인데, 이한이 한유의 유문(遺文)을 모아 문집을 간행하고 서문을 지었다. 《古文眞寶後集 卷5 昌黎文集序》

임치공에게 답함
答任穉共

삼년상을 마친 뒤에 부묘(祔廟)하고 체천(遞遷)하는 예절은 주자(朱子)가 이계선(李繼善)에게 답한 편지가 과연 《가례(家禮)》와 똑같지 않습니다. 그러나 사계(沙溪 김장생) 선생이 《상례비요(喪禮備要)》를 찬술하실 적에 궤연(几筵)을 철거하고 부묘함은 《가례》의 글을 따르고, 대상(大祥) 이후에 제주(題主)를 바꿔 쓰고 체천하는 것에 대해서는 이계선의 편지를 따라서 길제(吉祭)하는 때에 두셨으니, 이는 주자의 앞뒤 두 말씀에 대해서 참작하고 절충하여 사용한 것입니다. 뜻을 완곡하게 쓰고 고금(古今)의 예설(禮說)을 참고하였으므로 절충하는 뜻을 깊이 얻은 것입니다. 저는 항상 "이 예를 《상례비요》에 기재하여 행한 지가 이미 오래되었으니, 단지 이에 따라 행할 뿐이고 하루아침에 갑자기 이것을 버려서는 안 된다. 다만 고례(古禮)를 행하여 반드시 협제(祫祭)를 지낸 뒤에 비로소 신주를 사당에 들인다."라고 말했습니다. 평소 저의 소견이 이와 같기 때문에 지난번 김성보(金城甫)[107]와 '부모 두 분의 상을 함께 당한 자가 앞 초상의 대상(大祥) 뒤에 행하는 변례(變禮)'에 대해 논할 적에 다만 협제(祫祭) 전에 합독(合櫝)[108]을 함이 잘못이라는 것만을 논하였으니, 애당초 시작부터 제대

107 김성보(金城甫) : 성보는 김종선(金宗善, 1766~1810)의 자로, 호는 송재(松齋), 본관은 청풍(淸風)이다. 박윤원의 문인으로, 매산(梅山) 홍직필(洪直弼)과 절친한 사이였다.

로 이해하지 못했던 것은 이 때문입니다. 존형(尊兄)이 저의 말에 미비(未備)한 점이 있다고 하신 것은 참으로 옳습니다. 그러나 고례(古禮)를 이미 대번에 따를 수가 없으면 어찌 조처하기 어려운 변례(變禮)를 미리 염려하여 "고조(高祖)를 이은 종자(宗子)는 막혀서 통하지 못하는 도리가 없다."라고 해서 최근에 만들어진 《상례비요》를 버리고 오래전에 만들어진 고례를 취하겠습니까. 만일 이와 같다면 '자기가 직접 손을 댔다.'라는 혐의가 있게 되고 역문(役文)의 폐단[109]을 열어놓기가 쉬울 듯하니, 어찌 온당하지 못한 것이 아니겠습니까. 예(禮)는 고금(古今)으로 마땅함에 차이가 있어서 한갓 고례에 집착해서는 안 될 듯하니, 어떨지 모르겠습니다.

보내주신 편지에서 "하나의 감실(龕室)에 각각 봉안(奉安)함이 우선 동벽(東壁)에 부(祔)하는 것만 못하다."라고 하신 말씀이 참으로 옳습니다. 그러나 사람의 집에는 혹 사당(祠堂)이 너무 좁아서 동쪽 벽에 봉안할 만한 곳이 없으므로 하나의 감실에 모시는 것입니다. 이는 부득이한 처사인데, 사세(事勢)에 구애된 것이니, 굳이 깊이 논할 필요가 없습니다.

저는 〈태극도설(太極圖說)〉의 "태극이 양을 낳고 음을 낳는다.〔生陽生

108 합독(合櫝) : 부부의 신주를 한 독 안에 넣는 것으로, 독은 신주를 담아 두는 나무로 만든 상자이다.

109 역문(役文)의 폐단 : 글을 볼 적에 문구(文句)에만 얽매여서 자기 마음대로 해석하는 것을 말하는바, 이천(伊川) 정이(程頤)가 횡거(橫渠) 장재(張載)의 문인들이 글을 볼 적에 자기들 마음대로 해석하여 고경(古經)의 뜻이 이렇게도 해석되고 저렇게도 해석되게 만들었다고 비난하였다. 《朱子大全箚疑》

陰〕"[110]의 '생(生)' 자에 대한 우옹(尤翁 송시열)의 설에 대해 애초부터 믿음이 가지 않는 점이 있었습니다. 여기의 "양을 낳고 음을 낳는다." 라는 말은 실제로 《주역》〈계사전(繫辭傳)〉의 "역에 태극이 있으니, 이것이 양의를 낳는다.〔易有太極 是生兩儀〕"라는 글에서 온 것입니다. 그렇다면 '생(生)' 자는 허자(虛字)가 아닙니다. 주자(朱子)가 "동하여 양이 되고 정하여 음이 된다.〔動而陽 靜而陰〕"라고 말씀하여 '생(生)' 자를 제거한 경우는 다만 "동(動)함은 곧 양에 속하고 정(靜)함은 곧 음에 속한다."라고 말씀한 것이고, '생' 자에 의미를 두어 보고자 하지 않으신 것이니, 이는 주염계(周濂溪 주돈이(周敦頤))의 언외(言外)의 뜻입니다. 이 '생' 자를 곧바로 "없는 것이 있는 것보다 낫다."고 단정한 것은 아닙니다. 만약 이 '생' 자를 가지고 "없는 것이 있는 것보다 낫다." 라고 한다면 염계(濂溪)의 이 말씀은 장차 말의 병통이 될 수 밖에 없을 것이니, 어찌 〈태극도설〉을 존경하여 믿는 뜻이겠습니까. 저는 이 때문에 삼가 감히 "우옹(尤翁)이 이에 대하여 오히려 다 조관(照管)하지 못한 부분이 있다."라고 하는 것입니다. 이제 고명의 말씀을 살펴보건대 예전의 견해를 바로잡고자 하시니, 참으로 옳습니다.

말씀하신바 "한 편 가운데의 허다한 '생(生)' 자는 모두 '만들어 내다〔生出〕'의 뜻이니, 어찌 유독 이 '생' 자에만 뜻이 다르다고 하겠는가." 라고 하신 것은 과연 잘 살펴보신 것입니다. 혹자는 말하기를 "하늘과

110 양을……낳는다 : 이 내용은 염계(濂溪) 주돈이(周敦頤)의〈태극도설(太極圖說)〉 서두에 "태극이 동하여 양을 낳아 동이 극에 달하면 정하고, 정하여 양을 낳아 정이 극에 달하면 다시 동한다.〔太極動而生陽, 動極而靜, 靜而生陰, 靜極復動.〕"라고 보인다.

땅이 처음 갈라짐〔肇判〕과 유행(流行)이 똑같지 않다."라고 한 것은 옳은 듯하나 실제로는 옳지 않습니다. 음과 양이 생기는 것은 또한 반드시 순서에 따라 점진적인 것이니, 마땅히 처음과 끝에 차이가 없을 것입니다. 대저 이(理)와 기(氣)는 비록 선후(先後)를 나눌 수가 없으나 필경 먼저 이러한 이(理)가 있었을 것이니, 음양이 어찌 태극이 낳은 것이 아니겠습니까. 일찍이 전주(全州)의 처사(處士) 박서(朴瑞)[111] 씨가 논한 것을 보니,

"동(動)·정(靜)의 아래와 음·양의 위에 이 '생' 자를 놓지 않고 곧바로 '동하여 양이 되고 정하여 음이 된다.〔動而陽 靜而陰〕'라고 말하면 태극과 음양이 원래 한계를 지어 구분됨이 없어서 한 물건으로 뒤섞이니, 어찌 옳겠는가. 반드시 〈태극도설〉을 위주로 하고 《주자어류》의 뜻을 참고하는 것이 명확하게 구비하는 것일 듯하다."

라고 하였습니다. 이 설이 옳을 듯한데, 어떨지 모르겠습니다.-박 처사(朴處士)는 바로 김후재(金厚齋 김간(金幹))의 문인으로 《태극도변의(太極圖辨疑)》를 저술하였습니다.-

111 처사(處士) 박서(朴瑞) : 1707~1765. 자가 성응(聖應), 호가 주천(朱川), 본관이 밀양(密陽)이다. 1746년(영조22) 참봉에 임명되었으나 부임하지 않았고 성리서와 예학 등을 연구하였으며 선가(仙家)·불가(佛家)·복서(卜筮)·의약 등에도 해박하였다. 저서에 《대학구문통변(大學句問通辨)》·《중용구문통변(中庸句問通辨)》·《태극도변의(太極圖辨疑)》·《동유예휘(東儒禮彙)》·《상례상변(喪禮常變)》 등이 있다.

임치공에게 답함

答任穉共

노복(奴僕)을 위하여 소상(小祥)과 대상(大祥)에 걸쳐 두 번 제사함은 비록 선현(先賢)의 말씀이 있으나 정론(定論)이 아닐 듯하니, 저는 너무 지나치다고 생각합니다. 보내온 편지에서 이에 대해 "구차하다.〔苟且〕"라고 하신 두 글자가 참으로 옳습니다. 기년(期年)에 궤연(几筵)을 거두어 치우는 것이 올바를 듯한데, 어떻습니까, 어떻습니까? 연전에 한 사우(士友)가 이에 대해 의문을 가지고 와서 묻기에 제가 이와 같이 답하였습니다.

사(士)의 상(喪)에는 가신(家臣)이 없어서 시자(侍者)를 행자(行者)로 삼으니, 행자의 복(服)은 바로 조복(弔服)에 가마(加麻)를 하는 것입니다. 비록 삼년복을 입더라도 어찌 처자(妻子)의 예(例)가 똑같을 수 있겠습니까. 노복(奴僕)을 따라 제사 지내는 것 또한 자질구레한 일이 될 듯합니다.

임치공에게 답함
答任穉共

말씀하신 뜻을 받들어 자세히 살펴보니, 저의 미혹됨을 매우 간곡하게 열어주고 인도해서 저로 하여금 말할 수 있도록 하셨습니다. 제가 비록 성질이 편협하고 고집스러우나, 어찌 감발(感發)하여 가슴속에 있는 말을 토해낼 줄을 모르겠습니까. 그러나 저 이른바 "개보(介甫)에게 유익함이 있지 않으면 반드시 나에게 유익함이 있다."[112]라는 것은 바로 명도(明道 정호(程顥))의 말씀이고, "내가 공(公)이 될 수 없음은 공이 내가 될 수 없는 것과 같다."[113]라는 것은 또한 주자(朱子)의 말씀입니다. 의논이 이미 서로 부합하지 않으면 각각 자기의 소견을 지켜서 아는 자를 기다릴 뿐이니, 어찌 쓸데없이 논쟁하여 한갓 무익한 논변을 할 필요가 있겠습니까.

인물성(人物性)의 이동(異同)이 논쟁의 단서가 된 지 오래되었습니다. 외암(巍巖 이간(李柬))과 남당(南塘 한원진(韓元震))이 문답한[114] 뒤로

112 개보(介甫)에게……있다 : 이 내용은 《이정유서(二程遺書)》 권1 〈단백이 전한 스승의 설〔端伯傳師說〕〉에 보인다. '개보'는 북송(北宋)의 정치가이자 문장가인 왕안석(王安石, 1021~1086)의 자로, 호는 반산(半山)이며 형국공(荊國公)에 봉해졌다. 희령(熙寧) 연간에 신종(神宗)에게 재상으로 발탁되어 전폭적인 지지를 받으며 신법(新法)에 의한 정치개혁을 도모하였으나 실패하고 정치 일선에서 물러났는데, 이 과정에서 당시의 명신들인 사마광(司馬光)·정이(程頤)·소식(蘇軾) 등과 심각한 갈등을 빚었다. '단백(端伯)'은 이유(李籲)의 자로, 호는 구산(緱山)이다. 정자(程子) 형제에게 수학하였으며, 유현(劉絢)과 함께 정자의 문하에서 명망이 가장 높았다.

113 내가……같다 : 이 내용은 출전이 자세하지 않다.

부터 이미 굉장한 시비(是非)가 되었습니다. 그러나 두 현자(賢者)가 서로 의견이 합치하지 못한 것은 다만 인자(仁者)와 지자(智者)에 대한 견해가 달라서였습니다.[115] 그런데 이후에 인물성(人物性)의 이동(異同)에 대해 설명하는 자들은 파란(波瀾)을 한층 더 일으켜 마치 쌍방이 대적하여 창을 휘두르는 것처럼 하였습니다. 그리하여 같은 것을 좋아하고 다른 것을 싫어하여 서로 비방하고 배척해서 들어오는 자를 주인으로 삼고 나가는 자를 노예로 삼는[116] 탓에 문호(門戶)가

114 외암(巍巖)과……문답한 : 인성(人性)과 물성(物性)이 같으냐 다르냐에 대해 낙론(洛論)의 외암 이간(李柬)과 호론(湖論)의 남당(南塘) 한원진(韓元震)이 문답을 본격적으로 진행함으로써 논변이 진행되었기 때문에 이렇게 말한 것이다. 조선 후기, 심(心)과 성(性)에 대한 이해(理解)의 문제로 성리학자들이 대립하여 진행된 것이 호락논쟁(湖洛論爭)인데, 낙론에서는 미발(未發)은 마음의 본체로서 순선(純善)하여 악이 없고, 사람과 물건의 성은 본연지성(本然之性)으로 이(理)와 같으므로 사람과 물건이 같을 수밖에 없다고 주장하였고, 호론에서는 미발한 마음의 체에도 기질의 선악이 있으며 현실에 드러나는 본연지성은 기질(氣質)의 맥락 속에 있을 수밖에 없으므로 사람과 물건의 성은 다르다고 주장하였다. 이 논쟁에 있어 주로 서울·경기 지역에 거주한 농암 김창협, 삼연 김창흡, 외암 이간 등이 한 파를 이루어 이를 '낙론' 또는 '낙파(洛派)'라 하였으며, 충청 지역에 사는 남당 한원진 등이 또 한 파를 이루어 이를 '호론' 또는 '호파(湖派)'라 한 것이다.

115 두 현자(賢者)가……달라서였습니다 : 《주역》 〈계사전 상(繫辭傳上)〉에 "인자(仁者)는 이것〔도(道)〕을 보고는 인(仁)이라 말하고, 지자(智者)는 이것을 보고 지(智)라 말한다. 일반 사람들은 날마다 그것을 쓰면서도 알지 못하므로 군자의 도가 드문 것이다.〔仁者見之謂之仁, 知者見之謂之知, 百姓日用而不知, 故君子之道鮮矣.〕"라고 하였는데, 주자의 《본의(本義)》에 "인(仁)의 양(陽)과 지(智)의 음(陰)은 각각이 도(道)의 한쪽만 얻었다. 그러므로 본 것에 따라 자기가 본 것을 전체라고 지목하는 것이다."라고 풀이하였다. 이에 따라 후세에는 인자(仁者)와 지자(智者)를, 의견이 서로 다름을 비유하는 말로 사용하게 되었다.

분할되었으니, 정자(程子)의 이른바 "더욱 사람을 야박해지게 한다.〔轉使人薄〕"[117]라는 것이고, 주자(朱子)의 이른바 "기상이 좋지 못하다.〔氣象不好〕"[118]라는 것이니, 매우 두려울 만합니다. 저는 이 때문에 인물(人物)이 오상(五常)을 갖추고 있느냐에 대한 논(論)을 들을 때마다 번번이 머리가 아프고 이가 시림을 느낍니다. 그래서 혹 이것을 묻는 사람이 있으면 반드시 알지 못한다고 사양하였으니, 이것이 전날의 성대한 물음에 감히 대답하지 못했던 이유입니다.

저는 젊었을 적에 먼저 받아들인 삼연(三淵 김창흡(金昌翕))의 설(說)을 위주로 삼아 늙을 때까지 바꾸지 못하였으니, 삼가 살펴보건대 형의 지난번 편지에서 말씀하신 것은 여전히 내포(內浦)의 학자들[119]이 논한 것입니다. 둥근 자루에 모난 구멍이 부합하지 않음[120]이 이미 이와 같다면 비록 편지로 의견을 백번 주고받더라도 결코 일치될 이치가 없으니,

116 들어오는……삼는 : 자신이 속한 편의 주장만을 따르고 다른 편의 주장을 배척한다는 말로, 한유(韓愈)가 지은 〈원도(原道)〉의 "들어가는 쪽을 주인으로 여기고 나가는 쪽을 노예로 여긴다.〔入者主之, 出者奴之.〕"라는 구절을 원용한 것이다. 《唐大家韓文公文抄 卷9》

117 더욱……한다 : 이 내용은 《이정유서》 권15 〈입관어록(入關語錄)〉에 보인다.

118 기상(氣象)이……못하다 : 이 내용은 《주자어류》 권13 〈학7(學七) 역행(力行)〉에 보인다.

119 내포(內浦)의 학자들 : 충청도 내포 지역에서 남당 한원진을 중심으로 형성된 호론(湖論) 계열의 학자들을 가리킨다. 이 때문에 이들이 주장한 의논을 '포론(浦論)'이라고도 한다.

120 둥근……않음 : 모난 것과 둥근 것은 서로 맞지 않듯이 서로의 의견이 맞지 않는다는 뜻이다. 《초사(楚辭)》 〈구변(九辯)〉에 "둥근 자루를 만들어 놓고 모난 구멍을 뚫어 끼우니,〔圜枘而方鑿兮〕 나는 참으로 어긋나서 들어가기 어려울 줄 알겠다."라고 한 데서 온 말이다.

원컨대 우선 이것을 제쳐두고 다른 한 가지 일로 바꾸어 생각하는 것이 어떻겠습니까?

이선장 정인[121] 에게 답함
答李善長 廷仁

답해주신 편지에서 예(禮)의 의심스러운 점을 말씀해주셨는데, 성대한 뜻을 받들어 살펴보고서 공부가 정밀하고 자세함을 볼 수 있었으니, 거듭 우러러 존경합니다. 다만 공최(功衰)를 바꾸는 것에 대해 오직 삼베의 폭(幅)과 승수(升數)[122]를 가지고 말씀하신 것은 《상례비요(喪禮備要)》의 본문을 우연히 조감(照勘)하지 못하셔서인 듯합니다. 사옹(沙翁 김장생(金長生))의 말씀에 이미 "제도가 대공의 최복과 같고 삼베 또한 같다.〔制 如大功衰服 而布亦同〕"[123]라고 하셨습니다. 그렇다면 '삼베 또한 같다.'라는 것은 승수(升數)이고 '제도가 같다.〔制如〕'의 '제(制)'는 만드는 양식이니, 이 가운데에 가장자리를 꿰매는 것을 포괄하신 듯합니다. 그러므로 이 말씀에 근거하여 상복을 꿰매는 자가 많습니다. 그러나 외암(巍巖 이간(李柬))은 말씀하기를 "'제도가 같다.〔制如〕'의 '여(如)' 자는 다만 부판(負版)과 벽령(辟領)[124]을 제거함을 말

121 이선장(李善長) 정인(廷仁) : 선장은 이정인(1734~?)의 자로, 호는 사사당(四事堂), 본관은 완산(完山)이다. 김원행(金元行)의 문인이다. 1774년(영조50)에 41세의 나이로 진사시에 합격하고, 홍산 현감(鴻山縣監), 돈녕부 도정(敦寧府都正) 등을 역임하였다. 성리학에 조예가 깊었다. 《薽山集 卷11 附錄 年譜》

122 승수(升數) : 승(升)은 새〔升〕, 곧 삼베의 날줄〔經線〕을 세는 단위로 한 새〔一升〕는 날이 80올이다. 승수가 높을수록 고운 것이다.

123 제도가……같다 : 이 내용은 《상례비요(喪禮備要)》 〈소상(小祥)〉조에 보인다.

124 부판(負版)과 벽령(辟領) : 부판은 상복의 등 뒤에 붙이는 거친 베 조각이고,

한 것이고, 가장자리를 꿰매기를 또한 공최와 같이 함을 말한 것이 아니다."라고 하였으니, 또 과연 어떨지 모르겠습니다.

벽령은 상복의 목에 닿는, 옷깃 양쪽에 붙이는 베 조각이다. 소상에 수질(首絰), 부판, 벽령, 최(衰) 등을 제거하고 연복(練服)을 입는다.

이선장에게 답함
答李善長

〈정심(正心)〉 장의 "그 마음을 바룸〔正其心〕"[125]은, 일찍이 듣건대 미옹(渼翁 김원행(金元行))은 "체(體)와 용(用)을 겸하여 말한 것이다."라고 하였는데, 근래 겸산(兼山 유숙기(兪肅基)) 유공(兪公)의 말씀을 보니 또한 그러하였습니다. 경문(經文)의 '정심(正心)'이 이미 체와 용을 겸했다면 전자(傳者 전문(傳文)을 지은 자)가 해석할 적에 또한 마땅히 체와 용을 겸해서 해석해야 하는데, 다만 배우는 자의 공부가 대부분 동(動)하는 곳에 있고, 4가지의 정(情)[126]은 바로 마음의 용이므로 《대학장구》에서 용이 행해지는 바를 가지고 말한 것입니다.

그러나 체가 바르지 않고서 용이 능히 바를 수 있는 경우가 있지 않고 또한 용이 바르지 못하고서 체만 홀로 바를 수 있는 경우가 없으

125 정심(正心)……바룸 : '정심' 장은 《대학장구(大學章句)》 전(傳)7장을 가리키는 바, 인용한 내용은 "이른바 몸을 닦음이 그 마음을 바룸에 있다는 것은 마음에 성내는 바가 있으면 그 바름을 얻지 못하며, 마음에 두려워하는 바가 있으면 그 바름을 얻지 못하며, 마음에 좋아하는 바가 있으면 그 바름을 얻지 못하며, 근심하는 바가 있으면 그 바름을 얻지 못한다. 마음이 있지 않으면 보아도 보이지 않으며 들어도 들리지 않으며 먹어도 그 맛을 알지 못한다. 이것을 일러 몸을 닦음이 마음을 바룸에 있다고 하는 것이다.〔所謂修身在正其心者, 心有所忿懥, 則不得其正；有所恐懼, 則不得其正；有所好樂, 則不得其正；有所憂患, 則不得其正. 心不在焉, 視而不見, 聽而不聞, 食而不知其味. 此謂修身, 在正其心.〕"라고 보인다.

126 4가지의 정(情) : 《대학》 〈정심〉 장에서 말한 '분노함〔忿懥〕', '두려워함〔恐懼〕', '좋아함〔好樂〕', '걱정함〔憂患〕' 네 가지의 감정을 가리킨다.

니, 용을 말함에 체가 이 안에 들어있는 것입니다. 또 이미 "반드시 이것을 살핀다."라고 하고, 또 "경(敬)하여 곧게 한다."라고 하였는데,[127] 이는 '성찰(省察)'과 '존양(存養)'[128] 두 가지 일을 겸한 것이니, 어찌 "오로지 '존양'만 말했다."고 하며 또 어찌 "'성찰' 한쪽만 말했다." 고 할 수 있겠습니까. 뜻을 성실히 한 뒤에 만약 사유(四有)[129]의 병통이 없다면 어찌하여 능히 살피지 못함을 경계하였겠으며,[130] 마음을 바룬 뒤에 만약 오벽(五辟)[131]의 해로움이 없다면 또 어찌하여 살피는

127 반드시……하였는데 : 이 내용들은 〈정심〉장에 대한 주자의 주에 "마음이 보전되지 못함이 있으면 그 몸을 검속(檢束)할 수가 없다. 이 때문에 군자는 반드시 이를 살펴서 경(敬)하여 마음을 곧게 하니,〔是以君子必察乎此, 而敬以直之〕 그러한 뒤에야 이 마음이 항상 보존되어서 몸이 닦아지지 않음이 없는 것이다."라고 보인다.

128 성찰(省察)과 존양(存養) : '반드시 이것을 살핀다.'가 '성찰'에 해당하고, '경하여 곧게 한다.'가 '존양'에 해당한다. 《대학장구대전(大學章句大全)》 〈정심〉장의 소주에 운봉 호씨(雲峯胡氏)가 "사물이 막 올 때와 생각이 막 싹틀 때는 성찰할 때이고, 앞의 생각은 이미 지나가고 뒤의 일이 아직 오지 않았을 때는 존양하는 때이다. 존양은 이 마음의 본체가 바름을 보존하는 것이고, 성찰은 이 마음의 용(用)이 혹 바르지 않게 될까 두려워서 구하여 바르게 하는 것이다."라고 하였다.

129 사유(四有) : 마음이 올바름을 얻지 못하는 원인이 되는 네 가지 감정으로, 〈정심〉장에서 말한 분치(忿懥), 공구(恐懼), 호요(好樂), 우환(憂患)을 가리킨다.

130 어찌하여……경계하였겠으며 : 《대학장구》 전 7장의 주(註)에 "이 분치, 공구, 호요, 우환 네 가지는 모두 마음의 용(用)이니, 사람에게 없을 수 없다. 그러나 한번 이것이 있는데도 살피지 못하면 욕(欲)이 동(動)하고 정(情)이 승(勝)하여 용의 행하는 바가 혹 바름을 잃지 않을 수 없다."라고 한 것을 두고 한 말이다.

131 오벽(五辟) : 《대학장구》 전 8장의 "사람이 친애하는 사람에 대해 치우치고, 미워하는 사람에 대해 치우치고, 외경하는 사람에 대해 치우치고, 애긍하는 사람에 대해 치우치고, 오만히 하고 태만히 하는 사람에 대해 치우친다.〔人之其所親愛而辟焉, 之其所賤惡而辟焉, 之其所畏敬而辟焉, 之其所哀矜而辟焉, 之其所傲惰而辟焉.〕"라고 한 다

일을 더하지 않음을 경계하였겠습니까.[132] 뜻이 이미 성실하고 마음이 이미 바르게 되었더라도 오히려 이와 같은 병통이 있는 것은, 바로 물이 지극히 맑으나 맑은 이면(裏面)에 때때로 파랑(波浪)의 움직임이 있는 것과 같으니, 어찌 두려울 만하지 않겠습니까. 혹자가 말한바 "반드시 다 이와 같은 것은 아니다."라는 것은 적절하지 않다고 이를 만하고, 혹자가 말한바 "오히려 이러함을 면치 못한다."라는 것은 맞다고 할 수 있습니다. 주자가 말씀하기를 "사람은 뜻을 성실히 하고도 마음이 바르지 못한 자가 있으므로 '분치(忿懥)' 등을 진실로 일에 따라 검찰(檢察)하지 않을 수 없고, 마음은 발라도 몸이 닦여지지 않은 자가 있기 때문에 '호오(好惡)' 등을 진실로 사람에 따라 절제하지 않을 수 없다."[133]라고 하였습니다. 이것을 가지고 살펴보면 뜻을 성실하게 한 뒤에도 오히려 '사유(四有)'가 있고 마음을 바르게 한 뒤에도 '오벽(五辟)'이 있음은 배우는 자가 능히 면치 못하는 것이니, 《대학》에서 한 절(節)마다 각각의 공부를 하게 한 것은 바로 이 때문입니다. 뜻을 성실하게 함은 마음을 바르게 하고 몸을 닦는 관건이니, 이 관문을 통과하면 진실로 좋습니다.

이 시절(時節)에 이르면 악한 생각이 이미 끊어짐이 마땅히 혹자의 말과 같을 것입니다. 하지만 이미 욕심이 동(動)하고 정(情)이 기승함

섯 가지 치우침을 말한다.

132 또 어찌하여……하였겠습니까 : 《대학장구》 전 8장의 주에 "다섯 가지는 사람에게 있어서 본래 가지고 있는 당연한 법칙이다. 그러나 보통 사람의 감정은 오직 자기 감정이 향하는 대로만 따르고 더 살펴보지 않으니, 그리되면 반드시 편향된 감정에 빠져서 몸이 닦여지지 않을 것이다."라고 한 것을 두고 한 말이다.

133 사람은……없다 : 이 내용은 《주자어류》 권16 〈대학3(大學三)〉에 보인다.

을 면치 못한다면 "들뜬 생각〔浮念〕과 편향된 생각〔偏念〕이 아울러 모두 이미 끊어지고 그쳤다."라고 말할 수가 없습니다. 주자가 말씀하기를 "마음이 바르지 못함이 있으면 물욕(物欲)에 동요(動搖)되어 편벽된 곳이 있음을 면치 못하나, 반드시 악(惡)함이 되지는 않는다."[134]라고 하셨습니다. 이미 "반드시 악함이 되지는 않는다."라고 하였다면 비록 "악한 생각이 이미 끊어졌다."라고 말하더라도 괜찮으나, 물욕에 동요되면 이것은 부념(浮念)이고, 편벽됨이 있음을 면치 못하면 이것은 편념(偏念)이니, 부념과 편념이 아직도 남아 있다면 어찌 뜻이 이미 성실해졌음을 믿고서 자기 마음대로 하도록 내버려 둘 수 있겠습니까.

일설에 이른바 "'염(念)'과 '여(慮)'와 '사(思)'는 바로 '의(意)'의 별칭이다. 뜻을 성실히 한 뒤에 염(念)·여(慮)·사(思) 3개의 생각이 모두 그쳤더라도 선한 생각 가운데에서 편벽됨이 없을 수가 없다."라는 것은 성의(誠意)의 지위를 너무 지나치게 존중하고자 하여, 하얀 마음 속에 아직도 작은 흑심이 있음을 알지 못한 것입니다. '염(念)'·'여(慮)'·'사(思)'가 비록 '의(意)'의 별칭이라고는 하나 또한 분별해 보아야 할 곳이 있을 듯합니다. 또 이른바 "뜻을 성실히 한다.〔誠其意〕"라는 것은 바로 "선을 좋아하고 악을 미워하는 뜻을 성실히 한다."라는 것이니, 선을 좋아하고 악을 미워하는 뜻이 이미 진실하였더라도 한 번 생각〔一念〕할 때와 사려(思慮)할 때에 또한 물건을 따라 유전(流轉)하는 근심이 없음을 어찌 보증할 수 있겠습니까. 혹자가 뜻을 성실히 한 뒤에 부념(浮念)과 편념(偏念)을 말하고자 하지 않아서 다만 선한

134 마음이……않는다 : 이 내용은 《대학장구대전(大學章句大全)》 전(傳)7장의 소주(小註)에 보인다.

생각의 한쪽을 말하고자 한 것은 뜻이 소략할 듯합니다. 저의 소견은 이와 같은데, 어떨지 모르겠습니다.

이선장에게 답함

答李善長

'행독경(行篤敬)'[135]에서 '독경(篤敬)'의 뜻은 '독실하고 또 공경함〔篤且敬〕'으로 보아야 합니다. 이것은 단지 '언충신(言忠信)'의 '충신(忠信)'으로 준례를 삼아서 어세(語勢)를 가지런히 한 것일 뿐만 아니라 이치 또한 마땅히 이와 같아야 하기 때문입니다. '독경(篤敬)'은 '이미 돈후(敦厚)하고서 또 경계하고 삼감'을 말한 것이니, 이는 《중용》의 '독공(篤恭)'[136]이란 말과는 같지 않을 듯한데, 어떨지 모르겠습니다.

135 행독경(行篤敬) : 공자(孔子)가 제자 자장(子張)에게 "말이 충성스럽고 신실하며 행실이 독실하고 공경스러우면,〔言忠信, 行篤敬〕 오랑캐 나라에 가더라도 제대로 행세할 수가 있다."라고 한 데에 보인다. 《論語 衛靈公》

136 독공(篤恭) : 《중용장구》 제33장에 "《시경》에 '드러나지 않는 덕을 제후들이 본받는다.'라고 하였으니, 이 때문에 군자가 공손함을 돈독히 하면 천하가 화평해진다.〔詩曰: 不顯惟德, 百辟其刑之. 是故君子篤恭而天下平.〕"라고 보인다.

이선장에게 답함
答李善長

문 〈익직(益稷)〉 편의 '수감불양(誰敢不讓)'의 '양(讓)'에 대해 주(註)에서 "선에 사양한다.〔讓於善〕"라고 하였는데,[137] 여기의 '선(善)' 자를 혹 '선인(善人)'으로 보는 것이 어떻겠습니까?

답 〈순전(舜典)〉에 '양우덕(讓于德)'의 '덕(德)'을 '덕이 있는 사람〔有德之人〕'으로 해석한 준례[138]로 보면 마땅히 '선인(善人)'이 되어야 합니다.

문 〈옹야(雍也)〉편 끝 장[139]의 '자기로서 남에게 미치는 것〔以己及

137 익직(益稷)……하였는데 : 이 내용은 《서경》 〈우서(虞書) 익직〉에 "아랫사람이 건의하는 말을 받아들이고 여러 사람의 공적을 밝히며 수레와 의복으로 표창하면 누가 감히 사양하지 않으며 누가 감히 공경히 응하지 않겠습니까.〔誰敢不讓, 敢不敬應?〕"라고 한 것과, 이에 대한 채침(蔡沈)의 집전(集傳)에 "아랫사람이 아뢰거든 말을 받아들이되 온축된 뜻을 관찰하고, 여러 사람의 공적을 밝히되 성취한 것을 상고하며, 유능한 이를 표창하고 덕 있는 이에게 관작을 명하여 보답을 후하게 한다. 이와 같이 하면 누가 감히 선한 자에게 사양하지 않으며 감히 한 마음을 순수하고 깨끗하게 하여 공경히 윗사람에게 응하지 않겠는가.〔如此, 則誰敢不讓於善, 敢不精白一心, 敬應其上?〕 따라서 여러 완우(頑愚)한 참설(讒說)을 어찌 굳이 염려할 것이 있겠는가."라고 한 것에 보인다.

138 순전(舜典)에……준례 : 이 내용은 《서경》 〈순전〉에 "순(舜)은 제위(帝位)를 덕이 있는 사람에게 사양하여 요(堯)임금의 뒤를 계승하지 않으셨다.〔舜讓于德, 弗嗣.〕"라고 한 것에 대한 채침의 집전에 "'양우덕'은 덕이 있는 사람에게 사양한 것이다.〔讓于德, 讓于有德之人也.〕"라고 보인다.

人〕'을 '인자(仁者)의 마음〔仁者之心〕'으로 보고[140] '능히 가까운 것에서 취하여 비유함〔能近取譬〕'은 '자기를 미루어 남에게 미치는 것이다.〔推己及人〕'라고 하여 '서자(恕者)의 일〔恕者之事〕'로 본 것[141]은 어째서입니까?

답 '이기(以己)'와 '추기(推己)'의 '이(以)' 자와 '추(推)' 자는 '자연스럽게 함〔自然〕'과 '억지로 힘써 함〔勉强〕'의 구별이 있으므로 각각 '인(仁)'과 '서(恕)'로 본 것이니, 굳이 의심할 필요가 없을 듯합니다.

문 '유(喩)' 자[142]의 뜻이 분명하지 않습니다.

답 '유(喩)' 자는 '구(口)' 자를 따르고 '유(兪)' 자를 따랐으니, 말이 입에서 나옴에 남들이 옳다고 하여 '유(兪)'라고 하는 것입니다. 무릇

139 옹야(雍也)편 끝 장 : 《논어》 〈옹야〉 제28장을 가리키는바, 자공(子貢)이 "만약 백성에게 은혜를 널리 베풀어 많은 사람을 구제한다면 인(仁)이라고 할 수 있습니까?"라고 묻자, 공자가 "어찌 인에 그치겠는가. 반드시 성인(聖人)의 경지일 것이다. 요순(堯舜)도 이렇게 하지 못하는 것을 병통으로 여겼다. 무릇 인자(仁者)는 자기가 서고자 하면 남을 세우며, 자기가 통달하고자 하면 남을 통달하게 한다. 가까운 자신에게서 취하여 먼 곳의 남에게 미루어 간다면 인을 실천하는 방법이라 말할 수 있다.〔能近取譬, 可謂仁之方也已.〕"라고 하였다.

140 자기로서……보고 : 〈옹야〉 제28장에 대한 주자의 주에 보인다. 《論語集註》

141 자기를……것 : 〈옹야〉 제28장에 대한 주자의 주에 "가까이 자신에게서 취하여 자기가 하고자 하는 것을 가지고 타인에게 비유하면 그가 하고자 하는 것도 나와 같음을 알 것이니, 그런 뒤에 자기가 하고자 하는 바를 미루어 남에게 미친다면 이는 서(恕)의 일이고 인(仁)의 방법이다.〔近取諸身, 以己所欲, 譬之他人, 知其所欲亦猶是也. 然後推其所欲, 以及於人, 則恕之事而仁之術也.〕"라고 한 것을 두고 한 말이다.

142 유(喩)자 : 〈옹야〉 제28장의 '능근취비(能近取譬)'에 대해 주자의 주에서 "'비'는 비유이다.〔譬, 喩也.〕"라고 한 곳의 '유(喩)' 자를 가리킨다.

'비유〔譬〕'라는 것은 사람들로 하여금 쉽게 알게 하는 것이므로 '유(喩)'라고 해석하였습니다. 자기를 가지고 남을 비유함은 《중용》에 인용한바, "도낏자루를 베고 도낏자루를 벰이여. 그 법칙이 멀리 있지 않다."[143]라는 뜻을 가지고 보면 분명할 듯하니, '서(恕)' 자가 '여심(如心)'의 뜻이면[144] '여(如)' 자가 어찌 비유(譬喩)한 것이 아니겠습니까.

문 〈번지문인지장(樊遲問仁智章)〉[145]의 주(註)에 여씨(呂氏)가 말

143 도낏자루를……않다 : 가지고 있는 도낏자루를 사용하여 새로운 도낏자루를 만드니, 만드는 법이 나의 가까이에 있음을 비유한 것으로, 《시경》 〈빈풍(豳風) 벌가(伐柯)〉의 구절인데, 《중용장구(中庸章句)》 제13장의 제2절에 인용되어있다. 《중용장구》 제13장 제2절에서 이 내용을 인용하고 그 아래 절에 "'충서(忠恕)'는 도(道)와의 거리가 멀지 않으니, 자기 몸에 베풀어 보아 원하지 않는 것을 나 또한 남에게 베풀지 말라는 것이다."라고 하였고, 주자의 주에 '충서(忠恕)'에 대해 "자기 마음을 다함을 '충(忠)'이라 하고, 자기 마음을 미루어 남에게 미침을 '서(恕)'라 한다."라고 풀이하였다.

144 서(恕)자가 여심(如心)의 뜻이면 : 《논어》 〈이인(里仁)〉에서 공자가 말씀하기를 "삼아, 우리의 도는 하나로써 관통한다.〔參乎, 吾道一以貫之.〕"라고 하니, 증자(曾子)가 '예' 하고 대답하였다. 공자가 밖으로 나간 뒤에 증자의 문인(門人)이 증자에게 그것이 무슨 뜻이냐고 묻자, 증자가 이르기를 "부자(夫子)의 도는 충서(忠恕)일 뿐이다."라고 하였는데, 여기의 '충(忠)' 자와 '서(恕)' 자에 대해 주자의 주에 "혹자는 말하기를 '「중심(中心)」이 「충(忠)」이 되고 「여심(如心)」이 「서(恕)」가 된다.' 하니, 뜻에 또한 통한다."라고 하였다.

145 번지문인지장(樊遲問仁智章) : 《논어》 〈옹야(雍也)〉 제20장으로, "번지가 '지(智)'에 대하여 묻자 공자가 대답하셨다. '사람이 지켜야 할 도리를 힘쓰고 귀신을 공경하되 멀리한다면 「지」라고 말할 수 있다.' 번지가 '인(仁)'에 대하여 묻자 공자가 대답하였다. '인자(仁者)는 어려운 일을 먼저 하고 얻는 것을 뒤에 하니, 이렇게 한다면 「인」이라고 말할 수 있다.'〔樊遲問知, 子曰: 務民之義, 敬鬼神而遠之, 可謂知矣. 問仁, 曰: 仁者先難而後獲, 可謂仁矣.〕"라고 하였다.

하기를 “하기 어려운 바를 꺼리지 않는 것이다.〔不憚所難爲〕”[146]라고 하였는데, 여기서의 ‘난(難)’은 원문의 ‘얻는 것을 뒤에 한다.〔後獲〕’의 뜻을 가리킨 것입니까?

답 ‘난(難)’ 자를 원문의 ‘선난(先難)’의 뜻에 소속시켜도 괜찮습니다. 다만 그 위에 “알기 어려운 바를 구하지 않는다.〔不求所難知〕”라는 말이 바로 ‘귀신을 공경하고 멀리한다.〔敬遠鬼神〕’라는 뜻을 해석한 것임을 준례로 삼는다면 마땅히 ‘후획(後獲)’을 가리킨 것이니, 이루기 어려움을 꺼리지 않고 하는 것이 바로 ‘후획’의 뜻입니다.

문 〈술이(述而)〉 편의 ‘불분(不憤)’ 장에 율곡(栗谷)의 언해(諺解)가 똑같지 않으니, 집주(集註)의 뜻으로 미루어보면 이제 마땅히 지금 언해에서 해석한 것이 당연히 옳을 듯한데,[147] 율옹(栗翁 이이(李珥))이

146 하기……것이다 : 《논어집주》 〈옹야〉 제20장의 장하주(章下註)에 “여씨가 말하였다. ‘마땅히 해야 할 일을 급하게 여기고 알기 어려운 것〔귀신〕을 구하지 않으며, 아는 바를 힘써 행하고 하기 어려운 바를 꺼리지 않아야 한다.’〔呂氏曰: 當務爲急, 不求所難知; 力行所知, 不憚所難爲.〕”라고 보인다.

147 술이(述而) 편의……듯한데 : 〈술이〉 편의 ‘불분(不憤)’ 장은 《논어》 〈술이〉 제8장으로, “공자가 말씀하였다. ‘마음속으로 알려고 노력하지 않으면 열어주지 않으며 말로 나타내고자 애태우지 않으면 말해주지 않되, 한 귀퉁이를 들어 보여주었는데 이것을 가지고 남은 세 귀퉁이를 반증(反證)하지 못하면 더 이상 일러주지 않는다.’〔子曰: 不憤不啓, 不悱不發, 擧一隅, 不以三隅反, 則不復也.〕”라고 하였고, 주자의 집주(集註)에는 이에 대해 “‘분(憤)’은 마음으로 통하려고 하나 되지 않아 애태우는 뜻이고, ‘비(悱)’는 입으로 말하려고 하나 능하지 못하여 애태우는 모양이다. ‘계(啓)’는 뜻을 열어줌을 이르고, ‘발(發)’은 말문을 열어줌을 이른다. 네 귀퉁이가 있는 물건은 하나만 들면 나머지 세 귀퉁이를 알 수 있다. ‘반(反)’은 되돌려서 서로 증거하는 뜻이다. ‘부(復)’는 다시 말해주는 것이다.”라고 하였는데, 관본(官本) 언해의 토는 ‘불발(不發)’에

이와 같이 개정(改定)한 것은 무슨 뜻인지 모르겠습니다.

답 율옹(栗翁)의 해석이 한 뜻이나, 집주의 뜻을 따르는 것만 못 할 듯합니다.

문 '호향(互鄕)'장 주의 "전일의 선악을 보장할 수 없다.〔不能保其前日之善惡〕"라는 것[148]입니다. ○선(善)을 겸하여 말한 것은 어째서입니까? "선과 악 사이에 모두 따지지 않는다.〔善惡間都不問〕"라고 말한 것과 같은 뜻입니까?

답 선(善)은 바로 덧붙여 말한 것이니, 보내신 편지에서 "모두 따지지 않는다.〔都不問〕"라는 뜻이 맞을 듯합니다.

'호되' 토를 달고 율곡 토는 '하며' 토를 단 것 한 가지가 다른바, 이를 두고 한 말이다.

148 호향(互鄕)장……것 : '호향'장은 《논어》 〈술이〉 제28장으로, "호향 사람들과는 더불어 말하기가 어려웠는데, 호향의 동자(童子)가 찾아와 공자를 뵈니, 문인들이 의혹하였다. 공자가 말씀하였다. '사람이 몸을 깨끗이 하고서 찾아오거든 그 몸을 깨끗이 한 것을 허여할 뿐이고 지난날의 선악(善惡)을 보장할 수는 없으며, 찾아옴을 허여할 뿐이고 물러간 뒤에 잘못하는 것을 허여하는 것은 아니다. 어찌 심하게 할 것이 있겠는가.'"라고 하였고, 주자의 주에 "사람이 몸을 깨끗이 하고 찾아오면 다만 그 스스로 깨끗이 한 것을 허여할 뿐이고 지난날의 선악을 보장할 수는 없으며, 다만 찾아와 뵙는 것을 허여할 뿐이고 물러간 뒤에 다시 불선(不善)을 하는 것을 허여하는 것은 아님을 말한 것이다.〔言人潔己而來, 但許其能自潔耳, 固不能保其前日所爲之善惡也, 但許其進而來見耳, 非許其旣退而爲不善也.〕"라고 풀이하였다.

이선장에게 답함
答李善長

'덕(德)' 자는 똑같은데 사용하는 것이 똑같지 않습니다. '오상(五常)의 덕'은 바로 오상이 덕이 되는 것이고, '성정(性情)의 덕'은 '성정의 모양〔性情之貌樣〕'이라는 말과 같으니, '덕'이라는 말은 '얻는다.〔得〕'는 뜻입니다. '오상의 덕'은 그 뜻이 오로지 위 구(句)의 '각각 얻었다.〔各得〕'의 '득(得)'에 있고, '성정의 덕'은 '중화(中和)' 두 글자를 가리켜서 "성정을 형용한 것이다.〔形容性情〕"라고 한 것이니, 그 뜻이 매우 부합합니다. 대문(大文)에 두 '위지(謂之)' 자에서 두 개의 '덕(德)' 자를 만들어 낸 것이니, 이 때문에 사용한 것이 똑같지 않은 것입니다.[149]

149 덕(德)자는……것입니다 : 이 단락은 《중용장구》 제1장 제1절의 "하늘이 명한 것을 성이라 이르고, 성을 따르는 것을 도라 이르고, 도를 닦는 것을 교라 이른다.〔天命之謂性, 率性之謂道, 修道之謂敎.〕"라는 것에 대한 주에 "하늘이 음양・오행으로 만물을 화생(化生)할 적에 기(氣)로써 형체를 이루고 이(理) 또한 부여하니, 명령함과 같다. 이에 사람과 물건이 태어남에 각각 부여받은 바의 이(理)를 얻음으로 인하여 건순(健順)・오상(五常)의 덕(德)을 삼으니, 이른바 '성(性)'이라는 것이다.〔天以陰陽五行, 化生萬物, 氣以成形而理亦賦焉, 猶命令也. 於是人物之生, 因各得其所賦之理, 以爲健順五常之德, 所謂性也.〕"라고 한 것과, 제4절의 "기뻐하고 노하고 슬퍼하고 즐거워하는 정(情)이 발하지 않은 것을 '중(中)'이라 이르고, 발하여 모두 절도(節度)에 맞는 것을 '화(和)'라 이르니, '중'이란 것은 천하의 큰 근본이요 '화'란 것은 천하의 공통된 도이다.〔喜怒哀樂之未發, 謂之中; 發而皆中節, 謂之和. 中也者, 天下之大本也; 和也者, 天下之達道也.〕"라는 것에 대한 주에 "희로애락은 정(情)이요 이것이 발하지 않은 것은 성(性)이니 편벽되고 치우친 바가 없으므로 '중(中)'이라 이르고, 발함에 모두

정자(程子)가 말씀하기를 "'심(心)'은 체(體)를 가리켜 말한 경우가 있으니 '적연하여 동하지 않는다.〔寂然不動〕'라는 것이 여기에 해당한다."[150]라고 하였습니다. 이 '심' 자를 '치중(致中)'에서 말하면 바로 '마음의 체〔心之體〕'이고, '치화(致和)'는 이미 발(發)한 이후의 일인데, 발하는 것은 기(氣)이기 때문에 '치화'에서 오직 기를 말하였으니,[151] 심과 기를 나누어 말함은 이 때문일 듯합니다. 치중(致中)이 있는 곳에서 이미 심을 말했으면 심은 치화(致和)까지 관통합니다. 그러므로 치화가 있는 곳에서는 다시 심을 말하지 않은 것입니다.

절도에 맞는 것은 정(情)의 올바름이니 어그러지는 바가 없으므로 '화(和)'라 이른다. 대본(大本)은 하늘이 명하신 성(性)으로 천하의 이치가 모두 이로 말미암아 나오니 도의 체(體)이고, 달도(達道)는 성(性)을 따름을 이른 것으로 천하와 고금에 함께 행하는 것이니 도의 용(用)이다. 이는 성정의 덕을 말씀하여 도를 떠날 수 없는 뜻을 밝힌 것이다.〔喜怒哀樂, 情也, 其未發則性也, 無所偏倚, 故謂之中. 發皆中節, 情之正也, 無所乖戾, 故謂之和. 大本者, 天命之性, 天下之理, 皆由此出, 道之體也. 達道者, 循性之謂, 天下古今之所共由, 道之用也. 此言性情之德, 以明道不可離之意.〕"라는 것을 두고 문답한 것이다.

150 심(心)은……이것이다 : 이 내용은《이정수언(二程粹言)》권상(上)〈논도편(論道篇)〉에 보인다.

151 이 심……말하였으니 :《중용장구》제1장 제5절에 "중(中)과 화(和)를 지극히 하면 천지가 제자리를 편안히 하고 만물이 잘 생육된다.〔致中和, 天地位焉, 萬物育焉.〕"라고 하였는데, 주자의 주에 "천지와 만물이 본래 나와 일체이기 때문에 나의 마음이 바르면 천지의 마음이 또한 바르고, 나의 기가 순하면 천지의 기가 또한 순하다. 그러므로 그 효험이 이와 같음에 이르는 것이다.〔蓋天地萬物, 本吾一體, 吾之心正, 則天地之心亦正矣, 吾之氣順, 則天地之氣亦順矣. 故其效驗, 至於如此.〕"라고 풀이한 것이 여기에 해당한다.

'시중(時中)'[152]은 바로 이미 발한 것〔已發〕인데 반드시 '계구(戒懼)'[153]를 말한 것은 근본을 미루어 말한 것이니, 이것을 가지고 '시중'을 체(體)와 용(用)을 겸한 것으로 인식해서는 안 될 듯합니다. 《중용장구》의 "때에 따라 중(中)에 처한다."[154]라는 훈(訓)을 가지고 살펴보면 '시(時)' 자와 '처(處)' 자는 모두 '중(中)'의 용(用)입니다. 또 《중용혹문》에서 《통서(通書)》의 "중(中)은 화(和)이다."라는 말씀을 논하여 "주자(周子)가 이른바 '중(中)'은 '시중(時中)'으로 말한 것이다."라고 하였으니, 이것을 살펴보면 시중을 오로지 미발(未發)로 여겼음이 분명합니다.

인성(人性)과 물성(物性)이 같다는 것은 발용(發用)하는 것을 가지고 살펴보면 알 수 있습니다. 범과 승냥이의 인(仁)과 벌과 개미의 의(義)에 모두 한 점의 밝음〔一點明〕이 있으니,[155] '밝다〔明〕'는 것은 이

152 시중(時中) : 《중용장구》 제2장에 "군자가 중용을 함은 군자이면서 때에 맞게 하기 때문이고,〔君子之中庸也, 君子而時中〕 소인(小人)이 중용에 반대로 함은 소인이면서 기탄(忌憚)이 없기 때문이다."라고 보인다.

153 계구(戒懼) : 《중용장구》 제1장에 "군자는 〈자신과 남이〉 보지 않는 곳에서도 경계하고 삼가며, 〈자신과 남이〉 듣지 않는 곳에서도 두려워하고 조심한다.〔君子戒愼乎其所不睹, 恐懼乎其所不聞.〕"라고 한 데서 온 말로, 여기서 계신(戒愼)·공구(恐懼)의 공부는 미발(未發) 때의 공부로, 뒤에 나오는 이발(已發) 때의 신독(愼獨) 공부와 짝을 이룬다. '신독'과 상대된 것임을 드러내기 위해 계신·공구를 '계구(戒懼)'로 축약하여 쓴다.

154 때에……처한다 : 이 내용은 《중용장구》 제2장에 대한 장하주(章下註)에 "군자가 중용을 하는 까닭은 군자의 덕이 있고 또 능히 때에 따라 중에 처하기 때문이고,〔又能隨時以處中也〕 소인이 중용에 반대로 하는 까닭은 소인의 마음이 있고 또 기탄하는 바가 없기 때문이다."라고 보인다.

치가 같은 것이고 '한 점〔一點〕'이라는 것은 기(氣)가 다른 것입니다. 만약 물건이 원초(原初)에 인(仁)·의(義)·예(禮)·지(智)·신(信)의 오상(五常)을 갖추지 않았다면 범과 승냥이가 어떻게 인(仁)이 있으며 벌과 개미가 어찌 의(義)가 있을 수가 있겠습니까. 범과 승냥이가 일찍이 의(義)·예(禮)·지(智)·신(信)을 받지 않은 것이 없으나 의·예·지·신이 발현(發見)되지 않고, 벌과 개미가 일찍이 인(仁)·예·지·신을 받지 않은 것이 아니나 인·예·지·신이 발현되지 않음은 모두 기에게 막힘을 당했기 때문입니다. 성(性)은 다만 하나의 선(善)이니, 모든 일에 선한 것은 다 오상(五常)에 관계됩니다. 지금 저 소가 밭을 갈고 말이 달리는 것은 선(善)의 일이고 악한 일이 아닙니다. 그렇다면 소가 밭을 갈고 말이 달리는 것은 바로 사람의 인의(仁義)이니, 사람과 물건의 성선(性善)이 동일함을 볼 수 있습니다. 성(性)은 일원(一原)이지만 도(道)에 나누어짐이 있으니, 성은 같으나 도는 같지 않을 듯합니다. 그러나 도 또한 같다고 말한 것은 어째서입니까? 도(道)는 이 성의 자연〔性之自然〕을 따르는 것에 불과합니다. 그렇다면 성도 같고 도도 같은 것이므로 "성과 도가 같다.〔性

155 범과……있으니 : 이 내용은 《주자어류》에 "기(氣)는 서로 비슷하다. 예를 들면 추위와 더위를 알며, 굶주림과 배부름을 알며, 삶을 좋아하고 죽음을 싫어하며, 이익에 달려가고 해를 피하는 것은 사람과 동물이 모두 같다. 그러나 이(理)는 같지 않다. 예를 들면 벌과 개미에게 군신(君臣)의 의리가 있는 것은 단지 의(義)에 있어서만 한 쪽의 밝음이 있는 것이며, 범과 승냥이에게 부자(父子)의 친함이 있는 것은 단지 인(仁)에 있어서만 한 쪽의 밝음이 있는 것이니, 다른 것은 더 이상 미루어 나가지 못한다.〔如蜂蟻之君臣, 只是他義上有一點子明, 虎狼之父子, 只是他仁上有一點子明; 其他更推不去.〕"라고 보인다. 《朱子語類 卷4 性理1 人物之性氣質之性》

道同〕"라고 말한 것입니다. 사람과 물건의 성과 도가 이미 같다면 물건으로 하여금 사람의 일을 할 수 없게 하는 것은 어째서입니까? 기(氣)는 변할 수 있는 기가 있고 변할 수 없는 기가 있는데, 변할 수 있는 기는 바로 성인(聖人)과 범인(凡人)의 똑같지 않은 기이니, 이는 청(淸 맑음)·탁(濁 탁함)이나 수(粹 순수함)·박(駁 잡박함)의 구분입니다. 그리고 변할 수 없는 기는 바로 사람과 물건의 똑같지 않은 기이니, 이는 정(正 바름)·편(偏 치우침)이나 통(通 통함)·색(塞 막힘)의 구별입니다. 탁한 것을 맑게 하고 잡박한 것을 순수하게 할 수 있으나, 편벽된 것을 바르게 할 수 없고 막힌 것을 통하게 할 수가 없습니다. 그러므로 물건은 끝내 사람의 일을 하지 못하는 것입니다. 성인(聖人)이 소나 말에 코뚜레나 멍에를 하여 밭을 갈고 달리게 하는 것 또한 성의 자연〔性之自然〕을 따랐을 뿐입니다. 이는 성인의 가르침이 성(性)과 도(道)의 안에 있는 것이니, 어찌하여 성과 도의 밖에 있다고 말할 수 있겠습니까. 만약 금수(禽獸)가 능히 말을 하고 문자를 해석하기를 사람이 하는 것과 똑같이 한다면 이는 크게 괴이한 일이니, 비로소 "성과 도의 밖이다."라고 할 수 있습니다. 그러나 이 세상에는 결코 이러한 이치가 없으니, 성인의 가르침이 여기에 미치지 않는 것입니다.

형체를 이룬 것은 기(氣)인데, 기에는 똑같지 않음이 있습니다. 그러므로 만물이 형체가 다르니, 사람은 머리가 둥글고 발이 네모지며 금수는 횡생(橫生)을 하고 초목은 도생(倒生)을 하는 것[156]은 사람과 동

156 금수는……것 : '횡생(橫生)'은 머리를 가로로 하여 살아간다는 뜻으로, 《일주서

식물의 구별입니다. 형체와 모양을 가지고 크게 구분하는 것이니, 어찌 다만 과(過)와 불급(不及)에 달려 있을 뿐이겠습니까. 만약 단지 과(過)와 불급(不及)에 달려있다면 새와 짐승의 지각이 어찌 일찍이 사람의 지각과 같겠습니까. 형체와 모양이 똑같지 않고 지각이 똑같지 않다면 어찌 과와 불급이 있고 난 뒤에 변별하겠습니까. 《중용장구》의 '과(過)'와 '불급(不及)'이란 말은 비록 사람과 물건을 겸하여 말했으나, 끝내 사람을 위주한 것입니다. 호론(湖論)에서 이것을 고집하여 인성(人性)과 물성(物性)이 다르다는 것의 증거로 삼는데, 저는 그것이 옳은지를 알지 못하겠습니다.

'계신(戒愼)'[157]을 모두 존덕성(尊德性)[158]에 소속시킴은 우옹(尤翁 송시

(逸周書)》〈문전해(文傳解)〉에 "그러므로 모든 횡생은 전부 종생을 기르고, 종생은 전부 한 장부를 기른다.〔故諸橫生盡以養從, 從生盡以養一丈夫.〕"라고 하였는데, 공조(孔晁)의 주(注)에 "횡생은 만물을 가리키고, 종생은 사람을 가리키고, 한 장부는 천자(天子)를 가리킨다."라고 하였다. '종생(從生)'의 '종(從)'은 '종(縱)'으로 읽는바, 사람은 서면 머리가 위에 있고 발이 아래에 있어서 수직(垂直)으로 되어있기 때문에 세로〔縱〕로 산다고 한 것이다. '도생(倒生)'은 머리를 거꾸로 하여 살아간다는 뜻으로, 《회남자(淮南子)》〈원도훈(原道訓)〉에 "가을바람이 불고 서리가 내리면 도생은 손상된다.〔秋風下霜, 倒生挫傷.〕"라고 하였는데, 고유(高誘)의 주(注)에 "초목은 땅에 머리를 두고 생장하기 때문에 '도생'이라고 한다."라고 하였다.

157 계신(戒愼) : 《중용장구》 제1장에 "자신이 보지 않을 때에도 경계하고 삼간다.〔戒愼乎其所不睹〕"라고 한 데서 온 말로 존양(存養) 공부를 가리킨다. 원문에서 '계신'을 '계근(戒謹)'이라 한 것은 남송(南宋) 효종(孝宗, 1127~1194)의 이름 조신(趙眘)을 피휘한 것으로, '신(眘)'은 '신(愼)'의 고자(古字)이다. 이하 원문에서 '계근(戒謹)'과 '근독(謹獨)'으로 되어있는 것은 번역문에서 모두 '계신'과 '신독(愼獨)'으로 환원하였음을 밝혀둔다.

열)과 도암(陶菴 이재(李縡))의 말씀을 따를 만할 듯합니다. 남당(南塘 한원진(韓元震))이 이것을 존덕성과 도문학(道問學)에 나누어 소속시켰는데, "신독(愼獨)은 바로 성찰(省察)이고 성찰은 지(知)에 가깝다." 라고 여긴 듯합니다. 그러므로 신독을 도문학의 일에 소속시킨 것입니까? 그러나 신독은 끝내 존덕성의 일입니다.

계신(戒愼)은 경(敬)이니, 경(敬)은 바로 만사(萬事)의 강령(綱領)입니다. 그렇다면 지(知)·인(仁)·용(勇) 또한 계신의 가운데에 들어 있습니다. 계신과 삼달덕(三達德)[159]이 어찌 서로 관통하는 뜻이 없겠습니까. 만일 반드시 이것을 자세히 말하고자 한다면 계신은 천리(天理)의 본연(本然)을 보존하는 것이니, 천리를 보존하는 것이 인(仁)이 아닙니까?

신독(愼獨)은 반드시 먼저 선(善)과 악(惡)의 기미를 자세히 살피는 것이니, 선과 악의 기미를 자세히 살피는 것이 지(知)가 아닙니까? 도(道)는 잠시도 떠날 수 없는 것이니, 항상 이 계신공구(戒愼恐懼)와 신독의 마음을 보존하여 조금도 간단(間斷)함이 없게 하는 것이 용(勇)이 아닙니까? 이와 같이 말하면 분명히 서로 관통하는 뜻이 있습니다.

158 존덕성(尊德性) : 나에게 내재해 있는 천부(天賦)의 덕성(德性)을 지켜가는 것으로, 학문을 통해서 이치를 궁구하는 것인 '도문학(道問學)'과 대비된다. 《중용장구》 제27장에 "군자는 덕성을 높이고 묻고 배움을 말미암으니, 광대함을 지극히 하고 정미함을 다하며 고명함을 다하고 중용을 따른다.〔君子尊德性而道問學, 致廣大而盡精微, 極高明而道中庸.〕"라고 한 데서 온 말이다.

159 삼달덕(三達德) : 누구나 마음속에 간직하고 있는 세 가지의 덕인 지(智)·인(仁)·용(勇)을 이른다. 《中庸 20章》

이선장에게 줌
與李善長

지난번 편지에서 사우(師友)의 유익(有益)이 없는 것을 가지고 탄식하셨는데, 이는 진실로 배우는 자가 염려하는 바입니다. 그러나 만사가 모두 자신에게 달려 있으니, 오직 스스로 다스리기를 어떻게 하느냐에 달려 있습니다. 은미(隱微)하고 유독(幽獨)한 곳은 더더욱 타인이 능히 관여할 수 있는 곳이 아닙니다. 바로 마땅히 성찰을 맹렬히 가해야 하니, 부디 더욱 힘쓰시기를 바랍니다.

별지

《논어》〈위정(爲政)〉의 '관기소유(觀其所由)'에 대해 혹자는 "'유(由)'는 행함이니, 하는 바를 행하는 것〔行其所爲〕을 이른다."[160]라고 하였는데, '행(行)'과 '위(爲)'의 의미를 과연 어떻게 분별합니까?

《논어》〈이인(里仁)〉 편의 "부(富)해지고 귀(貴)해지는 것은 사람이 하고자 하는 바이다."에 대한 소주(小註)에 "정자(程子)가 말씀하였다. '무도(無道)하면서 부귀를 얻는 것이다.'"[161]라고 하였는데, '무

160 관기소유(觀其所由)에……이른다 : '관기소유'는 《논어》〈위정(爲政)〉 제10장에 "하는 것을 보고 이유를 살피며〔觀其所由〕 편안히 여김을 살펴본다면 사람이 어떻게 숨길 수 있겠는가. 사람이 어떻게 숨길 수 있겠는가."라고 보이고, 혹자의 설은 《논어집주》에 실려있다.

161 정자(程子)가……것이다 : 이 내용의 전문은 "정자가 말씀하였다. '무도(無道)하

도(無道)'는 바로 '도의(道義)에 합당하지 않음〔非道〕'을 말한 것이고 '덕이 없음〔無德〕'을 말한 것이 아닙니다. 만약 '덕이 없음'으로 본다면 아래의 '뜻과 지조가 확고하다.'는 것과 서로 구애되니, 당시에 '비도(非道)'라는 글자를 쓰지 않고 '무도(無道)'라는 글자를 쓴 것은 의심할 만한 듯합니다.

《논어》〈이인(里仁)〉 편의 "아침에 도(道)를 들으면 저녁에 죽어도 좋다."에 대해 집주(集註)에 "정자가 '운운'이라고 하셨다.〔程子曰 云云〕"라고 하고서 "또 '모두 진실한 이치이다.'라고 하셨다.〔又曰 皆實理也〕"라고 하였는데, '개(皆)' 자는 무엇을 말한 것입니까? "이 도는 진실한 이치가 아님이 없다.〔是道 無非實理也〕"라고 말한 것입니까? 아니면 혹 도(道)와 사생(死生)을 겸하여 "모두 진실한 이치이다."라고 말한 것입니까?

〈태백(泰伯)〉 편의 '군자독어친(君子篤於親)'에 대해, 집주에 장자(張子)가 말씀하기를 "사람의 도리에 먼저〔先〕 할 것과 뒤〔後〕에 할 것을 아는 것이다."[162]라고 하였는데, '선후(先後)'라는 글자의

면서 부귀를 얻는 것이 부끄러워할 만한 것임을 사람들이 모두 알고서 처하지 않는데, 오직 뜻과 지조가 확고한 자만이 이것을 제대로 할 수 있다.'"이다.

162 사람의……것이다 : 《논어》〈태백(泰伯)〉 제2장에 "군자〔위정자(爲政者)〕가 친척에게 후하면 백성들이 인(仁)을 흥기(興起)시키고, 고구(故舊 친구나 아는 사람)를 버리지 않으면 백성들이 야박해지지 않는다.〔君子篤於親, 則民興於仁; 故舊不遺, 則民不偸.〕"라고 한 것에 대해 집주의 장하주(章下註)에 "장자(張子)가 말씀하였다. '사람의 도리에 먼저 할 것과 뒤에 할 것을 알면〔人道, 知所先後〕 공손해도 수고롭지 않고 삼가

의미가 통창(通暢)하지 못합니다. 아마도 '공손해도 수고롭지 않다.〔恭不勞〕' 이하 4가지를 먼저 할 것으로 삼고 '백성을 교화하다.〔化民〕'[163]를 뒤에 할 것으로 삼음을 말한 것입니까?

〈안연(顔淵)〉 편의 '극기복례(克己復禮)' 장[164]의 소주(小註)에 주자(朱子)의 설이 똑같지 않은 것이 있으니, 한 곳에서는 "사욕을 이기면 저절로 예를 회복한다.〔克己, 自能復禮.〕"라고 말씀하였고, 다른 한 곳에서는 "사욕을 이겨도 예를 회복하지 못하는 경우가 있다.〔克己而有未復禮〕"라고 말씀하였는데, 마땅히 무슨 말씀을 정론(定論)으로 삼아야 합니까?

《논어》〈양화(陽貨)〉의 '상지여하우불이(上智與下愚不移)'에 대한 집주에 "사람의 기질이 서로 가까운 가운데 운운〔人之氣質相近之中云云〕"[165]이라고 하였는데, 앞장의 '상근(相近)' 두 글자[166]는 '기질지

도 두렵지 않고 용맹스러워도 난을 일으키지 않고 곧아도 급하지 않아, 백성들이 교화되어 덕이 후해질 것이다.'"라고 보인다.

163 백성을 교화하다 : 《논어집주》 원문의 '백성들이 교화되다.〔民化〕'를 이렇게 표현한 것이다.

164 극기복례(克己復禮) 장 : '극기복례'는 사욕을 이기고 예를 회복한다는 말로, 《논어》〈안연(顔淵)〉 제1장에 "안연이 인(仁)에 대해 묻자, 공자가 말씀하였다. '극기복례가 인을 하는 것이니, 하루라도 사욕을 이기고 예를 회복하면 천하가 인을 허여하게 된다. 인을 하는 것은 자기에게 달려 있으니 남에게 달려 있겠느냐.'〔子曰: 克己復禮爲仁, 一日克己復禮, 天下歸仁焉. 爲仁由己, 而由人乎哉?〕"라고 보인다.

165 사람의……운운 : 이 내용은 《논어》〈양화(陽貨)〉 제3장에 "공자가 말씀하였다. '오직 지극히 지혜로운 자와 가장 어리석은 자는 변화되지 않는다.〔子曰: 唯上知與下

성(氣質之性)이 서로 가까움'을 말한 것이고, '기질이 서로 가까움'을 말한 것이 아닙니다. 그런데 이곳에서는 '성(性)' 자를 빼버리고 곧바로 "기질이 서로 가깝다."라고 말한 것은 어째서입니까?

愚, 不移.〕"라고 한 것에 대해 집주에 "이는 윗장을 이어서 '사람의 기질이 서로 비슷한 가운데에 또 좋고 나쁨이 일정함이 있어서 습관으로 변화시킬 수 있는 것이 아님'을 말씀한 것이다.〔此承上章, 而言人之氣質相近之中, 又有美惡一定, 而非習之所能移者.〕"라고 한 데에 보인다.

166 앞장의……글자 : 《논어》〈양화〉 제2장의 "공자가 말씀하였다. '성은 서로 비슷하나 습관에 의하여 서로 멀어지게 된다.'〔子曰: 性相近也, 習相遠也.〕"라는 곳에 보이는 '상근(相近)' 두 글자를 가리킨 것이다.

이선장에게 줌

與李善長

지난번에 가르쳐주신 몇 개의 조항은 모두 맞습니다. '위(爲)'와 '행(行)'의 구분은 독서로 비유하여 말씀한 것[167]이 좋습니다. 그러나 '소이행(所以行)'의 '소이(所以)'는 근본을 마음에서 궁구하여 말한 것입니까? 다만 일에 나아가 말한 것입니까? 만약 근본을 마음에서 궁구한다면 '뜻이 나오게 된 내력'[168]이라는 뜻과 크게 다르지 않을 듯한데, 어떨지 모르겠습니다.

"사욕을 이기고서도 예를 회복하지 못한다.〔克己而未復禮〕"의 경우 주자(朱子)의 말씀에 "있지 않다.〔未之有焉〕"라고 한 것을 아마도 자세히 살피지 못하신 듯합니다. 소주(小註)의 주자 주에 '극기복례(克己復禮)의 정(精)함과 거침〔粗〕'을 논한 곳에 "다만 자기의 사(私)를 이기기만 하고 세밀한 공부를 하여 저 법도 속으로 들어가지 못한다면, 곧 예를 회복하는 것〔復禮〕이 아니다."라고 하셨으니, 이것이 어찌 '사

167 위(爲)와……것 : 박윤원이 바로 위 편지의 별지(別紙)에서 "《논어》 〈위정(爲政)〉의 '관기소유(觀其所由)'에 대해 혹자가 '「유(由)」는 행함이니, 「하는 바를 행하는 것〔行其所爲〕」을 이른다.'라고 하였는데, '행(行)'과 '위(爲)'의 의미를 어떻게 구분하는가?"라고 물었는데, 이정인(李廷仁)이 답장에서 '위(爲)'를 '독서하다.〔讀書〕'라는 말로 비유한 것으로 보인다.

168 뜻이……내력 : '관기소유(觀其所由)'에 대한 주자(朱子)의 주에 "'유'는 '~로부터〔從〕'이다. 행한 일은 비록 선하더라도 뜻이 나오게 된 내력이 선하지 않은 점이 있으면 역시 군자가 될 수 없다.〔由, 從也. 事雖爲善, 而意之所從來者, 有未善焉, 則亦不得爲君子矣.〕"라고 보인다. 《論語集註 爲政》

욕을 이기고서도 예를 회복하지 못함이 있는 경우'가 아니겠습니까. 질병을 치료하는 것과 같으니, '극기(克己)'는 바로 외부의 사기(邪氣)를 치료하는 것이고 '복례(復禮)'는 바로 원기(元氣)를 보충하는 것입니다. 외부의 사기가 비록 물러났더라도 원기가 회복되지 못한 자가 있으니, 사욕을 이기고서도 예를 회복하지 못함이 어찌 이와 다르겠습니까.

이선장에게 줌
與李善長

두 통의 편지를 받들어 보니, 혹인(或人)의 해박함과 족하(足下)의 정명(精明)함이 모두 보통 사람이 미칠 수 없는 점이 있습니다. 돌아보건대 저의 천견(淺見)으로 어찌 감히 옳고 그름을 구별하겠습니까. 그러나 구구한 제가 외람되이 생각해보니, 혹자의 설이 본래의 뜻에 맞는 듯하고 고명의 의논은 바른 뜻이 아닌 듯합니다. 이렇게 말하는 이유는, 이 장의 본래 뜻이 오로지 도체(道體)를 말하였기 때문입니다. 그러므로 주자(朱子)가 집주(集註)에서 맨 먼저 도체의 본연(本然)을 말씀하여[169] '도체' 두 글자를 가지고 한 장(章)의 요점으로 삼은 것이니, '도체'의 '체(體)'는 바로 '도의 형체〔道之形體〕'입니다. 정자(程子)의 말씀에 이미 "이것은 도체이다."라고 하셨고, 그 아래에 "도와 더불어 체가 된다.〔與道爲體〕"라고 하셨으니,[170] '여도위체(與道爲

169 주자(朱子)가……말씀하여 : 《논어집주》 〈자한(子罕)〉 제16장에 "공자께서 시냇가에 계시면서 말씀하셨다. '가는 것이 이 물과 같구나. 밤낮을 그치지 않는도다.'"라고 하였는데, 이에 대한 주자의 주에 "천지의 조화는 가는 것은 지나가고 오는 것이 이어져서 한순간의 그침이 없으니, 바로 도체(道體)의 본연(本然)이다. 그러나 지적하여 쉽게 볼 수 있는 것으로는 시냇물의 흐름만 한 것이 없다. 그러므로 여기에서 이것을 말씀하여 사람들에게 보여주셨으니, 배우는 자들이 때때로 성찰하여 털끝만큼이라도 끊어짐이 없게 하고자 하신 것이다."라고 보인다.

170 정자(程子)의……하셨으니 : 《논어집주》 〈자한〉 제16장의 장하주(章下註)에 "정자가 말씀하였다. '이는 도체이다. 하늘의 운행은 쉼이 없어서, 해가 가면 달이 오고 추위가 가면 더위가 오며, 물은 흘러서 끊임이 없고 물건은 생겨나 다하지 않으니,

體)' 네 글자는 바로 위의 '도체(道體)'를 해석한 것입니다. 그렇다면 '도체(道體)'의 '체(體)'와 '여도위체(與道爲體)'의 '체(體)'가 모두 '형체의 체〔形體之體〕'이니, 위아래의 '체(體)' 자는 마땅히 똑같지 않을 리가 없을 것입니다. 혹인의 설은 이것을 보았기 때문에 '여도위체(與道爲體)'의 '체(體)'를 '물건이 도의 체가 된다.〔物 爲道之體〕'라고 해석하였으니, 참으로 맞는 말입니다. 만약 '도가 물건의 체가 된다.〔道爲物之體〕'라고 한 고명(高明)의 말씀대로 본다면 위아래의 '체(體)' 자가 똑같지 않습니다.-'도체(道體)'는 바로 '도의 체단〔道之體段〕'이고 '위체(爲體)'는 바로 '도가 물건의 골자가 된다.〔道 爲物之骨子〕'이니, 두 곳의 '체(體)' 자가 똑같지 않게 됩니다.- 그 이치(理致)를 논하지 않고 글의 의미를 찾는다면 어찌 잡박(雜駁)하지 않겠습니까.

또 무릇 문자를 볼 때에는 마땅히 어세(語勢)의 경중(輕重)을 살펴보아야 하니, 이제 이 단락이 이미 물건을 가지고 말한 것이라면 물건이 위주가 되는 것입니다. '여도(與道)'의 '여(與)'는 바로 물건이 도와 함께하는 것이고, '위체(爲體)'의 '위(爲)'는 바로 물건이 도체가 되는 것이니, 여(與)' 자와 '위(爲)' 자는 모두 물건에 속합니다. 만약 고명의 말씀대로라면 '여(與)' 자는 물건에 속하고 '위(爲)' 자는 도(道)에 속하여 바로 이 자구(字句)의 사이에서 이미 분열이 생겨 뜻이 어긋나게 되니, 선현(先賢)이 글을 쓰실 때 틀림없이 이렇게 하지 않았을 것입니다.

모두 도(道)와 더불어 체(體)가 되어 밤낮으로 운행하여 일찍이 그침이 없다. 그러므로 군자는 이를 본받아서 스스로 힘쓰고 쉬지 않으니, 그 지극한 경지에 이르면 순수함이 또한 그침이 없는 것이다.'"라고 보인다.

만일 과연 "도가 물건의 체가 된다."라고 한다면 이는 물건과 체가 되는 것이고 도와 체가 되는 것은 아니니, 어찌 옳겠습니까. '도와 체가 된다.〔與道爲體〕'의 '체(體)'는 물건이 도의 형체가 되는 것이 분명합니다. 그러므로 주자가 "도(道)의 본연(本然)한 체를 볼 수 없으니, 이것을 살펴보면 '무체(無體)'의 '체(體)'가 음양오행(陰陽五行)이 태극(太極)의 체(體)가 되는 것과 같음을 볼 수 있다."[171]라고 하셨습니다. 이미 "음양과 오행이 태극의 체가 된다."라는 말씀을 끌어와 비유하였다면 이것이 '물건이 도의 체가 된다.'라고 말한 것임을 알 수 있습니다. 혹인(或人)의 말은 실로 이것을 근거한 것인데, 족하는 어찌하여 이것을 공박(攻駁)하셨습니까? 혹인이 이 '체' 자를 '형체'라고 하고서 또다시 '골자(骨子)'로 해석한 것은 잘못입니다. '골자'라는 이름은 형체상에서 가죽과 살을 제하고 말한 것입니다. 그렇다면 '형체'와 '골자'는 비록 절연히 두 물건으로 나누어지는 것은 아니나, 자세하게 분류하면 '표(表)·리(裏)'나 '정(精)·추(粗)'의 구별이 있으니, 마땅히 뒤섞어 보아서는 안 됩니다. 혹인의 뜻은 이것을 살피지 못한 듯하므로 잘못이 없지 못합니다. 그러나 족하가 이것을 논변한 것을 살펴보면 그 논변이 단지 '형체'와 '골자'의 구분에 초점이 맞추어져 있고, 본문의 '체' 자가 '골자'의 뜻이 아님은 알지 못하였으니, "두 사람 모두 잘못되었다."라고 이를 만합니다. 그러나 혹인의 잘못은 글자 뜻을 뒤섞어 칭하여 구별하지 않은 데에 있고, 족하의 잘못은 전체의 본의(本義)를 도(道)와 물건

171 도(道)의……있다 : 이 내용은 '여도위체(與道爲體)'의 '체(體)' 자의 의미에 대해 주명작(周明作)이 묻자, 주자가 답한 말에 보인다. 《朱子語類 卷36 論語 子罕篇上 子在川上章》

〔物〕의 빈주(賓主) 관계로 본 데에 있으니, 잘못이 또 저 혹인보다 심합니다. 족하의 말씀에 "'도가 물건의 골자가 된다.〔道 爲物之骨子〕' 라고 말하는 것은 괜찮으나 '물건이 도의 골자가 된다.〔物 爲道之骨子〕' 라고 말하는 것은 불가하다."라고 하셨는데, 이 말씀이 참으로 옳습니다. 그러나 바로 이 물건을 가지고 '도의 골자'라고 말할 수 없기 때문에 이 단락의 '체(體)' 자가 '골자'의 '체(體)'가 아님을 알 수 있으니, 본문에서 주장하여 말한 것이 '물건'이기 때문입니다. 예컨대 '귀신이 물건의 체가 된다.〔鬼神體物〕'라는 것과 '하늘이 물건의 체가 된다.〔天體物〕'라는 것과 '인이 일의 체가 된다.〔仁體事〕'라는 것 등의 '체(體)' 자는 바로 골자의 체〔骨子之體〕이므로 '도가 물건의 체가 된다.'라는 것입니다. 그리고 이 단락의 '체' 자는 바로 형체(形體)의 체(體)이므로 '물건이 도의 체가 된다.'라는 것입니다. 그래서 본래 마땅히 뒤섞어 보아서는 안 되는데, 족하는 마침내 저것과 이것을 똑같은 예로 보셨으니, 어찌 이런 착오를 하신 것입니까?

이 단락의 위아래의 '체' 자는 이미 마땅히 다르지 않을 것이니, 아래의 '체가 된다.〔爲體〕'라는 글자를 골자로 삼으면 장차 위의 '도체(道體)'라는 글자를 아울러 골자로 삼아야 비로소 옳을 것이니, 어찌 말이 되겠습니까. 또 '도와 체가 된다.〔與道爲體〕'라는 것을 '도가 물건의 골자가 된다.'라는 뜻으로 여기면 '여(與)' 자를 마땅히 '이(以)' 자로 바꾸어야 하니, 또한 어찌 옳겠습니까. 이것이 모두 구애되어 뜻이 통하지 못하는 부분이니, 부디 다시 생각하시는 것이 어떻겠습니까?

주자(朱子)가 일찍이 이 '체(體)' 자를 논할 적에 진실로 '골자'로 삼으신 곳이 있는데, 그 말씀에 "이미 이러한 현상이 있다면 형이상(形而上)에서 도(道)를 볼 수 있으니, 이것이 도와 더불어 골자가 되는 것이다.〔旣有這箇 就上面見得道 是與道做那骨子〕"[172]라고 하신 것은 앞에서 이른바 "'무체(無體)'의 '체(體)'를 '형체'로 보았다."라는 것과 똑같지 않으니, 이것은 활간(活看)[173]을 해야 할 듯합니다. 이 '골자'는 실질적인 뜻을 가지고 범범하게 말한 것이니, "물건이 도의 실제 일이 된다.〔物 爲道之實事〕"라고 말함과 같습니다. 분명하여 보기 쉬운 것을 가리켜 말하고자 했기 때문에 '골자'라고 칭한 것이지, 참으로 족하가 말씀한 것처럼 '주재(主宰)'나 '정간(楨幹)'의 뜻으로 말한 것이 아닙니다. 그러나 혹 여기에서 활간을 하지 못하여 말로써 본의를 해쳐서 마침내 도(道)와 기(器)가 뒤섞이고 정(精)과 추(粗)가 뒤바뀌게 된 것은 매우 온당치 못합니다. 이는 앞에서 인용한바 "음양오행이 태극의 체가 된다.〔陰陽五行爲太極之體〕"라는 말을 위주로 삼는 것만 못합니다. 비록 주자의 말씀이라 하더라도 앞뒤로 차이가 있는 곳에 대해서는 마땅히 확정된 견해인지 확정되지 않은 견해인지를 살펴보고 취사할 뿐입니다.

172 이미……것이다 : 《논어집주대전(論語集註大全)》〈자한(子罕)〉 제16장의 소주(小注)에 "해가 지는 것이나 달이 뜨는 것 등은 아직 도(道)가 아니다. 그러나 이 도가 없으면 이 현상도 없게 되며, 이 도가 있어야 비로소 이 현상이 있게 된다. 이미 이러한 현상이 있으면 그 형이상(形而上)에서 도를 볼 수 있으니, 이것이 도와 더불어 골자가 되는 것이다.〔是與道做箇骨了〕 만일 하늘이 단지 이처럼 높기만 하고 땅이 이처럼 두텁기만 하다면 또한 달리 설명할 것이 없으니, 모름지기 이러한 현상이 있게 된 이유가 무엇인지를 살펴보아야 한다."라는 주자의 설이 보인다. 《주자어류》에는 '이것이 도와 더불어 골자가 된다〔是與道做箇骨了〕'라는 구절이 '이러한 현상은 도와 더불어 골자가 된다〔這箇是與道做骨子〕'로 되어 있다. 《朱子語類 卷36 論語18 子罕篇上 子在川上章》

173 활간(活看) : 글을 볼 때에 글자나 글귀에 얽매이지 않고 전체의 뜻을 널리 보아 본의를 파악하는 것을 말한다.

대체로 혹인(或人)의 말은 상고하고 근거한 것이 비록 해박하나 장황하고 번잡하게 설명한 병폐가 있고, 족하의 말씀은 비록 정밀하게 분석하였으나 심오하고 세세하게 분석하여 이해하기 어렵게 설명한 병통이 있으니, 마땅히 각자 더 힘써야 할 것입니다. 혹인은 제가 일찍이 알지 못했던 사람이지만, 이 글이 족하와 더불어 문답한 것인 데다 족하가 또 저를 비루하게 여기지 않고 저에게 문답한 것을 평론하게 하셨으므로 대번에 졸렬하고 비루하다는 것을 잊고서 감히 하고 싶은 말을 다 하였습니다. 원컨대 양찰하시고서 만일 온당치 않은 점이 있거든 다시 분명하게 가르쳐주십시오.

이선장에게 답함
答李善長

말씀하신바 '정심설(正心說)'은 저의 소견과 부합하지 않습니다. '정심'이라는 명목이 《대학》 책에 처음 보이는데 정심이 총체적인 공부가 된다면 범연히 논한 정심과 《대학》의 정심이 똑같지 않을 리가 있겠습니까. 제가 정심을 가지고 "체(體)와 용(用)을 겸한 것이다."라고 말한 것은 '사유(四有)'[174]와 '삼불(三不)'[175]에 내외(內外)와 천심(淺深)의 차이가 있음을 말한 것이 아니고, 또한 '이발(已發)'상에서 본체(本體)가 유행(流行)하는 것을 체(體)로 삼음을 말한 것이 아닙니다. 다만 정심이 총체적인 공부라면 틀림없이 체(體)를 버리고 오로지 용(用)만 말하지는 않았을 것이기 때문입니다.

어찌하여 정심을 총체적인 공부라 하는 것이겠습니까? 성의(誠意)는 '체(體)'의 뜻을 겸했다고 말할 수가 없으니, 이는 마음이 발(發)하였기 때문입니다. '정심'은, 마음이 몸을 주재하는 것이면서 미발(未發)과 이발(已發)을 겸한 것이니, 어찌 체(體)상의 공부를 완전히 빠트리고 말하지 않을 수 있겠습니까. 대문(大文)에는 비록 '체(體)' 자를

174 사유(四有) : 마음이 올바름을 얻지 못하는 네 가지 원인으로, 마음에 분치(忿懥), 공구(恐懼), 호요(好樂), 우환(憂患)이 있는 것을 말한다. 자세한 내용은 492쪽 주125 참조.

175 삼불(三不) : "마음이 어떤 대상에 있지 않으면, 보고 있어도 보이지 않고, 듣고 있어도 들리지 않고, 먹고 있어도 그 맛을 모른다.〔心不在焉, 視而不見, 聽而不聞, 食而不知其味.〕"라고 한 구절을 가리킨다. 《大學章句 傳7章》

노출하지 않았으나, '용(用)'을 말했으면 '체'가 이 안에 들어있는 것입니다. 그러므로 주자가 《대학혹문》에서 경문(經文)의 '정심(正心)'을 논하면서 '본연의 바름〔本然之正〕'이라 하고 '마음의 본체〔心之本體〕'라 하였으니, 여기에서 '정심'이 체를 겸하였음을 볼 수 있습니다. 경문의 '정심'이 이미 체와 용을 겸한 것이라면 전문(傳文)에서 경문을 해석할 때에도 반드시 체와 용을 겸해야 합니다. 다만 마음의 병통이 매번 발(發)하는 곳에 나타나고 배우는 자들이 대부분 동(動)할 때 공력을 쓰기 때문에 용(用)을 위주로 말한 것입니다. 이미 "용(用)을 위주로 한 것이다."라고 말하였다면 반드시 '빈(賓)'과 '주(主)' 두 글자를 겸한 뒤에야 비로소 '주(主)'라고 말할 수 있으니, 이것이 어찌 '정심'이 체와 용을 겸한 것이 아니겠습니까. 《대학》은 비록 《중용》과 똑같지 않으나 대인(大人)의 학문을 골고루 말한 책이고, 옛사람이 차례를 갖추어 학문할 수 있었던 것이 유독 이 《대학》 편(篇)의 존재에 힘입은 것이니, 이것은 바로 학문 전체를 다룬 책입니다.

공력을 쓰는 것이 만약 '동(動)' 한 쪽에만 치우쳤다면 이는 《대학》에 흠궐(欠闕)되는 바가 있는 것입니다. 또 아직 발하기 전에 먼저 함양(涵養)하지 않고 다만 이미 발한 뒤에 성찰(省察)하고자 한다면 어찌 느슨하고 또 소원하지 않겠습니까. 그러므로 이것이 어리석은 제가 '정심(正心)'에 대해 반드시 체와 용을 겸하여 보고자 하는 이유입니다.

일찍이 존선생(尊先生)[176]께서 "우옹(尤翁 송시열)이 전문(傳文)의

176 존선생(尊先生) : 상대방의 선생을 높여 부른 것으로, 곧 이정인의 스승인 미호 김원행을 가리킨다.

'정심(正心)'에 대하여 오로지 용(用)만을 말한 것이라고 하였으나 나는 이것을 그대로 믿을 수가 없다. '마음을 바르게 한다.〔正其心〕'의 '정(正)'은 바로 체와 용을 겸한 것이다."라고 하신 말씀을 들었는데, 이 가르침을 형은 홀로 함장(函丈)에서 청익(請益)할 때[177] 듣지 못하셨습니까?

《대학장구》의 '심불존(心不存)'[178]의 '존(存)'은 다만 '존재(存在 보존함)'의 '존(存)'이고, '존양(存養)'[179]의 '존(存)'과는 같은 것이 아니니, 이것을 정(靜)할 때 말한 것은 보고 듣고 마시고 먹는 것이 다 '이발(已

177 함장(函丈)에서 청익(請益)할 때 : 스승에게 배우는 자리에서 더 자세한 설명을 청할 때라는 말로, 《예기》 〈곡례(曲禮)〉에 "만일 음식 대접을 위한 객이 아니고 강문(講問)하러 온 객이거든 자리를 펼 때 자리와 자리의 사이를 한 길 정도가 되게 한다.〔若非飮食之客, 則布席, 席間函丈.〕"라고 한 말과 "선생을 모시고 앉았을 때에 선생이 무엇을 물으면 묻는 말이 끝난 뒤에 대답하며, 선생에게 수업을 청할 때에는 일어서서 청하며, 더 상세한 설명을 청할 때에도 일어서서 청한다.〔侍坐於先生, 先生問焉, 終則對. 請業則起, 請益則起.〕"라고 한 말에서 유래한다.

178 심불존(心不存) : 《대학장구》 전(傳) 7장에 "마음이 있지 않으면 보아도 보이지 않으며, 들어도 들리지 않으며, 먹어도 그 맛을 알지 못한다."라고 한 것에 대해 주자의 주에 "마음이 보존하지 못함이 있으면 그 몸을 검속할 수 없다.〔心有不存, 則無以檢其身.〕 이 때문에 군자는 반드시 이를 살펴서 경하여 마음을 곧게 하니, 그러한 뒤에야 이 마음이 항상 보존되어서 몸이 닦아지지 않음이 없는 것이다."라고 한 곳의 '심유불존(心有不存)'을 가리킨다.

179 존양(存養) : 마음을 보존하여 본성을 기른다는 존심양성(存心養性)의 줄임말로, 《맹자》 〈진심 상(盡心上)〉의 "마음을 보존하여 본성을 기름은 하늘을 섬기는 것이다.〔存其心, 養其性, 所以事天也.〕"라는 말에서 나온 것이다. 성리학에서 존양은 바로 정(靜)할 때의 미발(未發) 공부인 '존천리(存天理)', '함양(涵養)' 또는 '계신공구(戒愼恐懼)'로도 표현하는바, 동(動)할 때의 이발(已發) 공부인 '알인욕(遏人慾)', '성찰(省察)' 또는 '신독(愼獨)'과 상대가 된다.

發)'이기 때문입니다. '상존(常存)'의 '존(存)' 자 아래위에 있는 '존(存)' 자[180]는 마땅히 똑같지 않음이 없어야 할 것입니다. 이 장(章) 하단(下段)의 주에 '능존(能存)'의 아래에 '검(檢)' 자가 있고 '존부(存否)'의 위에 '밀찰(密察)'이라는 글자가 있으니, 이는 모두 '이발(已發)'을 가리킨 것입니다. 그러나 이 '존' 자가 다 '이발'을 가리키면 또한 '정심(正心)'이 '체(體)'를 겸할 수 없는 증거가 될 수 없습니다.

'경이직지(敬以直之)'[181]의 경우 《주역》 본문의 '의방(義方)'[182]에 상대하여 말한 것이라면 참으로 오로지 '미발(未發)'만 가리킨 듯하지만, 이곳에서 인용한 것은 '의방'에 상대하여 말한 것이 아니니, 동(動)과 정(靜)을 겸하여 볼 수 있습니다. 농옹(農翁 김창협(金昌協)) 또한 일찍이 '경이직지(敬以直之)'를 가지고 '동(動)과 정(靜)을 겸했다.'라고 하

180 상존(常存)의……존(存)자 : '상존'은 '심불존(心不存)'에 대한 위 주(註)에 보이는 "이 마음이 항상 보존되다.〔此心常存〕"의 '상존'을 가리키고, 아래위에 있는 '존' 자는 '상존'의 앞쪽에 있는 '마음이 보존하지 못함이 있다.〔心有不存〕'의 '존' 자와 전(傳) 7장 하단의 주에 "이 또한 위 장을 이어서 아래 장을 일으킨 것이다. 뜻이 성실해지면 참으로 악(惡)이 없고 진실로 선(善)이 있을 것이니, 이 때문에 능히 마음을 보존하여 그 몸을 검속(檢束)하는 것이다. 그러나 혹 다만 성의(誠意)만을 알고 이 마음의 보존되고 보존되지 않음을 치밀히 살피지 못한다면 또 안을 곧게 하여 몸을 닦을 수가 없다.〔所以能存是心以檢其身. 然或但知誠意, 而不能密察此心之存否, 則又無以直內而修身也.〕"라고 한 데 보이는 '존' 자를 가리킨다.

181 경이직지(敬以直之) : 《대학장구》 전(傳) 7장에서 주자의 주에 보이는 '경이직지'를 가리킨다. 이는 《주역》 〈곤괘(坤卦) 문언(文言)〉의 '경(敬)하여 안의 마음을 곧게 한다.〔敬以直內〕'라는 말을 약간 바꾸어 쓴 것이다.

182 의방(義方) : 《주역》 〈곤괘 문언〉에 "군자는 경(敬)하여 안의 마음을 곧게 하고 의로써 밖의 일〔몸〕을 바르게 하니,〔君子敬以直內, 義以方外〕 경과 의가 확립되어서 그 덕이 외롭지 않다."라고 한 곳의 '의이방(義以方)'을 가리킨다.

였는데, 이는 《포음집(圃陰集)》에 실린 정암(正菴)의 문목(問目)에 답한 글의 소주(小註)에 있으니,[183] 참고할 만합니다. '정심(正心)'이 '체(體)'를 겸함은 미루어 말한 것이 아니고, 《대학혹문》의 '본체(本體)'라는 말과 《대학장구》의 '경이직지(敬以直之)'라는 말을 가지고 참고해보면 경전(經傳)의 본래 뜻이 바로 그러합니다.

형은 미루어 말함이 분수(分數)를 침해하고 핍박하게 됨을 근심하고, 저는 한쪽만 말함이 전체의 흠결(欠缺)이 됨을 염려하니, 누구의 생각이 지나친 것인지 모르겠습니다. 다시 마음을 비우고 정밀한 뜻을 찾아 밝게 가르쳐 주시기를 바랍니다.

183 농옹(農翁)……있으니 : '경이직지(敬以直之)'를 가지고 '동(動)과 정(靜)을 겸했다.'고 한 내용이 《포음집(圃陰集)》 권3 〈이중겸에게 답함【이중겸이 또 별지로 논한 내용 가운데 네 조목에 대해 반론을 하였으므로 답한 것이다】〔答李仲謙【李又以籤論中四條反難 故答之】〕〉의 글 가운데에 실린 소주(小註)에 보인다. 《포음집》은 김창협의 아우인 포음 김창즙(金昌緝)의 문집이고, '정암(正菴)'은 김창협의 문인인 이현익(李顯益)의 호이다.

지은이 **박윤원(朴胤源)**

1734년(영조10) 5월 5일에 서울 사직동(社稷洞)에서 태어나 1799년(정조23) 1월 17일에 향년 66세로 별세하였다. 자는 영숙(永叔), 호는 근재(近齋), 본관은 반남(潘南)이다. 59세이던 1792년 12월 12일에 선공감의 가 감역관(假監役官)으로 임명되었으나 신병(身病)으로 정장(呈狀)하여 동월 17일에 체직되었다. 65세이던 1798년에 원자를 위한 강학청이 설치되자, 좌의정으로 있었던 이병모(李秉模)가 박윤원을 서연관으로 천거하여 1월 17일에 원자궁 요속으로 뽑혀 아뢰어졌지만 끝내 나아가지 않았고 학문 연구에 전념하였다. 낙론(洛論)의 정통을 계승한 인물로서 성리학과 예학(禮學)에 대한 조예가 상당하였다. 그의 연원은 김원행(金元行), 이재(李縡), 김창협(金昌協), 송시열(宋時烈), 김장생(金長生)까지 소급되며, 다시 문하의 홍직필(洪直弼)에게 학문을 전수함으로써 임헌회(任憲晦), 전우(田愚)로 이어지는 19세기 낙론의 정통 학맥을 형성하였다. 사후 1845년(헌종11) 1월에는 대사헌으로 추증되었고, 1863년(철종14) 11월 16일에는 '문헌(文獻)'이라는 시호를 받았다. 저서로 《근재집》과 《근재예설(近齋禮說)》이 있다.

옮긴이

김성은(金成恩)

1986년 서울에서 태어났다. 연세대학교 국어국문학과를 졸업하고 동 대학원 국어국문학과에서 석사학위를 취득하고 박사과정을 수료하였다. 한국고전번역원 부설 고전번역교육원의 연수과정과 전문과정을 마쳤다. 현재 성신여자대학교 고전연구소 연구원으로 재직하고 있다. 번역서로는 《매산집》, 《노주집》(공역)이 있다.

이정은(李貞恩)

1983년 경기도 포천에서 태어났다. 성신여자대학교 한문교육과를 졸업하고 동 대학원 한문학과 석사학위를 취득하였다. 한국고전번역원 부설 고전번역교육원의 연수과정과 전문과정을 마쳤다. 현재 성신여자대학교 고전연구소 선임연구원으로 재직하고 있다. 번역서로는 《도곡집》, 《매산집》, 《노주집》(공역)이 있다.

연석환(延錫煥)

1977년 경북 봉화에서 태어났다. 계명대학교 한문교육과를 졸업하고 고려대학교 대학원 고전번역협동과정학과에서 석사학위와 박사학위를 취득하였다. 한국고전번역원 부설 고전번역교육원의 연수과정과 전문과정 제1과정을 마쳤다. 현재 해동경사연구소 연구원으로 재직하고 있다. 논문으로는 〈회은 남학명의 잡설 연구〉, 〈남학명의 회은집 역주〉가 있고, 번역서로는 《노주집》(공역)이 있다.

※ 각 권별 옮긴이는 권4 김성은, 권5 이정은, 권6·7·8 연석환이다.

권역별거점연구소협동번역사업 연구진

연구책임자 **신영주**(성신여자대학교 한문교육과 교수)
공동연구원 **김용재**(성신여자대학교 한문교육과 교수)
류준경(성신여자대학교 한문교육과 교수)
책임연구원 **성백효**
연 구 원 **김형석 연석환**
이영준 이정은
김성은
윤 문 **윤은숙**

근재집 2

박윤원 지음 | 김성은 · 이정은 · 연석환 옮김
2023년 12월 31일 초판 1쇄 발행
편집 · 발행 학자원
등록 2011.4.6 제2011-14호
주소 (05355) 서울시 강동구 천호대로 1121
전화 02-6403-1000 | 팩스 02-6338-1001 | 이메일 hakjaone@daum.net

값 40,000원

ISBN 979-11-6247-315-3 94810
979-11-6247-313-9 (세트)